U0906466

当代中国著名民族学家
百人小传

主　编　施　琳

副主编　杜发春　扎　玛　黄海珠

中央民族大学出版社

图书在版编目（CIP）数据

当代中国著名民族学家/施琳主编．—北京：中央民族大学出版社．2006.1

ISBN 7-81056-979-1

Ⅰ.当… Ⅱ.①施… Ⅲ.民族学—社会学家—列传—中国—现代 Ⅳ.K825.1

中国版本图书馆 CIP 数据核字(2005)第 084205 号

当代中国著名民族学家·百人小传

主　　编　施　琳
责任编辑　李苏幸
封面设计　赵秀琴
出 版 者　中央民族大学出版社
　　　　　北京市海淀区中关村南大街 27 号　邮编:100081
　　　　　电话:68472815(发行部)　传真:68932751(发行部)
　　　　　　　　68932218(总编室)　　　　68932447(办公室)
发 行 者　全国各地新华书店
印 刷 者　北京华正印刷厂
开　　本　880×1230(毫米)　1/32　印张:15.375
字　　数　385 千字
印　　数　2000 册
版　　次　2006 年 1 月第 1 版　2006 年 1 月第 1 次印刷
书　　号　ISBN 7-81056-979-1/K·92
定　　价　38.00 元

学术顾问：施正一　白振声　李鸿宾　徐永志

编委（按书中写作顺序排列）：

辛宇玲　朴兰英　刘　畅　金　凡　田　宇

农世杰　刘　伟　杨平珏　勉丽萍　张新玲

明彦华　凌　炜　胡　琰　王宁一　许俊侥

许　可　柴芳芳　孙　斌　江秋雨　李思思

张向辉　扎　丽　于　娟　王　湛　王　澂

崔晓玲　吴　雁　佟春霞　梁　昆　孙　斌

刘　旺　张　亮　黄海珠　张　鑫　扎　玛

陶　珂　卢宏宇　施　琳　刘　颖　沈　洁

周菲菲　杨金杰　韦景云　崔凯琳　阿迪娜

海　峰　韩　波　金　晖　郑睿奕　王晓琴

王　欣　戴红亮　张亚莎　张晓曦　王文银

钟伟秀　常永才　肖　晖　管彦波　黄海云

余　惺　秦　丽　杨　玉　秦永章　王荣尧

于会堂　张国云　邓建新　李卓娜　刘玉民

巴战龙　王　洁　王　珩　韩殿栋　潘立慧

前　　言

在 2003 年春至 2004 年冬这一年多的时间里，人们的视线中相继出现了 3 部题为“百人小传”的著作，它们是《中国历代经济思想家·百人小传》、《当代中国著名经济学家·百人小传》和《外国历代经济思想家·百人小传》。这套系列丛书是由中央民族大学名师、著名经济学和民族学家施正一先生策划和主编，他并指导、组织一些青年学子编写而成的。编者认为：“小传形式不仅可以简明扼要地概述经济学家（包括经济思想家）的经济思想及理论贡献，而且能够通俗易懂地宣传经济科学理论知识，更加方便各方面人士阅读和掌握。”此外，“（小传）文章篇幅短、内容精、主题明、形式活，既可以分散阅读，方便灵活，又不妨碍系统思考，深浅自如。”在现实中，“百人小传”系列著作与读者见面以后，以其明晰的思路和编写形式、翔实而丰富的名家名篇介绍，受到了多方面的欢迎与好评。

中央民族大学是全国最重要、最有影响的少数民族高等院校，因而很自然地，民族大学的学者们在顺利完成 3 部中外经济学家的“百人小传”后，又萌生了编写中外著名民族思想家，特别是中国民族思想家与民族学家“百人小传”的构想。几位青年学者积极主动地承担了此项任务，她们立足于前 3 本书的经验与模式，开始了新一轮讨论确定名单、人物资料收集与各篇编撰工作。

编写我国著名民族学家的“百人小传”，必然要回溯民族学在我国的发展历程。一直以来，我国学术界存在一种较为普遍的看法是“西学东渐”——即“民族学”作为一门独立学科发端于西方国家，20 世纪初传入我国，至今约有百年的历史。另一方面，学术界也颇为认同，中国自古以来就是多民族国家，历史悠久，文化博大精深，留下了丰富而珍贵的民族学史料，其中有关于各种民族文化现象（被视为奇风异俗）的精彩描述，有关于民族关系（友好或纷争事件）的记载，也有关于统治阶级实施的民族政策，或者当时面临的诸多民族问题等的论述与评价。例如，“从出土的殷商甲骨文中，可以约略地了解到当时的一些民族名称，以及他们的生活、礼仪、祭祀和战争等情况。春秋、战国时期，关于各民族的历史传说和风土习俗的记载更为丰富。秦、汉时期中国形成了统一的多民族国家，司马迁几次游历全国各地，进行实地观察，搜集了大量资料，包括中国境内若干民族的情况，编入其名著《史记》中。后来历代官书都按此范例编纂，因此有关汉族和其他各民族的资料，在二十五史中都占有一定地位。一些学者早就开始撰写有关民族的著作。三国至隋唐时代的《吴越春秋》、《越绝书》、《华阳国志》、《蛮书》等，即是著名几例……此外，中国各族人民很早就同四周邻国各族人民有友好往来，对于北方、东邻以及西方丝绸之路上的国外各族，史书都有所记载……总的说，中国历史上的民族学资料，其丰富程度在世界上可以说是无与伦比的。”（引自林耀华《民族学通论》，1990 年版）换言之，中国历史上虽然没有出现完全符合现代意义上的“民族学家”，却也涌现出了广义上的民族思想家，他们贡献了记述民族现象的名著名篇并提出了一些闪光的民族思想，构成了中国民族学史精彩纷呈的“前传”。笔者认为，尤其应当为先驱者们立传，这部分内容将收录在《中国历代民族思想家·百人小传》之中。

回顾中华民族五千年发展史，六个辉煌时代深刻于我们的记忆之中：从远古文明至春秋战国、诸子百家兴盛，从秦皇汉武到大唐文明，从强盛的大元帝国到富足的“康乾盛世”。虽然中华民族也经历过多次的曲折与苦难的岁月，但是，中华民族是具有非凡智慧和伟大创造力的民族，半个多世纪以来，克服重重困难，进行艰苦卓绝的奋斗，取得了举世瞩目的成就。各项生产事业获得迅猛发展，文化教育事业不断增长提高，人民生活环境不断得到改善，社会保障制度逐步加快建立，国防不断巩固，综合国力不断增加，尤其是科学技术不断超越性发展，中华民族的千年飞天梦想得以顺利实现。现在全世界的人都在举目东方。中国已经走进了中华民族的第七个辉煌时代！（引自施正一《迎接第七个辉煌时代》）中华民族的“飞天精神”是最可宝贵的，是当前所有中国人与中国的各项事业最需要的一种精神。对于中国的民族学科而言，更是需要具有这种自主创新的指导思想。而在这一过程中，中国学者的探索和贡献是更加值得重视和肯定的，因此，为中国本土的民族学家书写小传是一件极有意义的事情。

在编写本书的时候，首先遇到的问题是确定民族学家入选名单。在中国民族学发展的百年历程中，名家学人灿若群星，难以取舍，但因篇幅有限，编者确定了“选人标准”。主要是看该学者是否贡献了有影响的民族学著作，而其中是否提出了有价值的思想或研究方法，以及他的研究是否具有较大的学术影响。对于“民族学家”的界定，本书是从广义的角度去理解，不仅包含了传统意义上的民族学研究者，也包括了民族学史、民族语言、民族历史、民族宗教、民族经济与民族理论和民族政策等各方面有突出贡献的专家学者。

编写百人小传，谈之容易，做起来就相当复杂和困难，可以称之为“百人小传”工程。经过集思广益，反复讨论，邀请老专家顾问，咨询史学界等多项努力，编者最后拟出提纲，定下名单，又组织了多名民族学专业的青年学子，积极查找资料，面谈访问民族学家，分篇撰写，终告完成。

百人小传中的每篇传记体例上是一致的，都顺序包括以下内容，即生平简历、主要著作和基本内容、重要的理论和方法论上的贡献，以及在学术界的影响和评价。此外，本书收录的学者基本按照其出生年月先后顺序排列。

组编百人小传使身为教师的我深深感到研究与教学相长的重要性。学生通过查找资料，访谈著名学者，撰写小传，反馈和修订，收获很大，不仅扩大了知识面，亦提高了多项能力。当然，因为这是首次尝试撰写百人小传，人数多，资料杂，难免有不足与缺憾之处，敬请谅解。

这是第一本关于中国著名民族学者的小传。笔者认为，书中所收录学者的人生经历与学术探索，凸显了中国民族学史的精彩篇章。因而本书对于民族学、人类学、社会学以及民族经济、民族理论与政策等专业的人士具有一定的资料参考价值，对于有兴趣涉猎中国民族问题研究和中国民族学史的人士也会有所助益。

《中国著名民族学家·百人小传》一书的完成得益于多方人士的鼎力相助，我们要感谢本书的学术顾问施正一先生、白振声教授、李鸿宾教授、徐永志教授等专家学者，还要特别感谢为本书提供资料和稿件的学者，由于资料引述较多，难以一一为注。虽然各篇小传是文责自负，但编者也应承担责任。最后但并非次要的，本书的成功与中央民族大学青年学子的好学不倦、勤奋努力是分不开的，在我们心中，他们是中国民族学的真正希望。

我们坚信，随着中国民族学科的不断发展，这一学科大厦日益坚固与宏伟，中国必将拥有自己更多的民族思想家和民族学家。而我们的小传若能为其添上一砖一瓦，则达到了全体参与者的心愿。

施　琳
2005年11月29日
于北京寓所

目　录

代序言：迎接第七个辉煌时代

这里讲的是中华民族的发展问题。

•任何民族的发展史，都不可能是直线上升史，也都不可能是直线下降史，而多少都有过曲折的经历。

如果我们是采用现代经济学“直面现象”方法来观察民族的发展史，中华民族不仅有过迅猛发展的时期，也有过停滞倒退的岁月，不仅有过艰难困苦的阶段，也有过灿烂辉煌的时代。

所谓灿烂辉煌，至少是指的政治上清明稳定，经济上丰衣足食，文化上繁荣发展，边境上安宁息事。实际上这不过是小康社会的一种抽象。按照现代人的标准，辉煌时代实际上是指的一个民族（或一个国家）的鼎盛时期，也就是在世界民族之林中这个民族走在了最前列。例如古希腊和古罗马的民族文明，古埃及与古印度的文明时代，法兰西民族文明的兴起，大英帝国的极盛时代，俄罗斯的彼得大帝时代，日本民族的明治维新等。这以后，当代的美国又走上了世界民族之巅。放在世界民族发展史的视野中，上述民族和国家也都认为是他们的辉煌时代。

毛泽东说得好，我们反对“民族至上”论，同时也不赞同“民族自卑”感。我们要有民族自尊心，但我们同时也要反对“民族独尊”论，反对歧视压迫其他民族。所有民族无论大小都一律平等，这是我们对待一切民族的一条最高准则。在世界民族发展史上，中华民族又怎样呢？近代以来，由于资本帝国主义的入侵，特别是鸦片战争、八国联军和日本军国主义侵略战争，侵略者无恶不作，屠杀了无数民众，制造出无数骇人听闻的惨案，中华民族进入了最黑暗的时代。国家破裂，民族危亡，激奋着先进的中华儿女；正像国歌中所唱的：“起来，不愿做奴隶的人们，把我们的血肉筑成我们新的长城，中华民族到了最危险的时候……”除了汉奸卖国贼以外，全体中国人民都奋起反击侵略者，中华民族又一次走上了胜利之道。纵观千古，中华民族的发展史是一部波浪曲折推进的历史，有过高峰，也有过低潮，甚至还有过回转漩涡之隅。在世界民族之林中，是最为宏伟悲壮的一曲。

• 回顾中华民族的文明史，至少已经经历过六个辉煌时代：

1. 中外考古学都已证明：中国不仅是人类的早期摇篮之一，而且也是世界上最早的文明古国之一，差不多在 4000 多年前和古埃及同期进入私有制、阶级和国家的发展时代。文字的制造、早期科技史的发明、牧业与农业的发展、人口的不断增长和国家政权的建立与完善，这一切都标志着华夏民族的形成。在世界民族发展史的视角中，这种民族与国家文明的出现也是很少见的。所以，在我看来，这是中华民族走上的第一个辉煌时代。

2. 在私有制和阶级存在的条件下，发展与繁荣，不仅标志着社会的进步，同时也孕育着腐败的产生。随着各种矛盾的积累与斗争，王朝也就由盛而衰并被更替。夏亡商兴，商亡周兴，历史发展到春秋战国之际，出现了中国历史上第一次思想大辩论、文化大繁荣的崭新时代。周天子一统天下，各诸侯争霸兴兵，诸子百家蜂拥而出，各种学说争名斗胜。在世界各大民族纷纷兴起的浪潮中，中华民族又一次走到了世界民族的前列，迎来了她的第二个辉煌时代。它的伟大成果就是人才辈出、学派如林、百花齐放与百家争鸣，并导致了以儒学为主体的多元文化的产生，像一朵灿烂的鲜花开放在世界的东方。

3. 历史发展到秦汉阶段，中华民族迎来了第三个辉煌时代。这就是人们经常歌颂的以“文景之治”为主要标志的扬名全球的大汉帝国——兵强马壮，国力盛强，民丰社稳，都市繁荣，路不拾遗，夜不闭户，各族通知，塞外扬名。古往今来，多少文人学士，写了无数诗文乐曲，歌颂这一辉煌时代。虽憾“秦皇汉武，略输文采”；但有晁错贾谊华章扬世。世界上第一个最大民族（汉族）也由此形成并屹立至今。

4. 历史的发展再一次显示了它的“分合定律”，由汉入唐经历了“五朝八代”，从东汉、三国到两晋，中经南北朝再到隋唐，差不多五百年之久。纷争多汩，曲折维艰。历史转向了大唐时代，这是继大汉之后又一盛世。中华民族迎来了第四个辉煌时代。在这个时代里，也有一个突出的标志，这就是人们传颂至今的“贞观之治”。是时国力强大，国内太平，生产发展，商贸繁荣，国威再一次远扬西域境外，人民又过上了东方古典式“小康”生活。经济的发展必然要带来文化上的繁荣，盛唐之后的数百年，中华文化也随之进入了她的鼎盛时代。其重要特点，已不是“百家争鸣”，而是“诸家共生”，儒、佛、道各家不仅共存，而且也获得了巨大的发展。虽说“唐宗宋祖，稍逊风骚”；可是在这个时代里，不仅产生了名垂千古的以“唐宋八大家”为代表的一系列大文豪，而且也形成了以“诗词歌赋”为亮点的各类体类齐全的中华文化群。可以说这是中华古典文化最光辉的一页。

5. 这里要讲的是大元帝国，我认为这是中华民族第五个辉煌时代。过去不少史学家和文学家写到元朝的时候，总是在不少问题上不能够像对待大汉时代和大唐时代一样赞叹，而是批评的多、歌颂的少，甚至于对几个汗国也不能够公平对待，画历史地图也要把它们排除在当时的中国版图之外。不仅史料学而且考古学均已证明，中华民族的形成是神州大地上多个族体经过几千年交错发展而铸成的，其中不仅包括汉人的祖先，藏人的祖先，突厥人的祖先，蒙古人的祖先，其他各族人的祖先，而且往早先时代，我们今天所说的中华民族的远祖，不都是统统归之于“蒙古人种”么！元朝不仅疆土广大，横跨欧亚大陆，是当时世界上最强大的帝国，而且文化上也很发达，与“唐诗”、“宋词”齐名的“元曲”，不仅为当时其他世界发达民族所少有，就是到今天人们在欣赏元代曲艺时不还都是如醉如痴吗？如此的元帝国，怎么不能被人们认为是一个强大而辉煌的时代呢！

6. 中华民族发展史上的第六个辉煌时代，就是人们常说的清朝“康乾盛世”。虽然这时候的欧洲一些国家，已经开始走上了以科技和民主为引擎的发展资本主义快车道。但古老的中国在元之后，又进入了几个强势族群相互争雄的纷争阶段，相对而言明朝是一个弱势的族体政权。就当时中国的总体而言，特别是前期阶段经济、科技与社会生产力都有巨大的发展，文化艺术也达到了极盛时期。伟大的郑和船队七下西洋，就是历史的最好证明。人们都认为，与近代欧洲相比，整体上先进的中华民族开始滞后了，就像毛泽东所说的“落伍”了。但在神州大地上，封建王朝的历史车轮还在继续滚动着。清王朝代替了明王朝，国土疆域虽然没有恢复到大元时代，但大部分国土包括台湾在内统一于大清朝，经济上又一次恢复与发展，社会又重新走上了太平之路，国家又一次进入了辉煌时代，这就是现在人们所歌颂的“康乾盛世”。从马克思主义民族学的角度说，我认为同历代王朝相比，清朝执行的民族政策可能是最好的。人们都知道，历史上的民族政策可以归类为以下几种：（一）民族压迫政策；（二）民族同化政策；（三）民族友好（和亲）政策；（四）民族敌视（侵略）政策等。满族入关以后，所实行的是一种从来没有过的特殊的民族政策，她的上层人士带头在一定范围内和一定的范制中自我推行“汉化”，也就是推行被同化的民族政策。这当然是为了统治，但也是为了进步，向比自己先进的民族学习。这是历代所没有的。盛世百年，社会的发展到了清代后期，也就是 1840 年鸦片战争，西方资本帝国的大炮轰开了封关锁国的中央大帝国的天朝大红门。从此，中华民族就一步一步地滑到了半封建半殖民地任外人摆布的苦难境地。有压迫就有反抗，经过一百多年的艰苦斗争，中国各族人民在中国共产党的领导下，终于打败了国内反动派，赶走了外国侵略者。中国人民站起来了！

•综上所述，可以看出，自夏至民（国）四千多年来，中华民族社会发展史上，已经走过了六个辉煌时代。这在世界各大民族中，可以说是独一无二的。正像鲜花也有凋谢的时候一样，中华民族当然也经历过多次的曲折与苦难的岁月。从民族学的视角看，一个民族的兴旺发达，最重要的标志就是国家的统一稳定与经济文化的发展和繁荣；而前者又是后者的保证，没有国家的统一稳定，又哪有社会的发展繁荣？据我统计：秦汉以来的两千多年中，约三分之二的时间是统一的局面（约1400多年），近三分之一的时间是割据的局面（约600多年）；一千年来汉族建立的中央政权是310多年，少数民族建立的中央政权是350多年，割据分立的局面也是300多年；近五百年中汉族建立的中央政权是230多年，少数民族建立的中央政权是260多年。从这些简单的数字中，我们至少可以得出这样几点认识：（一）在几千年的历史中，国家的统一是占主要的，割据分立是占第二位的；（二）即使在割据时期，割据者从来也没有把自己异化于中国之外，主要是强调族体的差别；（三）从全程看，汉族掌握中央政权的时间较长，少数民族掌握中央政权的时间较短；但越往后则相反，前者在缩短，后者在加长；（四）在国家的政治生活中，不管哪个民族占据主导地位，但汉族是主体没有变，各民族维护疆土的统一也没有变；（五）一切分裂国家、勾结外敌（例如勾结倭寇）的活动，都要受到反对和镇压，人们把国家和中央政府放到至高无上的地位，为争夺最高控制权你死我活，而这种争夺往往又是和民族斗争乃至民族战争交错在一起的。这就是历史上多民族国家的重要特点，而从这个特点中我们也可以看到“民族亲国家兴，民族分国家穷”。从国家的角度讲“分”字，我想至少有以下几种不同的含义：①分化；②分裂；③分立；④分离等。分化与分析不同，后者是科学研究的一种方法，前者则是政治斗争的一种手段；后几个“分”（分裂、分立、分离）既可以是行为状态的表现形式，也可以成为活动者的目的，造成对民族和国家的最大危害。所以，在中华民族的历史上形成了各民族共同反对分裂主义、分立主义、分离主义斗争的优良传统，实际上直到今天这种斗争也未停止过。只有把国贼与国奸清除掉，中华民族才能得以安宁和发展。中华民族的民族观也就是在这种斗争中形成的。

• “凤凰台”广播中有一句话说得好：“地球每天都在转动，大事每天都有发生”。

半个多世纪以来，中国人民进行了艰苦卓绝的奋斗，取得了举世瞩目的辉煌成就。各项生产事业获得迅猛发展，文化教育事业不断增长提高，人民生活环境不断得到改善，社会保障制度逐步加快建立，国防不断巩固以及综合国力不断增强，尤其是科学技术超越性发展，使中华民族的千年飞天梦想得以顺利实现。现在全世界的人都在举目东方。中国已经走进了中华民族第七个辉煌时代的门槛！

总书记说得好：“中华民族是具有非凡智慧和伟大创造力的民族，是勤劳勇敢、自强不息的民族。我们有志气、有信心、有能力屹立于世界民族之林，为人类和平与发展的崇高事业做出自己的贡献。”（胡锦涛：《在庆祝我国首次载人航天飞行圆满成功大会上的讲话》2003 年 11 月 8 日）伟大的事业孕育伟大的精神，而伟大的精神又必然自主地创造出惊天动地的奇迹。人类已经进入航天时代，各国都在拼命赛跑，俄国人的联盟号就是不带中国人上天，美国人的航天飞机就是不让中国人看；我们不自立创新能行吗!？还像过去一样，穿人家的旧鞋，走自己的老路，不尽力超越能行吗!？历史上我们曾经不仅走过英国人的老路，走过日本人的路，而且也走过俄国人的路，走过美国人的路，不是都走不通吗？不自主创新，不超越前进，中华民族在世界民族之林中怎么能够像俄国人那样航天、像美国人那样登月，在全球引领风骚呢！还是要像毛泽东说的那样："数风流人物，还看今朝。"

要发扬这种中华民族的飞天精神，就必须认真学习研究并在实践中贯彻这种精神。这是民族学科当前最迫切和最首要的一项任务。没有自主创新的指导思想，就不可能有中国式的各门民族新学科；没有超越发展的治学精神，也就不可能突破学科框架与创造出有中国特色的各门新学科的理论体系。只能向马克思讲的那样，做一个"大洋行里的小买办"。这当然不符合中华民族已经跨入新型的辉煌时代的要求。

学科划分是建立在社会分工发展的基础上。我国民族学学科的发展，李毅夫教授早在 1988 年就做过研究。他认为先是一元结构，而后发展成为二元结构和四元结构，最后才是多元结构。1980 年我提出"广义民族学"，1990 年出版这本书时分篇论述了 14 个分支民族学科，附带还提到了几个分支学科的名称，但未做论述。2003 年 11 月我请扎玛博士生查阅了有关资料，根据她的统计，"民族"打头的学科共有 30 个，以"民族学"挂后的共有 43 个，还有一些（4 个左右）与民族学关联的边缘性学科，或者说第三个层次（三级）学科。可以看出，建国以后，特别是改革开放以来，我国民族新学科的分化与发展是很快的，新学科不断产生，新分支不断涌出，出现了欣欣向荣的景象。这也是新时代带来的一种新结果。它正好说明了 22 年前提出的，创建具有中国特色的《广义民族学》正处在形成、丰富、完善和发展之中。

马克思主义历史唯物主义理论是民族新学科的指导思想；马克思主义民族问题理论是它的理论基础。民族文化学与民族经济学则是它的主体内容。由此而展开的方方面面多种民族新学科，则构成了一个多元化的民族学科群。这也就是我们说的广义民族学的全部内容。

施正一

包尔汉

包尔汉是一位忠诚的共产主义战士，伟大的爱国主义者，也是国内外著名的维吾尔族政治家和学者，他为维护祖国统一和民族团结，为新疆的和平解放事业做过重大贡献。他的民族思想曾对近现代新疆产生过重大的影响。

包尔汉于1894年出生在一个华侨贫农的家庭里，祖籍是新疆阿克苏县依列克村。18世纪他的祖辈们逃难到俄境内哈桑省的森林里伐木开荒，并在那里定居，将那个地方也取名为阿克苏。包尔汉就出生在那里。少年时因家庭贫穷，投靠舅父读过两年书，后来就去当学徒和店员。1912年，他回到乌鲁木齐在一家由俄国资本家开的“天兴洋行”当店员。1920年开始在新疆省政府工作。1929年，包尔汉因公到德国柏林，后入柏林大学政治经济系学习。利用离职读书的机会，他开始比较系统地自学马列主义理论。1932年他在路过莫斯科时与苏联共产党取得了联系，参加革命工作。1933年回国后，又与中国共产党的一些同志建立了联系。1937年，他被当时伪装进步的盛世才政府派往苏联，任驻斋桑领事馆领事。1938年盛世才电召他回国述职，刚入国境即遭逮捕，1944年11月底被释放出狱。1946年新疆三区革命联合政府成立，包尔汉任省政府副主席兼新疆学院院长。1949年初任新疆省政府主席，在党的领导下组织新疆进步人士为新疆和平解放进行准备工作。新中国成立后，于1949年11月正式加入中国共产党。以后任新疆省人民政府主席、自治区政协主席、全国政协副主席、中国伊斯兰教协会主任等职。他在被盛世才关入监狱后，于1939年曾写了《向毛泽东致敬》等诗歌以及有关历史、语言方面的文章并写过反映新疆教育事业状况的剧本《阿合买提校长》（初稿）。这些文章除极少数在新中国成立后整理发表外，绝大部分都在“文化大革命”中散失了。他在狱中还编写了一部《维汉俄辞典》，1953年由民族出版社出版。他从事革命政治活动和民族历史的研究主要历史论文有《论阿古柏政权》等，还留下一本回忆录《新疆五十年》。文学创作除零散写过一点诗歌和散文外，主要是写了剧本《火焰山的怒吼》（原名《战斗中血的友谊》）。这个剧本的初稿是1942年在狱中写成的。初稿完成后，几经周折，逃过了反动派的多次查抄终于保存下来，并于1961年重新修改定稿。他先后出版了共达45万字的两本重要著作：一本是回忆录《新疆五十年》，另一本是《包尔汉选集》。

包尔汉有着强烈的中华民族意识，他始终坚持新疆是中国一部分的科学论断，把中华民族的整体利益放在首位。在与别人合撰的《中华大百科全书》民族卷总论中，他阐述说：“中国是一个统一的多民族国家，从远古起，我们各民族的祖先就劳动、生息繁衍在中国这块辽阔富饶的大地上，共同创造了灿烂的古代文化，并在长期的历史发展中结合成伟大的中华民族。”他认为新疆的“命运是和伟大祖国的命运紧密地连接在一起的，”“是和以汉族为主体的中国全体人民联系在一起的。”如他在《论阿古柏政权》一文中提出：“新疆两千多年来一直是中国的一部分。”（《包尔汉选集》第100页）“新疆永远是中华人民共和国友爱合作的大家庭中不可分割的一部分。”（《包尔汉选集》第123页）在《关于新疆历史若干问题》一文中指出：“两千多年来，新疆与祖国的历史关系，既不是一般的朝贡与封赐的关系，也不是一般的暂时的藩属关系，而是表现为长期不间断的国家行政权力在这一地区的直接行使。”（《包尔汉选集》第93页）1948年，他在新疆学院对师生演讲中说：“新疆两千多年以来就是中国的一个组成部分。新疆不是一个民族的新疆，而是各民族的新疆。正如中国不是一个民族的中国，而是各民族的中国一样。如果说新疆只有维吾尔一个民族的话，在新疆范围来说就是犯了大民族主义的错误；在全国范围来说，就犯了地方民族主义即狭隘民族主义的错误。”正是在这种科学民族观的指导下，包尔汉同国内外反动势力策划新疆“独立”、破坏祖国统一的阴谋进行了不懈斗争。

近代以来，帝国主义列强在国际上大肆宣扬“泛伊斯兰主义”、“泛突厥主义”的思潮，我国新疆境内的某些分裂主义势力遥相呼应，多次制造动乱，妄图利用“泛伊斯兰主义”和“泛突厥主义”，鼓吹成立什么“东突厥斯坦伊斯兰国”，破坏祖国统一，阻挠新疆的社会发展与进步。这些分裂祖国统一的罪恶行径，是不得人心的，从一开始就遭到包尔汉等爱国人士的坚决反对。

早在1933年，包尔汉就与新疆的“泛伊斯兰主义”、“泛突厥主义”分子穆罕默德·伊敏、沙比提大毛拉作过斗争，揭露这伙人的反动言行，说：“尽管他们标榜着维护伊斯兰教民的利益，但实质上是维护地主阶级和宗教长的利益。”（《新疆五十年》第228页）并且指出：“新疆不走‘独立’的错路，所谓‘独立’其实都是帝国主义的阴谋。”（《新疆五十年》第232页）新中国成立以后，包尔汉在繁忙的政务活动的同时，对“泛伊斯兰主义”和“泛突厥主义”在新疆的传播及其影响，进一步作出了系统而深入的研究，提出了许多精辟的见解，对我们认识新疆反分裂斗争的实质及其客观规律，具有十分重要的启示。1979年，他发表了《关于新疆历史的若干问题》一文，揭露了所谓“东突厥斯坦”称谓的反动实质，说：“所谓‘东土耳其斯坦’（今已将‘土耳其斯坦’正确地改译为‘突厥斯坦’——作者），则是19世纪时随着世界列强在中亚地区实行殖民主义侵略活动而出现的名称，”这个名称“包含着明显的侵略意图。”新疆“有人把当年西方殖民主义者为侵略目的而使用的地理名称说成是‘维吾尔人的祖国名称’，这显然是对维吾尔族人的侮辱。”（《包尔汉选集》第90—91页）1982年，包尔汉又专门发表了《泛伊斯兰主义和泛土耳其主义在新疆的兴灭》一文，专门对“泛伊斯兰主义”、“泛突厥主义”产生的历史背景、反动本质、新中国成立前在新疆的活动以及必然失败的原因等作了深刻论述，并且谆谆告诫：“我们也应清醒地认识到，肃清这些反动思想的流毒，并非短期内所能完成的，还需要进行长期不懈的努力。”（《包尔汉选集》第132页）1985年，包尔汉又发表了《在列强的觊觎下》一文，以自己半个多世纪的亲身经历告诉人们：“国内不团结，必然会引来外患，外患也必然会引起内乱，这是几千年来沉痛的历史教训。只有各族人民亲密团结起来，外部敌人才不敢欺侮我们，中华民族才能世代强盛。”（《包尔汉选集》第135页）

包尔汉很珍视少数民族同汉民族之间的团结。他多次指出，新疆的发展离不开汉族人民的帮助，并提倡少数民族向汉族学习。他说：“维吾尔族干部应该学习我们老大哥勤勤恳恳、任劳任怨帮助全国各少数民族的精神……如果仅仅依靠自己的条件和力量，是不能够迅速改变原来经济和文化各方面落后状况的，因而应该热忱地欢迎其他兄弟民族的帮助，这种帮助是完全必要和有益的。”（《包尔汉选集》第23页）在中共八大会议上的发言中，他提出：“我们要谨防大汉族主义，同时也要谨防地方民族主义。要知道，只有在中国共产党的领导和汉族兄弟般的帮助下，我们各少数民族的政治、经济、文教卫生等各种建设事业才能迅速发展，才能彻底消除历史上遗留下来的民族间的不平等现象。”（《包尔汉选集》第34页）特别是他在撰写《中国大百科全书·民族》卷的总论中指出：“正是在长期经济文化的密切交往中，形成了汉族离不开少数民族，少数民族离不开汉族的内在联系。今天，这一联系更不断增强。”（《包尔汉选集》第177页）

至今，“两个离不开”的思想已成为新疆各族人民行为的准则。

新中国成立后，党和国家实行了民族区域自治的政策，包尔汉为正确贯彻党和国家的民族区域自治政策做出了自己不懈的努力。他积极参与领导新疆成立6个民族自治县、5个民族自治州和成立自治区的工作。在伊犁、塔城、阿勒泰哈萨克自治州筹备委员会成立时，包尔汉发表了热情洋溢的演说：民族区域自治是中国共产党解决国内民族问题的基本政策。实行民族区域自治才能保障各民族在一切权利方面的平等，从而进一步巩固我们伟大祖国的统一和各民族的团结；实行民族区域自治，才能激发各少数民族人民当家作主的积极性，从而逐步改变少数民族地区的政治、经济面貌；也只有实行民族区域自治，才能进一步提高少数民族的爱国主义思想，加强中央和边疆的联系，并把各少数民族的建设事业，进一步纳入我们伟大祖国有计划的、大规模的经济建设轨道，从而有利于祖国国防的巩固和各族人民共同的发展和繁荣。

在任中国人民政治协商会议第二、三、五、六届全国委员会副主席，政协新疆维吾尔自治区第一届委员会主席，中国伊斯兰教协会主任、名誉主任，第一、第二届全国人大民族委员会副主任等要职期间，包尔汉为贯彻党的统一战线政策、民族政策、宗教政策，团结一切可以团结的力量，为社会主义建设服务，进行了卓有成效的工作。

（辛宇玲）

李 济

李济（1896—1979），著名的人类学家、考古学家和民族学家。湖北钟祥人。1918 年毕业于清华学堂。同年，赴美国麻省理工大学攻读心理学，继而赴哈佛大学攻读人类学及考古学。1923 年获人类学博士学位，同年回国，受聘于天津南开大学，任人类学、社会学教授。1925 年清华学校成立国学研究院，李济受聘任人类学讲师，因校外另有工作，不能聘为教授。1926 年与美国费利尔美术馆合作发掘山西夏县西阴村遗址。1929 年受聘任南京中央研究院历史语言研究所考古组主任。同年着手主持河南安阳殷墟的考古工作，经过 9 年 15 次的发掘，收集了大量甲骨文资料，弄清了小屯文化、龙山文化和仰韶文化的具体层次关系，解决了中国新石器时代考古中的一个关键问题，使殷代的历史从传说变为信史。1938 年，被英国皇家人类学会推选为名誉会长，成为中国学者中第一个获此殊荣的人。1946 年抗战结束后李济参加驻日代表团，为文化顾问，前去日本调查和接收被日本掠去的我国重要文物。1948 年，李济被推选为中央研究院第一批院士，同年底移居台湾，后创办了台湾大学考古人类学系，历任教授、中央研究院代理院长、东亚学术计划委员会主任委员等职。1979 年，因心脏病猝发在台北逝世。

李济的主要著作有《中国民族的形成》、《西阴村史前的遗存》、《中国文明的开始》、《安阳》、《中国考古报告集新编》及《李济考古论文选集》等，其他论著计一百五十余种。任主编或总编辑的学术报告集和集刊八十余篇。

李济在史学工作中的贡献涉及理论与实践诸方面，《安阳》

则是他的成就的集中体现，中国社会科学出版社 1990 年出版，全书共十五章。书中从甲骨文在晚清时期的发现及一些中外收藏家的研究（代表传统学术的研究方法）和近代考古学、地质学及古生物学等田野工作方法的引入中国这两方面谈起，把形成现代中国考古学的两条脉络作了扼要的介绍，阐明了现代考古学在中国的建立。李济还把亲自领导和参加中央研究院历史语言研究所在安阳的田野工作、发掘的出土文物的整理保管和几次迁徙、室内研究的开展和研究成果的出版等方面进行了叙述。对 20 世纪 20 年代末直至 70 年代中期考古组在殷墟的发掘和研究的成绩、缺点和不足作了详细介绍。在书的第 9 至 15 章里李济分别从安阳发掘与中国上古史和古史传说关系，以及 70 年代中期以前的研究成果的角度出发，探讨了几个方面的问题：殷墟的建筑遗存，殷人经济生活，殷代的装饰艺术，谱系、贞人以及亲族关系的一些方面，祖先崇拜和对其他神灵崇拜的问题。最后还写了关于殷商人的体质人类学研究。

《安阳》一书是一本向国外宣扬介绍现代中国考古学产生和发展状况的入门指导。李济以亲身的经历对安阳历次田野发掘的工作目标和工作重点以及采用方法的改进乃至整个考古组的历程作了清楚的介绍；对安阳殷墟 15 次发掘的收获和研究成果作了概要的回顾和总结。这是一部很有学术价值又通俗易懂的、论述和史料兼备的书。张光直教授对这本著作给予中肯的评价，称道此书“在中国考古学的园地里是有伟大的历史意义的。”自 1899 年，“一片甲骨惊天下”，殷墟发掘将我国有据可查的历史提前到 3000 多年前，使传说中的商代成为信史。“殷商学”成了一门国际性的显学，殷墟，也成了中国考古的圣地。

李济一生学术上的主要成就是：“以殷墟发掘资料为中心，进行专题和综合研究，建立了殷商文化在历史上的地位。亦初创了中国考古学嗣后 70 年间研究古代陶器、青铜器、石玉器方法的基础。”（张光直语）著有《殷墟器物甲编：陶器》，与他人合著的《古器物研究专刊》中，对殷墟发掘所获170件青铜容器进行了全面的探讨。

李济主张以全人类为一单位，各民族只属一个片面，所以需要加强对国外研究。而且还要求把田野考古工作做得像实验室工作同样细致，把历史学建设得和生物学、地质学一样精确。提倡比较法和全盘观点，并且还提倡有充分证据的结论但也主张有节制地发挥想像力。李济还主张史学家处理资料要有勇气，要有“宁犯天下之大不韪而不为吾心之所不安”的精神，并且力求证实资料本身存在的真实性，要求认识真知本身，而不限于证实某一学说的肯定或否定。

李济为开拓和建立科学的中国考古学，竭尽心力，奋斗了一生。他一生都宣扬科学，排斥愚昧迷信，在科学工作中一心追求真理。特别值得强调的是，李济自领导殷墟发掘开始，就跟全体同事约定：一切出土物全属国家财产，考古组同仁自己绝不收藏古物。对此他身体力行，终生不渝。这一原则不仅仅是个人的操守风范问题，实在是考古学史上值得大书一笔的开创性举动，一个划时代的标志。它不止破除了历来考古家无不收藏珍品的古今中外的“天经地义”，而且是提倡并亲自做到把科学探求和无私贡献融为一体，把市场价值和真知标准截然分开的果敢显示。多半个世纪以来，这一原则在中国考古学、民族学研究领域已逐渐形成为正统，为日益众多的科学工作者所接受。

（朴兰英）

参考书目

1. 李济著：《安阳》，北京，中国社会科学出版社，1990年。

2. 李济著：《西阴村史前的遗存》，北京，清华学校研究院，

1927 年。
3. 李济著，李光谟编：《李济学术文化随笔》，北京，中国青年出版社，2000 年。
4. 李济著，张光直、李光谟编：《李济考古学论文选集》，北京，文物出版社，1990 年。
5. 李济著，万家保译：《中国文明的开始》，台北，台湾商务印书馆，1980 年。
6. 李光谟编：《李济与清华》，北京，清华大学出版社，1994 年。

芮逸夫

芮逸夫（1898——　　），江苏溧阳人，中国第一代人类学家。1926 年，就读于东南大学外交系（前身为南京师范，其后改为国立中央大学），受到当时民族主义与科学研究的理论思潮影响，从事民族学的田野调查工作。1927 年由于学校解散，被迫离校。1929 年任清华大学图书馆编目。1930 年受中央研究院聘书与凌纯声（1902—1981，人类学家）到松花江下游从事赫哲族调查研究活动。同时师从赵元任学习语言学，便于从事民族学田野活动。1931 年正式任职中央研究院。1932 年春夏，与凌纯声深入湘西凤凰、乾城、永绥三县，在当地驻军、政府部门及居民积极配合下对湘西苗族进行调查，随后发表《湘西苗族调查报告》。1933 年，与凌纯声再度合作，对浙江南部丽水等地畲族居民进行调查研究。1934 年应外交部之约，参与滇缅公路南段界务勘测工作，在边境探访当地少数民族，收集多个少数民族资料，发表多篇论文。1937 年跟随历史语言所迁移昆明，继续从事少数民族研究，也开始实现他钻研民族学的抱负，从事中国少数民族的综合研究，先后完成《中国民族解》、《西南民族的语言问题》、《中苗民族的支派及其分布》、《云南民族与缅甸民族》、《西南少数民族虫兽偏旁命名考略》等论文。1946 年返回南京，进而从事我国亲属制度的探讨，把现代人类学理论观点引入我国古代亲属称谓制中进行研究分析，并发表了《伯叔、姨姑考》、《苗语释亲》、《释甥之称谓》、《中国亲族称谓的源宗及其与家族之相关性》、《九族制与尔雅释亲》、《尔雅释亲补证》等论文。他以边疆民族学家的身份被推举为立法委员，面对边疆问题发表了

《行宪与边民》、《边疆建设与民族平等的边疆地方自治》、《行宪与边疆自治》等论文。1950 年随研究院历史语言系迁台湾，任史语系第四组主任，不久担任台湾大学考古人类学教授。1957 年，获中华文化教育基金董事会奖助，赴美国柏克莱加州大学研究，翌年至耶鲁大学人类学系及人类关系研究所。1959 年，为台湾大学考古人类学系主任，此后主要研究少数民族，与台湾同仁多有合作，有关台湾土著民族的论文多有发表，包括《瑞若泰耶鲁族父子联名制度之比观》、《瑞若泰耶鲁亲属制初探》、《瑞若泰耶鲁族头目与村长种族世系谱》等。1964 年，辞去台湾大学考古人类学系主任一职，全力从事中国民族文化与社会的综合研究，其后主编二十三史及清史宗各族史料累编工作，为边疆民族的研究提供了完整的基础性资料，同年获美国在台湾教育基金会奖助赴美任教，先后受聘为西雅图华盛顿大学人类学系、印第安纳大学人类学系客座教授，夏威夷大学教授。1978 年 5 月 19 日八十大寿，其弟子香港中文大学人类学系乔健、王菘、谢剑及李亦园等发起编印论文集《中国的民族、社会与文化》为其祝寿。芮逸夫笔耕不辍，问世作品颇多，主要著作有：《湘西苗族调查报告》（与凌纯声合著，芮逸夫著其中故事、歌谣、语言三章及巫术与宗教一部分，上海印书馆　上海　1947 年）、《川南雅雀苗族的婚丧礼俗资料之部》（台湾史语所　1962 年）、《中国民族及其文化论稿》（台北艺文印书馆　1972 年）、主编《人类学辞典》（台湾商务印书馆　1971 年）、《苗蛮图集》（台北史语所　1973年）、《廿三种正史及清史中各民族史料汇编及引得汇编之部》（中央研究院历史语言所　1973 年）等。

芮逸夫的突出贡献，不仅在西南民族研究方面，而且在台湾民族研究方面，并且还在诸多民族文化方面，都有重要研究成果。例如在《中国民族及其文化论稿》一书中，芮逸夫全面介绍了中国民族分布、分支构成以及西南民族的发展史略，更涉及台湾土著民族和边疆民族问题，以及边邻民族的情况，还特别提到边疆民族区域自治的观点，提倡民族平等、对各民族应一视同仁等。数十年中，芮逸夫精于中华民族及其文化成长融合的研究，论述宏富，贡献极大，而对中国古代社会文化的考订，尤开以人类学方法治古史的先河。芮逸夫治学严谨，性情开朗、谦逊。学生同僚均对他的丰富阅历敬佩不已，不少人还呼其“可爱的芮老师”。芮逸夫一生中，早期历经坎坷艰辛，适逢国难，四处辗转迁移，但他仍不忘对学术的执著追求，克服重重困难，步步前趋。实地调查研究的足迹，踏遍了湖南、浙江、四川、西藏、云南、贵州、台湾、滇缅边界以及欧美国家。中晚年定居台湾，开始了稳定的研究教学工作，不仅成就了自己的学术地位，也赢得了世人的尊重，还培养了一批后继人才，成为一代名师。

（刘畅）

参考书目

1. 李亦园、乔健主编：《芮逸夫教授八秩寿庆论文集》，食货出版社，1981 年，台北。

2. 谢世忠、孙宝纲主编：《人类学研究，芮逸夫教授九秩华诞论文集》，南天书局出版，1990 年，台北。

3. 《湘西民族调查报告》

4. 《中国民族及其文化论稿》

5. 《中国民族社会文化》

6. 《廿三种正史及清史中各民族史料汇编及引得汇编之部》

吴泽霖

吴泽霖（1898—1990），著名的社会学家、人类学家、民族学家、博物馆学家和教育家。江苏常熟人，汉族。于1922年毕业于北京清华学堂，后留学美国主修社会学，先后获得美国威斯康星大学学士、密苏里大学硕士、俄亥俄州立大学博士学位。1927年赴欧洲考察英国、法国、德国、意大利等国的社会情况。1928年回国后先后担任上海大夏大学社会学教授、社会历史系主任、文学院院长、教务长，兼任上海暨南大学海外文化事业部主任和教务长。抗日战争爆发后，吴泽霖随部分大夏大学师生内迁贵阳。1941年赴昆明西南联大任教。1946年任清华大学教授、人类学系主任兼教务处长。中华人民共和国成立以后，先后担任西南民族学院教授兼民族文物馆馆长，中央民族学院教授，中国社会科学院民族研究所研究员，中南民族学院教授和贵州民族学院、南开大学兼职教授等。曾任中国社会学会、中国人类学学会、中国民族学研究会、中国世界民族研究会顾问。著作有《社会约制》（1930）、《现代种族》（1932）、《社会学及社会问题》（1935）、《世界人口问题》（与叶绍纯合著）（1937）、《炉山黑苗的生活》（1940）、《贵州苗族社会研究》（1942）、《清水江流域部分地区苗族的婚姻》（1953）等，以及多部译著与多篇论文。1990年主编《人类学辞典》。

吴泽霖最主要的贡献是在社会学和民族学方面。他把社会学、民族学（人类学）等学科联系起来，对社会现象作跨学科的比较研究。他是我国第一个在海外获得社会学博士学位的学者。回国后，他率先参与并担任起建立中国社会学的工作，广泛介绍西方社会学发展状况和社会学的各种流派，撰写和翻译了大量的社会学著述。1928～1930 年与孙本文、吴景超等联合组建了我国第一个社会学组织“东南社会学会”，出版了中国第一个社会学刊物——《东南社会学刊》。1930 年又组建了第一个全国性的“中国社会学会”，出版了当时唯一的全国性社会学学术刊物《社会学年刊》。可以说吴泽霖与陈达、潘光旦、吴文藻、孙本文、李景汉等一批人是中国第一代的社会学家。

吴泽霖回国初期主要介绍西方社会学发展状况与各种流派，并对中国的人口、贫穷、妇女、犯罪等社会问题进行探究，呼吁当局重视优生节育工作。他撰写了大量的文章关注世界及中国的人口问题，主张提高民族素质。

在社会学的方法论上，他主张接触社会，深入实际，开创了社会学应该解决社会的实际问题、理论应建立于社会实际调查之上的一代新风。他于 1930 年出版的《社会约制》一书是中国最早论述社会控制问题的社会学专著，认为“社会控制应从心理方面入手”。“谈到社会约制，逃不了心理学的范围，要谈社会约制的工具，也应当在心理方面下手”。可以说，他是注重心理因素进行社会学研究的代表。《社会约制》一书根据人类的求生使命，说明广义和狭义的社会约制产生的原因，指出了社会约制在生物、心理及其他方面的意义与作用。他强调社会约制的相关性，认为必须使全社会发挥这种控制的作用，才能保障社会的正常运转。“他的见解的独到之处在于首次区分了约制工具与方法的不同性质，对它们进行了分类和讨论，为我国研究这一领域的先驱。”吴泽霖之所以将“社会制裁”或“社会控制”改为“社会约制”，是因为他认为，“制裁”、“控制”两个术语带有以上临下之意，而广义的 *Social Control* 并不是单方面的，而是相互的，所以“约制”二字似乎更为妥当，这种见解是吴泽霖在国内外社会学界的一个创见。不过，由于约定俗成之故，吴泽霖的“社会约制”的概念未能代替“社会控制”，今天的社会学界依旧用社会控制这一说法。

吴泽霖同时也是中国民族学的奠基人之一。抗日战争期间，他随上海大夏大学内迁贵阳，开始致力于中国民族学的创建与研究。当时，占贵州省人口总数40%以上的少数民族还不被外界所了解。吴泽霖认为，“中华民族的命脉中流淌着少数民族的血液，中华民族的灿烂文化凝结着少数民族的智慧，而过去少有人对他们进行深入调查与研究。”他在主持大夏大学社会研究部之初，即把研究少数民族作为自己的志向。在深入实地调查的过程中，他研究了西南地区的苗族、布依族、水族、侗族的分布以及各族的历史、社会、文化、习俗、语言、歌谣、服饰等。他主张民族之间意识上的团结，权利上的平等，而不是形式上的划一与同化，批驳了那种强制民族“同化”的错误理论与错误做法。他说：“对边民与内地的民众应一视同仁。”“凡是民众应享的权利，不分内地与边陲，都应使之实现，得到公正平允的待遇。”“我们需要的是民族意识上的团结，不是形式上的划一的汉化。”在开发建设边疆问题上，他也提出了一系列切合实际并经得住时间考验的原则意见和具体实施步骤。这些对中国民族的研究与民族问题的解决起了奠基性的作用。后来吴泽霖在1987年撰文回忆，抗战爆发后，学者们随着国民政府西迁到西部，发现少数民族对国事了解太少，民族认同缺乏，还有些跨边境分布的民族对国境和国籍的认识十分淡薄。由于国民政府西迁，少数民族集中的西部成了抗战的大后方。无论是从团结抗战，还是从巩固国防、维护边界的角度考虑，少数民族事务都是一个迫切的问题。

吴泽霖还在人类学和民族博物馆学方面有着突出的贡献。他在清华大学开设了人类学系，并以大量人类学方面的著作，阐述了人类体制和人类社会演化、发展的历史过程，同时呼吁国际社会提倡理性，建立和平，共同谋求人类社会的发展和繁荣。他发表了《现代种族》、《人类的来历》等著作与论文。其中《现代种族》一书，是我国最早的较为系统的一部人类学著作。在这本书中，他提出了种族的科学涵义、划分标准和分类原则，并从科学的分析中批判种族不平等论的各种“依据”，得到了中外学者的高度赞扬。他主持编译的《人类学词典》是新中国成立以来大陆出版的第一本人类学词典。全书共有 10630 个词条，包括人类学的四个分支：体质人类学、文化人类学、考古学和语言学的名词术语以及国外人类学家的简介。

吴泽霖还积极倡导发展中国民族博物馆事业。早在贵州、云南等地做民族实地调查的时候，他收集了大量西南少数民族的珍贵文物和历史资料，并陈列在清华大学人类学系的民族文物室，新中国成立后移交给中央民族学院扩建的民族文物室。他撰写了《关于少数民族文物的一点认识》、《论博物馆、民族博物馆和民族学博物馆》等文章，详尽阐述了它们的涵义、功能、分类以及彼此间的隶属关系，并引证了欧美等国博物馆事业的发展、演变和现状，绘出了建设符合中国特色的民族学博物馆事业的蓝图。

可以说，吴泽霖一生致力于社会学、民族学的研究和教学，对我国社会学、民族学、人类学学科基础的奠定和发展做出了贡献。他是社会科学领域内的拓荒者之一，他的奠基作用是不可忽视的。同时，他也培养了一大批优秀的人才，如费孝通、袁方等人，长江后浪推前浪，他们在中国社会学和民族学的领域里做出了更大的贡献。著名华籍美国人、作家沙博理（Sidney Shapiro）给予了吴泽霖高度的评价：“他对这种种族和宗教上的歧视所做的分析、见解，在中国学者中实属凤毛麟角”，“（他）是中国民族史上的权威”。

（金凡）

参考书目

1.《中国百科大辞典》，中国大百科全书出版社，1999 年版，第 5715—5716 页。

2. 杨雅彬著：《近代中国社会学》（上），中国社会科学出版社 2001 年版，第 175—194 页。

3.《吴泽霖民族研究文集》，民族出版社 1991 年版，第 433—436 页。

潘光旦

潘光旦（1899—1967），字仲昂，江苏宝山（今属上海市）人。我国著名的优生学家、民族学家和教育学家，专长生物进化与遗传、优生学、社会史、家族制度史、儒家哲学、民族史。1913年至1922年就读于北京清华学堂。1922年至1926年留学美国，先后在达茂大学、哥伦比亚大学研究院攻读生物学、动物学、古生物学、遗传学，获学士、硕士学位。1926年回国后，至1952年，先在上海地区多所大学，后在清华大学、长沙临时大学、昆明西南联合大学任教授。除教学外，他还曾先后担任吴淞政治大学教务长、吴淞中国公学大学部社会科学学院院长、清华大学及西南联大教务长、社会学系主任及清华大学秘书长、图书馆馆长等职。主讲优生学、家庭问题、西洋社会思想史、中国社会思想史、人才论等课程。1951年全国院系调整后直至去世，一直在中央民族大学任教授，并兼研究部第三室主任。

主要著译作品约600万字，译注了霭理士的《性的道德》、《性的教育》、《性心理学》等书，并写成《潘光旦文集》、《潘光旦民族研究文集》、《性与民族》、《中国伶人血缘之研究》、《明清两代嘉兴的望族》等著作。国务院曾根据他的研究确认了土家族。晚年他还与人合作翻译达尔文巨著《人类的由来》。

一、潘光旦是中国优生学的先驱，毕生为学的基本目的是优种强国。20世纪30年代前后，属意于优生学，他对人才、家庭、民族、文化、教育、经济和政治等社会问题的研究，基本立场和眼光都是优生学的。1926年回国后，他积极开展优生学研究与宣传工作，致力于为提高中华民族素质求优生之道，发表了许多优生学方面的著作与论文，如《优生概论》、《优生原理》等，主编《优生月刊》，率先在大学开设优生学课程。提出了“优生学之目标在增强体格健全，性情良善，操行端正，从公资质聪颖之社会分子”，“优生学之任务不外使人人了解婚姻之举不特为个人之终身大事，亦为种族之终天大事；而生男育女，不仅家庭之祸福攸关，亦社会安危所系。”他认为不能只是讲求个人进步，也不能只是讲求社会进步，从长远考虑，从人类社会的前景考虑，还必须讲求种族进步。为了种族进步，便不能忽视优生原理。他发挥了中国儒家的基本精神，利用现代科学知识改进遗传倾向和教育去培养日臻完善的人的身心素质。早年提倡优生学的时候，遗传学还处在很幼稚的阶段，他凭着对人类历史的深刻思考和对社会的精密观察，一面对当时欧美优生运动中怀有种族主义色彩的旧优生学采取严肃批评绝不苟同的立场，一面指出人类“精质演进之意义有限”；这些都说明对于改变人口中的基因频率的复杂性和困难在那时就已经有了相当实际的估计。所以从不把优生学看作是改造人类社会的万应锭和如意丹。在他的眼光里，优生学的作用，仅仅在于通过文化势力的选择作用，使人口中有利的基因得到维持和增益，有害的基因受到贬抑和削减，大体上是一种引导人口朝着提高质量的方向发展的主张。人口中有关可遗传品性的基因频率在选择作用下发生的增减变化，都是通过婚姻和生育来实现的。人类社会自有文明以来，风俗、习惯、组织、制度、伦理、宗教、理想等等文化势力，举足可以直接影响到婚姻和生育的行为，所以，对于种种社会文化势力的研究，往往特别着重于它们对于婚姻、家庭、乃至性心理方面的影响，并且根据它们对优生作用的利害关系而加以褒贬。从这些研究中得出的许多结论未必全都正确，这本来就是人类知识进步过程中一向不可避免的事情，但他那种追求真理，独辟蹊径，以开拓新人文思想自勉的精神跃然纸上，却是很令人感动和敬佩的。

二、文化人类学研究方法与研究内容中国化的先行者，开创“土家族与古代巴人研究”。西方文化人类学的传统研究方法是实地调查或叫田野工作。尤其是经过英国功能学派的主要代表人物之一马凌诺斯基及美国历史学派主要代表人物博厄斯的极力提倡后，实地调查几乎成了文化人类学的唯一方法。西方文化人类学的这种研究风格的形成是有他们自身的特殊原因的。这特殊原因主要在于马凌诺斯基和博厄斯时代及其之前的西方文化人类学的主要研究对象基本上都是无自己文字的民族文化，并且，在地域上与这些民族相邻的有文字民族，也大都没有关于这些民族的记载。因此，对这些民族的了解只能通过实地调查这一途径来获得，对他们的研究也只能局限于现状。但中国的情况就不同了。中国是世界上极少数文化没有中断过的国家，几千年来积攒了浩如烟海的文字资料，而这些文献资料是进行中国民族研究所不可忽视的重要组成部分。因此，中国的文化人类学研究显然不能照搬西方只重视实地调查的风格，而必须走人类学中国化的道路，必须有自己的特点。潘光旦是老一辈人类学家中较早看到这一问题并付诸于自己行动的学者。他不畏艰苦，先后两次跋山涉水深入湘西山区，进行实地调查。他的中国湘西土家族研究成果《湘西北的“土家”与古代巴人》和《访问湘西北的“土家”报告》，不仅是他本人为人类学中国化所作出的代表性成果，也是中国人类学与民族学中国化或本土化整个过程中的典范。在50年代的民族识别的研究方面，他全身投入，做出了突出的成绩。《湘西北的“土家”与古代巴人》通过文献资料的考证，仅直接参考与引证书目就有187种之多，其中史籍类有50种，地志类52种，笔记类有30种，其他类有55种。最终弄清了土家族与古代巴人的历史渊源关系，确定了土家族的特殊族源的研究成果。在民族识别工作中，做出了突出贡献。

三、潘光旦早在20年代中期就提出了位育的思想。1926年他写了《生物观点下的孔门社会哲学》，就孔门社会哲学和社会生物学进行比较研究，提出了社会位育概念。即“西文 Social adjustment 为‘社会位育’在《中庸》中‘致中和，大地为焉’之义，位者安其所也，育者，遂其生也。安所遂生适与生物学家研究生态学后所得之综合观念相吻合无间。”后来，他在《民族的根本问题》中又进一步说，“位”与“育”是两个老字眼，合成一个名词，却是新的。《中庸》上有“致中和，天地位焉，万物育焉”的话。安所遂生，就是位育。所以民族的根本问题或中心问题就是怎样在上文所说的环境之内，背景之前，求一个所以安所遂生之道。安所，属于生活中静的方面；换言之，就是民族秩序的维持。遂生，属于生活中动的方面；换言之，就是民族进步的取得。假若我们努力的结果，在双方都能收相当的成效，民族问题也就等于解决了。

四、潘光旦既是一位杰出的社会学家，也是一位杰出的人类学家，还是一位著名的民族学家。一方面他是中国人类学家中少数的几个兼通体质人类学和文化人类学的学者，另一方面是他中西兼通的深厚学术功底，把西方人类学、社会学、生物学、优生学等学科的理论、方法、概念和知识同中国传统做学问的方法，即文献资料考证方法以及中国社会文化实际密切结合了起来，产生了许多重要的研究成果，把人类学中国化或本土化的历程推到了他那个时代所能达到的最高境界。潘光旦一生的志业主要集中在开创一种贯通自然、社会、人文三大领域的气象宏大的学问。他的学术研究涉及的领域十分广阔，就形式而言，可以说主要包括个案性的专题研究和宏观的理论探索两方面。前者如早年的《冯小青——一件影恋的研究》，后来的《近代苏州的人才》、《中国伶人血缘之研究》、《明清两代嘉兴的望族》、《说五伦的由来》，晚年的《湘西北的“土家”与古代的巴人》等等。潘光旦的大体上属于宏观理论探索的文章实际上大多数并不是严格的论文，但是规模宏大，头绪繁多，立意深长，创见迭出，实在是一份更值得后人珍视的学术宝库。

（田　宇、农世杰）

参考书目

1.《明清两代嘉兴的望族》，上海书店，1991 年 12 月。
2.《湘西北的“土家”与古代巴人》，1955 年 11 月。
3.《潘光旦文集》，北京大学出版社，1994 年。
4.《潘光旦百年纪念文集》，北京大学出版社，1999 年。

吕振羽

吕振羽（1900—1980），原名吕典福，字行仁，学名振羽，我国著名的马克思主义史学家、革命家、教育家和民族学家。

1900 年 1 月 28 日，吕振羽出生于湖南武冈县（今邵阳县）溪田村，虽然家中经济困难但父亲还是较早地让他来到乡间的玉公山坊读书，少年时的吕振羽聪颖好学。

1915 年，吕振羽来到家乡的武东中学预科求学，在这所新式学校里，吕振羽摆脱四书五经，呼吸到了新学的新鲜空气。1916 年，吕振羽考入武冈县立中学，此时的他，产生了浓烈的爱国思想。1919 年，“五四”运动爆发，吕振羽带领同学以“反日仇货”形式声援北平，吕振羽被推举为武冈学生联合会的会长。1920 年，吕振羽高中毕业，考上了大学，但家中无钱，他只好回家，不久就结了婚。1921 年在父亲的支持下，又考入了省公立专门学校。1926 年初，省立工业专门学校和几个学校合并为湖南大学，吕振羽作为电机系学生于同年 6 月份毕业。

1926 年 7 月，北伐军进占长沙，吕振羽怀着爱国的热情参加了北伐军，在国民革命军新编第一师政治部任职。1927 年 6 月，他从江西来到南京，在新编第十军政训部工作，第一次大革命失败，国共两党分裂，他苦闷、思考着救国安民之道。同年 9 月，他愤走日本学习经济。次年 3 月，因经济困难回到上海，4 月份加入北伐军，任政治部前方办事处宣传组长。5 月 3 日，“济南惨案”发生，愤怒的吕振羽离开了北伐军。同年 7 月，他来到北平，在《国风日报》任编辑。不久，受“村治派”人物王鸿一委托在北平创办《村治月刊》，发表文章，走学术救国之路。

1929年5月他在《村治月刊》上发表了著名的《中国外交问题》一文。1930年1月，他离开了《村治月刊》，与一些人创办《新东方》，走上了学术研究之路，开始了对中国历史、思想史、社会学史和民族学的专业研究和探索。

1935到1937年间，他受中共北方局和刘少奇同志委派，驻南京与国民党当局进行“南京谈判”。1936年3月，吕振羽加入中国共产党。1939年9月，调任重庆国防部第三厅文化工作委员会委员。1942年3月他来到延安任刘少奇同志政治秘书和学习秘书。1949年10月，中华人民共和国成立，吕振羽被委派为大连大学校长兼党委书记。1951年任东北人民大学（现吉林大学）校长兼党委书记。1954年，他当选为第一届人大代表和人大民委委员。1959年，他当选为第三届全国政协委员。1961年任中央民族历史研究工作指导委员会委员。1967年1月，吕振羽受刘少奇冤案株连入狱。1975年1月出狱回家治病。党的十一届三中全会后，中央为其彻底平反，并让他担任中国社会科学院顾问。1980年7月，吕振羽因心脏病突发于北京逝世。

从创办《新东方》开始，吕振羽便主要致力于学术研究，在社会史、思想史与民族学方面，吕振羽一面精读古典书籍，一面实地考察，作出了卓越的贡献，写下了不少影响颇大的书籍，如《史前期中国社会研究》（北平人文书店1934年出版）、《殷周时代的中国社会》（上海不二书店1936年出版）、《中国社会史诸问题》（上海耕耘出版社1942年出版）、《中国民族简史》（大连大众书店1947年出版）和《中国政治思想史》等。

在《史前期中国社会研究》一书中，作者采取积极的研究方法，以神话传说和考古发掘成果相结合的方法，冲破了凝古风骤起之后古史研究的困惑局面。当时正值“五四”的强烈影响，国内史学界、资产阶级史学家和实证主义发起对封建史学、封建古史观严厉批判的凝古思潮。这本书很有影响，翦伯赞对吕振羽及其著作给予了很高的评价:“吕振羽的这一大胆尝试,不管其正确性达到了何种程度,把中国历史研究的领域,突破了‘阶级社会’的局限,从殷代再提到先阶级的原始时代,因而把‘历史怀疑主义者’在中国历史上所设定的封锁线,也彻底毁灭了,在这一点,吕振羽对于中国先阶级社会的研究上,是尽了一个开辟的任务。”①

在《中国民族简史》这本论著中,已形成了民族史研究的基本框架和内容提要,其要点为:民族起源、形成、发展、衰落;居住地区和移动情况;体质面貌、服饰住室、风俗习惯、婚姻关系与礼仪;社会经济形态和阶级关系、政治制度;语言文字、文化生活思想和宗教信仰;历朝民族政策及被压迫民族的反抗斗争;民族之间相互关系及中国民族关系的基本特征。作者还强调了民族研究中调查研究方法的重要性,并身体力行。

作为一个民族学家,吕振羽在民族学方面的学术贡献是巨大的,体现在他的民族学著作上,尤其是《中国民族简史》,他不仅考察了汉民族的形成发展,也考察了满、蒙、藏、回、彝、苗、黎等十几个民族的发展史,把汉族和少数民族并列考察是一个创举。这本著作在理论指导和方法论上,坚持以马克思主义为指导,在我国率先运用马克思主义唯物史观和民族理论研究民族史。如关于人类社会发展规律性,《中国民族简史》这样说:“世界人类并非同一个祖先,但其由猿到人和其以后社会发展的过程,却是一致的。”② 又如人种与民族的关系:“在长期历史过程中,中国各民族都不断杂入世界其他民族血液,世界其他民族也不断吸取中国民族的血液;中国各民族相互间的血统与同化,更有着一个长期的主体交流过程。”③

在对于具体史实和重要问题的分析、阐述方面,吕振羽在

---

① 蒯伯赞:《历史哲学教程》,新中国书店 1939 年版。

②③ 吕振羽:《中国民族简史》,大连大众书店 1947 年版。

《中国民族简史》中亦有独到之处。近代以来，关于中国人种的来源有各种不同的观点，如巴比伦说、埃及说、印度说、印度支那说、中亚说、新疆说、土耳其说、蒙古说、土著说，等等。国内学者一般持土著说，其他各说多出自外国学者。持土著说者，大多数认为中国人种属蒙古利亚种，未将马来人作为中国人种主要来源之一。吕振羽根据 20 世纪 30 年代以来所公布的考古资料，明确提出蒙古人和马来人是中国人种的两个主要来源。

关于中国各民族的起源问题，吕振羽反对把中国国内的不同民族都说成是“炎黄子孙”，认为此说是大汉族主义。我国现有 56 个民族，绝非都出自炎黄部落和华夏族系。认为满族是蒙古人种通古斯族的一支，其起源和形成是由鲜卑氏，到肃慎、挹娄，到勿吉、墨盒、渤海，再到女真，最后成为满族。认为回族主要来源是突厥人的一支。突厥族原信仰佛教，后伊斯兰教逐步传入，至元朝伊斯兰教成为突厥族的宗教，开始称回族。他还认为，自伊斯兰教在突厥族占有绝对支配地位后，来华落居的波斯人、阿富汗人、阿拉伯人等在伊斯兰教的强力纽带下，都与突厥族合流，从而形成回族。

建国后民族学研究中，吕振羽还提出，自古以来的中国各民族一直就是交错杂居，经济上相互支援、密切融洽。

吕振羽是我国第一代马克思主义历史学科的开拓者和奠基人之一，他毕生追求真理，勇敢探索，不断创造，为人崇仰。

吕振羽治学五十年，著述五百万字，在经济史、哲学史、社会史、民族文化诸方面都有卓越的贡献。

（刘　伟）

参考书目

1. 吕振羽:《史前期中国社会研究》。
2. 吕振羽:《中国民族简史》。
3. 朱政惠著:《吕振羽学术思想评传》,北京图书馆出版社 2000 年 1 月第 1 版。
4. 朱发建、张林发著:《吕振羽传》,湖南师范大学出版社,1999 年 4 月第 1 版。
5. 王忍之、刘海藩主编:《吕振羽研究文丛》,中共中央党校出版社 2002 年第 1 版。

李安宅

李安宅（1900—1985），字仁斋，笔名任责，河北省迁安县人，我国老一辈杰出的民族学家和社会学家、宗教学家，现代中国藏学研究的开拓者之一，曾任中国社会学会、中国人类学会顾问，中国民族学研究会理事、顾问等。1924～1926年在燕京大学社会工作研究生班学习，后留校，一方面工作一方面继续学业，1929年从社会学系毕业，曾在多所大学工作。1934年去美国进修，先后在加州大学伯克莱分校和耶鲁大学攻读人类学，在伯克莱分校跟博厄斯的著名弟子克鲁伯和罗维学习，在耶鲁大学师从博厄斯的另一位弟子，人类学家、语言学家萨丕尔。1935年暑假到墨西哥州西部的祖尼印第安地区考察，1936年暑假到墨西哥国内考察少数民族的乡村教育。李安宅到祖尼印第安地区进行考察后用英文写了一篇论文《关于祖尼人的一些观察和探讨》，1937年发表于《美国人类学家》杂志第39期。1936～1938年回到燕京大学任社会学系讲师。1938～1941年到甘肃南部拉卜楞藏族地区进行调查研究，三年的田野工作为他的学术生涯画上了浓墨重彩的一笔。1941～1947年在四川成都华西大学任教并兼任社会学系主任，创办了华西边疆研究所。受政治和社会环境影响，1947年离开中国，去美国耶鲁大学和英国牛津、剑桥、伦敦等大学进行学术交流。1949年偕夫人于式玉回到成都华西大学迎接解放。成都解放第二天，贺龙元帅亲切接见了李安宅夫妇。二人提出随人民解放军进入西藏，从事文化、教育、考察等工作，贺龙满足了他们的要求。1950年李安宅夫妇随人民解放军十八军进入西藏，1950～1955年间在西藏做了大量工作。曾任昌都解放委员会委员、文化组组长，参与创办昌都小学、拉萨小学，任拉萨小学副校长及拉萨解放军藏文藏语训练班教育长。1950年12月，受解放军十八军先遣部队派遣，李安宅、于式玉等人创办了西藏历史上第一所新型现代学校——昌都冬学，即冬季招收学生，以学藏文为主，汉文作为选修课程。1956年~1961年任西南民族学院教授、副教务长兼民族政策教研组组长。1962年任四川师范学院副教务长兼外语系主任、教授，1985年逝世。

李安宅一生著述颇多，主要集中在20世纪30~40年代。使其在国际人类学界崭露头角的是1937年在《美国人类学家》杂志发表的《关于祖尼人的一些观察和探讨》一文。祖尼是一个实行母系制的印第安人部落，在1935年李安宅调查之前，有不少人类学家已经进行过研究，如本尼迪克特、邦茹尔、斯蒂文森夫人及他自己的老师克鲁伯。李安宅经过实地考察后，对前人的一些论点提出了不同看法。他从宗教、首领、儿童教养、夫妻地位等四个方面进行了论述。概括出一个重要的方法论上的问题：对于陌生的文化没有进行全面研究，而在对有关事物仅仅一知半解的情况下，套用本民族文化的法则和逻辑进行推理来解释文化要素之间的意义，或用本民族文化的标准来认识和评价陌生的文化，从而得出不符合实际的看法，这是一些研究者的看法产生偏差的关键所在。这种文化相对主义的观点，对后来的研究者起着提示作用。文中还对美国人对待孩子的方式间接提出批评："像对待玩物般地抚弄婴孩以获取触觉满足并称之为爱，这不是祖尼人的行为模式。"美国人类学家基辛评价李安宅的考察说："一位中国学者在美国一个印第安社会所做的古典研究，足以提供充分的启发。"

作为现代中国藏学研究的开拓者之一，李安宅最具代表性的著作是《藏族宗教史之实地研究》。早在1938~1941年他在甘肃南部藏区以及之后在原西康省的藏族地区实地考察后，陆续发表了不少文章。他在 1947 ~ 1949 年到美国和英国进行学术交流期间，将曾在国内发表的著述用英文写成专著，交耶鲁大学出版社出版。后因为李安宅回国不久即解放，双方联系中断，原稿一直压在耶鲁大学。后来他根据手中英文稿副本译成汉文。在其逝世后，由“李安宅、于式玉教授遗著整理编辑委员会”请中央民族学院王辅仁教授对本书遗稿进行整理、校订，由中国藏学出版社于 1989 年出版。全书共分四编 15 章。第一编绪论，第二编佛教以前的信仰和早期佛教，第三编格鲁派（黄教）——革新或当权的佛教，第四编格鲁派寺院——拉卜楞寺。该书以拉卜楞寺为重点论述了藏传佛教格鲁派的产生、发展、寺院组织、宗教制度和代表人物等。拉卜楞寺位于甘肃南部藏族地区，是藏传佛教六大寺院之一。这六大寺院既是藏传佛教的中心，也是政教合一制度下，左右地方政权的黄教僧侣集团的中心，又是藏族地区传统文化教育的中心，同时也是巨大的经济实体。李安宅在 20 世纪 30 年代极其艰苦的条件下，用了三年时间住在那里进行实地科学考察，这在我国藏学研究中是创举，他根据实地调查成果写成的这部专著也是藏学研究中填补空白的力作。

李安宅还著有《社会学论集》、《边疆社会工作》等著作。他精通英、法等多种语言，翻译了许多外文著作，包括马凌诺斯基的《野蛮社会的性与抑制——母系社会与父系社会的比较》和《巫术科学宗教与神话》等，李安宅将前者译成汉文时将书名改为《两性社会学》，1934 年由商务印书馆出版。《李安宅藏学文论选》收入了 20 世纪 40 年代李安宅在国内发表的 17 篇文章。其中一篇是摘译，11 篇是根据他在甘肃南部和原西康省藏区的实地调查写成的，此外还有 5 篇用英文发表的关于藏族宗教（包括苯教和藏传佛教各教派）以及家庭生活的论文，译成汉文后收入论选。这反映出李安宅对藏族的调查研究区域从甘肃南部扩大到原西康省以及西藏地区。从大量的著作中可以看到李安宅的现代中国藏学研究中的开拓者地位，对藏族深入的研究也使他成为国际知名的藏学家。

李安宅不仅在学术上颇有建树，人格上也十分值得尊敬。抗战爆发后，他不愿生活在日寇的铁蹄下，携妻子离开北平，一路辗转，颠沛流离，最后到达兰州，到甘肃南部藏区极其艰苦的条件下从事调查研究。他从事人类学田野工作所具有的吃苦耐劳精神，永远值得后来的研究者学习。新中国成立前，身在美国的他本来有良好的学术环境和生活条件，却毅然回国迎接新中国成立，表现了崇高的爱国主义精神。在 50 岁的时候随解放军克服重重困难进入西藏，表现出极大的学术热情和社会责任感。作为一名德高望重的学者，他为西藏文化教育事业作了许多具体的工作，创建小学并担任校长，亲自授课，这是许多书斋人类学家不可能经历的。至今，受到他教育和帮助的西藏人民和教育工作者仍然十分敬仰和怀念这位老人。

李安宅的夫人于式玉也是藏学家，山东临淄县人。1926～1930 年在日本奈良女子高等师范学校学习。毕业后回国在北平女子文理学院和燕京大学工作。抗日战争爆发后与丈夫一起离开北平到达兰州，从事藏族文化促进工作和人类学调查研究。1946 年去美国，在哈佛大学和耶鲁大学图书馆工作，编辑了约 60 万字的《西藏学目录索引》。1949 年与丈夫一同回国，1950 年进藏，1969 年去世。《于式玉藏区考察文集》由中国藏学出版社出版。

李安宅逝世后，成立“李安宅、于式玉教授遗著整理编辑委员会”，1991 年出版了《李安宅社会学遗著选》，包括了他一生的许多重要著述。

（杨平珏）

吴文藻

吴文藻，汉族，1901年4月12日出生于江苏省江阴县夏港镇。中国著名教育学家，社会学、民族学家。中央民族大学教授、全国政协委员、民进中央常委。主要从事社会学、人类学、民族学的研究与教学工作。早年就读于江苏南箐中学，15岁时考入北京清华学堂（当时的官办留美预备学校），1923年从清华学堂毕业，赴美国留学，就读于新罕布什尔州的达特默思学院社会学系本科三年级；2年后，以优异的成绩获得学士学位，同年进入哥伦比亚大学研究院社会学系攻读博士学位。在校期间刻苦钻研，于1928年获得博士学位并获哥伦比亚大学“最近十年内最优秀外国留学生”奖状。1929年回国后，在燕京大学任教。在此后十年间，一直在为改变中国民族学和社会学的西方化境况而努力。1938年辞去燕京大学社会学系和法学院院长职务，同其妻子（谢冰心）南下，并于同年在云南大学任社会人类学教授；1939年创立云南大学社会学系，同时建立了燕大和云大合作的实地调查站；1940年在国民党政府最高委员会参事室担任参事，对边疆民族、宗教和教育问题进行研究，并兼任蒙藏委员会顾问和边政学会的常务理事；1946年担任中国驻日代表团政治外交组公使衔组长和盟国对日委员会中国代表顾问；1950年毅然辞掉驻日代表团的一切职务回国；回国后担任全国政协委员。1953年在中央民族大学任民族研究部“国内少数民族情况”教研室主任和历史系“民族志”教研室主任。由于1957年被划为右派，使他的才华被埋没了20多年，直到十一届三中全会后才得以改正。在这期间，他一直从事编译工作，1979年被聘为中国社会学学会、中国民族学学会、社会学研究会顾问。1985年9月24日在北京逝世。

主要著作有：《见于英国舆论与行动中的中国鸦片问题》（博士论文）、《现代法国社会学》（分上下二篇发表在《社会学刊》1932年第3卷第2期和1934年第4卷第2期）、《德国系统社会学学派》（载《社会学界》1934年第3卷）、《功能派社会人类学的由来与现状》（载《民族学研究集刊》1936年第1期）、《现代社会研究的意义和功用》（载《北平晨报》1935年1月9日）、《西方社区研究的近今趋势》（载《北平晨报》1935年4月17日）、《中国社区研究的西洋影响与国内近况》（载《社会研究》第101、102期）、《社区的意义与社区研究的近今趋势》（载《社会学刊》第5卷第2期）、《边政学发凡》（载《边政公论》1942年第1卷第5、6合期）、《新进化论》等。

吴文藻是最早主张民族学和社会学的“中国化”的人。基于当时中国民族学和社会学“始而有外人用外国文字介绍，例证多用外文材料；继而由中国人用外国字讲述，有多讲外国材料者”，民族学和社会学在中国文化市场上仍不脱为一种变相的舶来物。为了改变中国当时的现状，他和其他同仁一起共同寻找一种适合中国国情的有效理论构架，并以此作为思想指导，“培养独立的科学人才，来进行独立的科学研究。”将中国式的民族学和社会学“植根于中国土壤之上。”通过阅读大量的西方学派学术思想后，引进了英国功能学派作为有效的理论构架，于是吴文藻便写了《功能派社会人类学的由来与现状》一文，对英国功能学派作了详细介绍，以便于宣传和推广。

在对中国国情的研究阶段，他提出了社区研究，他认为社区研究是“大家用同一区位或文化的观点和方法，来分头进行各种地域不同的研究”，也就是“民族学家考察边疆的部落社区或殖民社区；农村社会学家则考察内地的农村社区或移民区；即静态的社区研究，以了解社会结构，或专作变异调查，即动态的社区研究，以了解社会历程；甚或对于静态与动态两种状况，双方兼顾，同时并进，以了解社会组织与变迁情况。”于是连续发表了多篇文章，如《西方社区研究的近今趋势》、《中国社区研究的西洋影响与国内近况》、《社区的意义与社区研究的近今趋势》等，阐明了社区研究是什么。

为了“使中国的民族学和边政学结合起来，为改造社会服务，以加速民族学中国化进程提供便利条件”，他便发起中国边政学，在《边政学发凡》中做了详细阐述。

吴文藻对中国的民族学和社会学做出了重要贡献。他的中国化主张对当代中国社会学和中国社会的发展起了重大推动作用，为新中国的社会学学科的教学和科研奠定了理论和方法的基础，为中国实现民族学与社会学的中国化培养了一批“独立的科学人才”。在被错划为右派期间，他没有选择放弃对民族学的研究，而是默默无闻地坚持；在他身患重病期间，仍然坚持审阅毕业论文，还强扶拐杖参加了答辩会。“就在他参加完最后一个学生的论文答辩会的几天后，他老人家倒下了。”“没能同亲人、学生和朋友们说上一句话，就闭上眼与世长辞了。”他将他的一生全部奉献给了中国的社会学和民族学，他将永远受到我们的尊敬与爱戴！为了纪念他，晚辈们设立了“吴文藻奖学金”，中央民族大学民族学与社会学学院每年为该院学生颁奖。

林惠祥

林惠祥(1901—1958),又名圣麟、石仁、淡墨。出生于福建晋江县。1921年,林惠祥考入厦门大学。先读预科一年。1926年毕业于厦门大学社会学系。毕业后,在厦门大学预科任教一年。这时人类学作为一门新兴学科出现,林惠祥于是赴菲律宾留学,拜师于美籍导师拜耶教授学人类学。1928年获菲律宾大学人类学硕士学位。学成归国后,先在南京的大学任特约著作员,后中央研究院成立,林惠祥应邀到中央研究院任研究员。1931年秋,林惠祥返回厦门大学担任历史社会学系教授。1937年"七·七"事变爆发,林惠祥携带大批珍贵文物赴南洋避难十年,于1947年秋重返厦门大学任历史系教授,新中国成立后又兼任系主任。1953年,厦门大学人类博物馆成立,林惠祥任馆长,后又兼任南洋研究所所长。1958年2月,林惠祥因突发脑溢血不幸逝世。

林惠祥在其短短的58年人生中写了18部专著和70多篇论文。他的专著有:《台湾番族之原始文化》(中国研究院社会科学研究所专刊第三号,1930年)、《文化人类学》(商务印书馆,1934年)、《中国民族史》(上、下)(商务印书馆,1936年)等。他的论文有:《福建武平的石器》(《古代文化》第18期,1937年)、《福建南部的新石器时代遗址》(《考古学报》第8期,1954年)、《福建武平县新石器时代遗物的研究》(1956年)、《中国东南区新石器文化特征之一:有段石锛》(《考古学报》第3期,1958年)等。

林惠祥一生孜孜不倦,勤奋好学,在人类学、民族学、考古学方面都有涉猎并有突出的贡献。

首先在人类学领域，林惠祥的贡献主要体现在被列为“大学丛书”之一的《文化人类学》一书。在这本书中，吸取了社会进化论派、传播论派及批评派各派的意见，并提出了自己的见解。对人类学总论、略史以及物质文化、社会组织、宗教艺术、语言文字等方面都作了详细的论述。在序言中说：编写本书的主旨是依最近的趋势，综合社会进化论派、传播论派及批评派的意见，采取各家的长处，融合为一，以构成相对的观念；“本书材料是由各书取来编译的，但这些材料常错综掺杂，有时且由编译者参考众说加以修改，此外还有少数地方是编者自己的臆说（例如中国的姑舅表婚、兄弟妇婚、原始社会组织的通性等）也插入其中，每篇之末各附参考书目，以明来源，并当介绍。”

本书开篇，下了一个定义，“人类学是用历史的眼光研究人类及其文化之科学：包含人类的起源，种族的区分，以及物质生活、社会构造、心灵反应等的原始状态之研究。换言之，人类学便是一部‘人类自然史’，包括史前时代与有史时代，以及野蛮民族与文明民族之研究；但其重点系在史前时代与野蛮民族。”关于人类学的分科，没有完全采用当时二分科的观点，提出四分科的观点，即将人类学分为文化人类学、体质人类学、史前学、民族志。他认为，文化人类学和体质人类学（两者重在原理研究）为史前学和民族志（两者重在事实研究）提供说明的原理，而后两者为前两者提供具体的材料。这本书中，还初步提出了应用人类学的思想。虽然没有把应用人类学作为一门单独的人类学分支学科提出来，但他非常重视人类学在现代生活中的作用。

其次是林惠祥在民族学领域的贡献。他是我国第一位研究台湾高山族的学者。在中研院担任研究员期间，先后于 1929 年、1935 年两次冒生命危险到台湾高山族村社，开展民族调查、考察。后根据其亲身经历写出了《台湾番族之原始文化》一书。这是我国现代学者调查高山族的第一本专著。

书中阐述了台湾番族的文化渊源。他运用丰富的考古学知识和广阔的文化视野得出高山人自昔便多有居住山地者，而非原住台湾西海岸的结论。这可充分体现他在研究台湾番族文化渊源关系上的独到见解。利用考古学知识说明民族的历史文化渊源问题，是林惠祥阐述台湾番族历史文化渊源的一个重要手段。但是在这本书中，林惠祥只局限于台湾东部的纵谷和沿海地带的考察就提出：番族是由南洋移入的。这是不全面的。虽然台湾东部沿海地区的族群与南洋土著民族确有密切的渊源关系，但在南洋土著迁入之前，高山族主体先民已从大陆迁入了台湾。直到1937年，林惠祥在福建武平发掘新石器时代遗址时发现大陆与台湾新石器的渊源关系。20世纪50年代，他在掌握更多考古资料基础上，通过对有段石锛的考察，得出台湾新石器文化传自祖国大陆的重要结论，进而指出高山族先民主要是从大陆迁去的，后来也有南洋土著漂徙台湾。这样，林惠祥对高山族族源的研究才画上了一个圆满的句号。同时，书中在描述物质文化时采用了“标本图说”法，这在民族志中是非常少见的。他将高山族的物质文化分为十类，并附图加以说明。图文并茂，使人一目了然。民族史研究是林惠祥学术生涯中的一个重要组成部分，而且其成果非常卓著，影响极为深远。1936年出版的《中国民族史》，代表了其民族史研究的最高成就。

在这本书中，不仅从一般意义上指明民族史的性质，而且进一步指出：“中国民族史为叙述中国各民族古今沿革之历史，详言之即就各族而讨论其种族起源、名称沿革、支派区别、势力涨落、文化变迁，并及各族相互之间接触混合等问题。”

林惠祥还讨论了中国古今民族的分类。他从历史上的民族和现代的民族两种角度对中国民族分类，然后将这二者根据其民族演变的线索联合起来，使两种分类并用而不致相互矛盾。他认为中国各民族在长期的发展中接触、融合，最后渐趋统一。在接触融合的过程中，以其中之一为主干，逐次加入其他诸系以扩大主干的内容，使主干的名称与文化保存下来而失去诸系的名称与文化。中国诸民族之中主干是华夏系，其他诸系则渐次与华夏系混合使其消亡或部分同化。以各民族每一次与华夏系接触融合并同化于华夏系为一期，将中国民族史分为秦以前、汉至南北朝亡、隋至元亡、明至民国四期。林惠祥的这一分类方法没有遵循此前以朝代的更迭为分类依据，也没有把民族史视为通史的附庸。而是突出了民族史自身的规律和脉络，突出了民族本身在民族史建构中的轴心地位。这一分期体系独具创意，是对中国历史上各民族发展历程的一个完整的概括。

还有，考古学的贡献，是他在菲律宾留学期间已有收集文物的爱好，并对博物馆产生了浓厚的兴趣。学成归国后先后赴台湾、福建等地进行考古发掘工作，发现了许多新石器时代有价值的遗物。林惠祥是华南新石器时代文化最早的发现者与研究者之一，他通过台湾的考古调查与发掘，写出了《台湾番族之原始文化》一书和《台湾石器时代遗物的研究》一文。随后他继续在福建境内考古调查，写了《福建武平县新石器时代遗址》一文。在临终之前他还完成了《中国东南区新石器时代文化特征之一：有段石锛》一文。

对考古学的贡献还体现在博物馆的创建。他是厦门大学人类学博物馆的创始人，其中的文物都是他私人收藏并无偿捐赠的。可以说他是一位传奇式的博物馆学者。

林惠祥还是一位成功的教育家。先后担任过《社会发展史》、《人类学通论》、《考古学通论》、《中国民族史》、《南洋史》等多门课程的教学。是新中国成立后厦门大学第一位副博士生导师，培养出两名考古学副博士研究生。

（勉丽萍、张新玲）

参考书目

1. 汪毅夫、郭志超主编：《纪念林惠祥文集》，厦门大学出版社，2001 年。

2. 林惠祥：《台湾番族之原始文化》，上海文艺出版社再刊，1930 年。

3. 林惠祥：《文化人类学》，商务印书馆，1934 年。

4. 林惠祥：《中国民族史》（上、下），商务印书馆，1936 年。

凌纯声

凌纯声，字民复，江苏武进人。生于 1901 年，于 1981 年逝世，他是我国当代著名的民族学家、历史学家。凌纯声早年就读于国立中央大学，后又留学法国巴黎大学，师从人类学家 M. 莫斯等研习人类学和民族学，并获得博士学位。归国后，凌纯声积极从事民族学研究和开拓工作，先后任中央研究院历史语言研究所研究员、民族学组主任，国立边疆教育馆馆长，教育部边疆教育司司长，中央大学教授、系主任。中华人民共和国成立前去台湾省，先后任台湾大学教授、台湾中央研究院民族学研究所所长、台湾中央研究院评议员、院士等。

凌纯声一生著作甚丰，有专著 12 本，论文 74 篇。1933 年，凌纯声与芮逸夫、勇士衡等人受当时的中央研究院社会科学研究所的派遣，深入到苗族腹地调查。当时，民族压迫和民族歧视相当严重，湘西匪患成灾，要深入到苗乡开展调查工作，困难重重。但是凌纯声认为，苗族有许多独特的东西需要研究，更需要向政府当局和社会呼吁，向世人展示苗族的存在以及悠久的历史和灿烂的文化，以此引起政府和社会各界对苗族的不被承认、政治无权、经济贫困的广泛关注。而作为一名民族学工作者，凌纯声很期望搜集到大量能反映出苗族文化特色的第一手资料，因此他历经数年，终于撰写出了苗学研究的权威论著《湘西苗族调查报告》（1948，商务印书馆）。这本书以叙述性的报告形式写成，涉及到苗疆的地理、苗人的生活、习俗、鼓舞、语言、歌谣、故事等各方面，是包括民族学、民俗学、苗族历史和语言文化等方面知识的科学著作。该书出版后在国内外引起了强烈的反响，学术界给予了相当高的评价，认为是“一本可以称为民族的煌煌大著”，不仅弥补了日本人鸟居龙藏《苗族调查报告》出版后四十多年的“遗憾”，而且“其成就又远远超过鸟居氏而上之。”该书是“作者亲身体验仔细观察的成绩”，“表现出作者对于各种学科修养的渊博。”1934年，凌纯声又研究了我国东北赫哲族的文化，把他们的生活分为物质的、精神的、家庭的和社会的，并写成著作《松花江下游的赫哲族》(1934，台北南天书局)。这是一本民族志的研究。早在1934年，凌纯声深入到浙江省丽水县(现为丽水市)对畲族图腾文化进行考察，撰写出一篇论文《畲族图腾文化的研究》，现收入凌纯声论文集《中国边疆民族与环太平洋文化》(1979，台北联经出版社)，他对与畲族图腾崇拜有密切关系的盘瓠传说、祖杖、祖图、族谱、头冠、文学、民歌、风俗习惯等，图文并茂，详细地文字说明，并与世界犬图腾分别进行比较研究，这为我们研究畲族历史文化提供了重要资料。除了上面介绍的几本著作外，凌纯声一生的主要著作还有《中国边政制度》(1948)、《边疆文化论集》(1953)、《中泰文化论集》(1958)、《台湾与东亚及西南太平洋的石棚文化》(1967)、《中国远古与太平印度两洋的帆筏戈船方舟和楼船的研究》(1970)、《中国与海洋洲的鬼祭文化》(1972)、《中国边疆民族与环太平洋文化》(1979)。这些著作对研究中国民族学和民族学的比较文化研究具有重要参考价值，为建立和充实中国民族学的宝库发挥了重要作用。

凌纯声在民族学的实地调查和比较研究方面做出了重要贡献。他早期认为民族学只研究“落后民族”或“史前民族”，内容只限于生活和文化，故所写调查报告往往偏重生活文化现象的罗列。40年代，转而注意边疆民族问题和边政建设问题。移居台湾后，多次调查台湾少数民族的社会文化，进而探讨中国古代文化与环太平洋地区土著文化的传播关系。凌纯声在研究台湾山地族时，发现他们的土著文化甚为复杂，而造成这一现象的原因是因为山地土著人口分族较多，而且各族来源有别，或者同一来源而迁入的时间不同。台湾土著的语言文化主要属南岛（Austronesian）系，而南岛系分支的印度尼西安（Indonesian）、美拉尼西安（Melanesian）、玻利尼西安（Polynesian）和米克罗尼西安（Micronesian）四族文化都曾经过或留存在台湾，此外有古亚洲系（Palae - Asiatics）及小黑人系（Negritos）。在远古史前时代，古亚洲系在东亚北部，南岛系在南部，为东亚两系主要文化，分布区域自蒙古高原和西藏高原以东而迄于海，因这一地带东滨海洋，凌纯声称此二者为海洋文化；这一海洋文化在太平洋的西岸自东北至南亚成长与发展，向东移植横渡太平洋或道经白令海峡，而远达太平洋东岸的南北美洲。又在中国自大陆的华夏文化西来到达东亚之后，与土著的海洋文化，互相涵化而形成了中华文化，所以凌纯声主张中国文化的基层是古代东亚的海洋文化。而台湾地处大陆与海洋之间，东北亚与东南亚海道交通的要站，南北两系的海洋文化均曾到达，而且高山及东部平原的山地族，一直保存着不少的固有文化。所以台湾民族学的材料，是研究中国古史、大洋洲及南北美洲民族文化的比较珍贵的资料。凌纯声的《中国酒之起源》就是用民族学的方法来研究中国古史的例子。台湾土著酿酒方法，除咀嚼之外，还有坏饭与草麴二种，中国古代造酒的起源，有咀吷、糵造、秽饭及麴造四种，而台湾有其三，且多保存其原始方法，而美洲亦有咀嚼与糵造等方法。所以《中国酒之起源》是利用太平洋区诸民族的原始造酒方法，而来比较研究中国酒之起源的。从凌纯声的这些研究中我们可以看出，他所研究的范围和运用的资料都逐步扩大。举凡考古学、民族学、历史学和民俗学的材料均能兼容并收。

民族学研究中最为主要的就是要获取第一手资料，而在我国早期民族学研究中，民族学工作者就要在艰苦条件下跋山涉水，风餐露宿，深入各少数民族地区开展调查。毫无疑问，凌纯声在我国民族学田野调查工作中可谓先驱。正是因为有他这样的一批民族学家们通过长期、扎实的田野调查工作，为民族学带来了十分丰厚的资料和规模庞大的著述，促使中国民族研究各学科的发展，滋养了中国民族研究学界的后继者！

（明彦华、凌炜）

参考书目

1.《中国大百科全书·民族卷》。
2.《湘西苗族调查报告》，商务印书馆，1948 年。
3.《二十世纪中国民俗学经典·物质民俗卷》，社会科学文献出版社，2002 年。
4.《松花江下游的赫哲族》，台北南天书局，1934 年。

杨堃

杨堃（1901—1998 年），中国民族学家、社会学家、人类学家。又名杨象乾、杨赤民、杨会基、张好礼。河北省大名县人。1921 年赴法国勤工俭学，就读于法国里昂中法大学、巴黎大学，1925 年获法国里昂大学理科硕士学位，1930 年获文科博士学位，同年与张若名结为中国历史上第一对博士夫妻。1931 年回国，先后在河北大学、中法大学、清华大学、燕京大学、北京大学、华北大学、云南大学任讲师、副教授、教授、系主任，在北平中法汉学研究所任研究员，还曾参与发起成立中国民族学会，并任《民族学研究集刊》特约撰述人。

中华人民共和国成立后，他多次深入彝族、白族、傣族、苗族、佤族、哈尼族居住地区，进行民族识别和实地考察。20 世纪 50 年代撰写的《什么是民族学》、《试论恩格斯关于劳动创造人类的学说》等文，是中国较早运用马克思主义理论研究民族学和人类起源论的著作。他 1951 年加入中国民主同盟，1984 年加入中国共产党。曾担任中国社会科学院民族研究所研究员、研究生院教授、博士生导师。并任中国民族学会、中国社会学会、中国人类学学会、中国民间文艺研究会、中国少数民族经济研究会、中国神话学的顾问和中国民俗学学会副理事长。1998 年 7 月 26 日在京病逝。

杨堃一生著述甚丰。新中国成立前，杨堃曾参与发起成立中国民族学会（1934 年），并任《民族学研究集刊》特约撰述人。并且先后参加《鞭策周刊》、《西北研究》、《社会学刊》等刊物的编辑工作，为《社会学辞典》（孙本文主编）撰写民族学、民俗学等方面辞条数万字，并先后担任民族学会《民族学报》的编委、《民俗季刊》编委等工作。这期间其著作有《人类学大纲》、《民族学与人类学》、《灶神考》、《法国民族学之过去与现在》、《民俗学与社会学》、《莫斯教授的社会学学说与方法论》、《社会学文存》（1938年）、《中国家族中的祖先崇拜》（1939年）、《中国儿童生活之民俗学的研究》（法文版，与张若名合作，1939年）、《葛兰言中国学研究导论》（1939年）、《社会发展史鸟瞰》（1939年）、《民俗学与民族学》（1940年）等。抗战胜利后，杨堃的主要论著有：《论中国的母系社会制度》（1945年）、《我国民俗运动史略》（1948年）、《云南农村》（1949年）等。

20世纪50年代，在经过实地调查后，他撰写了《凉山彝族的手工业》、《云南红河哈尼族彝族自治州元阳县哈尼族的宗教生活》的调查报告。他在经过十多年的调查工作、获得了大量第一手资料后撰写的《什么是民族学》（1957）、《试论恩格斯关于劳动创造人类的学说》（1957）、《关于摩尔根的原始社会分期法的重新估价问题》（1964）等文，是中国较早运用马克思主义理论研究民族学和人类起源论的著作。

“十年浩劫”中，杨堃被当作资产阶级学术权威受到冲击、批斗，70多岁的老先生曾被送到农场劳动，被抄家4次，数万张读书卡片被洗劫一空。

1978年他被调任中国社会科学院民族研究所任研究员，并在北师大等大专院校讲课，担任博士生导师至1996年底。此间，他先后整理出版了《民族与民族学》（1983年）、《民族学概论》（1984年）、《原始社会发展史》（1986年）、《杨堃民族研究文集》等专著，发表《论人类起源学的几个问题》（1979年）、《试论原始社会的分期问题》（1980年）、《关于神话学与民族学的几个问题》（1982年）、《中国民俗学运动史略》（1982年）、《民俗学和民族学》（1983年）、《论神话的起源与发展》（1985年）、《女娲考》（1986年）等论文。在翻译介绍方面，他有《汪继乃波民俗学》、《中国古代的节令与歌谣》、《法国现代社会学》、《论列维—斯特劳斯的结构人类学派》等译作。

杨堃的研究领域涉及民族学、民俗学、社会学、原始社会史、原始宗教、民间宗教。

（一）民族学

中国的民族学开创于20世纪20年代，对中国民族学发展影响较大的，有蔡和森、吕振羽、杨堃、林耀华、吴文藻、费孝通等人，他们有一共同特点，就是重视田野调查工作。

除却大量的著述外，杨堃还致力于实地调查。1947年寒假，到云南大学任社会学系教授兼系主任，开始民族学的三地调查工作。1951年暑假，与刘尧汉带领云南大学社会学系学生到武定民族地区实习，搜集了许多资料，撰写了调查报告。1953年，转入历史系任教授并任云南民族史研究室主任。1954年，参加云南省的民族识别工作，写有总结报告。1956年参加云南少数民族社会历史调查工作，撰写了调查报告。1959年，参加了云南彝族简志的编写工作。1960年，参加四川大凉山彝族的调查工作，写有《凉山彝族的手工业》。1966年到红河哈尼族彝族自治州对哈尼族进行调查，写有《云南红河哈尼族彝族自治州元阳县哈尼族的宗教生活》的调查报告。

（二）民俗学

杨堃在其漫长的民族学民俗学研究生涯中，考察了大量的民间文艺现象，撰写了一批研究文章。其对民间文艺事业的贡献，主要体现在对宗教、民俗事象中的民间文艺现象的考察，而尤以对神话的研究最为突出。

1. 神话的界说、产生与发展及其神话与宗教的关系方面的认识。《神话与民族学》等文中提出了自己的看法。他认为马克思关于神话的定义是从文艺的角度来下的，仅适合于原始社会的神话。

2. 利用民族学知识和资料研究民间文艺学及原始意识形态。杨堃学术研究中一个明显的特色，是利用民俗资料、民间文艺资料研究民族学问题，同时利用民族学知识和资料来开拓民间文艺、民俗学的研究角度与领域。他在《女娲考》中写道："我发现，我们的民间文学工作者，仅知从民间文学的观点去调查传说，而不知从民族学的观点或民俗学的观点去调查这一民族、这一地区的风俗习惯和民间生活与民间文化的全貌，那就带有局限性，而说服力不强。"①

（三）社会学

杨堃在法国曾师从法国年鉴学派大师葛兰言，接受法国社会学系统的教育。在回国初期，他翻译和撰述了不少著作向国人阐述法国社会学派的理论和方法。并曾专门著述作社会学与民俗学、社会学与民族学学科间的区分。

杨堃是我国著名的老一辈社会学家、民族学家、民俗学家与人类学家。他早年曾留学法国，归国后致力于向国人介绍法国社会学年刊派的学说与方法，并积极实践，参与了我国现代社会学、民族学、民俗学、人类学、神话学以及原始社会史等学术领域的拓荒工作。

他还是一位著名的教育家，曾在多所高校执教，毕生献身于我国现代社会科学的教学与科研事业，为国家培养了许多人才，为我国的社会科学做出了很大的贡献。

长期以来，他对法国社会学、民俗学及民族学的介绍和评论，在丰富和扩大了我国学术界的视野的同时，为中法文化的交流也做出了重要的贡献。

杨堃一生历尽坎坷，但他为我国社会学、民族学与民俗学事

---

① 《中国民俗学家——杨堃》，中国民俗学会网。

业奋斗不止的精神，却始终未曾改变。

（胡　琰）

参考书目

1. 大唐资料网。

2. 王铭铭：《西方与非西方》，北京，华夏出版社，2003年。

3. 杨堃：《社会学与民俗学》，成都，四川民族出版社，1997年。

4. 王建民：《中国民族学史》，昆明，云南教育出版社，1997年。

5.《中国民俗学家——杨堃》，中国民俗学会网。

杨成志

杨成志（1902—1991），汉族。著名的民族学家、人类学家和民俗学家。1902 年 5 月 1 日生于广东海丰县汕尾镇盐町头村。年幼时在“子曰馆”三年。19 岁考入海丰中学。1920 考入英国教会办的佛山华英中学。1923 年春，直接升入美国教会私立岭南大学文科历史系，边读书边在附中兼课。1925 年在何香凝任所长的“妇女讲习所”讲授新闻学。1927 年岭南大学毕业后到中山大学语言历史研究所工作，并与何思敬、崔载阳、庄泽宣、钟敬文等人发起成立“中国民俗学会”。开设民俗物品展览室，举行公开展览。同年，与顾颉刚、崔载阳、容肇祖、钟敬文等人联合开办民俗讲习班，主讲“民俗学问题格”。同年夏，受原中央研究院和中山大学合派，与俄国学者史国禄教授夫妇及容肇祖同赴云南调查少数民族情况。其后，一人继续留在云南调查。后赴四川大凉山彝族地区，调查研究彝族奴隶社会结构、生产方式、文化传统、宗教信仰、语言文字以及风俗习惯等，同时还对金沙江沿岸及昆明、河口等地的苗族、瑶族、傣族、安南（即今越南）人等作了调查。在大凉山向彝族巫师调查学习宗教经文时，彝族巫师曾用彝文书写一对条幅送给他：“冷了烤篝火，饿了吃炒面”，以朴素的语言表示对他从事民族学田野考察工作的敬意。杨成志结束了在滇川的调查之后返回学校。1932 年受中大委派法国留学，先就读于巴黎人类学院，两年后获“人类科学”毕业高等文凭。随后转读于巴黎大学。杨成志在留学四年期间，还先后考察了法国、英国、德国、比利时、意大利、苏联等国的民族博物馆、大学人类学系和研究所，收获颇丰，为日后教书治学储备了有益的经验。1935 年冬，杨成志学成回国，复职于中山大学。1936 年 9 月，主持恢复曾一度停刊三年的《民俗》周刊，改为《民俗季刊》（16 开本），任主编之一。1944 年冬，由教育部选派赴美，先后访问了华盛顿国立人类学博物馆、纽约自然博物院人类学部、波士顿哈佛大学和耶鲁大学、芝加哥自然博物院人类学部，以及新墨西哥州的印第安人保留区等地，进行人类学、民族学以及民俗、考古、语言、社会等专题考察，并对种族歧视发表意见，体现了一个中国人类学家的正义感和人道主义精神。1945 年，杨成志回国，重返中山大学复职。在 30—40 年代期间，曾先后担任中大教授、研究院秘书长、文科研究所所长。访美归来后开办人类学系，又相继担任人类学部主任、人类学系主任等职，为我国南方各高等院校培养了最早的一批人类学、民族学和民俗学等学科的教学与科研骨干。他们中的戴裔煊、江应樑、王兴瑞、王启澍、梁钊韬、曾昭璇、吕燕华、刘孝瑜、容观夐、张寿琪、岑家梧等人，已成为中国人类学、民族学界的知名专家。1949 年冬，杨成志在中央民族事务委员会工作，先后参加《中国少数民族分布简图》、《中国少数民族文学简表》、《中国少数民族地区旧省政制概况》等编写工作，并参加了中央中南访问团，任第一分团广西联络组组长，调查广西的壮、侗、苗、瑶等少数民族的社会历史，编印民族概况等。自 1952 年起，任中央民族学院教授兼民族文物室主任。1954 年春，主持举办"少数民族文物工艺展览"。同年 10 月，举办"少数民族高山族文物图片展览"，并在 1954 年 10 月 17 日的《光明日报》上发表《台湾高山族物质文化》一文。1955 年，配合"中国少数民族语言科学座谈会"举办"中国少数民族文学展览"。1956 年，任《中国民族博物馆十二年远景规划》召集人和撰稿执笔人。同年，与潘光旦、吴文藻二教授共同起草《中国民俗学十二年远景规划》。1956—1962 年期间，多次赴广西大瑶山调查，主编了《大瑶山瑶族社会历史调查报告》。自1984年退休整理旧作，著述新章，直至1991年5月30日逝世。

杨成志一生著述颇丰。在云南调查期间，著有《云南民族调查报告》，研究了云南少数民族的民俗及民间文艺内容。还编著了《云南罗罗族的巫师及其经典》、《罗罗太上清净消灾经对译》。前者介绍了罗罗与巫师的关系、罗罗经典的内容、罗罗经典的两实例及罗罗经典的分类。1930～1934留法期间，写成《中国西南民族中的罗罗族》，在巴黎中国社会科学研究会上演讲，介绍作者在云南调查时发现彝族巫师和经文的经过，并论及彝族原始宗教与原始思维、巫术、彝文起源传说以及经咒分类等。1928年，译英国民俗学家班恩女士《民俗学问题格》，又与钟敬文先生合译《印欧民间故事型式表》。1945年译美国当代著名人类学家博厄斯所著的《人类学与现代生活》，1945年初版，1985年商务印书馆根据1945年版本重印再版。《杨成志民俗学译述与研究》1989年由高等教育出版社出版。

杨成志先生的学术特点，首先是民俗学、民族学和人类学三者相结合。正如他在《我走过的路》这首自述诗中所说的："民俗民族人类学，三业互通相辅而成，"这三门学科研究对象相连，考察角度相近，研究方法相似，将它们"互相关联渗透进行实地调查研究"，比分开单科探讨深入得多。杨先生最先涉足于民俗学。其后，在赴边疆少数民族地区考察中，开始接触民族学。两度留学海外，又促使他挺身于更为广阔的人类学领域。主攻学科的先后经历与自述诗中的排列顺序，当非巧合。每一次接受新理论、新方法，他都把前一主攻学科内容纳入其中做综合研究。这样，视野的开阔与角度的更新，使得他的研究面扩展了，深度增加了，触类旁通，相得益彰，互为关联，相辅相成。我们从前述简介中可窥一斑。

其次，他将西方民族学著述翻译介绍给中国，为国内学术界拓宽眼界。就像他在《人类学与现代生活》一书的“译者序言”中说的，“为了使国内学者对国外学术流派的理论、方法及其影响等有一个比较客观的和健全的见解，”从翻译《民俗学问题格》一书起，他便开始了民族学译著翻译与引进。在这方面，他为我国学术界做出了很大的贡献。

可以说，杨成志教授学术生涯肇始于民俗学，在国内外学术界均享有较高声誉。日本民俗学家白鸟芳郎、君岛久子、直江广治以及香港人类学教授谢剑生，都很推崇杨成志先生。国内学术界也给予他应有的荣誉。杨成志教授曾分别在“中国民间文艺协会”、“中国民俗学会”、“中国人类学会”、“中国民族学会”、“中国社会学会”、“中国民族古文字研究会”、“百越史研究会”等学术团体中担任理事或顾问，是我国民族学、民俗学及人类学史上一颗耀眼的明星，享有“南杨（成志）北吴（文藻）”的美名。

（王宁一）

参考书目

1.［美］顾定国著，胡鸿保、周燕译：《中国人类学逸史》，北京，社会科学文献出版社，2000年12月。
2. 王文宝：《中国民俗学史》，巴蜀书社，1995年。
3. 欧潮泉：《基础民族学：理论、人种、文化》，贵州人民出版社，1999年。

方国瑜

方国瑜（1903—1983），1903年正月十八出生在云南省丽江县大研镇的一个纳西族地主家庭。他是家中次子。5岁时，因跌跤，右眼触在香烛上，从此眼病绵延。1932年夏，先后从北师大国文系和北大研究所国文系毕业。1981年成为云南省历史学科第一位博士生导师。1983年12月24日因脑溢血逝世，享年80岁。1984年1月中共云南省委追认方国瑜为中国共产党党员。方国瑜先后担任北师大研究所编辑员、洛阳师范学校教师、北平私立民国大学国文系教授、云南大学文史系教授、文史系主任、文法学院院长，兼任云南省通志馆编审、审定、续修之职。新中国成立后，担任首届云南省历史学会会长、九三学社云南省工委副主委、云南省人民政府民族事务委员会委员、全国人民代表大会民族事务委员会委员、第一、二、三届云南省人民代表大会代表、第三、四、五届全国人民代表大会代表、全国史志编纂委员会顾问、中国西南民族研究学会顾问、中国教育学会理事等职。方国瑜是个勤奋好学的学者，从上大学直至逝世，几乎每年都有文章发表，留下了他求学问道的足迹。其主要著作有《云南民族史》（1955年）、《元代云南行省傣族史料编年》（1958年）、《纳西象形文字谱》（1980年）、《滇史论丛》第一辑（1982年）、《云南史料目录概说》（1984年）、《彝族史稿》（1984年）、《中国西南历史地理考释》（1987年）等17部，发表了《论中国历史发展的整体性》（《学术研究》1963年第9期）、《纳西族的渊源、迁徙和分布》（《民族研究》1979年第1期）、《〈史记·西南夷传〉概说》（《中国史研究》1979年第4期）、《试记“大理图志”诸问题》(《中国社会科学》1980年第1期)、《维护祖国统一，加强民族团结》(《云南社会科学》1982年第6期）等116篇论文。

《纳西象形文字谱》的出版可谓一波三折。方国瑜于1935年完成初稿，暂定名为《么些文字汇》。但太平洋战争爆发，美国人罗伦士把其修改稿全部带走了；1958年后他再次拿出旧稿修改，修改后更名为《么些文字谱》；1965年又再次修改文章，并将书名最后拟定为《纳西象形文字谱》，但因“文化大革命”的原因，当时没能出版。几经周折，三次修改后，书稿才于1980年由云南人民出版社出版。方国瑜在书出版后，希望把纳西象形文字的研究推向世界，让世界了解纳西象形文字。本书是研究纳西族社会历史、经济文化、宗教习俗等的宝贵资料，是云南民族历史文化的瑰宝之一。方国瑜为保存、研究和发展这一瑰宝做出了巨大贡献。

《云南史料目录概说》全书共分三册，一百余万字，收集了云南历史资料，分为文献资料和文物资料两大部分。方国瑜认为，史料目录是史学研究的基础。他在整理史料时特别注重两个问题：一是由劳动人民创造历史；二是中国自古以来都是统一的多民族国家，是不可分割的整体。1985年中华书局的邓经元对本书的评价是“本书对于云南史料的整理与研究，是在总结前人成就的基础上，确实扎扎实实地向前迈进了一大步。此书的出版，为云南史的研究奠定了良好的基础，也是近年来我国史学著作中难得的硕果。”“作者著述此书……历时四十余年……为作者呕心沥血之作。”这部书为云南历史研究奠定了扎实的基础。

《中国西南历史地理考释》是方国瑜的又一力作，全书共90余万字，按各个时期政区的地名情况分为六篇，即（一）上古至汉初；（二）西汉至南朝；（三）北周到唐前期；（四）唐代后期；（五）五代、两宋；（六）元、明、清。方国瑜认为：王朝史与中国史是紧密联系着的，但王朝史不等于中国史，王朝的兴亡不等于中国的兴亡，王朝的分合不等于中国的分合，所以王朝的版图不等于中国的版图。统一体内存在几个政权时期，也不能当作没有内在联系的混合体。《中国西南历史地理考释》是方国瑜用了近50年的时间对西南历史进行研究的结晶，有人称之为“为西南历史地理的研究提供了依据，是西南历史地理的奠基之作。”

方国瑜参与了《中国历史地图集》西南部分的绘制工作并担任主持。但他在一些问题上与绘图组的其他人员发生了意见分歧，他提出几个关于边界问题的宝贵意见，对一些图幅的画法提出异议；批驳了法国汉学家伯希和以民族分布来划分边界的谬论。恩格斯说过：“没有一个国家分界线是与民族的分界线即语言的分界线相吻合的。”① 他本着一个史学工作者对祖国、对人民的忠诚，对工作事业的认真负责态度，接二连三地写材料讲明历史真相，提醒人们要尊重历史，不要被政治形势所左右，一定要把这部书做成一部经得起时间检验的高质量、高水平的历史地图集。

暮年，方国瑜在眼疾严重的情况下还主编完成了《云南史料丛刊》。“过去的学者们都把资料视为个人的劳动所得，一般是不愿意公之于众的……在方国瑜无私精神的感染下，地方史研究室的几个同志还是开始了这项工作。”②

……

从以上著作及事实，不难看出：方国瑜在研究云南地方史、西南民族史、纳西象形文字和加强民族团结、维护祖国领土完整统一等方面做出了突出的贡献。

方国瑜在取得杰出学术贡献的同时，还为人才培养做出了巨

---

① 恩格斯：《工人阶级同波兰有什么关系》，见《马克思恩格斯全集》第6卷第176页。

② 徐文德：《学者、良师——痛悼方国瑜先生》。

大贡献。先后招收三届中国民族史研究生，培养了三名硕士研究生、一名博士研究生、一名外国留学生和一名外国进修生。他的这些弟子和再传弟子不少都成为史学研究和教学的鼎立人物。方国瑜提出要学生做到两件事：一是要能熟练地应用认识字、认识书、认识事的工具书；二是要学会收集资料、解决资料、鉴别资料、整理资料和分析处理历史事件。知名学者李埏说："……方国瑜先生真有耐心，不厌其烦地一一给我解答指教，使我涣然冰释，深受教益。他性情淑均，初看去似乎讷于言辞。可是一提及某一学术问题，他便源源不绝地详为讲说。我多次去拜谒他，只打算小坐一刻半时，结果常常是一两个小时才辞出。对他经学、史学、小学的精湛渊博，令我叹服，尤其是他的考据学。"① 方国瑜的学生这样评价他："先生谦虚谨慎，平易近人，严以律己，宽以待人，奖掖后生，扶持青年，诲人不倦，为后学师表。对研究生和青年教师尤寄以殷切期望，对读书门径、治学方法，无不耐心指点，纤悉以告，每次接谈，辄三数小时，娓娓不倦，凡向先生进业求教的人，无不为之感动。"② 方国瑜的人品从中也可见一斑。

方国瑜在介绍自己做学问的方法时说了三点：一是"逛街"。他说学习要有目的，要有一定的范围，要博览，但要有中心。他把这比作"逛街"。他说一个人住在城市里，应当逛逛大街，并且应当把每条街的大致情况搞清楚。二是"炒菜"。他鼓励大家多读书的同时要勤于动脑、动手。鼓励年轻人实践一下炒菜的艺术，不能光埋怨厨师，必须先自己动手试一试，老老实实地下点工夫，这个时候再去批评厨师也不迟。也就是说实践很重要，要理论联系实际，不能眼高手低，好高骛远。三是"三年"寒窗。

---

① 李埏：《教泽长存、哀思无尽——忆方国瑜先生》。

② 林超民：《方国瑜传略》。

也就是说做学问要有艰苦耐劳、持之以恒的精神。鼓励年轻人多学习前人的这种精神。在研究问题上，方国瑜以“不淹没前人，要胜过前人”自勉。在其思想上，他特别强调中国历史发展的整体性，认为中国历史应该是各族人民历史的总和，树立各族人民缔造祖国历史的观点。另外，他有这么一句话：“各人的能力有大小，只要活着，应当尽力而为，不然生命就没有意义。”[①] 这句话给我们的启示应该是深远的……

（许俊侥）

参考书目

1. 方国瑜：《元代云南行省傣族史料编年》，云南人民出版社，1958 年。
2. 方国瑜：《纳西象形文字谱》，云南人民出版社，1980 年。
3. 方国瑜：《滇史论丛》第一辑，上海人民出版社，1982 年。
4. 方国瑜：《云南史料目录概说》，中华书局，1984 年 1 月。
5. 方国瑜：《彝族史稿》，四川民族出版社，1984 年 3 月。
6. 方国瑜：《中国西南历史地理考释》，中华书局，1987 年 10 月。
7. 方国瑜著，林超民编：《方国瑜文集》共四辑，云南教育出版社出版。

① 方国瑜：《云南史料目录概说·后记》。

陶云逵

陶云逵（1904—1944），中国民族学家、人类学家。江苏武进人。生于 1904 年 11 月 30 日。毕业于天津南开中学高中部，1924 年就读于南开大学文科。1927 年赴德国，先后在柏林大学、汉堡大学攻读人类学、遗传学和民族学，获博士学位。1933 年学成回国。1934 年在南京中央研究院历史语言研究所任编辑员。后入滇做民族学调查，致力于调查康滇边区，研究西南边疆人文。先后赴丽江、中甸、维西及滇缅、滇越边境等少数民族地区，长达两年余。抗战爆发后，陶云逵赴云南大学任教，担任社会学系主任。1942 年转入西南联合大学社会学系任教授，成为西南联大少有的年轻教授，并与费孝通等人同在云南呈贡的魁阁社会学工作站从事研究。兼任南开大学文科研究所边疆人文研究室主任，主编《边疆人文》杂志。《边政公论》创办后，他担任特约编辑。

陶云逵不幸于 1943 年感染回归热，病逝于 1944 年，享年 40 岁。留下夫人林亭玉女士及刚满月的女儿。

其论著主要为关于云南少数民族的调查报告专文约 10 余篇，颇有研究价值，文章散见于《西南边疆》、《边疆人文》、《边政公论》等刊物中。其代表作有《西南部族之鸡骨卜》，这是陶云逵试图应用文化历史的观点研究云南各民族鸡骨占卜及传布的一篇论著。

研究方法与观点

20 世纪前半期，中国民族学形成了若干早期民族学学派。王建民在专著《中国民族学史》中，将其大致分为“功能学派”，这一派以吴文藻、费孝通等人为代表；“文化学派”，这一派以孙本文、陈序经为代表；“历史学派”，这一派以凌纯声、陶云逵为代表。

陶云逵赴德国求学时，曾师从欧洲人类学家欧根·费雪尔教授攻读人类学。1933 年学成回国后，进入中央研究院历史语言研究所工作，成为中国人类学研究领域中德国学派的代表。当时中国社会学尚处发轫之初，空泛之辩论多于翔实之叙述；社会事实之引证多取自舶来之材料。陶云逵颇不满于此种现状，决心以中国境内各种社区类型为对象，用实地调查方法来阐明本国的社会实际，发展中国化的社会学。他深入云南，调查中国边疆社会，搜求第一手的资料。深入的调查、翔实的资料是其一以贯之的严谨治学之风格。

陶云逵早年学习生物与体质人类学，抗日战争中因时局动荡转移到云南后，其学术方向也逐渐发生转变。逐渐从操作仪器、注重测量的体质调查，转向了以观察、记录、学习语言为方法的社会文化调查。

陶云逵师承于德奥民族学传播学派，曾试图应用文化历史的观点研究云南各民族。他认为“历史的和现代的应当融合在一起，才能看出历史的发展和地理的分布。”[①]《西南部族之鸡骨卜》就是运用此法对云南多个部族的鸡骨占卜及其分布进行研究的代表性论著。

他后期的作品曾尝试作民族学理论的概括，并尽量与当时的边政结合，其意在于引导少数民族的生活设备文物制度的汉化，从而趋于“现代化”。

西南边疆社会研究的拓荒者

陶云逵留学回国后，被视作研究社会学学者中的第三代，在

---

① 《（边疆人文）六十年——陶云逵先生逝世六十周年祭》，南开大学网。

当时被称之为“少壮派”。同为少壮派的李树青曾说：“这群人假如还有任何特点的话，那便是他们的大胆怀疑与勇于创造的精神。”[①] 正是基于此种精神，他们鄙视躺着沙发上作空泛之论之人，而求实地调查进行扎实的研究，去实现自己胸怀伟大的学术梦。

其实地调查研究大约可分成两个阶段：一、在南京中央研究院历史语言研究所任职后，入滇作民族学调查。陶云逵先后赴丽江、中甸、维西及滇缅、滇越边境等少数民族地区，致力于调查康滇边区，研究西南边疆人文，时间长达两年余。调查中既做体质测量，也对少数民族的风俗习惯进行详细调查。积稿甚多。二、抗战期间，对西南边疆的调查。南开大学边疆人文研究室成立不久，他与研究室同仁从昆明出发，经玉溪、峨山、新平、元江、金平，沿红河而下，对红河哈尼族、彝族、文山苗族、傣族、纳西族等少数民族的语言、民俗、社会经济、地理环境等展开调查。其调查工作广涉鲁勉山纳西族的社会组织与宗教、傣族的人文地理、纳西语言与文学、石佛铁路沿线社会经济、澜沧江河谷地区土地利用、彝族社会组织及宗教、手工艺术等，并把大量少数民族口头流传的历史语言记录下来，收集了许多文献和文物，撰写了大量有价值的论文。

陶云逵对于云南边疆少数民族的调查研究，对于彝族图腾制的发现，对于云南大学社会学系和南开大学边疆人文研究的发展，都作出了重要贡献。

值得指出的是，陶云逵在对边疆社会的研究中，并不是把少数民族作为猎奇的对象，而是着眼于边疆建设和民族团结。他在《云南摆夷族在历史上及现代与政府之关系》中指出：“为我国民

---

① 《边政公论》第三卷第九期《纪念陶云逵先生专号》，民国三十三年（1944年）。

族之永久团结，似宜积极设计导此边胞社会，使其生活设备、文物制度和我国其他地区一样趋于现代化，以其地势之利，人事之优，好好建设。”① 为了加强少数民族地区建设，他认为应正确认识和分析边地汉人，正确估计他们在边疆建设中的作用。

陶云逵的学术研究工作、他对边疆社会的调查，具有先导性的意义。

南开大学边疆人文研究室和《边疆人文》

20世纪40年代初，云南地方当局计划修筑一条由石屏通往佛海的省内铁路。1942年4月云南省建设厅龚仲钧厅长致函张伯苓，委请南开大学担任调查筑路沿线的社会经济、民情风俗、语言及地理环境和相关资料的工作。是年6月，在黄钰生、冯文潜等人积极筹划下，南开大学边疆人文研究室成立，聘陶云逵为研究室主任，主持全面业务工作。

陶云逵深感研究室的成立为实现其系统考察中国边疆社会提供了良机。研究室成立不久，他就带领几名年轻研究人员从昆明出发，经玉溪、峨山、新平、元江、金平，沿红河而下，对红河哈尼族、彝族、文山苗族、傣族、纳西族等少数民族的语言、民俗、社会经济、地理环境等展开调查。中国国境线蜿蜒曲折，与多个国家接壤，民族众多，语言文化迥异，他们克服重重困难深入边陲，考察风土，沿途搜集、记述、绘制、拍摄了珍贵的历史资料，留下了大量的文字、地图、照片资料和研究成果，这足应在中国学术史上留下浓重的一笔。

这一时期，陶云逵团结全室同仁，克服经费物力等方面的困难，创办了《边疆人文》学术刊物。筹划之初，因经费拮据，本意只想将其办成一份同仁刊物，每期印数也仅200册，但刊物一经刊发，引起了不少学人的重视和兴趣。这一份仅仅发行了四卷

---

① 《（边疆人文）六十年——陶云逵先生逝世六十周年祭》，南开大学网。

19期的学术期刊不仅成为本室同仁发表科研成果的阵地，而且联络汇集了西南地区诸多著名学者。罗常培、闻一多、向达、罗庸、游国恩、邢公畹、高华年、马学良、袁家骅、方国瑜、张清常、杨志玖等，都先后在该刊上发表文章。

刊物内文章学术性极强，涵盖民族学、语言学、社会学、文化人类学等多个学科领域，内容涉及滇边地区少数民族的社会经济、人文地理、语言与民俗等。从研究中国西南边疆社会经济、文化的角度看，其价值不可估量。

陶云逵英年早逝，其亲朋同事备感突然，难以接受。其夫人投滇池以殉，幸被渔夫救起。于学术界，则是一位既有理想又有实践力的学者的过于早衰，其十余年极具价值之学术积累未能都发表出版。他曾有意专作一部关于云南边疆部族的概论，亦因其骤然而逝而无法付诸文字的实现。

不管在哪个领域，陶云逵治学始终严谨而又勤奋，且透着他对学术真诚的热情，他秉着克服困难的精神和甘冒风险的勇气做着实在的学问，孜孜不倦执著于对真理的追求。学术在他，并非为名、为利、或为生活而已，而是一种发自内心的乐趣所在。而在他身上折射出的也正是当年西南联大诸多执著热情的学者们的影子。

美籍学者顾定国在其《中国人类学逸史》中评价，陶云逵当年不畏艰险，在云南调查彝族的鸡骨占卜及其传布，其成果《西南部族之鸡骨卜》已使其名垂史册。李树青说他："根底既好，用心又专，假使天假以年，一定能成为一个第一流的边疆人文学者。"[①] 造化弄人，陶云逵一缕英魂过早地驻留在了苍山洱海。犹如舞者逝去，而其舞魂永远在他曾展示的舞台上。俟后来人继

---

① 《边政公论》第三卷第九期《纪念陶云逵先生专号》，民国三十三年（1944年）。

之，作其魂灵的涅槃。

（胡　琰）

参考书目

1. 辞海编辑委员会编：《辞海》缩印本，上海，上海辞书出版社 1989 年。
2. 大唐资料网。
4. 《陶云逵——孜孜方竟鸡卜篇》，村寨网—中国西南少数民族。
5. 萧石：《陶云逵与南开大学边疆人文研究室》，南开大学新闻中心供稿，南开大学网。
6. 刘锡诚：《中国民间文艺学史上的社会－民族学派》，中国民俗学会网。
7. 《〈边疆人文〉六十年——陶云逵先生逝世六十周年祭》，南开大学网。
8. 顾定国：《中国人类学逸史》，北京，社会科学文献出版社，2000 年。
9. 王建民：《中国民族学史》，昆明，云南教育出版社，1997 年。
10. 《边政公论》第三卷第九期《纪念陶云逵先生专号》，民国三十三年（1944 年）。

翁独健

翁独健（1906—1986），原名贤华，福建福清人。我国著名史学家、教育家和民族学家。1919 年就读于福清融美中学，三年后升入福州英华中学，1928 年入燕京大学历史系。1935 年留学哈佛，1938 年获博士学位。同年赴法国，入巴黎大学，师从汉学家伯希和，主攻蒙元史。1935 年回国后，先后在云南大学、北平中国大学、燕京大学等校任教。新中国成立后，历任北京市教育局局长，中央民族学院研究部主任兼历史系主任，中国社会科学院民族研究所副所长、顾问、边疆史地研究中心主任，中国史学会常务理事、国家民族事务委员会委员，中国民族史学会理事长，中国蒙古史学会理事长、名誉理事长，中国元史研究会名誉会长，百越民族史研究会名誉会长，国际中亚文化研究协会副主席，中国社会科学院民族研究所学术委员会副主任，历史研究所学术委员。另外，他还被选为第三、四、五、六届全国政协委员，是历届国家民族事务委员会委员。1986 年 5 月在北京逝世。

翁独健早期专攻蒙元史，1935 年就撰写了《元代政府统治各教僧侣官司和法律考》（上、下篇）。1938 年在美国撰写了《爱薛传研究》（英文版）。他以恢弘的史料对 13 世纪下半叶蒙古汗廷中最具影响力的基督教徒爱薛作了全面分析研究。《新元史，蒙兀儿史记爱薛传定误》是翁独健研究蒙元历史的代表作之一，发表于 1940 年 12 月《史学年报》第三卷第二期。这篇文章通过大量史料的对比考证，指出了以前两本爱薛传在取材叙事和利用域外史料中出现的多处谬误。1941 年，翁独健作《斡脱杂考》，发表于《燕京学报》第 29 期上，这篇文章对散见于诸史，用法分歧的“斡脱”一词，用翔实的史料进行研究、考证，指出这个词的各种含义和词源。《蒙元时代的法典编撰》刊载于1948年11月《燕京社会科学》第一卷，这篇文章详细叙述了漠北时代蒙古法的形成，世祖时期法典的编撰与颁行。对《大元通志》、《元典章》、《经世大典》中的宪典以及元末法典编订的历史背景和过程做了阐述。

建国后，翁独健担任了《辞海》民族分册、《中国历史地图册》、《中国大百科全书》民族卷等书的编委和《民族问题五种丛书》编委会副主任等职。主编《中国历史大词典》民族卷、《蒙族简史》、《全元诗》、《中国民族关系史纲要》等。并主持核对了近270万字的《元史》。还担任了符拉基米尔佐夫的《蒙古社会制度史》(俄译本，社会科学出版社，1980年)、拉拖特《史集》(俄译本)、志费尼《世界征服者》(英译本，内蒙古人民出版社，1935年) 以及《马可—波罗行记注释》等书的主持译校修订工作，另编有《道藏子目引得》(燕京大学哈佛燕京学社引得编撰处，1935年)。其中《中国民族关系史纲要》和《蒙古族简史》被评为第一届（2002年度）中国社会科学院优秀科研成果奖。

一般认为，翁独健的学术活动和事业可以分为建国前和建国后两个阶段，建国前侧重教学和研究，建国后主要进行学术组织领导、主持集体研究项目、培养人才、参加各类学术活动等。

翁独健学识渊博，且精通英、法、俄等多种文字。在教学方面，以讲授蒙元史，中亚、东亚史为主，先后又开设了辽金元史、亚洲史概论、东亚近代史、俄国史、中亚历史语言研究、中亚语言指导研究、中亚文化关系、史学方法、史学实习等多种课程，包括蒙古史的多种边缘学科，尤其是与蒙古史研究关系很大的中亚语言。建国后，他在献身教育事业的同时，积极参加学术活动，向社会申述他对开展少数民族历史研究的意见，主持民族史研究方面的工作。他极力开展民族历史研究工作指导委员会的工作，与翦伯赞等知名学者共同组织有关民族史重大课题的学术讨论；分工负责内蒙古东北少数民族社会历史的调查工作，指导少数民族简史简志的编写。1979年，在“中国蒙古史学会”成立大会上，他作了题为《加强我国蒙古史的研究工作》的报告，总结回顾了二百多年来我国蒙古史的研究过程与成绩，提出今后的研究任务和努力方向。1980年在元史研究会成立大会上，翁独健建议用集体力量，总结国内外元史研究情况和元史专家的成就，编写元史研究史，建议把元史的史实订误工作提上日程。他认为，前人改写《元史》的做法和为《元史》作注或补录的主张都已过时了，没有任何意义。1981年，翁独健主持召开《中国民族关系研究学术座谈会》，在会上作了题为《民族关系史研究中的几个问题》，提出以下观点：一、理解历史上的中国必须充分注意其的长期发展和变化的几个特点，不能把王朝和历史上的中国等同起来；二、历史上民族关系的主流是各民族在政治、经济、文化等方面越来越密切的接触，相互吸收，相互依存，逐步接近，共同促进中国发展；三、对民族关系史上的时间、人物，都应该用一个标准来衡量。他还以同样的历史唯物主义观点去看待元朝的历史地位。他在1985年《文化知识》第三期发表的《我为什么研究元史》一文中说，评价元朝历史地位不可以从汉族正统的观点出发，而要从整个历史去看。关于元朝的统治对中国有什么样的影响，要做深入研究，应该肯定的是元朝在统一的多民族国家形成过程中的功绩。

另外，翁独健作为一名教育家，将培养青年民族研究工作者作为己任，十分重视人才的培养。他认为从事民族史研究的人必须要有好的基本功，有开阔的视野，除了熟悉中外通史还要有多学科的知识修养，掌握多方面的研究手段，特别是语言工具。认为唯有通晓语言才可以全面、充分地占有和利用诸文种的史料，作勘同比较，吸取前人成果，有所创新。在学习方法上，他提倡严谨的治学作风，研究工作应该一丝不苟。各研究部门和大学应该承担起培养人才的工作。

翁独健为人正直，追求真理，是战争时期著名的民主教授之一。他终身致力于学术和教育事业，是我国老一辈历史科学，特别是元史、蒙古史、民族史研究领域的学术领导之一。

（许　可）

马长寿

马长寿（1907—1971），字松龄，民族史学家。出生在山西省昔阳，汉族。父亲在他很小的时候就去世了，家里很穷，由母亲一个人抚养长大。1929 年马长寿从太原进山中学毕业后，考入南京中央大学社会学系，攻读民族学专业。1933 年本科毕业后，留校任助教，同时自学比较语音学、体质人类学、考古学、民族调查方法等课程。1936 年转到中央博物院，先后到过四川大凉山、西部及西北部等地的彝族、藏族等民族聚居区进行实地考察。从 1942 年起相继在四川的东北大学、成都金陵大学、四川大学等学校担任教授。新中国成立后，担任浙江大学、复旦大学教授。1955 年调到西北大学担任教授，并按照国家要求筹备建立了西北民族史研究室并担任研究室主任。他著作很多，主要有：《突厥人和突厥汗国》（上海人民出版社，1957 年），是一本概括描述古代突厥人的民族起源、生活习惯和他们的游牧政权（汗国）从其形成、发展、分裂、中兴、灭亡及其社会制度、民族迁徙历史的简明通史；《南诏国内的部族组成和奴隶制度》（上海人民出版社，1961 年），主要描述了中国古代唐朝西南（今云南省地区）的南诏国内各民族或部落的情况，特别是占重要地位的彝族，以及南诏的奴隶社会制度；以及《北狄与匈奴》（上海人民出版社，1960 年）、《乌恒与鲜卑》、（上海人民出版社，1962 年）、《康藏之分类体质种属及社会组织》、《凉山罗夷的族谱》、《嘉戎民族社会史》、《苯教源流》、《中国西南民族分类》、《论匈奴部落国家的奴隶制》。此外还有遗著《氐与羌》（上海人民出版社，1984 年）描述了氐、羌、藏、彝及西南各民族的历史，他认为“从今河南一直向西到今新疆南部帕米尔高原，向南直到今四川西部和南部，都有他们的活动踪迹。”可以看出历史上我国西南西北地区的民族大多出自氐羌系统；《彝族古代史初稿》(写于1959年，后由李绍明整理成《彝族古代史》，上海人民出版社，1985年)，这本书主要描述了彝族的起源、迁徙过程及其从原始公社到奴隶社会的演变，奴隶社会的形成与发展，凉山奴隶制度的延续；《清代同治年间陕西回民起义调查资料》(陕西人民出版社，1993年)，反映了清代同治年间陕西回民起义的情况与传说；《碑铭所见前秦到隋初的关中部族》（中华书局，1985年）是一本应用碑铭造像记的题名来分析关中部族具有方法论指导意义的书；《苗瑶之起源神话》（编辑在《南方民族史论文集》，中南民族学院民族研究所编印，1984年）探索了苗瑶两个民族各自的起源，主要是从他们的神话传说中推理得出结论。

马长寿在学术上的贡献是不言而喻的，他的著作具有很高的学术价值和文化价值，他虽然没有到过国外，但是十分注重国外学术的发展状况，认真学习并应用国外新成果，早年的论文就大量应用了近现代西方社会学、民族学、人类学方面的知识。同时他深入少数民族地区详细调查，有的地方不止去过一次，像凉山彝族地区就去了两次。丰富的田野调查笔记结合文献资料做基础，加上孜孜不倦的思考，使他在民族史研究中做出了大量的开创性的工作，提出了独到的见解。他在《苗瑶之起源神话》中就曾写道：“研究民族分类与研究起源之方法不同。”他认为研究民族分类应当以体质为基准，不得已时才求其次用语言与文化做标准。论断民族起源的方法不能那样，起源的搜索研究要用历史学方法。因为一个民族的演进、血统因为人口移动而混淆，文化因为交通传播而变迁。追溯此混淆变迁的痕迹学科就是历史，历史的端倪就是起源问题。现在的文化学者用有没有文字记载作为民族文明野蛮的分类标准。文明民族有文书记录，它们的起源自然可以由历史资料研究得到。而原始民族却没有文书与记载，那么起源的研究只有从考古学和神话学方面进行了。这篇论文依据的就是神话与传说。因为“神话传说其形式虽单纯，其含义则淳朴，犹之小儿无谎话，所道白者皆记忆中之事实也。故神话传说可视为初民之无文书历史。”但是马长寿也认识到用神话研究也有不好的地方，因为任何神话都有很多主观意识加到了里面，很多是没有用的而且会影响研究。所以“研究者当如剥芒果然，须去其针芒，剪其枝叶，脱其外衣，而后核心乃见。凡神话之附丽物不能与民族文化相调和者，必检视其内容，否则神话之核心往往为其附丽物所混。”这是研究神话的困难之一。另外，强有力的外族文化侵入弱小民族的文化中时，外族的传说往往就成为本族最流行的传说。此时本族的原始传说反而成为一种流离的文化遗物，很容易被研究者遗弃。这是研究神话的困难之二。而他在《碑铭所见前秦至隋初的关中部族》中利用碑铭中造像记字题名，联系古代文献资料，详细研究了前秦至隋初的关中部族分布地区，把造像记中关于少数民族的题名用于研究这些民族的起源、分布区域和时间，取到了意想不到的效果，特别是没有在历史中记载明确的部分历史，造像记的题名与利用意义重大，可说是对碑铭造像记的开创性的应用。新中国成立后，他接受了马克思主义并积极应用于实践中，在《突厥人和突厥汗国》一书中就合理运用马克思主义与政治经济学思想来分析突厥的历史和社会形态，把突厥汗国的发展纳入一般的社会发展阶段过程中来，即认为突厥汗国的发展也经历过从奴隶社会到封建社会的过程。

作为一名对民族学（人类学）、历史学有深入研究的学者，马长寿对待历史是谨慎的，他认为那些历史上发生过的不公正的事，重新评价是必要的，这是对那些受了不公正待遇的弱势人群的负责，也是对自己工作的负责。所以被调到西北大学后，他对清代同治年间陕西回民起义那段历史十分关注并产生了浓厚的兴趣，抱着要重新解释这段历史的心情，他深入民间调查，重视记载，写了《清代同治年间陕西回民起义调查》一文。他还积极倡导藏学、突厥学、鲜卑学、匈奴学等学科。马长寿一生建树很大，作为一名民族史学家，一名永远为学科不断探索的先驱，他虽走犹留，我们都很怀念他。

（柴芳芳）

参考书目

1. 马长寿：《突厥人和突厥汗国》，上海人民出版社，1957年。
2. 马长寿：《南诏国内的部族组成和奴隶制度》，上海人民出版社，1961年。
3. 李绍明：《彝族古代史》，上海人民出版社，1985年。
4. 中南民族学院民族研究所编印：《南方民族史论文集》二，1984年。
5. 王国维、周伟洲：《马长寿纪念文集》，西北大学出版社1993年2月。

戴裔煊

戴裔煊（1908—1988），广东阳江人，历史学家和民族学家。1929年就读于广州中山大学历史系。后在中山大学研究院攻读硕士学位，于1942年毕业并获硕士学位。在重庆中山文化教育馆研究部民族组任研究员。抗日战争时期历任广东法商学院、中山大学历史系教授、研究员。兼任广东省历史学会、民族学会、中国百越民族史学会、中国希腊罗马史学会顾问等多个职务。中华人民共和国成立后，学术研究方向有所转变，主要从事于中西交通史及澳门史和经济史的研究。

中山大学1935年由杨成志先生牵头开设民族学和人类学课程，从那时起戴裔煊即师从杨成志先生。早年专注于民族学史，其主要方向为南方民族学史的研究。他主张古代民族学的研究要善于从历史的角度来思考和研究问题。方法论上主张以细致入微的观察方法进行田野工作的调查。在其1947年出版的专著《干栏——西南中国原始住宅的研究》一书中结合历史学的观点和研究方法，对干栏建筑进行的分析在当时引起了学界广泛的关注，是我国民族学人类学上较早的成功运用文化历史学派文化圈理论的成功典范之一。他从历史的角度和以细致的观察方法来研究民族学的思想，在众多民族学人类学理论流派上占有重要的地位，至今也不失其学术价值。另一部能体现其学术研究角度的专著《宋代钞盐制度研究》（商务印书馆，1957年）的三编中第一编论述宋代盐的生产运销制度。第二编从横的方面着手分别探讨与盐制相关的方方面面。第三编为纵向研究探究这种制度的产生及变迁。该书的结论部分戴裔煊指出“著者研究宋代钞盐制度，抱有两种希冀，一为从静的方面观察此种制度之真相，一为从动态的方面观察此种制度之发展。本文一方面固然注意事实之表明，然而著者目的不仅是将制度之内尽可能加以剖析而已，主要的仍在乎观察此种制度，从产生存在变迁的过程中，探求其实于宋代财政上所负之任务，其在各时代中与各方面之关系。换言之，侧重此种制度之动态，而非徒做静态研究而已也。”此书以宋代钞盐制度研究的发展变迁与时代客观环境的关系，正是现在民族学和人类学所重视的纵横研究法。戴裔煊在当时为确立此种研究方法做出了重要的学术贡献而被后人评为“此书运用的民族学家及社会学家们所重视的纵横研究法及相关的政治社会学理论的确是当时的空会足者。”（摘自“评潮网”http：//www．reviewtide．com/index．htm）

戴裔煊的另一代表作《西方民族学史》（北京中国社会科学文献出版社 2001 年版）将西方的进化论学派、历史学派、功能学派等详细地介绍到我国学术界，使研究民族学与人类学的本土学者开阔了视野，对西方民族学的进展与学术思想有了大体的了解，为西方民族学的思想在中国的传播奠定了基础。

戴裔煊的主要学术贡献是对民族学的研究不是局限于传统的研究方法，而是站在历史学的角度来探讨，开拓了民族学研究的视野。思想上的创新为后辈打破了束缚思想的框架，所著论著中有些也涉及到了跨文化比较和功能学派的思想，潜在地为功能学派和跨文化比较思想的传播起到了推动和促进的作用。由他介绍的西方民族学各流派的主要思想为我们本土学者的研究提供了一个平台，为民族学的全面发展和繁荣奠定了一个较高的基础。戴裔煊提倡的细致入微的田野调查方法和多角度考察问题的方法，至今仍是民族学与人类学界所重视的研究方法。

关于戴裔煊的一生，其高足章文钦的评价是最恰如其分的：“中国历史上每一个社会变动急剧的天崩地裂时代都有一批这样的学者，以学术文化为国家的命脉之所系，孜孜不倦地在各个学术领域进行艰难的求索，探索中华民族的文化精神和国家的生存和振兴，从而成诶博学通识的杰出作为。在中国近代这样一个新旧交替和社会急剧变动的时代，鲜明的爱国主义思想和不断探索求实的精神，培育了一大批学识淹贯、精神博大的一流学者。他们能同时在几个重要的学术领域以至几个相关的学科取得卓越的学术成就，为近代中国学术开创一个群星灿烂的时代。”从学术高度看，这确实是一个无法企及的高峰时代，戴裔煊的著作与际遇，正反映了一个时代学术的特色。

（孙　斌）

江应樑

江应樑（1909—1988），汉族，中国民族史博士生导师。曾任中国民族学学会、中国社会学学会、中国西南民族学会顾问，云南大学西南边疆历史研究所所长等职。与马曜、方国瑜并称为“云南民族学三杰”。

江应樑原籍广西贺县，1909 年 2 月生于云南昆明。因父亲早故，家庭离散，10 岁时，被卖到寺庙里当小和尚，师傅月溪法师资助其求学。1927 年考入上海暨南大学，先后就读于中文系、社会学系、历史系，因成绩优异而提前毕业。1936 年以论文《研究西南民族计划》考入中山大学研究院，全面学习了人类学有关课程和田野调查方法、摄影技术。坎坷的经历和多系科课程的学习，恰好有助于他顺利地进行人类学的研究工作。1937—1938 年两次赴云南考察，写成《抗战中的西南民族问题》（中山文化教育馆，1938）。1938 年以论文《云南西部的“摆夷”研究》从中山大学研究院毕业，获人类学硕士学位，任中山大学历史系讲师。1941 年只身到大凉山彝族地区考察，写出《凉山彝族的奴隶制度》（珠海大学出版社，1948）；1942 年任国立东方语专副教授；1943—1945 年受云南财阀陆崇仁之聘，在任边疆行政设计委员会主任期间，写成《腾龙沿边开发方案》和《思普沿边开发方案》；1946 年受聘任中山大学、珠海大学教授，并兼任珠海大学文史系主任，出版《西南边疆民族论丛》（珠海大学出版社，1948；1978 年，台北新丰出版公司重印）。1948 年受聘任云南大学社会学系教授，讲授文化人类学；1950 年应邀参加中央民族访问团。1953 年转任云南大学历史系教授，从事民族学和民族史的教学与研究工作，为国家和学术界培养了一批博士、硕士研究生和众多科研、教学人才。1954 年参加民族识别工作，1958—1960 年参加云南民族调查组工作，为我国民族工作做出了贡献。在“文革”中，江应樑家被抄 5 次，他也被关入牛棚 8 年。1979 年，江应樑参与创办了云南大学西南边疆民族历史研究所。其后，相继出版了《百夷传校注》（云南人民出版社，1980）、《傣族史》（四川民族出版社，1983）、《江应樑民族研究文集》（民族出版社，1992）等著作，主编的《中国民族史》（民族出版社，1990）是我国“建国以来第一部比较完整论述少数民族历史发展的学术专著。”

江应樑早年专攻社会学、人类学，后深入研究民族史、民族学，造诣精深，学识渊博，成就卓越。一生共发表学术论文 80 余篇，专著 10 余部。

在民族学方面，江应樑致力最多、成就最大的就是对傣族的研究。早在 1937 年，他就以“云南边疆考察员”的身份，到德宏、西双版纳傣族地区进行了深入考察，1938 年，他又以中山大学研究院暨云南大学特派民族调查员的身份参加中央赈济委员会和云南省政府组织的多学科滇西调查团，到云南腾龙沿边做了为期数月的调查。他曾说过，正是由于这两次的考察，自己才将毕生的精力投入到云南傣族的研究当中。他也是历史上第一个以人类学家的身份进入高黎贡山以西对傣族社会进行民族学研究的人。在 20 世纪 30—40 年代末，他几乎踏遍了云南各少数民族居住区，在田野考察的基础上，发表了大量的论著。如：《摆夷的经济生活》（广州岭南大学，1950）、《摆夷的文化生活》（上海中华书局，1950）等专著及《滇西摆夷的土司政治》、《摆夷的家庭组织和婚姻制度》、《摆夷的种属渊源及人口分布》等论文。其中，价值最高的是专著《滇西摆夷之现实生活》（德宏民族出版社，2003）。在 20 世纪 20—30 年代，德宏与外界交流很少，由于江应樑，外界才了解了这一神秘之地，而他离开后不久，土司制度被废除，当地社会结构发生了翻天覆地的变化。这本书中的记录恰好向我们展示了当时土司制度下的社会情景。是继明代《百夷传》、《南夷传》之后500年里第一部对云南西部傣族社会最为详尽的、依据亲身经历和实地调查写下的第一手资料。江应樑喜爱摄影，曾说："予嗜摄影，年幼时为娱乐而耽之，稍长，则为学术工作而利之，盖入边疆考察少数民族，相机固不能须臾离也。"此书中收录的照片，可算是德宏地区最早的一批照片了。在考察时，江应樑共拍摄了约500余帧照片，在今日，有许多风俗现象和建筑已不复存在，例如遮放大金佛塔在"文革"中被毁，江应樑的照片，就显得弥足珍贵，为我们研究60多年前德宏地区各民族社会生活等方面的风貌留下了一本最具说服力的"记事本"。

此外，《傣族史》和《百夷传校注》也是江应樑的重要作品。《傣族史》是他研究民族史的代表作。书中记录了傣族族源，历史文献中的傣族先民及其分布，部落时代部落联盟与奴隶主政权，封建社会的建立和经济的发展，傣族人民反侵略与反封建的斗争等内容。书中内容是江应樑研究傣族的毕生精华，创见纷呈，堪称不朽。在书中，江应樑重新考证了傣族的先民问题，认为后汉书等文献中关于掸国是傣族祖先的记载不符合傣族的实际，傣族的先民应是百越。此说法得到了学术界的认可。《百夷传》是明时钱古训所作，记录了500多年前其在德宏傣族地区的所见所闻，属调查实录，史料价值高，但只有抄本，流传不广。江应樑以江苏国学图书馆影印盯梢丁氏所藏明抄本为底本，参考了明清9种本子及《万历云南通志》、《滇略》、《天启滇志》等文献，终于校对出了可靠的正文。在注释上，引书广泛，注解全面，从2000多年前的史料到新中国成立后的著作，无不采用。"对于傣族，以调查之深入，掌握材料之众多，学者中罕有出之右者，他来校注《百夷传》，最为得人；而其研究心得，通过校注萃集于斯，极便学者使用。”

在学术思想上，江应樑特别强调现实调查与文献材料相结合的方法。他认为，只有将民族调查、语言比较、考古材料和历史文献有效地结合起来，才能使研究之路更广阔，同时，研究的结果才更真实可信。

一直以来，江应樑反对民族歧视，反对民族压迫，主张民族平等。他认为所有生活在中国的不同民族的人们都是中华民族的一员。他说：“严格地从民族的立场上说起来，所谓汉也，夷也，苗、蛮也，实际上都是一家人。从政治的机构上来说，都是中华民国的人民，都是亚洲的蒙古利亚人种，把中华民族分做汉、满、蒙、回、藏5个民族，已属极端无种族理论的依据；同时便把数千万西南民族，不属于5族之内，更属无国家、无民族眼光。今日，我们知道几千年来国人传统观念的错误，知道西南民族与我们原是一家。”正是基于“为国家明显前途的发扬”的观点，江应樑才去进行民族学研究的。

新中国成立前，江应樑在民族调查方面就付出了不少辛劳，其调查研究的所得也是我国现代民族学开拓期具有经典性意义的成果；建国后，他又为全国民族史学科建设作出了杰出的贡献。钻研一生，硕果累累。江应樑不愧为民族学界的一位名家，他品德高尚，治学严谨，是民族学界承前启后的一位宗师。

（江秋雨）

参考书目

1. 江应樑著，江晓林笺注：《滇西摆夷之现实生活》，序，德宏民族出版社，2003年。

2. 江应樑摄影，江晓林撰文并补图：《滇西土司区诸族图说》，德宏民族出版社，2003 年。
3. 陈友康、罗家湘著：《20 世纪云南人类学学术史稿》第 400—404 页，云南人民出版社，2003 年。
4. 江应樑著：《西南边疆民族论丛》，珠海大学出版社，1948 年。

林耀华

林耀华（1910—2000），汉族，出生于福建古田县岭尾村农家，笔名述真、志贡，中国人类学家、民族学家、社会学家。1928～1932 年就读于燕京大学社会学系，1935 年在北平燕京大学获得硕士学位，1937～1940 年在美国哈佛大学人类学系继续深造并取得博士学位。1941 年回国后，曾在云南大学、燕京大学、北京大学致力于原始社会史以及民族学的教学工作。1941～1952 年历任云南大学、燕京大学社会学系教授、系主任。1952 年起先后担任中央民族学院教授、历史系副主任、民族研究所所长兼民族学系主任。1979 年被选为中国社会学会副会长，任国家民委学术委员会委员、国家民委《民族问题丛书》（五种）编委会副主任及民族文化馆顾问。1980 年当选中国民族学会副会长、中央民族学院研究所所长、《中国大百科全书民族卷》编委会成员及民族学编写组主编，兼任国务院学位委员会法学评议组委会委员，应聘为日本国立民族学博物馆高级研究员、国际人类学和民族学协会主编的《当代人类学》杂志通讯编辑、美国传记研究所国际名誉顾问等职。1941 年参加美国波士顿城召开的“应用人类学”第一届会议。1956 年出席苏联列宁格勒“全苏民族学会议”，作了关于《当前我国民族工作提给民族学的几个任务》的报告。

他的著作有 13 部，论文 100 余篇。1935 年完成硕士论文《义序宗族的研究》，1937 年完成博士论文《贵州的苗蛮》。1943～1945 年夏，深入凉山彝族地区、甘孜、阿坝藏族地区调查，写了《凉山彝家》、《四土嘉戎》等专著以及《康北藏民的社会状况》、《川康北界的嘉戎土司》、《川康嘉戎的家族和婚姻》等论文。其主要著作有：《The golden Wing: A Sociological Study of Chinese Family》（1947年英国伦敦Kegan Paul书局出版），《凉山彝家》（1947年上海商务印书馆出版），《从猿到人的研究》（1951年北京耕耘出版社出版），《金翅》（1977年台湾桂冠图书公司出版），《金翼——中国家族制度的社会学研究》（庄孔韶、林宗成译，1989年三联书店出版），《原始社会史》（主编，1984年北京中华书局出版），《父系家族公社形态研究》（与庄孔韶合作，1984年青海人民出版社出版），《民族学研究》（1985年中国社会科学出版社出版），《民族学通论》（主编，1990年中央民族学院出版社出版），《凉山彝族的巨变》（1995年商务印书馆出版），《社会人类学讲义》（张海洋等整理，2003年鹭江出版社出版）。

《凉山彝家》是林耀华在凉山考察了87天后写下的，这是中国学者对凉山彝族进行的第一次系统性的调查研究的结果。《原始社会史》侧重中国、兼顾世界，是目前中国阐述原始社会史最为详尽的一部学术著作，曾获全国高校优秀教材等三项奖励（1988年）。

《从猿到人的研究》引起了国内人类学研究的转向。在这部书中他批判了种族主义，并将人类分为三个阶段：原始群时期、血缘家族公社时期和氏族公社时期，认为劳动创造了人。

《金翼》则以小说为体裁，以独特的视角描写了中国南方两个汉族农村宗族与家庭的兴衰史，揭示其生活与农村社区的传统与变迁。虽然写的是虚构的故事，但它反映了一种真实，更侧重于科学的研究。它包含着作者的家乡、家族的历史，是东方乡村社会与家庭体系的缩影。林耀华运用社会人类学调查研究方法将社会研究所必需的种种资料汇集在一起，展示了20世纪30年代中国农村生活的状况，集真实性、历史性、理论性于一体。他认为应把认识乡村社区的基本条件放在研究之前。基础条件包括地理形势、气候土壤、交通运输、人口状况、性别年龄、人文关系、职业教育等。这些无不直接或间接地影响到社会结构。

通过《义序宗族的研究》，我们可以了解到他对宗族乡村的理解：宗族是家庭的伸展，其为同一祖先繁衍而来的子孙，村是同一地域上自然结合的地缘团体，乡则是由村组成的政治团体。义序是个宗族乡村，兼有血缘、地缘和团体的意义（即社区的观念）。祠堂在宗族中的地位是不可取代的，已由最初的具有单一宗教功能的集会场所逐渐转变成外交舞台、宗族法庭、内治机关、经济机关、军事行管、保甲团所等多重角色。而这一切都是随着宗族的不断发达、族房地位的愈加重要、宗族的巩固、族房长的地位逐渐扩大而产生的。另外，拜祖这一中国农村家庭的习俗已渗入中国人的社会、经济、思想等各个方面。国学式拜祖研究以田野调查为主的功能和实证研究中注意社区基础、社会结构、实际生活和心理状态。

50多年来，林耀华一直在用人类学知识为新中国服务，并运用马克思主义研究人类起源。曾深入藏区、东蒙草原及鄂伦春、达斡尔等族居住地做过民族工作以及学术考察，参加对云南省少数民族的识别和历史调查工作，并给予指导。

（李思思）

参考书目

1.《中国大百科全书》，中国大百科全书出版社，1980年。

2.《金翼》，生活·读书·新知三联书店，1989年。

3.《社会人类学讲义》，鹭江出版社，2003年。

4.《原始社会史》，中华书局，1984年。

费孝通

费孝通（1910—2005），我国著名的社会学家、人类学家、民族学家和社会活动家。1910 年 11 月 2 日出生于江苏省吴江县县城（旧属苏州府，今为松陵镇）。费孝通大约 4 岁入蒙养院。6 岁入吴江县城的第一小学，后转入振华女校就读。1923 年转入东吴大学附属一中。1928 年高中毕业，升入东吴大学，攻读医预科，想成为一名医生。1930 年他决心不去学医为一个一个人治病，而要学习社会科学去治疗社会的疾病。

费孝通 1933 年毕业于燕京大学，获社会学学士学位，1935 年毕业于清华大学研究生院，1936 年去英国伦敦经济学院留学，学习社会人类学。1938 年获英国伦敦大学研究所哲学博士学位。1943 年，受美国政府之邀赴美访问一年。1945 年参加中国民主同盟，投身于民主爱国运动。1946 年，因李、闻事件被迫离开云南，重访英国。1957 年，在反右斗争中费孝通被错划成右派。1959 年摘帽后，配合当时中印、中阿、中巴划界工作。1966 年起的“十年浩劫”中，受到政治迫害，住牛棚、下干校。1972 年调回中央民族学院，从事翻译工作。1979 年后转调中国社会科学院，组建社会学所，领导了中国社会学的重建工作。

费孝通曾任云南大学社会学系教授、社会学研究所主任，西南联大教授，清华大学社会学教授、副教务长，中央民族学院教授、副院长，中国社会科学院民族研究所副所长，中国科学院学部委员，中国社科院社会学研究所、北京大学社会学人类学研究所所长，1979 年起任中国社会学会会长，1982 年起任北京大学社会学系教授，1985 年任北京大学社会学研究所所长。中国民主同盟主席、中国人民政治协商会议副主席、全国人民代表大会常务委员会副委员长。1980 年 3 月在美国丹佛获国际应用人类学会马凌诺斯基名誉奖，并被列为该会会员。1981 年 11 月在英国伦敦接受英国皇家人类学颁发的赫胥黎奖章。1982 年被英国伦敦大学经济政治学院授予荣誉院士称号。1988 获美国大英百科全书奖。1989 年被授予香港大学文学博士学位。1993 年，被授予日本福冈亚洲文化大奖。1994 年，费孝通被授予麦格赛赛奖，以表彰他在中国成功地将社会科学理论应用于农村经济与社会发展所做的卓越贡献。1998 年 11 月 28 日，获霍英东奖金最高奖项“霍英东杰出奖”。

费孝通主要有以下一些著作：《江村经济》、《禄村农田》、《人性与机器》、《内地农村》、《生育制度》、《乡土中国》、《民族与社会》、《边区开发与社会调查》、《行行重行行》等，共 900 余部篇，近千万字。

《江村经济》写于 1939 年，这是一本描述中国农民的消费、生产、分配和交易等体系的书，是依据他的家乡江苏太湖东南岸开弦弓村的实地考察写成的。这本书旨在根据他的老师马凌诺斯基的“功能派”理论说明这一经济体系与特定地理环境的关系，以及与这个社区的社会结构的关系。同大多数中国农村一样，这个村庄正经历着一个巨大的变迁过程。因此，这本书说明的是这个正在变化着的乡村经济的动力和问题。这部著作描述了农民的经济与社会生活，以生动的事实体现了一个小地方的社区生活所存在的中国的社会场景的问题。

《乡土中国》写于 1948 年，这本书不是一个具体社会的描写，而是从具体社会里提炼出的一些概念；它不是具体的中国社会的素描，而是包含在具体的中国基层传统社会里的一种特具的体系，支配着社会生活的各个方面。

《生育制度》写于 1948 年，生育，包括生与育两层意思：生出一个人来，再把这个人培养成为社会成员，以接替由死亡造成的社会空缺。费孝通在民族调查和农村调查基础上进行理论分析后，著作了《生育制度》来阐述社会怎样新陈代谢、几千年里中国社会怎样维持世代之间关系的一套比较完整的理论。

《中华民族多元一体格局》写于1989年，中华民族作为一个自觉的民族实体，是近百年来中国反抗资本帝国主义斗争中出现的，但作为一个自在的民族实体则是几千年的历史过程所形成的。本书回溯了中华民族多元一体格局的形成过程。

《行行重行行》写于1991年，作为社会学家，国际上恐怕没有一位像费孝通那样以本乡本土为社区研究的“实验室”，追踪调查半个多世纪。《行行重行行》收录了费孝通从1981—1991年里所发表的与乡镇发展研究有关的主要文章，这10年里费孝通栉风沐雨、笔耕不辍，写了这本书。

费孝通对中国人类学的发展作出了重要贡献。

费孝通区域发展思想的脉络：农村生活调查确定了农民富裕的乡村工业化道路，小城镇模式探究奠定了多样化发展道路的逻辑基础，区域经济研究加强了地区间的协调发展。费孝通的区域思想既有与国外区域理论的相通之处，更有自己独特的理论视角。

他主张在进行微型社区研究的人类学家最好与历史学者合作，使社区研究，不论是研究哪个层次的社区都须具有时间发展的观点，而不只是为将来留下一点历史资料。但他也清楚地看到了微型研究的局限性，“类型概念”固然可以帮助解决怎样去认识中国这样的大国中为数众多、结构不同的农村问题。但即使把所有多种多样的类型都研究遍了，如果把所有这些类型都加在一起，还不能得出“中国文化和社会”的全貌，因为这些研究始终没有走出“农村社区”这个层次。还必须进入基层社区所发展出来的多层次的社区，进行实证的调查研究，才能把包括基层在内的多层次相互联系的各种社区综合起来，才能概括地认识“中国文化和社会”这个庞大的社会文化实体。没有宏观综合研究，再多的微观社区调查也只能像放在一起的一堆鸡蛋。

在研究方法上，他认为研究农村社区，要集中注意力在本社区的自身、划定的范围内观察社区居民社会生活各方面的活动，并把本社区和外界的关系交代清楚，这样就可以在既定的空间内把这个社区人文世界完整地加以概括。

从农村社区调查到小城镇研究是费孝通学术生涯的第一次转折。农民要富裕，农村要发展，只能走乡村工业化的道路。而经过小城镇的研究，费孝通引进了“模式”概念，“模式”不仅意味着工业化的多样性，而且为其后来的经济区域研究奠定了逻辑基础。

“区域发展”也是费孝通重要的学术思想。60多年来，他行行重行行，奔走在祖国的大江南北，实地调查，脚踏实地研究农村现代化的发展。他把村落比作“细胞”，把小城镇比作“组织器官”，把经济区域比作“身体”，从而他始于农村生活调查，经小城镇模式探索，到经济区域建设的学术历程就完整地记录了他从“细胞”到“身体”的区域发展思想。

从1984年开始，费孝通的调查兵分两路：一路沿海从江苏到浙江，经福建到广东的珠江三角洲，进而接触到广西的东部地区；另一路进入边区，从黑龙江到内蒙古、宁夏、甘肃、青海、云南等地。路上的诸多见闻使费孝通注意到经济发展具有地理上的区域基础，各区域不同的地形、资源、交通等地理条件以及所处区位不同的人文历史因素，都会促进或制约其社会经济的发展，因而具有相同地理人文背景的地区可能形成一个在经济发展上具有一定共同性的经济区域，这些区域又可能由于某种经济联系而形成一个经济圈或地带。

费孝通的区域发展思想是其社区研究的重要组成部分。其严格秉守“从实求知”的研究方法；主张划分经济区域范围时可考虑超越行政的束缚，服从市场的合理配置；而在区域关系上，他不但重视区域内部中心腹地的布局，而且较早地提出要平衡区域发展，大力开发中西部。因此，费孝通的观点对于我国现阶段区域经济社会协调发展是可资借鉴的。

费孝通对乡镇企业研究的理论贡献有六个方面：一是乡镇企业是农民致富的必由之路。二是小城镇是个大问题。三是提出“温州模式”和“苏南模式”。四是提出城乡一体化。五是“船小好掉头”和“联舟抗风浪”。六是提出“离土不离乡”。

20世纪80年代后，费孝通开始从农村走进了小城镇，从小城镇走进了中小城镇，从中小城镇又走进了以大中城市为中心的经济区域，最后走出了全国一盘棋的研究模式。

费孝通早年从事社会科学实地工作研究，后长期主要从事理论研究。费孝通长期从事社会学研究，为社会学学科建设做出了许多奠基性的工作，是中国社会学的开创者之一，为社会学、人类学的一代宗师，在国内外享有盛誉。他同时也为民族学的发展做了不少工作，他赞同人类学、社会学、民族学划分为三个独立的一级学科。

（张向辉）

参考书目：

1. 费孝通：《社会变迁与现代化》，上海大学出版社，2002年。

2. 费孝通：《费孝通文集》，群言出版社，2002年。

3. 张冠生：《青山踏遍——费孝通》，山东画报出版社，1998年。

4. 费孝通：《行行重行行》，群言出版社，1997年。

5. 费孝通：《乡土中国》，三联书店，1991年。

6. 费孝通：《中华民族多元一体格局》，中央民族学院出版社，1989年。

马　曜

马曜，字幼初，白族，1911 年 10 月 11 日出生于云南洱源县大果村。1931 年“九·一八”事变后加入中国共产党。1950 年参与党的民族工作和民族学的研究。新中国成立后，先后担任中共云南省委民族工作五人小组成员，云南省民族事务委员会委员、副秘书长，云南省委边疆工作委员会办公室主任、研究室主任、边疆处处长，国家民委委员、国家民委学术委员会委员，中国民族学会副会长、西南民族学会会长，云南民族学院院长、名誉院长等职。1972 年创办云南大学学报《思想战线》，任主编。1981 年创办《民族学报》，任主编。1983 年任《云南民族学院学报》主编。他长期在民族工作战线担负领导工作，从事民族调查研究，做出了重大贡献。

马曜一生著作颇丰。他在民族学方面的主要著作有《云南各族古代史略》（主编，云南人民出版社，1977 年）、《云南简史》（主编，云南人民出版社 1983 年、1991 年）、《傣族社会历史调查——西双版纳之二》（云南民族出版社，1983 年）、《白族简史》（通纂，云南人民出版社，1988 年）、《西双版纳份地制与西周井田制比较研究》（与缪鸾和合著，云南人民出版社，1989 年）、《云南民族工作四十年》（主编，并撰写全书 30% 篇幅的主要篇章，云南民族出版社，1994 年）、《马曜学术论著自选集》（云南人民出版社，1998 年）、《民族学与民族工作论文集》（云南民族出版社，2001 年）、《大理文化论》（云南教育出版社，2001 年）、《情系大理——马曜卷》（民族出版社，2003 年），还主持编纂了《中国历史大辞典——民族卷》的云南部分。

《云南简史》从远古先秦时期的云南一直讲到1949年云南的文化、经济等方面。《西双版纳份地制与西周井田制比较研究》概述了云南傣族历史，介绍了民主改革前西双版纳傣族的土地制度和政治组织，以及从西双版纳看西周井田制的几个问题。《大理文化论》讲述了大理文化，并认为大理文化作为一种区域文化，既是云南文明的源头，又是云南文化的整合与交融。《民族学与民族工作论文集》收录了马曜有关民族学与民族工作的论文，其中包括“建国以来云南民族工作规律初探”、“民主改革前云南二十年”、“世纪之交中国民族学的历史使命”等。《情系大理》赞颂了大理白族自治州改革开放的新成就，描绘了白族与其他各民族人民的生活面貌。《马曜学术论著自选集》收录了作者代表性论文、序跋、骈散文等共64篇，分为7部分，分别是中国古史分期研究、民族史研究、云南民族源流研究、云南民族文化研究、民族学民族调查研究和民族工作研究、骈散文等。

马曜从事民族调查研究工作，周历了云南3200公里国境上的少数民族聚居区，在此基础上汇集了大量第一手的民族工作调查资料。他曾经带领调查组，深入西双版纳数百个村寨进行社会调查，历时八个月，写成的报告10余万字，搜集整理300万字的调查资料。他以马克思主义理论为指导，进行分析整理，从而为科学研究提供了一个典型的民族的资料，并将实际提高到理论的高度加以总结。在调查中，马曜与缪鸾和发现这里的封建领主制社会，在土地所有制的形式、农村基层组织、剥削方式以及社会各阶级的关系和结构上不同于秦汉后中原地区的封建地主经济形态和欧洲中世纪的农奴制度，而是具有自己的特征，类似于西周至春秋时期的建立在农村公社基础上的封建井田制。他将民族调查和古史研究结合起来，将西双版纳傣族的公社份地制和西周井田制进行对比研究，为利用民族学资料研究古代历史另辟蹊径。

当然，马曜在民族学领域研究的代表作中最为突出的堪数《西双版纳份地制与西周井田制比较研究》。这是一部材料完备、理论有力的集大成之作。他使用新方法，表明新观点，运用新思维，进行新探索，有了新发现，阐述新见解，系统解析了一个民族现存的封建领主制社会，非常有说服力。所谓新方法，即现代民族学资料证古史的方法。在王国维古史研究中的考古资料与文献资料相结合的“二重证据法”上有继承，更有发展，与民族学研究相结合，形成“三重证据法”。他虽不是提倡该法的第一人，却是系统应用并取得丰硕成果的第一人。他将古史与现存制度纵向比较，突破了中外比较，或中国古史平面比较的习惯方式，从一个全新的角度纵向进行一系列比较，解读了中国古代两千多年来“井田之谜”的历史疑团和中国古史分期的历史悬案，是打开这两把锁的钥匙。这种方法有效地为学界开拓出一片辉煌前景，开辟了一条捷径，受到学者们的好评。它被载入《20 世纪中国学术要籍大辞典》，1991 年获《光明日报》社主持的第五届中国图书奖二等奖。北大教授季羡林曾高度赞誉其重要性和及时性。

马曜组织并领导了多次民族调查，掌握了边疆民族地区状况，向决策部门提出许多可行的意见和建议，其中很多被采纳，对云南民族政策的制定和完善以及云南各民族的历史发展起到不可忽视的推动作用，如《关于遮放西山地区团结生产的初步意见》、《关于和平民主改革的报告》等。其中尤以“直接过渡”理论及实践最为著名。1953 年通过对景颇族以及景颇族类似的民族地区两个月的系统调查研究，对于遮放西山景颇族地区大胆提出该理论。这一理论本着“团结、生产、进步”方针，通过互助合作发展经济和文化，直接过渡进入社会主义。在景颇族这类内部阶级分化不明显、土地占有不集中、生产水平、社会分工和交换不发达的仍处于原始社会末期的边疆少数民族中，不必要重分土地、划分阶级，不把土改作为一个专门阶段来进行，而是集中力量发展生产和文化，培养私有观念，消灭原始落后因素，并完成某些环节的民主改革任务。这条建议经过中共云南省委同意，得到刘少奇、邓小平、李维汉的肯定，后经中共中央批准，在全省范围内的景颇、傈僳、独龙、怒、德昂、布朗、佤、基诺八个民族以及部分拉祜、哈尼、瑶等民族中推行，在实践中取得良好效果。事实证明这一理论是成功的。被誉为“卓有见识的建议”，“云南民族工作具有重大意义的创举”。①

马曜在简史丛书和资料丛刊的撰写过程中，事必躬亲、一丝不苟，在研究中起了关键作用，曾很有创见地提出云南立体地形、气候对民族的影响，并形成民族的立体分布。他主编的《云南民族工作四十年》是民族学界一座具有学术高度的丰碑。采用了活生生的、扎实丰富的材料描述了建国后四十年云南民族的历程，总结工作中的经验教训。这部书翔实严谨，在同类著作中首屈一指，1996 年获国家民委政策研究优秀成果奖。

马曜与方国瑜、江应樑并称“云南民族三杰”。他一生兢兢业业、严谨治学。中国民族学会评价他“对我国民族学研究的恢复和发展作了重要贡献。”② 马曜谦逊地表示要抱着“赵孟之所贵，赵孟能贱之”的态度，在有生之年“在能贱其过去所不应贵而贵之的道路上走下去，不断在否定之否定中改造自己。”③

（李思思）

---

① 陈琪：《艰苦奉献的精神　求实的科学态度——记马曜同志从事民族工作二三事》，载于《马曜先生从事创作学习活动五十周年纪念文集》。

② 《中国民族学会致中国西南民族学会暨马曜教授从事学术活动五十周年纪念会函》，1995 年载于《马曜先生从事创作学术活动五十周年纪念文集》第 374 页。

③ 马曜：《自传》，载于《马曜学术论著自选集》第 1008 页，昆明：云南人民出版社 1998 年 4 月。

参考书目

1.《马曜学术论著自选集》昆明：云南人民出版社1998年4月第1版。

2. 马曜、缪鸾和著：《西双版纳份地制与西周井田制比较研究》(修订本)，昆明：云南人民出版社2001年9月第2版。

3.《民族学与民族工作论文集》，昆明：云南民族出版社2001年10月第1次印刷。

4. 陈友康、罗家湘：《20世纪云南人文科学学术史稿》昆明：云南人民出版社2003年6月第1版。

傅懋勣

傅懋勣，中国当代语言学家，1911 年生，字兹嘉，汉族，山东聊城县人。1939 年毕业于北京大学中文系，1950 年获英国剑桥大学博士学位。此前，曾在华中大学、华西协合大学任讲师、副教授，中华大学中文系教授兼系主任。1951 年起，先后任中国科学院语言研究所研究员，少数民族语言研究所、民族研究所副所长、研究员，并任全国文联委员、国家民族事务委员会委员、中国文字改革委员会委员，《民族语文》杂志主编，中国民族语言学会会长，中国民族古文字研究会会长，中国语言学会副会长，中国人民政治协商会议第三届、第四届、第五届全国委员会委员。

傅懋勣主要从事中国少数民族的语言研究，有多种著述。1940 年，傅懋勣到维西调查纳西语，完成了《维麽些语研究》，这是较为深入全面与自成体系地研究中国云南纳西语的最早的一部学术专著。随后又到丽江调查学习东巴文圣典，在大东巴和芳的帮助下完成了《丽江麽些象形文（古记事）研究》等著作，后来又完成了《纳西族图画文字（白蝙蝠取经记）研究》等著作。

《丽江麽些象形文（古事记）研究》对麽些语的语言系统、文字特点、文法要点以及直释字义、意译全文、字形解说等均有研究。这部著作与 1984 年在东京出版的《纳西族图画文字（白蝙蝠取经记）研究》，对纳西族东巴文经书中的两部名著做了详细的译解，为纳西族语言、文化、历史、民间文学以及一般文字发展史和古文字解读提供了可贵的资料。傅懋勣与罗常培合写的《国内少数民族语言文学概况》是关于土家语的系属问题，它以下龙山坡脚乡土家族为重点，分别从语音、语法、词汇三方面简要介绍了土家语的特点。

傅懋勣主编的《民族语文》是中国社会科学院民族研究所主办的语言研究刊物，由中国社会科学院出版社出版，其主要读者对象是中国少数民族语言文字的研究者、教育者、工作者。《民族语文》的宗旨是宣传国家关于少数民族语文工作的方针政策，研究中国少数民族语言文字使用和发展中的理论及实际问题，发表的文章还涉及翻译理论和技巧，双语研究和民族语文教学，少数民族语言文字的调查研究，以及国内外有关学术论著的介绍、评述等。它先后设立了"中国民族文字"、"中国民族语言概况"、"中国民族语言话语材料"等专栏，对中国少数民族语言文字的调查研究和汉藏语系、阿尔泰语系等诸种语言的比较研究，起了促进作用。

《傅懋勣先生民族语文论集》反映了傅懋勣在语言的描写研究，古文字的释读，创制、改革少数民族文字，社会语言学等领域中的学术活动和取得的成就。

傅懋勣还对彝语、彝文、纳西文、羌语、傣语、维吾尔语和汉语语言、语法、文字改革以及少数民族语文工作、社会语言学等方面的问题进行过研究，发表了一系列学术论文。在培养语言学干部和组织、领导中国少数民族语言调查研究、学术交流以及创制、改革民族文字方面，做了大量工作，曾多次赴前苏联、日本、法国、美国等国参加学术会议和学术交流活动。

（扎　丽）

岑家梧

岑家梧，海南澄迈县人。1912 年 7 月 27 日出生在一个普通的务农家庭中。初中毕业时结识了著名金石学家容庚教授，成为其做学问的启蒙老师。随后，岑家梧到了北平，在著名民俗学家许地山教授的指点下，阅读了许多有关书籍，开始对人类学有了点认识。1931 年他在中山大学的社会学系就读，1934 ~ 1937 年间，他在日本东京大学攻读史前考古学，又在帝国大学研究体质人类学，并阅读了许多欧美学者的著作以及一些苏联学者的有关著作的日译本，其间写了三本专著①。1937 年抗日战争爆发后回国，先在昆明南开大学经济研究所从事研究工作，1939 年起，历任大夏大学社会研究部主任、教授。1952 年后，先后担任岭南大学副教务长、广东民族学院筹备委员会副主任、中南民族学院副院长等职。

岑家梧曾多次参加西南民族的社会调查工作，在海南、云南、四川、贵州、广东等地都做过田野调查。研究领域涉及艺术史、中国南方少数民族、史前史等诸多方面。发表专著 7 部，学术论文 50 多篇。其中个人代表作品有：《图腾艺术史》（商务印书馆 1936 年版）、《史前艺术史》（商务印书馆 1938 年版）、《史前史概论》（商务印书馆 1940 年版）、《中国艺术论文集》（广州考古社印行，1949 年）、《西南民族文化论丛》（岭南大学西南社会经济研究所 1949 年印）、《中国原始社会史稿》（民族出版社

---

① 《图腾艺术史》、《史前艺术史》、《史前史概论》，商务印书馆，1936、1938、1940 年先后出版。

1984年出版)、《遗俗论》(1949年2月25日载《广州日报》副刊42期）等。

西南民族文化是岑家梧民族研究的重点领域。主要涉及海南黎族、回族，西南水族、布依族、苗族、瑶族、傣族、彝族等民族。他对这些民族的经济生活、宗教习俗以及民族组织等方面的研究成就显著。他亲身参加实地调查，并把调查材料与历史文献资料相结合，进而提出了自己在民族学研究上的独特见解。

在《中国民族与中国民族学》[①] 一文中，他主张建立中国的民族学，表明了自己在民族学建设上的立场，即我国与欧美国家国情背景不同。他认为构成今日中华民族的过程有两种：一为不同始而同终的，一为同始而不同终的。“中华民族是由中国境内许多民族在长时期发展过程中共同缔造的一个不可分割的统一体，彼此都是手足弟兄。”[②] 他建议要在中国民族背景下建立中国的民族学，为中国自身的建设服务。同时，他对欧美民族学产生背景作了详细分析，并揭示出欧美的民族学是殖民制度的产物并为殖民统治服务。从而提出欧美民族学往往不适用于中国，需要建立一种中国民族学。当然，他并没有完全否定欧美民族学研究的一些积极方面。很明显，他强调的中国民族学的性质是与欧美民族学不同的。

他对中国民族学的方法论和研究内容上做了自己的详细阐述。他主张借鉴欧美民族学的比较方法，但是这种比较方法是用于分析研究各民族文化的一致之处，认为中华民族文化具有统一性和不可分割性，反对对少数民族文化研究中采取猎奇的态度。因为，中国各民族无优劣之分，边疆民族文化相对中原落后有其种种客观原因，可以通过民族间互助发展达到共同进步，各民族

① 载《南方杂志》，第1卷，第3、4期合刊，1946年。

② 岑家梧：《岑家梧民族研究文集》，第240页，北京，民族出版社1992年版。

间没有压迫和统治的权利。在民族学研究内容上，他认为要坚持文化的进化和传播观点，视中华民族为一个整体，并根据文化区的观点来研究各民族文化相互传播和同化现象。“可以由文化辐合交替的原则上指出中华民族发展的趋势，必须汇合各区文化的精华，使整个中华民族文化更加充实和壮大。如何使中华民族文化达到这种境地，这是中国民族学所应从事研究的课题，也就是建立中国民族学的最高目的了。”①

正所谓“世上所难者唯趣”，岑家梧一生对民族艺术的热爱，使其在民族调查和研究中得以全心投入。在《图腾艺术史》中他广泛利用民族学、社会学的材料，对各民族的文字、舞蹈、装饰等方面加以研究，进而论证了图腾与艺术产生有极密切的渊源关系。著名人类学家卫惠林评价该书“在30年代对西方学者学说研究能有此成熟的介绍和评述，确已是难能可敬，厥功甚伟。”

同时，他还很重视边疆艺术，指出我国边疆艺术和各地初民艺术在本质上是不同的。在他看来，中国边疆艺术已经超越了初民艺术阶段，过去学者抹杀初民艺术是错误的。在边疆民族艺术的研究中，他对苗、瑶、壮、彝等西南民族的身体装饰、手工艺、舞乐及乐器作了分析和比较，并重点考察了西南边疆少数民族和内地汉族在历史渊源上的密切关系。

在《遗俗论》中，他对国外的相关理论作了一番回顾和比较后，提出了习俗的存在是不能抹杀的这一观点。与历史学派和功能学派对遗俗的否定态度不同，他对遗俗的作用作了客观的分析，认为文化现象中有很多遗俗的痕迹，遗俗和制度有着相辅相成的关系，并要区别遗俗的原来意义与它的新功能。因为，“遗俗是前一时代的残留，然而它的功能未必完全消失，有些还转形

① 岑家梧：《岑家梧民族研究文集》，第241页，北京，民族出版社1992年版。

变质，换上了一套新的功能，在现代文化中起着特殊的作用。”[①]

他指出，中国新文化的建设要采取综合的方案，综合是唯一的出路。与折中、西化不同，综合的特点是发扬中华民族文化自身的固有文化，“同时又吸收他族文化的精华，灌注入新的血液，二者经过有机的综合，中国文化才达到更高的发展。中国新艺术的出路，亦不出此。”[②] 另外，他主张要保留若干精华的边疆艺术，对一些艺术特质进行美学价值意义上的分析，而不能把中华艺术全部现代化。可见，岑家梧在看待现代化与少数民族文化发展方向这一问题时，把文化的现代化与艺术价值和民族特色作了客观的权衡与分析。

通过总结自己多年的民族学研究的经验，岑家梧为我国民族学的发展提出了许多宝贵建议。在《关于民族社会历史调查研究的一些问题》[③] 中针对民族学研究中存在的问题，提出了自己在民族调查研究上的一些看法：强调指出到少数民族地区要调查其社会面貌和经济结构；在调查研究中要从“民族学”方面看问题，从考古学方面考察问题，善于分辨和利用史料；民族工作中要深入体会民族感情，按民族政策办事。在他看来，实行强迫的汉化政策是错误的。文化的选择和接受应是一种自然而然的过程，而不是被迫的关系。在《西南民族研究的回顾与前瞻》[④]中，他针对过去我国民族学研究中存在的局限性提出了自己的看法：呼吁民族学者间加强联系，相互分工合作，建立专门机构，

---

① 王建民：《中国民族学史》（上），第 262 页，云南，云南教育出版社 1997 年版。

② 岑家梧：《岑家梧民族研究文集》，第 76、77 页，北京，民族出版社 1992 年版。

③ 参看：1956 年 6 月 25 日在北京全国人大民委组织的少数民族社会历史调查组会上的专题报告。

④ 载《青年中国》，季刊，1946 年。

从而有计划有步骤地对西南民族做系统调查。

在我们看来，岑家梧在民族文化及民族问题的研究中，始终透露出作为一位受过良好民族学训练学者的素质。在研究西南民族文化时，他不仅应用了比较法、历史研究法、传播论方法等等民族学方法，而且还很注意把体质人类学、民俗学应用于民族学的研究，这点也正说明了人类学在我国发展最初的时候，体质人类学、民族志、民俗学等分支学科虽分工各有不同，但在民族调查和研究中相互合作，关系密切。

其次，他对欧美的民族学理论进行了批判。反对欧美民族学中的种族优越感和种族歧视的学说，批评民族学研究中的文化猎奇心理。他在文化研究中坚持了文化相对论的基本观点，认为各族文化的价值是平等的，并提出了“文化区”的研究理论。他注重吸取西方民族学的经验，对一些民族研究方法进行了批判的借鉴，使其应用于中国民族学研究。但是应该指出，“由于岑家梧所接受的民族学的训练背景的限制及在学术信息获取方面的局限，在对西方民族学的批判中略显对当时国外最新学术理论、特别是功能学派和文化历史学派的理论与方法吸收不足。”①

另外，岑家梧始终坚持一种中国文化观。在看待和考虑民族问题的时候，从本土出发，以中国民族历史的具体的情况为基点来提出中国民族学建设的模式，没有照搬西方民族学理论。他对图腾文化、边疆艺术等方面都做出了针对中国自身角度的分析，否定了欧美民族学中对少数民族文化的鄙视态度。

从整体上看，岑家梧在民族学调查和研究中，其出发点是历史唯物主义的。在民族调查与研究中，他注重考察各个民族文化的背景和社会全貌，通过比较研究等方法，注意到了文化的多样

---

① 王建民：《中国民族学史》（上），第287页，云南，云南教育出版社1997年版。

性和复杂性。而且，他采取调查资料与史料相互检验的方法，克服了单从历史文献中获取资料时难辨虚实的困难，从而论证并坚持了自己在中华民族格局和历史过程上的一个基本观点，即中国是一个多民族国家，中华民族是一个统一的整体。

与其同时代的民族学家、人类学家罗致平评价岑家梧“在推动民族学研究和为民族学教育事业的发展都作了突出的贡献。”① 直至今天，岑家梧的研究成果对于我们现在的民族学、人类学调查和研究都有参照价值。他在民族研究中合理运用西方民族学方法的治学态度，以及坚持民族学中国化的思想对于我们在民族工作和民族学研究中都有着重要的借鉴意义。

（于　娟）

参考书目

1. 岑家梧：《岑家梧民族研究文集》，北京：民族出版社1992年12月第1版。

2. 王建民：《中国民族学史》（上），昆明：云南教育出版社1997年9月第1版。

3. 中国人类学学会：《人类学研究》，北京：中国社会科学出版社1984年1月第1版。

① 岑家梧：《岑家梧民族研究文集》，第1页序，北京，民族出版社1992年版。

王 森

王森，1912 年出生于河北省安新县，1935 年毕业于北京大学哲学系，曾先后在清华大学、北京大学、中央民族学院研究部、中国科学院民族研究所、世界宗教研究所、中国社会科学院研究生院、中国藏学研究中心及中国佛教文化研究所任教、任职或兼职。1991 年 2 月 1 日去世。去世前曾任中国社会科学院民族研究所研究员、学术委员、少数民族历史研究室主任，兼任中国社会科学院研究生院世界宗教系教授、世界宗教研究所研究员、中国藏学研究中心学术顾问、中国佛教文化研究所特约研究员。王森是中国民族史学会理事和顾问、中国宗教学会理事、南亚学会理事和古文字研究会名誉会员。

王森学识渊博，精通梵、藏、英、日多种文字，以毕生精力从事藏传佛教、因明学和藏族历史的研究和教学工作，是我国著名的藏学家、因明学家、宗教学家、民族史学家和古文字学家。

王森自青年时代就立志研究藏传因明，并以惊人的毅力学习、钻研梵藏文佛学经典。早在 1936 年在清华哲学系任教时，除讲授因明和印度六派哲学外，为了能阅读梵、藏文古典原著，在教学之余还到北大听国际知名梵文学家李华德的梵文课，并受北大著名哲学家汤用彤先生之托为李讲解《肇论》。1937 年“七七”事变后，北平沦陷，清华大学南迁，王森因父亲年老多病等原因，蛰居北平，生活十分拮据。尽管如此，他宁肯到薪金微薄的私立大学任教，而不去待遇优厚的日伪主管单位任职，表现了一个热爱祖国、爱憎分明的爱国知识分子的高贵品质。沦陷期间，王森除在私立中国大学讲授中国佛教史、逻辑、因明、伦理学之外，还在私立中国佛学院兼职，讲授《因明入正理论》、《中论》、《瑜伽师地论·真实义品》等。此外，在周叔迦先生资助下，做佛教经典辑佚工作。他为了加深对梵、藏佛学经典的理解，进一步研究其思想脉络，有些难得之书，经常亲手抄读。一些重要书籍，特别是在佛家哲学中占重要地位的书还并排抄录梵、藏、汉三种文字，互为对照，逐字对勘，弄清字形、字义、文法关系，这其中有《瑜伽师地论·真实义品》、《因明入正理论》、《中论颂》、《唯识二十颂》、《唯识三十颂》等十几部书。对勘过程中，为检验自学水平，还翻译了当时尚无汉译本的《正理滴论》（法称所著的因明书）和《胜论经》（胜论派根本经典）。为了参考日人著作还自修了日语，译过日人著的《梵文文法》。在读日本古因明著作时，辑录了已失传的唐人因明注疏佚文10余万字。王森说，当时之所以下工夫研究上述梵藏文佛学原著，主要是认为《中论》讲缘生性定，定有一如，其中有独特的唯心辩证法，值得深入研究。《真实义品》是相宗哲学的基础，也是陈那因明学说的依据之一，《唯识二十颂》和《唯识三十颂》是唯识宗的根本典籍，其推论之精细，陈义之繁密，在世界主观唯心论中远远超过柏克莱，而且时代早千余年。《因明入正理论》和《因明正理门论》书虽不大，却代表了陈那因明学的精义，在印度逻辑史上是划时代的著作。

抗日战争胜利后，1946年王森到北大东语系工作。1947年印度国际大学研究部主任师觉月到北大任客座教授，他要求北大派人用藏汉文本与他合作校订他带来的梵文贝叶写本《俱舍论颂》，王森被分配做这一工作，为此他作了《俱舍论》全书六百颂的梵藏汉文索引，合作取得了圆满结果。师觉月回国后调任印度国际大学校长，他于1956年建议政府邀请王森赴印度参加佛涅槃2500年纪念活动，为此王森写了《论玄奘所传之因明》一文。在北大东语系任教时，王森还为印度进修生讲过《中论》和

《辨中边论》。因教课需要还翻译了汗纳的《藏文文法》和贝尔的《藏语语法》以及苏联科学院院士彻尔巴茨基的《佛家涅槃论》和印度罗睺罗写的三篇在西藏访求贝叶经的文章。这一时期的工作，使他对研究印度和西藏古典著作和以后的因明理论，打下了坚实的基础。

1952年院系调整时，王森调到中央民族学院研究部工作，为民族系开设过喇嘛教问题、西藏古代史、西藏中世史和藏文本《因明入正理论》等课程，先后指导过苏联、印度、蒙古等国家的研究生，为他们讲授梵、藏、汉文佛教典籍。1958年王森调到中国科学院民族研究所工作后，主要从事民族史和藏传佛教的研究，为此曾亲赴拉萨进行实地考察、访求文献。在从事西藏史的研究中，响应国家的号召，努力使自己的研究工作为社会主义、为维护祖国统一和民族团结服务。20世纪60年代初，他曾参与有关中印边界的藏汉文资料搜集和研究工作，当时应有关部门的要求，他除提供了一些重要资料和意见外，还写了拉达克近三百年史和西藏历次对外战争史上交。1982年以后，王森除带研究生以外，主要精力又转入因明学的研究。

王森在学术研究方面取得的成果是多方面的。1952年起，他对藏传佛教和藏族史的研究具有开拓性的意义。由于当时有些研究成果是用于对外交涉的重要文件，没有公开出版，已于1987年6月公开出版的《西藏佛教发展史略》（约30万字）是王森的力作。此书早在1965年就已铅印供内部参考，1987年6月正式出版后，1997年由中国社会科学出版社列入社科学术文库重排再版，2002年4月又由中国藏学出版社作为藏学研究著作辑要再次出版。王森在写此书时，充分研读了藏汉文史资料和有关外文资料，将西藏佛教这一社会发展的产物，放在藏族地区的社会历史进程中进行科学的考察，剖析其产生和发展的社会根源，从而得出科学的结论。全书以历史先后为序，分门别类，全面系统地叙述了西藏佛教的兴起、发展和演化的沿革。它比较系统地回答了在国内外受到广泛重视、引起人们浓厚兴趣的西藏佛教史的有关问题。此书是近40年来有关西藏佛教史研究的重要著述，它在我国西藏佛教史研究中具有开拓性的意义，基本奠定了我国藏传佛教史研究的基础。书中对许多问题的分析和结论，已为藏学界认同。有关专家认为，该书是“新中国成立后在西藏学领域中最有分量的著作。”

王森研究藏传佛教是同研究藏族历史同步进行的，他在《西藏佛教发展史略》等著作中，对藏族古代史有很多重要的创见和精辟的论述。如对吐蕃王朝崩溃之后至元统一中国这400年间西藏史的研究，由于汉文史料阙如，在国内外都是空白，前人写这段历史时都是一笔带过或避而不谈，王森根据藏文史料中的零星记载，经过周密思考、认真分析，勾勒出这400年间西藏史的轮廓。着墨虽然不多，但已为同行认可。此外，对元代西藏13万户的研究，明代卫藏地方政权的研究，均做了许多开拓性的工作，为藏族史同行所推崇。

王森对藏传因明的研究尤有功底。几十年来，他一直在孜孜不倦地从事藏传因明方面富有开拓性的研究工作。公开发表的论著主要有《关于因明的一篇资料》（见《哲学资料汇编》第一辑，1957年）、《现观庄严论》（见锡兰《佛教百科全书》第一分册，1957年）、《因明》（《中国大百科全书·宗教卷》，1988年）、《藏传因明》（《中国逻辑史·唐明卷》，1989年）等。这些著作中当首推收在《中国逻辑史·唐明卷》（获国家社科基金优秀成果奖）中的第八章“藏传因明”，这是王森藏传因明研究的力作，已达到炉火纯青的地步。张岱年、羊涤生在评价《中国逻辑史》这套书时指出：“《中国逻辑史》最有新意的部分是唐明卷中藏传因明部分和整个现代卷。”但过去“对这一部分（指藏传因明部分）由于文字艰涩等原因，一般均付之阙如，很少发掘，实为一大空白。现由著名藏传因明专家王森教授亲自撰写，填补了这一空白。因而不仅具有宝贵的资料价值，而且具有重要的学术价值，必将引起国内外学者的重视。”温公颐、曾祥云在《〈中国逻辑史〉五卷本评价》一书中，对王森所撰写的藏传因明一章也给予高度评价，认为“这不仅为‘五卷本’增添了引人注目的新意和价值，而且为我国的中国逻辑史研究增加了新的篇章，填补了一项空白。”王森在他晚年，更深入地研究法称等人的著作，研读梵文本《量释论》和藏文本《量抉择论》及注疏，拟用拉萨贝叶经梵文本《量抉译论》与藏文本互勘，译成汉文，写出研究成果，终因种种原因未完全写出而仙逝。

王森在藏传佛教、藏传因明研究方面的成就也受到国际同行的重视和赞扬。1984 年秋，他在接待欧洲一位梵、藏学家时，应客人的要求，指出客人从藏文还原成梵文的著作中的错误有二十几处之多，客人当即表示十分感谢，并希望王森能接受访欧的邀请。王森以年老、体弱多病而谢绝。王森病逝后，维也纳大学藏学佛学系主任、国际藏学研究会理事、国际因明学会主席恩斯特·斯坦克尔奈教授曾发来唁函，说：“他的清澈明朗而且仁慈可亲的学者风范，给我极深的印象，我们都会十分感激由他开始努力做的保持重要文化和学术宝库的业绩。”

（王　湛　王　澂）

马学良

马学良（1913—1999），字蜀原，汉族，我国著名的民族语言文学研究家。1913年农历6月22日，马学良出生于山东省荣成县一个贫苦家庭里，家境的贫寒没有影响他的求知欲，他自幼勤奋好学，于1934年考取北京大学中文系。1938年毕业后任西南联合大学助教，1939年考取北京大学研究所研究生，师承李方桂研究少数民族语言。1941年毕业，任中央研究院历史语言研究所助理研究员。1943年后陆续担任了中央大学、东方语专等校副教授、教授。新中国成立后，马学良在北大东语系任副教授。1951年中央民族学院成立，马学良受中央民委委托，创建了中国有史以来第一个少数民族语文系（现已发展成为少数民族语言文学学院），并担任了教授、副主任、主任；曾兼中国社科院民族文学研究所副所长。后来，马学良担任过中国文联委员、中国民间文艺家协会副主席、中国民族语言学会副理事长、中国民族院校双语教学研究会理事长。马学良在民族语言、民族民间文学和少数民族文字创制方面都有很大的贡献。

马学良对彝语文有着专门的研究。抗日战争时期，他借着手势的帮助发奋学习彝语，冒着生命危险几进云南山区寻访彝族村寨。从20世纪40年代起，马学良陆续撰写了我国第一部科学地全面研究彝语的学术专著《撒尼彝语研究》（商务印书馆，1951年）和一批有关经典文献的研究论文，开创了研究彝族文学的先河，并为日后研究其他民族语言文化提供了宝贵的经验。此后，马学良又撰写和主编了《彝族文化史》（上海人民出版社，1989年）、《云南彝族礼俗研究文集》（四川民族出版社，1983年）、

《彝族原始宗教调查报告》（中国社会科学出版社，1993年）等著作，充分体现出他对彝族文化研究的用心良苦和高深造诣，也奠定了他在彝文化研究领域的重要地位。

20世纪80年代初，中国社会科学界一片欣欣向荣，年近70的马学良开始对自己几十年的民族语文研究进行了系统的总结。由他主编的《语言学概论》（华中工学院出版社，1985年）至今在语言学专业教学中被作为范本。这本书的可贵之处在于既吸收了60年代初北大主编的《语言学概论》的精华，又同时运用了大量英语、汉语以及过去鲜为人知的少数民族语例子来说明语言学理论，这是全国十几本《语言学概论》中独具特色的一本。90年代初，马学良组织领导了汉藏语系语言的历史比较研究，并主编了为我国赢得荣誉的《汉藏语概论》（北京大学出版社，1991年）。这是一部在国际汉藏语研究领域具有划时代意义的学术巨著，它结合了中国几十年汉藏语调查研究的经验和实际，把许多从少数民族语言中得到的新发现和新规律纳入其中，被学术界视为国际汉藏语研究界的一座丰碑，受到各国学者的赞赏。1997年，马学良主编出版了《普通语言学》（中央民族大学出版社，1997年），在阐释普通语言学理论的基础上，重点从少数民族语言中提取一般理论，从而丰富了真正的中国化的语言学理论。

马学良对少数民族文学尤为重视。“四人帮”粉碎后不久，他就积极呼吁恢复民族语文工作和抢救少数民族民间文学遗产。1981年上海文艺出版社出版的《中国少数民族文学作品选》就是由他组织选编的，该书对文革后少数民族工作的迅速恢复和日后发展起了有力的推动作用。马学良凭借自己坚实的文学理论基础和良好的文学才能，主持编纂了《中国少数民族文学史》（中央民族学院出版社，1992年）、《中国少数民族文学比较研究》（中央民族大学出版社，1997年），构建了中国少数民族文学富有特色的体系。马学良还提出了一系列有关民族文学的搜集、记录、翻译、整理研究的理论与方法，为我国民族民间文学的发展指明了道路。他和今旦合作整理的《苗族史诗》（中国民间文艺出版社，1983 年）堪称民间文学翻译整理的典范。此外，马学良还对《阿诗玛》、《玛纳斯》等少数民族民间文学作品的搜集整理工作倾注了大量心血。

马学良认为，让我国 55 个少数民族的经济水平与文化素质和汉族共同提高，首先要解决的是各民族使用文字的问题，在当前科学技术成为第一生产力的社会里，语文科学也要转化为生产力；少数民族使用文字的问题得不到很好的解决，就影响民族地区经济、文化的发展。众多少数民族地区尤其是贫困地区迫切需要解决文字问题。20 世纪 50 ~ 60 年代马学良就根据中央的统一部署，率队为十多个少数民族创制了民族文字，促进了这些民族的文化发展与文化交流。

总结自己 60 年的民族语言教学与研究的经验，马学良认为研究首先必须打好语言基础，过语音训练这一关，他再三强调掌握国际音标的重要性。他说："俗话说'一把钥匙开一把琐'。实际上，国际音标这把钥匙可以开语言学、民族学、民族文化学等好几把锁。"[①] 马学良认为搞民族语言研究必须要进行语言调查，调查时一定要用国际音标记录。当民族学、民族文学调查时难免会搜集到没有文字的民族靠口头传下来的资料，所以必须先用国际音标记下来方能进行研究，他还强调熟练国际音标并不是让国际音标束缚自己，要善于发现新的语音。

马学良一生桃李满园、著作盈架，除上述作品外，他还著有《素园集》（中国民间文艺出版社，1989 年）、《马学良民族研究文集》（民族出版社，1989 年）、《民族语言教学文集》（四川民

---

① 中央民族大学编：《马学良民族语言研究文集》，第 397 页，北京，中央民族大学出版社，1999 年 3 月版。

族出版社，1988年）、《百万个为什么·民族》（漓江出版社，1990年）等著作。他首先发现藏缅语族语言元音分松紧语音，这一特征过去为中外学者所忽视，自此该语族语言的音位系统有了重新建立的必要，并为比较语言提出了新的理论根据。在1999年的"国家社会科学基金项目优秀成果奖"评选中，马学良主编的《藏族文学史》（四川民族出版社，1994年）和《汉藏语概论》分别荣获二等奖和三等奖。马学良在国际学术界也享有较高的声望，1979年他曾出席巴黎第十二届汉藏语国际学会，1982年和1984年分别赴日本、美国讲学，1987年任中国文化代表团团长出访巴基斯坦。对他一生的学术贡献，学校多次举办庆贺会进行表彰。

1999年4月4日马学良在北京逝世，享年86岁。他把自己的一生都献给了民族语言文学的研究与教育工作，不愧为广大学者的楷模。

（崔晓玲）

参考书目

1. 马学良述，瞿蔼堂、劲松整理：《马学良学述》，浙江人民出版社，2001年1月。
2. 马学良：《马学良民族语言研究文集》，中央民族大学出版社，1999年。
3. 马学良主编：《语言学概论》，华中理工大学出版社，1999年。

王钟翰

王钟翰，字以行，生于1913年，湖南省东安县伍家桥乡人。童年就读私塾。15岁考入长沙雅礼中学，1934年高中毕业考进北平燕京大学历史系，跟随洪煨莲、顾颉刚、张孟劬诸名师学习。大学毕业升入燕京大学研究所历史学部，1940年毕业获文学硕士学位，留校任历史系助教。太平洋战争爆发后，王钟翰于1943年南旋，留成都燕京大学历史系任讲师。1946年，获哈佛燕京学社奖学金，赴美国哈佛大学研究院深造两年，专心研习拉丁文、日文、法文、德文、蒙文、满文，从此专攻清史。1948年夏，解放战争胜利前夕，王钟翰受洪师之命，风尘仆仆返回祖国，担任燕京大学哈佛燕京社引得编纂处代副主任，兼历史系副教授，讲授明史、清史。1952年院系调整，调入中央民族学院，任研究部研究员。1956年，中央民族学院创建历史系，他转任历史教授兼历史学教研室主任。曾被错划为右派，后平反，始终坚持教学。1978年以后，他先后担任历史系副主任，中国社会科学院民族研究所兼任研究员，中央民族学院研究生部名誉主任、博士生导师、院学术委员会副主任、委员、历届院职称评定委员会委员，北京史高教局职称评定历史组副组长、北京市哲学社会科学规划领导小组历史组副组长、中国民族史学会顾问、北京史学会常务理事、顾问等职。多年来，他致力于国际学术交流与合作，多次赴美国、欧洲、日本、台湾等国家和地区访问讲学。长期以来，孜孜不倦从事教学和科研工作，成就斐然，成为享誉海内外的清史、民族史和满学专家。1990年教师节之际，中央民族学院为表彰他执教50年，特举行庆祝大会。他的主要著作有《中国民族史》、《清史杂考》、《清史新考》、《清史续考》、《满族简史》、《满族史研究集》等。

王钟翰努力学习马列主义，用历史唯物主义的观点和方法研究历史，尤其致力于清史与满族史的研究，为学科发展做出了突出贡献。尤为突出的是在他的率领下编撰了《中国民族史》。他主编的《中国民族史》从内容结构上，力争打破以汉族为主的传统的封建王朝体系。全书分为八编：（1）中华民族的起源；（2）华夏及华夷五方格局的形成；（3）统一多民族国家的建立和南北各民族的融合；（4）中华民族的兴盛和祖国统一的加强；（5）契丹、女真各民族迭起及其建立政权；（6）蒙古统一全国至满族兴起前的南北各民族；（7）满族统一全国和各民族的进一步发展；（8）各民族人民的反帝反封建斗争和中华民族的解放。在写这部书时他指出，应重视各民族在历史上相互学习、相互吸收、相互依存、共同缔造和发展而成为统一多民族国家的过程；必须站在民族平等的立场上，用历史唯物主义的观点去分析问题，对待历史上的民族关系和民族问题，打破几千年以汉族为主、中原封建王朝为正统的观念；要努力发掘并阐述少数民族对于开拓祖国边疆和丰富祖国文化宝库等方面所作出的贡献；必须既反映各少数民族的起源、形成发展的历史过程，又尽可能说明其发展规律。同时在反映各民族相互关系方面比较全面准确地反映出汉族和汉文化在其中的作用。至今，他仍然坚持并广为传播这一重要的民族史观。

不拘于限制，不停地思考，在史料的基础上不断出新。早在20世纪40年代，他就开始了雍正夺嫡问题的研究。在科学考证的基础上，发表了著名的《清世宗夺嫡考实》，认为，古稀之年的康熙所物色的接班人应是十四子胤祯，雍正并非康熙属意之人。世宗篡位，确凿有据。在考证、研究的基础上进而指出，雍正继位是一个复杂的问题，不仅涉及清代皇位的承传，而且还引起清廷政局的变化以及大政方针的调整。他的这一观点在学术界引起很大反响。同时，他又对执政后的雍正做出了实事求是的历史评价，认为篡位是一回事，而雍正上台后的用人行政、励精图治又是一回事，不能因雍正得位不正就一定要否定雍正 13 年间的所作所为。

他所撰写的《明代女真人的分布》一文，以明永乐年间卫所设置，将明代女真人的分布分为两个阶段。此文基本探明了 14 至 16 世纪近 200 年间明代女真人的分布状况，而且明确指出这些地区均属于明朝版图所辖范围之内，澄清了历史上的层层云雾，不仅对民族史的研究同时也对边疆史地的研究作出了贡献。《满族在努尔哈齐时代的社会经济形态》和《皇太极时代满族向封建制的过渡》两文实为姐妹篇。文章通过对满族的社会经济、阶级结构等方面的分析，阐明满族在进入辽沈地区之前，已进入奴隶社会，而向封建社会过渡则主要是在皇太极时期。这两篇文章无论是理论分析，还是材料运用，都有突破。这是我国老一代学者运用历史唯物论新方法研究清史的具有开拓性的代表作，从而将满族史、清史的研究推向一个新的阶段。

1987 年，他得到了一份康熙《遗诏》的满汉文对照档案。从满文的行文措辞，他怀疑这份《遗诏》的真实性。因此，他又开始了雍正继位问题的潜心钻研。经过考证分析，他确定《遗诏》是伪造的，发表了《清圣祖遗诏考辨》，取得了新的建树。尽管他在清史研究领域不断创新，不断突破，但他从不满足。他坦言："我并不认为自己的雍正夺嫡的认识已经达到铁证如山，再没有可以讨论的余地了。恰恰相反，只要一旦有新材料新见解，我还是愿意继续讨论下去的。"正是这种永不停息的学术追求使他像一位勇敢的探索者一样，在学术研究的宝库中探求索隐、奋然前行。《清世宗夺嫡考实》之后他又完成了其姐妹篇《胤祯西征纪实》和《胤祯与抚远大将军王奏档》。他考察了胤祯西征的史实、作用与意义，进一步阐述了康熙对胤祯的器重。这几篇文章在国内外学术界产生了重要的影响。此外，他对明清之际以及清朝的一些重要人物，如袁崇焕与皇太极、柳如是与钱谦益、雍正继位后的年羹尧、隆科多等均提出了自己独到的见解。

在《清史新考》中《关于满族形成中的几个问题》一文里，他提出了一个观点，即在清代不仅存在满人“汉化”的问题同时也存在汉人“满化”的问题，满、汉两个民族相互融合的结果，是“双方面的共同成长壮大而不是单方面的被吸收同化”，这对理解清代各种制度的特点，理解清代独具特色的文化，理解今天满、汉人民间的关系，无疑都是有意义的。历来学者注意的只是少数民族是否“汉化”和汉化程度多大的问题，却很少有人从相反的方向充分注意少数民族对于汉族的影响，更很少有人提出汉族也有少数民族化诸如“满化”的问题。而满族作为统治全国近300年的民族，大量的汉族人出于种种目的力图加入它的群体之中，仿效它的风俗、服饰、语言，依照它的思维方式处理问题，本是再自然不过的现象。与此同时，并不否认，由于满、汉族的长期共居杂处，满人受到了更多的“汉人”影响。

王钟翰在史学领域辛勤耕耘近60年，继承我国史学优秀传统，十分重视基本史料的研究，对清代各类官私史籍、档案，如明清实录、朝鲜实录、《清史稿》、《清史列传》都曾倾注过大量精力，这在清史界是不多见的。自50年代注重民族史研究之后，他将清史与满族史融会贯通，自成一家之言，为海内外学者所钦佩。新中国成立以来，他接受了马克思主义的方法论，思想更进入新的境界。晚年又从政治史、经济史、民族史、民俗学、宗教文化及语言文学，对清代历史展开多方面多层次的探讨，开辟了清史、满族史和满学研究更为广阔的前景和方向。他在数十年的教学生涯中，培养了许多学生。今90高龄，仍无私地奉献自己的余力，关心培育青年学子的成长。学术界为他举办了90华诞盛会。他崇高的品德和精神，不仅赢得了世人的敬仰，也为其学术研究注入了新的风气。

（吴　雁）

参考书目

1. 王钟翰:《清史杂考》，人民出版社，1957 年 9 月。
2. 王钟翰主编:《满族历史与文化》，中央民族大学出版社，1996 年 8 月。
3. 林在勇主编:《王钟翰学述》，浙江人民出版社，1999 年 1 月。

侯方岳

侯方岳，1915 年 11 月 19 日出生于四川省广安县广门乡。1930 年进初中，参加马列主义的“推轮读书会”，由于四川中共党组织不断遭破坏，遂立志重新建党，相继组织“辅仁读书会”、“未名读书会”、“海燕社”。1936 年与共产党员饶世俊重建中共成都特支队，同时组织“成都各届救国联合会”。1938 年 ~ 1941 年历任中共四川省乐山、眉山、潼川、锦名、仁华等地的地委书记。1941 年任中共云南省委负责人，分管滇东地区工作。在城市斗争中，成功地领导了“一零一”学生运动、“李闻血案”、“人权保障运动”，均取得重大胜利，在全国产生了深远的影响。在武装斗争中领导滇东地区陆良县“马街 7·24 武装起义”，沾益县“播乐中学九·五起义”、“路南圭山”、“弥勒酌西山”起义，相继解放广南县、罗平县、会泽县等地。在解放战争时期，组建了云南人民讨蒋自救军，为日后中国人民解放军“滇桂黔边区队”的成立奠定了基础。1949 年 1 月参加在香港举行的“南华整军会议”。1949 年 9 月，作为华南解放军代表参加第一届全国政协，并参加开国大典。1950 年后，历任云南省人民委员会第一任秘书长、办公厅主任、云南人民委员会委员、云南省政协常委。1956 年成立云南少数民族社会历史研究所（云南社会科学院的前身），侯方岳担任副所长。后又随全国人大民委云南民族调查组赴昆明，主管摘抄“二十五史”、“十通”有关各少数民族地区资料，主持综合研究，指挥各分组、小组赴边疆跨境民族地区做重点调查。在“反右”和“文化大革命”中侯方岳曾多次受到迫害，但他仍没有放下手中的工作。1965 年组织人员翻译

《中国西南古纳西王国》和《琉璃官史》等世界名著。“文化大革命”结束后，1974 年 ~ 1982 年任云南省历史研究所所长、云南大学副校长。1978 年，侯方岳奔赴于北京、上海、厦门、广州等地访问各大学、研究所教授，商谈组织“中国东南亚研究学会”、“百越史学会”、“铜鼓及华南青铜文化研究会”。三大学会成立后，侯方岳被公选为“中国东南亚研究会理事长”，同时任另外两学会顾问，指导对东南亚、南亚各国调查研究。侯方岳在离休后，先后赴各大专院校讲学，介绍马、恩、列、斯历史唯物论关于人类历史规律和五种生产方式论。

侯方岳不仅在革命事业方面投入了大量的精力，同时也涉猎广泛，对历史学、哲学、民族学和人类学等均有研究，并有多篇著述发表。他的主要学术文章大部分收集在《侯方岳诗文集（学术卷)》中。

侯方岳的民族学、人类学观点是在深入研究马克思、恩格斯的历史唯物主义和“亚细亚生产方式”这一概念基础上形成和发展起来的。他做了大量的实地调查工作，其主要学术贡献如下：1.“亚细亚生产方式”的研究。关于“亚细亚生产方式”的问题是在世界范围内争论了半个多世纪的问题。它是马克思用来描述原始社会中的一种处于原始公有和私有制之间的一种过渡形态。对这一问题，侯方岳带领学生们在西双版纳做了大量的田野调查，并发现傣族农村公社更具有原始民主形式，是典型的“亚细亚生产方式”，并通过与其他各民族村社的对比研究，确认：“亚细亚生产方式”其“原生形态”是原始公社最后阶段，以定居农业和地缘联系为基础的农村公社。与以血缘联系为基础的母系氏族公社和父系氏族公社有质的差别，但基本生产资料——土地仍是公有的，所以仍应包括在原始公社范围内。2. 他认为各族各地区发展的复杂性、不平衡性，不能否定各族共同的规律性。正如他在《西南民族研究的理论价值和实践意义及世界影响》一文中指出：尽管部分地区局部的倒退、复辟现象是常见不鲜的，但是从各民族社会历史发展的总趋势看，都是按社会历史发展的一般共同规律——五种生产方式而逐步向前发展的。如果把不同民族的不同性质孤立起来看，就很容易忽视各民族社会历史发展的共同规律性；但是如果把各民族社会经济、政治组织、婚姻、家庭组织等从历史发展的长河中从纵的方面进行观察，就容易看出各民族社会历史发展的共同规律性。同时他在另一篇文章《论人类各族历史发展的共同规律性——评黑格尔、魏特福格尔、梅洛蒂对亚、非历史发展的偏见之一》中，批判了德国政治经济历史学派否定各族发展共同规律的“多线性”，认为形形色色的号称“新马克思主义的多线论”实质上是反马克思主义的，否认历史发展的共同规律性。3. 在“关于民族研究的几个问题”中，他认为强调经济基础是我国民族研究的一大优点，同时将民族学与民族史结合起来调查研究是又一大优点。但是我们在关于家庭、婚姻、宗教信仰、风俗习惯、文艺美术、服装、发式、衣、食、住、生活等方面是比较薄弱的。但由于材料多，可以在不长的时间内补足。尤其他强调民族学的研究，在国内应将汉族包括在内，不可完全离开汉族来孤立研究少数民族，因为少数民族与汉族（包括古代的华夏）四千多年来，一直是互相影响的。同时，国内民族学研究也要和世界各民族研究配合起来，进行比较研究，以便更好地研究世界各民族社会发展共同的规律性和各民族社会发展的特殊性。孤立地只研究各民族社会发展的特殊性，否定世界民族社会发展的共同规律，显然是不恰当的。①

在多篇文章中，侯方岳都着力实现马克思主义与分析历史问题的有机结合，从而提出富有学术理论价值的见解。这些理论观点的提出对于我国民族理论研究、更好地认识少数民族状况和促

---

① 《民族学研究》第一辑，第36页，北京，民族出版社，1981年8月版。

进各民族共同发展都具有建设性意义。

侯方岳是一个革命家，为中国的民族解放、国家独立、建立中华人民共和国的伟大事业做出了贡献。侯方岳的突出成绩曾多次受到中共中央华南分局和中央副主席周恩来的表扬，他培养了像田家英、李原（原南开大学党委书记）等一大批党的高级领导干部。同时，他又是一位坚持用马克思主义指导学术研究立场和方法的民族学者，开创了云南民族工作、民族学、人类学研究的先河。他领导的云南少数民族社会历史调查组，收集了上亿字资料，共拍了六部反映云南少数民族原始文化生活情况的纪录片。为少数民族地区的民主改革和社会主义改造制定具体政策提供了社会历史的科学根据，为日后云南民族文化大省的建设做了文字的、人才的准备。在侯方岳的发起下成立的“中国东南亚研究会”、“百越史研究会”、“铜鼓及南方青铜研究会”，开辟了对东南亚、南亚国际问题的研究，同时为民族学、人类学的研究、对外开放和外事工作的需要培养了大批的优秀人才，为我国的民族研究尤其是南方民族的研究做出了不可磨灭的贡献。

（佟春霞）

梁钊韬

梁钊韬（1916—1987），广东人，著名人类学家、民族学家、考古学家、教育学家。

梁钊韬青少年时代在父母的教育和影响下矢志学业。1935年考入厦门大学历史社会学系，1937年转入中山大学历史系。先后师承考古学家郑德坤、文化人类学家林惠祥、哲学史家朱谦之、民族史学家罗香林、人类学家杨成志等著名学者。大学毕业后，进入中山大学研究院攻读研究生课程。在导师杨成志教授和罗香林教授的精心指导下，对人类学、考古学、民族学的研究打下了坚实的基础，并对原始社会史以及宗教学的研究也产生了浓厚的兴趣。在此期间，他跟随杨成志教授深入粤北瑶山对瑶族的一支“过山瑶”进行调查研究，并写了一篇很有学术价值的论文——《粤北乳源瑶民的宗教信仰》（发表在《民俗》季刊1943年第2卷），文章精辟地分析了瑶族宗教的实质。在先秦哲学史家朱谦之教授的指导和影响下，梁钊韬对我国古代的巫术、宗教产生了浓厚的兴趣，并写出了硕士论文《中国古代巫术——宗教的起源和发展》。1941年，梁钊韬在中山大学毕业，获得硕士学位，留校任社会学系讲师。1942年，由校长许崇清举荐任广东省政府指导委员会研究员，并担任广东省地方行政干部训练团边政班的业务教官，讲授《民族学概论》及业务实习课等。1944年经成都华西大学博物馆馆长郑德坤教授的推荐任该馆助理研究员，后升任副职研究员兼民族部主任。在此期间，他进行了一些田野调查，并写了不少有关中国民族学、民俗学、人类学等方面的论文。1946年回中山大学任社会学系讲师。1948年中山大学成立人类学系，经杨成志教授举荐任该系副教授。新中国成立后，中山大学人类学系被撤销，梁钊韬转调到历史系任教，历任副教授、教授及考古学教研室主任等职。1978 年后，我国教育和科研事业呈现出一派生机，经梁钊韬积极筹划和争取，国家教育部批准中山大学成立人类学系。这是新中国的第一个人类学系，梁钊韬任系主任，主持人类学系工作。中山大学人类学系的复办为国内外有关学术界所瞩目。

梁钊韬一生耕耘在学术园地上，自 20 世纪 30 年代以来发表了 100 多篇学术论文，还有多本专著和译文。他的主要论著有：《民族学概论》（云南民族出版社，1985）、主编《人类学论文选集》（中山大学出版社，1986）、主编《文化人类学》、《粤北乳源瑶民的宗教信仰》、《海南岛黎族社会史初步研究》、《马坝人的发现》、《人类学、考古学、民族学与阶级斗争关系》等等。

梁钊韬的研究领域十分宽广，涉及人类学、历史学、民族学、考古学、民俗学、宗教学等。

在人类学方面，他的学术思想体系是完整的。在指导思想上，他一贯强调人类学研究要以辩证唯物主义和历史唯物主义作指导，他认为：一百多年来，国内外人类学的学派与观点都始终贯穿着唯物主义和唯心主义的斗争，这是人类学这门学科的发展史的一个重要特点。在对待西方人类学的态度上，梁钊韬认为必须坚持“两点论”，即既要批判西方人类学各派唯心主义成分，又要吸收西方人类学中有价值的东西。在建立中国人类学体系方面，梁钊韬更有其独到的见解，他认为人类学作为一门研究人类自身起源和发展以及人类的物质文化和精神文化起源和发展的规律的边缘学科，其体系应该是由体质人类学和文化人类学两部分组成，而文化人类学应是包含民族学、考古学、语言学等分科。

在民族学方面，梁钊韬一贯认为研究民族学要立足于为中华民族服务。他说我们不能为研究而研究，民族学首先是用来说明人类社会发展的客观规律的。他认为：科学理论有赖于实践去检验。民族理论正确与否，就在于是否理论符合实际，是否能达到真正的平等、团结和互助的应用效益，使民族学成为真正为民族，进而为全世界人类的幸福而服务的科学。

在考古学方面，梁钊韬提倡建立民族考古学科。他运用"考古学资料"和"民族学资料"以及"历史文献"相结合的方法研究古代文化，以考古学的观点去观察和研究少数民族的社会和历史文化。梁钊韬在考古学方面最大的贡献就是发现了马坝人。另一重大贡献是对西樵山石器的调查，发现了多处分布地点。

1987 年 12 月 2 日，梁钊韬因患胆管癌不幸病逝，享年 71 岁。他虽然走完了人生的道路，却给后人留下了丰厚的学术思想遗产。他对教育事业无私奉献的崇高品格，他在学术上的精神造诣，研究工作中的开拓创新精神和求实学风，以及他作为学术领导人的高风范懿，都深为后人景仰。

（梁　昆）

参考书目

1. 梁钊韬：《中国古代巫术：宗教的起源和发展》，中山大学出版社，1999 年。
2. 中山大学人类学系：《梁钊韬与人类学》，中山大学出版社，1991 年。

牙含章

牙含章（1916—1989），甘肃临夏人。中国当代民族理论家和宗教学家。别名马尔沙，笔名章鲁、子元。1936 ~ 1937 年在甘南拉卜楞寺和拉萨哲蚌寺开始研究藏族历史和喇嘛教，通过对藏族调查写出《青藏调查记》。1938 年在陕甘宁边区关中分区陕北学习，加入中国共产党，先后担任中共中央调查局第四分局少数民族研究室副主任（1942），甘肃临夏专员公署专员（1949），1951 ~ 1952 年分别担任西北军政委员会驻班禅行辕副代表及中共西藏工作委员会秘书长。1958 年任内蒙古大学副校长兼中国民族问题研究所所长。1978 年当选为无神论学会副会长等职。1985 年被聘为《中国大百科全书》总编辑委员会委员。1989 年 12 月病逝。

《班禅额尔德尼》（西藏人民出版社）是牙含章生前所著关于西藏历史的学术力作。采用传记体裁，论述西藏地区近 600 多年的历史。它的上限起自元末明初，下限写到西藏和平解放，班禅返回扎什伦布寺。

《达赖喇嘛传》这本书是他在西藏工作时撰写的，十四世达赖叛逃后，中央领导还关心这本书，后内部刊出，多年后才公开出版。这是一本关于西藏历史，主要是西藏近代史的学术性、资料性的著作。论述了从一世至十四世历代达赖喇嘛，使我们对西藏历史有了全面的了解。

《民族形成问题研究》是牙含章阐述马克思主义关于民族起源形成的基本理论著作。这本著作主要阐明：民族是一个历史范畴，它起源于原始社会的部落时代，现代民族即资产阶级民族形成于资本主义上升时代。我国各民族都在资本主义以前就已形成。汉族可能形成于夏代，我国少数民族都有悠久的历史，形成的时代前后不一，具体民族具体分析。本书对从事民族工作、民族研究工作，关心民族工作的同志，都有较大的参考价值。它是我国系统阐述马克思和恩格斯关于民族形成理论的第一本著作。

《无神论和宗教问题》是一本学术论文集。这本论文集主要阐述了三个问题：一是有神论和宗教发生发展和消亡的客观规律；二是宗教问题同阶级斗争的关系；三是无产阶级及其政党对待宗教的态度。这三个问题是马克思主义无神论的基本原理。这本论文集出版时，我国学术界正在进行关于无神论问题和宗教问题的争论。牙含章认为宗教和迷信不是一回事，对于世界上一切迷信都是宗教的这种观点不是马克思主义的，而是资产阶段宗教学的，在理论上是错误的，在实践中是行不通的。并在1965年对这场争论写了一篇总结性的文章，题为和资产阶级宗教学划清界限，发表在《光明日报》上。此外还出版了一本《民族问题与宗教问题》，该书是一本阐述有关马克思主义民族理论和宗教理论的论文集，是将《无神论和宗教问题》和《民族形成问题研究》两本小册子合编为一册，分为上下两编。上编是民族问题，下编是宗教问题，并做了较大补充。本书在原思想的基础上对两个问题做了说明：无神论作为一门科学，是人类历史长期发展的产物，是同有神论观念和宗教迷信长期斗争的产物。西方无神论的发展和中国无神论的发展各走了不同的道路。在西方中世纪时期，无神论作为异端而遭到残酷迫害。因此西方的无神论从卢克莱修（公元前99—55年）以后，中断了一千余年一直到斯宾诺沙时代（1632—1677），伴随着资本主义的产生和发展而逐渐恢复起来，经过18世纪“百科全书派”与费尔巴哈的艰苦斗争，西方的无神论学说获得了巨大的发展，这就为马克思主义的无神论学说创立铺平了道路。我国的无神论所走的道路有自己的特色。中国历史上历代统治阶段大力扶植儒家，尽管佛教道教在全国有很大的影响，但却没有超过儒家。而中国的许多无神论者，多出身于儒家，尽管中国的统治阶级也反对无神论的思想并对无神论者采取否定的态度，但因为中国的无神论者以儒家的学术思想作掩护，从而避开了像西方的无神论者经历的那种惨剧，这就是中国的无神论学说，从春秋战国直到秦朝，它的优良传统始终没有中断过的原因，这是和西方走的截然不同的道路。只是到了近代，由于我国沦为半殖民地半封建社会，才使中国的无神论思想的发展随着中国社会性质的变化而在一段时期内落后于西方。但中国许多杰出的无神论者对世界无神论学说的贡献仍是不可低估的。这是第一个问题。

第二个问题是宗教与封建迷信不能混为一谈，通过一些事例和实地调查发现：封建迷信没有得到应有的取缔的重要原因之一是，一些农村干部对什么是宗教什么是封建迷信没有清醒的认识，对宗教采取什么样的政策？对封建迷信采取什么样的态度？在他们的头脑中还划不清界限。所以有些干部对封建迷信采取睁一只眼闭一只眼的态度，而有些干部还带头大搞封建迷信，客观上起了助长封建迷信的作用。这些事情说明要同封建迷信进行有效的斗争，首先需要把农村基层干部武装起来，让他们划清宗教与封建迷信应有的界限。给从事理论工作的同志提出了一个严肃的任务，有责任把这些问题从理论上、政策上讲清楚。最根本的一条是加强党对反对封建迷信的领导，认真地把这项工作抓起来，长期深入地开展工作。

牙含章的主要学术贡献是坚持马列主义原理同中国民族问题的实践相结合。抗日战争中在李维汉和贾拓夫的主持下参加了《回回民族问题》的编写工作。新中国成立后编写的《达赖喇嘛传》得到了中央领导同志的支持和赞许。

在他的著作中，论证了马克思和恩格斯认为民族是在原始社会由部落发展而成，而斯大林讲的是资本主义上升时期的民族即现代民族的问题。从而解决了在中国民族学界长期争论的一个难题。

（孙　斌）

谷 苞

谷苞（1916——），祖籍湖南，1916 年出生于兰州市，1934 年毕业于兰州第一中学高中部，1935 年到北平，补习几个月，考入清华大学。1937 年，日军侵入北平后，于 8 月 13 日到天津，辗转回到兰州。1939 年夏去昆明复学，在大学中，师从陶云逵教授学习体质人类学和文化人类学，另外在当时燕京大学与云南大学合组的社会科学研究室，在费孝通的指导下从事研究工作。新中国成立后，长期担任中国科学院新疆分院副院长，新疆社会科学院院长，直到 67 岁时退休。后定居兰州。对我国新疆及西北少数民族的研究工作做出了不可磨灭的贡献。

谷苞几十年的研究生涯，写了许许多多的著作和文章，2004 年初由兰州大学出版社出版发行的《民族研究文选》（二）是继 1991 年发行的《民族研究文选》之后的又一部大作。其中的文章全都是谷苞自己所写，有的是退休前写的，大部分是他退休之后写的，包括大量的新疆民族资料，还有就是谷苞的个人多年的研究心得，提出了许多他自己在研究民族学方面的经验。2003 年，由新疆人民出版社出版发行的《人物中的新疆》也是谷苞的一本专著，除了这些，《新疆历史人物》这本有四集的书也分别从 20 世纪 60 年代一直写到了 80 年代末。谷苞在《敦煌资料》中数十年间发表了几十篇文章，从文艺、科技、生活、历史等各个方面具体地描述了新疆这块祖国的乐土。

谷苞的研究生涯大部分是在新疆度过的，因此他也对新疆的少数民族了解很多，对于新疆的研究也是绝对的权威，并且发表了很多关于新疆的文章。比如《新疆维吾尔族族源问题》（收录在《敦煌资料》1986年），《西北地区经济、文化与西北史研究》（收录在《敦煌资料》1993年），《论西汉政府设置河西郡的历史意义》（收录在《敦煌资料》1989年），《古代新疆的音乐舞蹈与古代社会》（收录在《敦煌资料》1987年），《丝绸之路——古代东西方文化交流的通道》（收录在《敦煌资料》1986年），《新疆历史丛话》（新疆人民出版社1985年），《古代龟兹乐的巨大贡献及其深远影响——在新疆丝绸之路学术讨论会的发言》（收录在《敦煌资料》1989年）等等。

谷苞在研究方面有自己的见解，他认为在建国前后所从事的学术活动有明显的区别。首先，建国前的调查和研究是割裂开的，调查工作很难。建国后，十分顺利，开多种座谈会，与农民共同讨论，在新疆从事调查的四年多，对他以后的民族学研究有很大的影响，总结一下经验，用他自己的话来说，就是："拜少数民族群众为师，体验民族生活，学习民族历史，尊重民族情感和民族文化。"其次，在民族研究的指导思想方面，在建国前他是从来没想过要指导思想的；建国后，他认为要提高民族研究质量，并保证沿着正确的方向去发展，必须依靠两头：上头靠马克思主义、毛泽东思想的指导；下头靠广大群众的热情支持。在这些方面，谷苞十分重视学习马克思主义、毛泽东思想和党的各项方针政策，而且还作了许多有关兄弟民族社会历史的调查，可以为学者研究提供资料。再次，特别重视巩固祖国的统一和维护民族团结的研究，并且把它作为自己后半生的研究课题。提出了"中国的56个兄弟民族，都有各自的族名，都有各自的文化传统、民族特点，同时，56个兄弟民族又有一个共同的族名，即中华民族。中华民族的文化传统，涵盖了各民族文化所共同具有的部分，即中华民族的共同性。"［《民族研究文选》（二）第307页］谷苞经过几十年在西北的实地考察，也提出了秦汉时代中原地区实现统一的同时，北方游牧区也出现了在匈奴人统治下的大一统局面。南北两个统一体的汇合才是中华民族作为一个民族实体进一步的完成。具有一体性的中华民族，在民族特征方面也有共同性。关于这一点，他发表了两篇论文加以论述，他不仅列举了中华民族在语言、经济生活、地域方面的共同特征，还分析了中华民族所具有的许多共同文化事象，如共同的神话传说、共同的乐器、共同的节日、都崇拜龙、都用12生肖纪生年和纪年等。(注：《论中华民族的共同性》和《再论中华民族的共同性》，第37—71页)

他在任中国科学院新疆分院副院长期间，中国科学院新疆分院从无到有，从小到大，其成功的经验就是培养了少数民族成分的研究人员，也培养了一批在新疆扎根的汉族人员。他认为，如何加速发展少数民族地区的经济文化，对民族研究工作者来说有着义不容辞的责任。只有深入实际，深入群众，进行深入细致的调查研究，才能够了解新情况，发现新问题，并与当地干部和群众共同商量，提出解决问题的方法。他认为一个民族学研究工作者每年最好能有三分之一的时间进行社会调查。在社会调查中搜集资料，了解情况的过程，同时也就是研究问题的过程，不能把两者割裂开来。调查报告的初稿最好在当地写好，以便及时向当地的干部群众征求意见进行修改，发现遗漏和需订正的地方，要及时补充和订正。还要重视进行少数民族社会变迁的研究。再联系新中国成立前的情况，正确阐明新中国成立后的发展变化写成一部或多部丰富生动的社会发展史，具有极大的学术价值。发展和提高现今这支民族成分的研究队伍，特别要重视对各民族青年研究人员的培养，对青年的培养要注意专业训练和语言学习。进行社会调查时应该注意争取对研究民族经济、历史、宗教、民俗、民族问题理论及党政部门从事民族工作的人员协调工作，可以相互启发，相互支持，发挥多学科互补的优点，也可以使研究工作者与实际工作者在一起发挥各自的特长，共同提高，同时也扩大研究人员的知识面。宗教是一种特殊的文化现象和社会现象，在现实生活中总是通过一定的群体（信仰群体）来体现的，并且对其群体具有强烈的整合力和凝聚力。因此，宗教对现实生活具有较大的影响力。谷苞一贯强调研究少数民族问题是宗教研究的重点，并指出："这是一个关系着如何在社会主义现代化建设过程中，促进少数民族经济文化加速发展的重要问题。"①

谷苞虽然退休了，但他的研究工作仍然在继续着，在几十年的研究过程中不断地学习，不断地研究，扩大自己的知识面，养成了严谨的工作作风，对民族学的研究更是一丝不苟，经常自己下到少数民族地区进行实地调查，在他的专著《民族研究文选》两册中，大部分都是他自己在实地调查后写的调查报告，非常生动地再现了民族地区的情况，为民族学的研究工作者留下了宝贵的资料。也有他遗憾的地方，那就是他在新疆收集的许多民间传说故事在"文化大革命"期间由于没有保护好，被造反派给烧毁了，可惜啊！这么珍贵的资料再也找不到了，那些当年为他讲述这些故事的老者早已经逝世了，一些宝贵的文化遗产就这样消失了。但他还是为我们留下了许多好资料和很好的研究方法，使我们这些后辈在今后的研究工作中能找到具体的方向，不至于走许多弯路。其中他写的《民族研究文选》两册算得上是比较详尽的民族学资料了。谷苞在民族学方面的贡献是有目共睹的，他还担任了众多有关民族学的机构要职，在推进民族学的发展中贡献出自己的力量。

（刘　旺）

---

① 《维吾尔族与伊斯兰教》，《民族研究文选》第 217 页，新疆人民出版社，1991 年 10 月版。

陈永龄

陈永龄，汉族，1918年11月1日生于北京，原籍江苏淮阴。1947年毕业于燕京大学，获法学硕士学位。曾先后任教于新疆学院，燕京大学社会学系、民族学系。1952年调中央民族学院。现任民族学系教授、博士生导师，并获国务院颁发的具有突出贡献的政府特殊津贴。曾任中国社会学会和中国民族史学会顾问，北京市社会学会副会长、顾问，中国民族学会、人类学会理事，中国少数民族文化艺术基金会学术委员会委员，国家教委中央民族大学文科文献信息中心学术咨询顾问，国际影视人类学委员会委员，《影视人类学》（英文）杂志编委，曾参加《辞海》（编委兼民族分科主编）、五种民族问题丛书之一的《中国少数民族》（副主编）、《民族词典》（主编）、《中国大百科全书·民族》卷（编委兼民族史分科副主编）、《当代中国的民族概貌和民族政策》、《新疆现代政治社会史略》等的编撰工作，并任《简明不列颠百科全书》中国民族词条编写人。论著有《民族学浅论文集》、《二十世纪前期的中国民族学》（合著）、《论中国民族学在新时期面临的新课题》、《我国是各族人民共同缔造的统一多民族国家》等，其中《民族学浅论文集》一书囊括了陈永龄一生大部分的著作。在1980年后曾多次应邀赴美国、加拿大和印度参加国际学术会议和讲学，1988—1990年应美国富布赖特基金会邀请，先后在华盛顿大学授课，在斯坦福大学作研究。广泛地结识了国际各界学者，对中外民族学、人类学的文化交流做出了积极的贡献。

陈永龄对中国民族学史、民族学、民族史等领域有深刻的研究，对中国民族学史致力尤多。曾和王晓义合作撰写《二十世纪前期的中国民族学》一文，是十一届三中全会以来最重要的一篇研究 20 世纪前期的中国民族学发展的论文。该文对民族学各流派在中国的影响和发展以及在 1949 年前中国民族学的活动情况，如活动领域、研究范围等进行了仔细研究和详实介绍，尽管篇幅有限，没有展开分析，但其中资料相当丰富，叙述线索清晰，在中国民族学史研究中影响很大，后来的许多有关中国民族学的专著和介绍文章，也多为不等篇幅地引用此文。在 1988 年底至 1989 年初，陈永龄为华盛顿大学人类学系的研究生开设了“民族学在中国的实践”的课程，根据多年的研究和先前的中文讲义编写了《中国民族学史》，这是对中国民族学史进行总结概括的第一部专论。其中有很多篇幅谈论中华人民共和国建立之后祖国大陆民族学的发展状况，并进行了简略的评论，该文资料翔实，线索清晰，叙述严谨，评价妥帖，弥补了我国没有一部本国学者撰写的中国民族学史专论的遗憾。在不同时期，陈永龄还著有《民族学》、《谈谈我国民族学的几个问题》、《论中国民族学在新时期面临的新课题》、《探索汉族民族学研究的几个问题》等一系列著作。

在民族方面，陈永龄主要致力于西部民族，如藏族、彝族、新疆各民族的研究。早在 1942 年，他任教于新疆学院之际，就经常邀请院校内的少数民族同学和同事闲聊，从中记录民族资料，其后又参加对内蒙古呼纳盟（今呼伦贝尔盟）、甘肃、青海等地的实地考察，1956 年的“少数民族社会历史”调查等等活动。由于有史料和第一手资料的有效积累，陈永龄发表了诸多有关民族和民族史的优秀作品，如《我国是各民族共同缔造的统一多民族国家》、《十九世纪以来新疆动乱的启示》、《试论社会改革前我国少数民族封建游牧部落的几个特点》、《四川理县嘉戎藏族土司制度下的社会》（硕士论文）、《有关凉山彝族社会历史的若干情况》（合作调查报告）、《青海土族政治的演变》（合编）、《青海塔尔寺情况》（合作调查报告）等等。对于民族的研究，陈永龄并没有局限于国内，他对北美印第安人也有一定的研究。1980年应邀赴加拿大萨斯喀彻温省里贾纳大学讲授中国少数民族和民族政策，为期七个月，在此期间对北部印第安人保留地进行了访问。此外，还应邀参加了加拿大全国印第安人同志会年会。在此查访的基础上，写了《觉醒中的加拿大印第安人》、《记加拿大"第一民族"——印第安人》、《北美印第安人心声》等文章介绍北美印第安人的现状，为我国世界民族知识的积累提供了第一手资料。

在做研究的过程中。一方面，陈永龄十分注重田野调查工作的作用，并大力提倡局内观察法。他本身也身体力行，曾多次参加社会实践调查活动。这在他的自述稿《田野调查是民族学者成长的必由之路》可见一斑。在文中，对研究方法进行了总结和反思，高度评价了田野调查工作，"它是社会科学的生命线和动力，也是提高学术实践和社会实践极好的方法。"另外，陈永龄也十分强调尊重少数民族的情感问题，尊重少数民族的风俗习惯就体现了这一点。1979年，他还做了一场"关于历史上我国民族关系和民族战争问题——兼论历史剧与民族关系"的演讲以提醒戏曲导演在创作中注意少数民族的情感问题，促进社会主义的民族团结。

（张　亮）

参考书目

1.《民族学浅论文集》，台北弘毅出版社，1995年。

2. 王建民、张海洋、胡鸿保著：《中国民族学史》，云南教育出版社，1998年5月。

胡庆钧

胡庆钧（1918——），湖南宁乡人，号静之，笔名胡海、少海。社会学家、民族学家。中国社会科学院民族研究所研究员，曾任中国社会科学院民族学研究室主任、中国民族研究会副会长、中国社会学会理事、人类学会理事，兼任云南省社科院社会学所名誉所长、北京市社会学顾问等。

1918 年 12 月 27 日出生在湖南宁乡。1931 年秋在宁乡上初中。1934 年秋入读湖南长沙高中。1938 年秋至 1942 年夏在广西宜山浙江大学和云南昆明西南联大读书。1944 年到北京大学文科研究所学人类学。1944 年在中央研究院历史语言研究所任助理研究员，同年发表第一篇学术论文《川南叙永苗民人口调查》。1945 年 8 月在昆明参加中国民主同盟，之后至 1947 年任云南大学社会学系讲师。1947 年至 1952 年任清华大学人类学、社会学讲师。其间 1950 年 9 月参加中央访问团前往凉山彝族地区，到西昌县北山红毛玛姑区搞试点。1951 年 3 月进入昭觉地区。由于一个很偶然的机会，才开始对凉山彝族传统的奴隶制等级结构有比较完整的了解。1952 年下半年再次去凉山，回京后工作关系由清华大学转到科学院近代史所。1952 年至 1961 年任中国科学院近代史研究所助理研究员、副研究员。其间，于 1956 年 6 月在北京加入中国共产党。并在 1953 年至 1956 年在中国人民大学马列主义研究班哲学分班学习三年。1956 ~ 1957 在《教学与研究》发表《论凉山彝族的奴隶制度》、《再论凉山彝族的奴隶制度》这两篇文章。之后继续参加 1956 ~ 1957 年全国少数民族地区大规模社会调查，第三次上凉山。1961 年任中央民族学院历史系副教授。1962年任中国科学院民族研究所副研究员、研究员。1980～1982年，曾三次去凉山复查。非常注重核实“十年浩劫”前他三次去凉山时所搜集到的资料，尤其注意清除大规模社会调查期间即民主改革后资料中可能存在的水分。在学术上，着重论证历史上彝族奴隶制的产生和发展，新中国成立前凉山彝族奴隶制度发展中的某些规律性问题。

胡庆钧主要研究领域为社会学、民族学，特别是对50年代民主改革前凉山彝族的奴隶制度有较深入的研究，同时着重对明清彝族的社会历史进行了系统的研究。他的主要学术成果可归纳为以下二点：

一、对凉山彝族的社会形态研究

胡庆钧曾六次上凉山，做了大量的田野调查，收集了丰富的田野资料。同时注重从事明清彝族社会历史的研究，他对新中国成立前凉山彝族社会形态的研究达到了相当深的程度，为后人留下了非常珍贵的研究资料。他在50年代前后几次参加凉山彝族社会历史的调查研究中，发现彝族历史上的奴隶制度并不限于新中国成立前的凉山与云南宁蒗地区，而是有着更加广阔的范围。如果不将彝族历史上特别是明清两代彝族历史上的一些问题弄清条理，很难解决彝族社会调查中所发现的有关问题。而明清两代由于有大量实录特别是档案资料保存下来，加上地方志与私家著述所保存的资料远较以往的历史资料丰富，较为有利地提供解决问题的条件。理顺了明清两代彝族历史上的一些问题后，作者从地理条件与人的发展情况、彝族奴隶制产生与发展的历史、新中国成立前凉山地区的社会生产力、生产者奴隶制所有制下的等级和等级关系、生产资料奴隶主所有制下的土地关系、作为政权机构的氏族机关、婚姻与家庭、政法思想、道德和哲学、艺术和宗教信仰这十个方面全面阐述了凉山彝族的社会形态，并就凉山彝族社会性质讨论中的九个主要问题做了归纳：关于凉山彝族奴隶制度的主要特征问题、关于凉山彝族奴隶制度发展阶段的问题、关于安家与曲诺的阶级属性问题、关于新中国成立前凉山彝族奴隶制度的等级结构问题、关于历史上凉山彝族奴隶制度等级关系的产生与形成问题、汉族地主封建制度对彝族社会的影响作用问题和凉山彝族奴隶制度范围的大小问题。

二、对早期奴隶制社会的比较研究

胡庆钧之所以投身到希腊罗马古代史的研究，还由于80年代初期，在《凉山彝族奴隶制社会形态》付梓前夕，出现了一股否认奴隶社会是社会发展必经阶段的风潮，从而使这一类的研究成为无源之水，无木之本，成为人类社会发展史上的一种畸形或变态。这一风潮在国内外学术界均有一定的影响。在他主编的《早期奴隶制社会比较研究》一书中，从四个专题进行了研究，即中国商代、希腊荷马时代、罗马王政时代、恺撒与塔西佗时代的日耳曼人。摩尔根把希腊、罗马包括日耳曼人这三个时代划入氏族社会后期的“英雄时代”。然而，胡庆钧与其他研究者通过对上述各地区进行认真研究，并以20世纪50年代民主改革前凉山彝族奴隶制的丰富民族学资料进行比较之后，认为摩尔根的论断不符合实际。他们基于以下四点认识，即在等级结构方面，各地区均已形成贵族自由民、古典奴隶与授产奴隶以及被释奴隶至类似平民的等级分化；在上述等级结构的基础上，形成主要由贵族奴隶主阶级主持政务的政治组织或者国家机关；在意识形态方面，各地区都特别重视宗教信仰的作用；上述五个地区之所以进入早期奴隶占有制社会，归根到底取决于各地区的社会生产力的发展水平。从而认为上述地区均已进入了早期奴隶制社会。

（黄海珠）

参考书目

1. 张品光等主编：《中华当代文化名人大辞典》，中国广播电视出版社，1992，第 482 页。

2.《中国社会科学家辞典》，甘肃人民出版社，1986，第 583—584 页。

3. 胡庆钧主编：《早期奴隶制社会比较研究》，中国社会科学出版社，1996。

4. 胡庆钧著：《凉山彝族奴隶制社会形态》，中国社会科学出版社，1981。

5. 胡庆钧著：《明清彝族社会史论丛》，上海人民出版社，1981。

6. 胡庆钧著：《藏苗两区采风记》，中周出版社，1944。

秋　浦

秋浦（1919——），原名贡厚生，笔名秋浦，江苏丹阳人，著名民族学家。曾任内蒙古日报副社长、总编辑、党组书记，内蒙古东北少数民族调查组负责人，中国科学院内蒙分院副院长、哲学社会科学部主任，中国科学院民族研究所副所长，中国民族学会第一任会长。

1919年，秋浦出生于江苏省丹阳市柳茹村的一个诗书耕读之家。父亲莘农公清末曾考取秀才功名，后家道中落，以开馆授徒为业。父亲为他的启蒙老师，教他习读《四书》、《五经》、《古文观止》以及唐诗宋词，并教他作文和赋诗。接着，他在丹阳延陵小学插班读了半年四年级课程，后在振声学校（今改为漕桥中学）完成高小二年级的学业，前后学习时间共两年半。由于家庭无力供他继续求学，他不得不开始走向社会独自谋生，当时年仅15岁。不久，家庭不幸接踵而来，一天之内父母双亡。他悲痛之余离家出走。经父亲生前好友贡伯范的介绍，他在江宁林场谋得一份文书的职位。轻松的工作使他开始广泛地阅读进步书籍，后在新场长李寄农——一名共产党员的引领下，走上了革命的道路，时年16岁。1938年初，他奔赴延安，在抗日军政大学学习半年多就分配到冀热察挺进军随营学校担任秘书。除肩负秘书工作之外，他又独自一人办起了校刊——《随军生活》，开始步入他的新闻工作生涯。不久，他被调到《挺进报》工作，1942年又在《晋察冀日报》工作，期间当过编辑和记者。日本投降后的一次蒙古高原之行，使他首次接触到民族问题。1947年，他奉命筹办《内蒙古日报》。从新闻工作者跨入科学研究的大门，是由偶然因素促成的。1956年，毛主席提出要动员力量组织一次全国性的少数民族社会历史调查，以期在4~7年内，弄清各主要少数民族的经济基础、社会结构、历史沿革以及特殊的风俗习惯，以作为民族地区工作的依据，并为日后的科学研究奠定基础。组织建议内蒙古党委调他参加内蒙古、东北地区的调查。1956年底开始，他选择调查的第一个民族就是鄂伦春人，持续了6年。通过这一次调查，不仅使他对于鄂伦春社会及其历史发展的了解比以往深刻得多，而且对于研究同一社会发展阶段的民族，也同样具有重要的借鉴意义。深入的社会调查，使他在科学研究工作中感受到由此带来的乐趣，自此这类社会调查成了他经常关注的一项重要工作。除了重视社会调查外，他还重视书本的学习，使二者密切地结合起来，同时重视在实践中学习和运用马克思主义。离开报社后，秋浦先是分配去组建中国科学院内蒙古分院，1962年又调到北京的中国科学院民族研究所。综观他的一生，用一句话总结，就是半生报人，半生学人。

主要代表作有：《当代人看原始文化》(1993)、《民族学在中国》(1993)、《萨满教研究》(1985)、《鄂伦春族》(1984)、《鄂伦春社会的发展》(1980)、《鄂伦春的原始社会形态》(1960)、《我国的民族政策》(修订版1958年)、《民族政策的辉煌胜利：十年来的内蒙古自治区》(1957)、《鄂伦春人》(1956)、《我国的民族政策》(1955)、《胜利前进中的内蒙古自治区》(1954)等。主要论文有《我们需要马克思主义民族学》，其中《鄂伦春社会的发展》一书已出英文版和西班牙文版。

主要学术贡献：

对原始社会形态的研究。一般认为，人类社会已有三百多万年的历史，而阶级社会只有几千年，因而人类社会绝大部分时间是在原始社会中度过的。鉴于家庭是唯一的社会关系，秋浦尝试着将整个原始社会的发展表现为依次更替的五个阶段上，即原始群团（从猿到人的过渡阶段）、血缘家庭公社（人类第一个社会组织形式）、母系氏族公社（包括普那路亚家庭和对偶家庭两个发展段落，为原始社会的极盛时期）、父系家庭公社（父系氏族虽仍然存在，但已不是社会的基本单位；同时在父系家庭公社内部，已孕育个体家庭）和农村公社（是原始社会的末期，也是向阶级社会的过渡期）。这五个发展阶段，犹如一个完整链条的各个环节，既紧密地联系在一起，又存在着明显的区别，表现出原始社会由低级向高级演进的全部发展过程。同时，他还在私有制的产生问题、家长奴隶制的问题、婚姻、家庭的演变问题、地区性首领的形成问题、法的起源问题、原始宗教问题等专题上进行了专门的研究。对每一项研究，他都力戒只停留在概念上，而是运用手中所掌握的具体材料，一切从实际出发，以探索出其中的规律性。他以鄂伦春人私有制为例，分析它如何从公有制的母体内脱胎而出。即个体劳动是鄂伦春人私有制产生的源泉，这是在生产力获得很大提高的时候，才会出现的新生事物。最初，鄂伦春人的私有，是从个体劳动所获得的一部分产品开始的。从事个体劳动所使用的工具是公有的，而个体劳动所得的一部分产品却被个人占有，这是一个极其尖锐的矛盾，这一矛盾逐渐在实际生活中扩展开来。由于个体劳动所得的一部分产品已属于私有，他们就用这些产品进行交换，交换得来的产品也是属于私有。这样一部分首先私有的生产资料，又和原来属于公有的生产资料发生冲突，起着侵蚀作用，最后终于导致后者也逐渐地由个人占用变成私有。而生产资料私有一经确立，它又反过来使得个体劳动，使得产品的私人所有得到巩固和发展。这两者之间，是相互作用的。生产资料私有制一经确立，尽管大部分地区在私有制中还残留着若干公有制的特点，但剥削的产生已是或早或迟的事。从私有到产生剥削，有一个漫长的发展过程，并不是像一对孪生兄弟一样从母胎里几乎同时降生的。从生产资料私有制的确立到产生剥削，以及使这种剥削形式制度化，是有一个发展过程，要经过一系列中间阶段的。同样值得注意的是，一部分私有马匹较多的鄂伦春人家，虽然通过出租已对他人产生剥削，但在狩猎生产中，他们并没有脱离劳动，主要依靠剥削收入来维护生活的条件，并不具备。这说明，即使剥削产生，但到阶级的形成，还有一段漫长的发展过程。

研究中国民族学的发展之路。秋浦认为中国民族学发展之路应当完全依据国情和民族实际，用马克思主义的理论和方法，来研究中国民族和民族问题。这种民族学，应该既是马克思主义的，又具有中国特色。中国是一个蕴藏着丰富的民族学资源的国家，在现实生活中，中国各民族的社会经济形态也是极为复杂和丰富多彩的。截至新中国成立前，中国社会是原始公社制、奴隶制度、封建农奴制、封建地主经济形态、资本主义和新民主主义这六种社会形态共存，就像一部人类社会发展史的活化石。他指出，要发展马克思主义的民族学，就必须既继承中国优秀的文化遗产，又深深地根植于中国的土壤之中。要发展马克思主义民族学，还面临着如何正确对待西方民族学的问题。他认为，我们的态度是既不应简单地全盘接受，也不应粗暴地全部否定。而应针对它在不同时期在客观上所起的不同作用，采取具体问题具体分析的方法，慎重对待。首先要认真研究它，没有研究就没有发言权；其次是经过深入的研究之后，对于西方民族学中有用的成分，应当批判地加以吸收；经过深入的研究之后，对于西方民族学中存在的错误观点，应当加以扬弃。有分析地对待西方民族学，才是一种比较实事求是的、科学严谨的态度。正确对待西方民族学，不仅是为了对西方民族学做出恰如其分的评价，而且也是为了发展马克思主义民族学。作为马克思主义民族学，应当吸收以往民族学发展中的一切优秀成果，包括西方民族学中一切可以吸收的东西。发展马克思主义民族学，除了需要正确对待西方民族学，也还存在一个如何正确对待马克思主义本身的问题。秋浦认为，用马克思主义作指导，是指运用这一基本原理于具体的研究对象，从而得出应有的结论，而不是把现成的结论作为出发点，到处生搬硬套，甚至歪曲事实真相。这种做法是完全违背马克思主义的基本原理的。用马克思主义作指导，还意味着是马克思主义的一些基本原理必须遵循，但绝不是马克思主义经典作家针对某些具体问题所作的个别结论。如果是这样，同样也是完全违背马克思主义基本原理的。

（黄海珠）

王连芳

王连芳（1920—2000），回族。生于河北省盐山县。1933 年参加革命。1935 年加入中国青年（左翼）作家协会。1938 年加入中国共产党。1940 年任冀鲁边区回民救国总会主任，边区回民支队政委。1945 年任中共天津（地下）市委委员，宣传部长。1946 年任渤海区回民协会主任。1949 年任中央民委二处（司）处长。1950 年任中央访问团二分团副团长。1951 年任云南民族学院副院长、中共云南省委统战部副部长。1952 年任云南省委边疆工作委员会副书记兼省民委副主任。“文化大革命”期间，受到迫害。1979 年任中共云南省委民族工作部部长、省民委主任。1983 年任云南省人大常委副主任。

历任云南省第一、二、三届人民委员，云南省人民代表大会第一、二、三、六、七、八届代表，云南省政协第一、二、三、四届委员，全国政协六、七、八届委员，中共云南省委民族工作小组副组长、顾问，中共云南省委党校、云南省行政学院民族学教授。

著有《王连芳云南民族工作回忆》（1999 年）。该书讲述了王连芳同志作为一个民族工作者在云南做民族工作的各种经历及其感受，反映了老一辈民族工作者在云南做民族工作的艰辛。《云南民族问题论文集》（1993 年）主要阐述了云南民族工作的理论与方法，总结了在云南做民族工作的经验，反映了王连芳在云南做民族工作所取得的成绩。其他还著有《回族工作回顾与展望》、《云南民族问题理论与实践》、《云南民族问题探索》、《云南民族工作实践与理论探索》。主编有《云南民族工作的实践与理论探讨》、《马克思主义民族理论与中国解决民族问题的实践》。发表了《民族团结与发展是新时期民族工作的主题》、《马克思主义民族理论在云南的实践》等多篇论文。

抗日战争中，王连芳任回民支队政委，在马本斋和他的率领下，回民支队歼灭了大量的敌人，使敌人闻风丧胆，这支队伍为人民立下了赫赫战功。新中国成立后，1950 年 8 月王连芳任中央访问团二分团副团长，来到云南，从此扎根云岭大地，投身于云南的民族工作当中，把自己的后半生都奉献给了云南民族工作事业，为云南省的民族团结和边疆稳定做出了重要贡献。王连芳作为一个民族工作者，在处理“沙甸事件”的平反善后工作中，坚持党的民族政策，维护了当地各族人民的团结，受到了当地人民的敬爱。

王连芳在做民族工作中，十分注重把马克思主义民族理论与具体实际相结合，具有实事求是、求真务实的工作作风和思想作风。马克思主义民族理论是马克思主义基本原理与民族实际正确结合的结晶，随着民族实际的发展变化，马克思主义民族理论也必须有新的发展，才能对新时期、新阶段民族工作实际起到更有力的指导作用，才能真正体现理论的超前预见性。总结云南民族工作的实践和理论探讨，就是希望通过对建国以来云南民族工作具体实践的回顾，说明云南在中国共产党领导下，在马克思民族理论指导下是如何解决民族问题的。“老骥伏枥，志在千里。”在长期的民族工作中，王连芳不断深入少数民族地区，进行调查研究。他经常下乡蹲点，有时甚至用半年或一年的时间，一村一村、一户一户地去调查和实践，记录了大量的第一手资料。这些大多都成为民族工作的珍贵资料。他通过运用马克思主义民族理论的方法解决许多民族工作问题，是云南民族问题的专家。

王连芳在运用马克思主义民族理论观点上，具有自己独到的见解和认识，他认为要发展马克思主义民族理论就不仅要善于继承，而且要有所突破，敢于“不唯书，不唯上，只唯实”，敢于在理论与新实际的结合中说“自己的话”。马克思主义民族观的核心是民族的联合和团结。他在全国政协八届五次会议发言中提出，新时期党的民族工作，必须更高地举起民族大团结的旗帜，继承发扬优良传统，真正用邓小平关于民族问题的论述和江泽民有关民族工作的一系列指示武装全党，武装全国各族干部和群众，实现现代化大目标下的大团结。只有发扬马克思主义民族理论，结合党在新时期处理各种民族问题的方针、政策，在工作中理论联系实际，才能在建设有中国特色社会主义的形势下，走出具有中国特色解决民族问题的道路。

王连芳还特别注重云南少数民族的教育事业。他在云南民族学院工作期间，为党和国家培养了不少的民族干部、科教、文化等各行各业的人才。他在重视对少数民族高级人才培养的同时，还特别注重对初、中级人才的培养。80 年代后，他先后与教育部门达成在各地办寄宿制教育和开办 21 所重点民族中学的决定。此后他通过各种方式积极推动少数民族地区各类人才的培养，为边疆的民族教育事业做出了贡献。

云南各民族是中华民族多元一体格局中的重要组成部分，云南的民族问题复杂多样，正确处理好云南的民族问题，做好云南的民族工作，不仅有利于云南省的经济发展和繁荣稳定，而且有利于全国各族人民的共同繁荣与共同发展。在这一方面，王连芳在他近半个世纪的民族工作生涯中，为我们留下了许多宝贵的经验和教训。“赤胆忠心为民族，桑榆晚霞红满天。”王连芳出身少数民族，他的一生从未离开过少数民族事业，为少数民族的发展注入了心血。他的一生是无私奉献的一生，他也是一名优秀的共产主义战士。

（张　鑫）

参考书目

1. 王连芳：《云南民族工作回忆》，云南人民出版社，1999年2月第1版。
2. 王连芳：《云南民族工作实践与理论探索》，云南民族出版社，1989年10月第1版。
3. 王连芳：《民族问题论文集》，云南民族出版社，1993年2月第1版。
4. 王连芳主编：《马克思主义民族理论与中国解决民族问题的实践》，云南人民出版社，1996年6月第1版。
5. 王连芳主编：《云南民族工作的实践和理论探讨》，云南人民出版社，1995年12月第1版。

江　平

江平（1920——），汉族，陕西商县人。商县中学师范班肄业。1938 年参加中华民族解放先锋队，同年加入中国共产党。先后在陕北公学、安吴堡青年干部训练班学习，毕业于延安中共中央党校。中央统战部原副部长。1941 年后任曲子县抗日青年救国会副主任，佳县抗日青年救国会主任，县保安科副科长，陕西省委社会部东线情报站负责人，关中专署保安处科长，中共关中地委城工委秘书。建国后，历任中共中央西北局统战部处长、办公室主任，中央统战部处长，中共新疆维吾尔自治区党委办公厅主任、副秘书长，国家民委常务副主任，中央统战部副部长，曾兼任藏学研究中心副总干事、党委书记。曾担任全国政协第六届、第七届、第八届委员，全国政协第七届、第八届常委。1987～2004 年任中央统战部顾问，现为中国民族问题理论研究会首席顾问，国家民族事务委员会民族问题研究中心特邀研究员，中国藏学研究中心特邀研究员。

江平长期从事民族、宗教工作，致力于研究民族和宗教理论问题。他的主要学术成就包括：《中国民族问题的理论与实践》（合著，1993 年出版）、《民族宗教问题论文集》（第一、二集）。他编辑出版了一套关于西藏知识的小丛书 20 册，其中江平与他人合作撰写了《西藏的民族区域自治》、《西藏的宗教和中国共产党的宗教政策》、《班禅额尔德尼评传》三册书。其中，《西藏的宗教和中国共产党的宗教政策》中第八节《西藏佛教界的爱国主义传统》一文，获得首届统战系统期刊专项奖。另与他人合作编辑出版了《当代中国的统一战线》，这部书曾获中央统战部 1998

年第一届优秀图书奖。1998 年江平代表中国民族问题理论研究会出席在日本大阪召开的民族经济、文化发展研讨会，在会上宣读了论文《藏传佛教与西藏的传统文化》。中央统战部与国家民委的几位老同志合作从档案中选编了大量资料，由江平任主编出版了《全国民族问题文献汇编》（8 本）和《西藏民族问题文献汇编》(12 本)。江平关于中国民族问题和宗教问题的主要学术观点有：

第一，关于中国民族问题的重要性研究。江平系统研究了周恩来、李维汉、毛泽东等对中国民族问题理论和实践的伟大贡献与功绩。关于周恩来，他总结出：首先，周恩来同志提出了民族团结的新基础。“这个新的基础，就是我们各民族要建设社会主义的现代化国家。建设这样的祖国，就是我们各族人民团结的共同基础。我们反对两种民族主义——大汉族主义和地方民族主义的共同目的，就是建设社会主义的祖国大家庭，建设一个具有现代工业、现代农业的社会主义国家。这个社会主义国家不是哪一个民族专有，而是我们五十多个民族所共有，是中华人民共和国全体人民共有。”其二，要尊重少数民族的民族地位，“要想一想少数民族的好处”，“应该多多地替少数民族设身处地想一想。”并以满族来举例说明。其三，民族感情有两面性，要同社会主义结合起来。其四，汉族要自觉，严于责己。其五，要采取还债的态度等等。

第二，他对新时期民族工作问题通过历史与现实的结合进行了重点研究。他认为民族问题是建设有中国特色社会主义的一部分，党在新时期的民族理论和政策是邓小平理论的组成部分。建国以后，我党在总结建国前处理民族问题的经验教训的基础上，形成了一整套适合中国情况的马克思主义的民族理论和政策，开创了成功解决民族问题的道路，出现了我国民族工作和民族关系的一个黄金时代。这套理论和政策可以概括为民族平等、民族团结、民族区域自治和各民族共同发展繁荣。邓小平提出：我们的政策是“真正立足于民族平等。”① “在实现四个现代化的进程中，各民族的社会主义一致性将更加发展，各民族的大团结将更加巩固。”②“民族工作确有很多问题要提起注意。当前是如何加强民族团结，反对大汉族主义和地方民族主义，重点是反对大汉族主义。有些少数民族中也有大民族主义。”（《邓小平论统一战线》第161页）“要使各少数民族聚居的地方真正实行民族区域自治。”③ “解决民族问题，中国采取的不是共和国联邦的制度，而是民族区域自治的制度。我们认为这个制度比较好，适合中国的情况。”④

第三，江平认为民族问题和民族工作对于我们这个多民族国家来说是关系国家命运的重大问题。他对民族问题与阶级问题两者之间的关系做出评价，针对有些人提出的要“淡化”民族问题的观点予以批驳。在关于发展少数民族地区经济、文化、教育的问题上，江平在上世纪80年代就提出针对少数民族地区的“放宽政策，减免负担，休养生息；尊重民族自治地方经济上的自治权、自主权，把国家对少数民族地区资源的开发利用同少数民族的利益结合起来；国家大力帮助和少数民族自力更生相结合”的观点，完全符合西部大开发的方针政策。近年来他又提出“要发挥在少数民族地区兴办的大企业的辐射作用，帮助这些地区快速发展。”他用广西平果铝厂和云南鲁奎山铁矿的成功经验与内蒙古包钢并未带动地区发展的负面作用来举例说明少数民族地区应大力兴办企业带动地区经济发展的重要性。

---

① 参见《邓小平文选》第三卷第246页。
② 同上，第三卷第186页。
③ 同上，第二卷第339页。
④ 同上，第三卷第257页。

第四，关于民族区域自治问题。江平认为，中国共产党采取民族区域自治制度作为解决中国民族问题的基本政策，是完全符合马克思列宁主义关于民族问题的基本原理的，也是完全符合中国国情的。其优越性表现在：它是民族自治与区域自治的正确结合，使经济因素与政治因素得到正确结合；它有利于把国家的集中统一与民族的平等自治结合起来；有助于各民族的共同发展和共同繁荣。虽然我国早已制订了民族区域自治法，但这个问题从实际上讲并未真正解决，可以说是一个“老大难”问题。他希望民族区域自治法能够保障少数民族在其自治地方真正享有充分的自治权。另外，他重点强调不要再取消自治地方或者改变其行政区划（除非有特殊必要的原因）。要坚持和完善民族区域自治制度。

第五，在西部大开发问题上，江平认为，无偿的帮助少数民族地区快速发展仍然是必要的，事实上也是这样做的（例如全国支援西藏），但互利也是一种帮助。只要以少数民族为重点，把帮助少数民族放在优先考虑的地位，少数民族地区的快速发展就是大有希望的。少数民族地区要更重视城镇化的问题，注意发展具有民族特色的有较大辐射功能的大中城市，是很有必要的。他还对有人提出“不要再提消灭历史上遗留下来的各民族间事实上的不平等”进行了批判。他说，因为这是一个马克思主义的提法，是我们党在民族问题方面必须坚持实施的一项根本任务。我们在祖国的社会主义建设中，在西部大开发的进程中，都要自觉地为实现这一根本任务而奋斗。诚心诚意地帮助少数民族发展政治、经济、文化，为的是使中国各少数民族都跻身于先进民族的行列。

第六，江平对西藏的宗教和中国共产党的宗教问题进行了详实的研究。他认为，藏传佛教同政治密切结合，在西藏是典型的“政教合一”制的组成部分。所以它既有思想信仰问题，又是社会制度和政治问题，它又同民族问题常常交织在一起，成为民族问题和民族工作不可分割的组成部分。慎重对待宗教问题，做好宗教工作，也是做好民族工作所绝对需要的。他通过佛教在西藏的传播和发展，对佛本斗争的实质进行了分析，揭示了政教合一制度在西藏形成的历史性，对活佛转世和藏传佛教对西藏传统文化的影响以及爱国宗教界人士进行了赞扬，还对中国共产党在宗教问题上的政策进行了阐述。即（1）严明纪律，切实尊重西藏人民的宗教信仰；（2）慎重稳进，广泛团结民族宗教上层人士；（3）在民主改革中废除宗教中的封建特权和压迫剥削制度等。他提出："第一，必须坚守理论阵地，坚持马克思主义关于宗教问题的基本观点；第二，要善于体察民族问题同宗教问题的区别和联系，警惕和反对任何利用宗教狂热来分裂人民，破坏民族团结的言论和行动；第三，推荐一项重要经验——帮助少数民族中的党员、大学生树立正确的宗教观。"他在对班禅额尔德尼从第一世到第十一世的评传中提出，各世班禅额尔德尼在加强寺院建设，提高扎什伦布寺的地位；领导反迫害斗争，振兴黄教事业；维护祖国统一，反对分裂，促进民族团结等方面都做出了贡献。

第七，江平深入各个少数民族地区进行实地的田野考察，从1980年以来，他相继走访了四川、贵州、上海、浙江、云南、内蒙古、东北、福建等省市自治区，深入农牧户，撰写了多篇调查报告。在此基础上通过民族理论的学习和研究，为民族地区全面建设小康社会尽其所能，也为我国民族问题和宗教问题的研究做出了杰出的贡献。

江平同志虽已年过八旬，但仍以一腔热血为少数民族和中国的民族事业继续工作。

（扎　玛）

参考文献

1. 江平著:《民族宗教问题论文集》,中共党史出版社,1995年。

2. 江平著:《民族宗教问题论文集》(第二集),华文出版社,2003年。

3. 江平等著:《西藏的宗教和中国共产党的宗教政策》,中国藏学出版社,1996年。

4. 江平等著:《班禅额尔德尼评传》,中国藏学出版社,1996年。

5. 赴四川、贵州、上海、浙江、云南、内蒙古、东北、福建等省、市、自治区考察日记。

施联朱

施联朱，汉族，中央民族大学教授、著名民族学家。1920年5月出生于福建省福清市龙田镇一位传教士之家。1938～1941年就读于福州英华中学。1945年毕业于国立暨南大学。1946年在福清文光中学和明毓中学任教，后到台湾新竹市任会计。台湾二·二八起义爆发后，他从台湾返回内地，随后在1947～1949年担任明毓联中校长。1950年考入燕京大学攻读民族学硕士研究生，投在林耀华、翁独健等名师门下，还兼任民族学系助教，开始从事民族研究工作。1952年，全国院系调整调入中央民族学院，先后担任台湾高山族史专业硕士研究生导师、中东南民族研究室主任等职务，成为新中国专门培养少数民族人才最高学府的最早教师之一。

在50多年的民族工作中，施联朱曾参加政务院调查组，到内蒙古呼和浩特调查“土默特旗县并存”的问题。1950年在燕京大学期间，参加了由北大、清华、燕京三所高校的师生组成的调查组到呼伦贝尔大草原调查蒙古、达斡尔、鄂伦春、鄂温克等族的历史与现状。1951、1952年两次参加中央民族访问团，到过海南岛、粤北、东北、内蒙古等地进行慰问，并对蒙古、达斡尔、赫哲、锡伯、黎、苗、瑶等民族进行了实地调查和研究。后转向对中东南少数民族研究（尤其是对畲族的研究）和对台湾历史文化及高山族的研究。

施联朱对学术的追求孜孜不倦，主要从事民族史、民族学的教学研究工作。研究领域分以下四个方面：①民族理论和政策（包括民族识别、民族关系研究）；②台湾历史和高山族的研究；

③畲族研究；④其他民族如黎、壮等族的研究。主编和编写了20多本专著。并参与《当代中国·民族工作》、《中国大百科·民族卷》、《中国历史名人大辞典》等书的编写工作。主编《畲族简史》（1980）、《台湾民族历史与文化》（同许国良主编，1987）、《畲族研究论文集》、《畲族历史与文化》（同雷文先主编，1995）、《新中国的民族关系》（同黄光学主编，1999）等著作。专著和编著了《民族知识丛书——畲族》（1987）、《畲族风俗志》（1989）、《台湾史略》（1980）等著作。同时还陆续发表了学术论文和科普文章等50多篇。

他的专著《台湾史略》于1984年6月获全国首届“爱国主义通俗历史读物”优秀奖。主编的《中国的民族识别》一书1996年获国家民委民族政策研究成果一等奖；1999年获国家社会科学基金项目优秀成果三等奖。在庆祝浙江景宁畲族自治县建县十周年之际主编的《畲族历史与文化》一书中，收入了全国畲族经济文化发展研讨会上的40多篇文章，主要对畲族的文化进行了探讨，并讨论了在改革开放中畲族地区脱贫致富和发展经济等问题，具有重要意义。《新中国的民族关系》一书通过对旧中国民族关系的回顾，从马列主义、毛泽东思想对民族关系的原则出发，阐明了民族团结的重要性，提出了关于如何发展民族地区经济，巩固和发展社会主义民族关系，解决民族问题等的一些观点，具有重要参考价值。

1953年8月，施联朱率领中央民委派遣的畲民民族识别调查组前往浙江景宁县东弄村、福建罗源县八井村、漳平县山羊隔村进行民族调查和识别工作。畲民由于在体貌特征、语言、服饰、文化风俗等方面都逐渐趋同于汉族，一些专家和工作者也趋向于把他们划分到汉族里面去。还有一种观点认为他们是瑶族的一支。施联朱等通过对其族源、语言、历史文化等的多方考证，在很多专家的共同努力下，提出了“畲族不是汉族，而是一个少数民族"[1] 的观点，认为"畲族和瑶族同源，但不是瑶族的一支"[2]，畲、瑶都来源于汉晋时期的武陵蛮，从中原地区和长江中游地区南下，吸收和融合了周围众多民族逐渐发展而来。并遵从畲民自己的意愿，把其族称定为畲族，施联朱也因此深得畲族同胞的爱戴。在建国初期中央组团的五次民族识别工作中，施联朱共参加了三次，参与识别了畲民、土家和云南省各民族，这为他后来的民族研究工作提供了实践基础，也为国家的民族工作做出了重要贡献。

在对台湾历史文化和高山族的研究中，施联朱对郑成功收复台湾后的垦屯工作做了详细深入的研究，并对高山族的族源进行了探讨，认为其来源于祖国东南沿海一带的古越人的一支，与少数从东北琉球群岛和南方菲律宾、婆罗洲及密克罗尼西亚诸群岛居民相互融合而成。[3] 他对台湾的高山族和汉族，两岸间的经济文化交流加以调查，包括对台湾历史文化地理的研究，发表了很多著述，取得了丰硕的成果。1996 年 7 月 10 日至 12 日在北京召开的台湾少数民族研究成立大会暨第一届学术研讨会上，施联朱被聘担任了台湾少数民族研究会顾问。这次大会对台湾民族与内地民族关系的友好发展，对台湾少数民族工作研究的系统化、组织化以及两岸的经济文化交流都有重要的意义和指导作用。施联朱也为台湾的历史文化、民族关系及两岸的交流合作贡献了自己的力量。

（陶　珂）

---

①② 施联朱：《畲族的来源与迁徙》。

③ 施联朱：《高山族族源初探》。

参考书目

（1）施联朱、许国良主编：《台湾民族历史与文化》，北京，中央民族学院出版社，1987年。

（2）黄光学、施联朱主编：《新中国的民族关系》，厦门，鹭江出版社，1999年。

（3）施联朱著：《畲族风俗志》，北京，中央民族学院出版社，1989年。

（4）黄光学、施联朱主编：《中国的民族识别》，民族出版社，1995年。

黄　铸

黄铸1921年出生在西双版纳的易武镇。后就读于云南的石屏中学，抗日战争爆发后转到云南大学附中（当时的云南大学附中由于战争的原因而迁往现在的石林县），并于1943年参加革命。1944年考入西南联大，学习经济学。抗日战争胜利后，西南联大迁回北京，黄铸则转入北京大学学习。1947年加入中国共产党。1948年大学毕业后分配到中央统战部的城市工作部工作。当时的统战部位于距西柏坡有十多里远的李家庄，周恩来任部长，后由李维汉任部长。新中国成立后，1957年黄铸任李维汉的秘书一职。在此期间主要从事资本主义工商业的改造和关于资本主义工商业改造重要文件的起草工作。“文化大革命”后，于1978年调到云南省统战部工作室任主任。两个月后，回到中国社会科学院经济研究所任编辑部主任，主编《经济研究》，并使该杂志在短短的一年多时间里由最初几千份的发行量上升到15万份。一年后，到国家民委政策研究室任主任，主要从事民族理论和政策的研究。1982年调回统战部民族研究室任主任。在这期间他主要组织民族政策的宣传工作，并利用中央广播电台，以4种少数民族语言同时广播中国的民族政策。后将其广播的内容编辑成《民族政策讲话》出版发行，发行量达到50万册，产生了广泛的影响，对于普及民族政策具有重大意义。1985年，统一战线研究所成立并任所长。离休后，黄铸仍笔耕不辍，继续他在民族、统一战线和宗教问题上的探索。

黄铸的研究主要集中在党的民族工作、统一战线和宗教问题上，并开拓性地提出了自己的见解和看法，而且著述颇丰。他的主要著作有1956年出版的专著《资方人员怎样改造成为劳动者》、1958年出版的专著《中国知识分子的道路》、1991年出版的《新时期统战民族宗教问题论文集》、1999年出版的《新时期统战民族宗教问题论文集（第二集）》、2003年出版的《新时期统战民族问题论文集（第三集）》、2003年发表的论文《孔子中庸之道研究与稳定改革发展问题思考》、2004年发表的论文《西部大开发，必须牢固树立和全面落实科学发展观》、《试论科学社会主义与人本观的统一》等文章。黄铸还主编了很多书目，如：《经济研究》、《中国民族问题的理论与实践》、《历史上的民族关系》等等。

黄铸的理论和观点主要集中在民族、统一战线和民族宗教问题的论述上。下面分别予以说明。

一、关于民族关系的基本理论

黄铸的民族关系观点的形成受李维汉的影响颇多。他接受了李维汉提出的民族区域自治的观点，并且在起草关于民族工作的文章中阐述了他的看法。他敢于摆脱当时极"左"思想的影响，针对当时有人提出的"民族问题的实质是阶级问题"的提法，在《人民日报》上发表文章《评所谓"民族问题的实质是阶级问题"》予以反驳。他认为：我国的民族区域自治政策是好的，尽管在历史实施上受到了较大的干扰，事实证明，在处理民族问题上是成功的。中国的国情有其特殊性，尤其不同于前苏联，不可走联邦制的形式，只有实施民族区域自治的政策。在历史上，我国各民族间曾有较深的隔阂，但是经过实施民族区域自治后，民族关系得到了改善，各民族相处融洽。因此，他总结我国民族基本政策为四点：1. 各民族平等；2. 各民族团结；3. 实施民族区域自治；4. 各民族共同繁荣发展。同时他对中国少数民族地区的发展也提出了具有建设性的建议。他在早期给邓颖超的一封信中就明确地提出了："开发民族资源要与当地的民族利益相结合"

的重要观点。并且此种观点正在作为实施民族经济的指导思想之一，事实证明是正确的。

二、关于统一战线的基本理论

统一战线是我党的“三大法宝”之一，并且其在不同的历史时期面临着不同的历史任务。黄铸针对我国不同发展阶段上统一战线的特殊性做了论述。他在论文《新时期的统一战线要强调求同求异》中指出：统一战线建立在阶级、阶层、党派、民族、宗教等差异的基础之上。有差异就有矛盾。对待统一战线中的差异和矛盾，可以有三种态度或三种方针，求同求异、求同存异、求同克异。在不同的历史时期，主要矛盾不同，各类不同性质的矛盾所占的地位不同，求同克异、求同存异、求同求异三种态度或方针所占地位也不同。[①] 同时黄铸还指出，新时期统一战线的一个关键问题是要正确对待非党知识分子是不是统战对象的问题。他在一篇《回忆习仲勋同志对非党知识分子问题的三次批示》的文章中，明确表示非党知识分子是统战的对象。在该文章中写道：在新的历史时期，随着科学技术成为第一生产力和知识经济的发展，知识分子中非党知识分子占了大多数，因此非党知识分子就成为我国爱国统一战线的一个关键问题。因此，对非党知识分子的统战工作已经成为统一战线的基础性工作。随着新世纪的到来，他总结出新世纪统一战线所面临的几个基本问题。如：建设有中国特色社会主义的统一战线；社会主义初级阶段与统一战线；巩固人民政权、反对“西化”与统一战线；加强民族团结、反对“分化”与统一战线；改革开放新阶段与统一战线；知识经济与统一战线；西部大开发与统一战线；完成祖国统一大业与统一战线；从严治党治政与统一战线；正确处理统一战线中的矛

① 黄铸：《新时期统战民族宗教问题论文集（第二集）》，第466页，华文出版社，1999年。

盾、发扬社会主义民主和创新精神十大问题。

三、关于宗教问题的看法

宗教问题是与民族问题息息相关的。因此，对民族问题的研究，不可以忽视宗教政策对民族关系的影响。我党采取什么样的宗教政策是十分重要的。黄铸曾在 1982 年就提出宗教要与社会主义相适应的观点。这一观点现已被广泛接受，成为我国宗教政策的指导思想。同时，他又提出："巩固和发展同宗教界的爱国统一战线。"正如他在其论文中指出的：宗教界人士和宗教团体，是党和政府联系、团结、教育广大信教群众的桥梁；是带领信教群众爱国守法，维护社会稳定和民族团结，共同致力于建设有中国特色社会主义的骨干力量；更是积极引导宗教与社会主义相适应，创立与我国社会主义社会相适应的中国化神学体系的依靠力量和带头力量。所以，要在爱国主义和社会主义的旗帜下，大力巩固和发展同宗教界的爱国统一战线。①

以上这些观点的提出，对我国的社会主义现代化建设具有非常重要的意义。

黄铸 22 岁参加革命，长期从事党的统战、民族和宗教问题的研究，并提出了很多建设性的观点和建议，得到了社会上的广泛认可和接受，对党在各个不同时期制定相关的方针政策都起到了正面的推动作用。如他提出"民族问题的实质并非是阶级问题"，"对不同时期统战工作要分别看待，在不同时期要采取不同的方针政策"，建设性地提出"求同存异"、"求同克异"、"求同求异"的方针；尤其是他认为"我国的宗教要与社会主义相适应"等等这些思想都具有非常重要的现实意义。黄铸的马克思主义理论功底扎实，心系党和人民的事业，兢兢业业，大胆地把马

---

① 黄铸：《新时期统战民族宗教问题论文集（第三集）》，第 227 页，华文出版社，2003 年。

克思主义原理运用于社会主义实践中，不唯书，不唯上，敢于提出自己的观点，这是共产党员最可贵的品质。同时，在进入21世纪之时，他把人本主义的思想融入自己对党的统战、民族和宗教工作的观点之中，具有与时俱进的品质。

（佟春霞）

刘尧汉

刘尧汉，著名民族学家和历史学家，新中国成立后第一个彝族教授，彝族文化的开拓者。1922 年 7 月 7 日（旧历）出生于云南省哀牢山区南华县的一个偏僻的彝村—马街乡沙坦郎彝族村的一个地主家庭里。母亲郭燮熙年轻时不幸守寡改做了偏房。幼年的刘尧汉因此常常遭受族人的歧视，母亲教育他长大后“不要吃收租饭，要吃教书饭。”在母亲的激励下刘尧汉自幼读私塾，1939 年升入楚雄中学。1942 年，刘尧汉考上了云南大学生物学系。1943 年又作为本县的第一个大学生考入云南大学社会学系，师从著名的社会学名家费孝通先生，潜心学习调查研究各民族社会历史的方法，从此开始了民族学研究工作。1947 年刘尧汉毕业于云南大学并留校工作，担任社会学系助教，实现了母亲“吃教书饭”的夙愿。1953 年晋升为云南大学讲师。1980 年由讲师破格晋升为研究员。1983 年接受楚雄彝族自治州州委州政府的聘请，离开中国社会科学院民族研究所（现为中国社会科学院民族学与人类学研究所），到楚雄智力支边，兼任楚雄彝族文化所所长。

20 世纪 40 年代中期，当时在云南大学社会学系主任费孝通教授的指导下，4 次对家乡云南省南华县马街乡沙坦郎村本家族的历史做了全面的实地调查。50 年代中期根据对家乡的调查资料写了题为《由奴隶制向封建制过渡的一个实例——云南哀牢山彝族沙村的社会经济结构在明清两代至解放前的发展过程》的手稿。史家审阅后以《介绍一篇待字闺中的稿件》为题，在《光明日报》（1956 年 5 月 24 日）“史学”专栏上发表，将该稿称为

“山野妙龄女郎”。范文澜在介绍文章中说：“我们研究古代社会发展的历史，总喜欢在画像上和《书经》、《诗经》等等中国各门老太婆或者希腊、罗马等等外国的贵族老太婆打交道，对眼前还活着的山野妙龄女郎就未免有些目不斜视，冷淡无情。事实上和死了的老太婆打交道，很难得出的结果，和妙龄女郎打交道却可以从诸佛菩萨的种种清规戒律里解脱出来，前途大有可为。刘尧汉先生的文稿我看就是许多妙龄女郎之一，我愿意替他介绍一下，摘出‘历史轮廓’借《史学》的地盘和吉士们会面。”①

1953年3月，中央民族学院（现中央民族大学）研究部派刘尧汉去哀牢山调查。当时，在泰国的教材上南诏是泰国建立的，这次去也是为了查清南诏历史及其王室族别。这次调查历时半年多，徒步行程600多公里。经过深入查访，终于发现了有关彝文谱系等资料。写成了《南诏统治者蒙氏家族属于彝族新证》一文，发表于《历史研究》1954年第2期（双月刊）上，这一重大成果，澄清了涉及我国领土完整的重要史实。

80年代初期，刘尧汉与中国科学院自然史研究所天文室助研陈久宝、南京大学天文学副教授卢央先后两次到四川省凉山彝区开展对彝族天文学的实地调查。三人合作将所得彝族传统的星座系统、星占法、十月太阳历等资料写成《彝族天文学史》（云南人民出版社1984年4月出版）一书。后在云南凉山彝族自治县调查补充完整，与卢央合作出版《文明中国的彝族十月太阳历》（云南人民出版社，1986年12月出版）一书。本文把考古、文献和调查资料相结合，对一个月36日、一年10个月的彝族十月太阳历进行了论证。确证了中华民族古代彝族十月太阳历的存在，并从天文学理论上确立了彝族十月历的科学体系，从而使中华民族这一伟大发明在世界历史上确立了它的重要地位。

中国是四大文明古国之一，但是中国的文明源头在哪里一直没有人回答。刘尧汉的另外一部著作《中国文明源头新探——道家与彝族虎宇宙观》(云南人民出版社,1985 年 8 月)的问世究明其源头出自长江上游金沙江南北两侧哀牢山、乌蒙山、凉山彝区原始道教的彝族宇宙观，这种原始宗教哲学，由彝族十月太阳历所表达，揭开了国内外许多学者长期以来没有解决的问题。

《文明中国源头新探——道家与彝族虎宇宙观》和《文明中国的彝族十月太阳历》是刘尧汉的代表作，也是中国彝族文化学派的两块基石。两本著作以其新颖的内容和观点受到史学界的好评。

刘尧汉在云南楚雄智力支边的 20 多年里，成立了新中国第一个少数民族文化研究所——云南楚雄彝族文化研究所。同时创办了《彝族文化》刊物，主编了《彝族文化研究丛书》，并于 2000 年 7 月 10 日在北京人民大会堂重庆厅举行了隆重的研讨会。亲自带领青年学子深入实地调查，其主旨是把彝族先民对中国历史做出的贡献具体化。内容广泛，主要是阐述阴阳家和道家都源出彝族远古先民羌戎伏羲、炎帝、皇帝这“三皇”时代的“原始道教”，其传统多由彝族继承。在他的指导和带领下《彝族研究文化丛书》正源源不断地问世，向人们展示了彝族传统文化丰富多彩的内涵，给人们以启迪，深化和丰富了人们对中华民族传统文化的再认识。

刘尧汉在几十年的民族学研究中，非常重视实地调查工作。他认为历史文献资料固然重要，但实地调查对开展民族地区研究工作更符合当地的特点。由于历史上的种种原因，关于记述少数民族的资料非常少，即使有记载也多有失真。多数资料都是靠口耳相传而保留下来的口传史，在文化习俗中也保留有许多原始落后的东西，只有通过实地调查才能获得这些知识。他不但重视实地调查的实践研究，还特别重视与理论研究相结合，特别是把民族学、考古学和历史学结合起来进行比较研究，将收集到的资料由感性认识上升到理性认识。

在楚雄智力支边期间，刘尧汉除了繁忙的工作之外，还特别重视对当地人才的培养。正如当年范文澜先生对他的赞扬那样，他鼓励学生做研究工作必须走出书斋，面向社会做实地调查，教育大家从宏观着眼，从微观入手，长期深入彝族地区，广泛收集现存的活史料，以补充书本上的不足，为书本增添新的血液，将实地调查、古籍考证和文物考古结合研究。刘尧汉因材施教，治学严谨，对学子们要求十分严格并毫无保留地把研究方法传授给学生，几乎把全部精力都花费到了学生身上。在他的精心培育下，大批彝族地区的青年学子正源源不断地成长起来，既为彝族文化研究补充了新生力量，又培养了彝族科研人员，促进彝族整体文化水平的提高，壮大了彝族研究队伍。

刘尧汉为彝族文化做出的贡献引起了国内学术界及广大媒体的关注。1992 年 9 月，楚雄彝族自治州首届科技大会上将他作为有重大贡献的科技人员之一，给予表彰和奖励。中央电视台、云南电视台、云南人民广播电台以及《人民日报》、《上海文艺报》、《云南日报》、《书林》、《读书》等知名报纸杂志都分别对他的研究成果作了报道和评论。1997 年 10 月刘尧汉被评为国家有突出贡献的专家，享受国务院特殊津贴。

刘尧汉作为彝族事业的亲历者和见证人，将一生致力于彝族文化的研究，正是通过他的研究成果，我们才从中了解了彝族文化。如今，耄耋之年的刘尧汉，仍本着春蚕献身的精神投入彝族文化的研究中，坚持不懈地为彝族文化贡献着自己的力量。

（卢宏宇）

宋蜀华

宋蜀华（1923—2004），1923 年 6 月出生于四川省成都市一个高级知识分子家庭。“淡泊明志，宁静致远”的家训和书香之家的熏陶，引领他走上了学术道路。1946 年，宋蜀华从燕京大学社会学系毕业，获得法学学士学位，同年底远赴澳大利亚，进入悉尼大学研究攻读人类学专业，并于 1949 年获得硕士学位。同时，风华正茂的宋蜀华没有选择继续深造，而是被祖国正在发生的历史巨变所深深吸引，坚定了“作为中国人还是要为中国服务的想法”。返国后，宋蜀华先在成都华西协和大学工作。1951 年，随政务院文教委员会西藏科学工作队入藏考察，成为新中国第一批研究西藏、支援西藏的学者。1952 年，他调入中央民族学院，历任讲师、副教授、教授、博士生导师和副院长等职务。近几年，宋蜀华被中央民族大学聘为终身教授，并任民族学与社会学学院名誉院长，活跃于教学科研的第一线。2004 年，宋蜀华获得“国家民委突出贡献专家”奖。同年 7 月，他赴美探亲，不幸因病去世，享年 81 岁。

宋蜀华热爱教学事业，兢兢业业，诲人不倦，为人则儒雅、谦和，与学生感情深厚。多年来他精心培养了一批批民族学（文化人类学）和民族史博士、硕士研究生和本科生，他们中有的已经在教育领域成为学科带头人、博士生导师或在民族工作部门担任着重要职务。他治学严谨，成就斐然，颇受学界推崇，曾任国务院学位委员会学科评议组成员、全国博士后管理委员会专家组成员、中国民族学会会长及名誉会长、中国人类学会顾问、英国皇家人类学名誉会员等学术职务。改革开放以来，他还多次应邀赴美国、日本、澳大利亚、墨西哥、韩国及我国港台地区进行学术交流和讲学，其建树和学者风范受到国内外学术界的尊重与好评。此外，1984 年至 1996 年，他作为中国的候选人，当选并连任联合国消除种族歧视委员会委员，为推动《消除一切种族歧视国际公约》的执行和宣传我国民族平等政策，做出了积极努力。

在跨越半个多世纪的民族学、人类学研究中，宋蜀华已出版论著（含合著）19 部，学术论文及文章 80 余篇。其中个人代表作品有《百越》（吉林教育出版社，1991 年）、《民族学与现代化》（中央民族大学出版社，1994 年）、《民族研究文集》（财团法人子峰文教基金会、弘毅出版社，1995 年）、《中国民族理论探索与实践》（中央民族大学出版社，1999 年）以及与他人合作完成的《原始社会史》（中华书局，1984 年）、《民族学理论与方法》（中央民族大学出版社，1998 年）、《中国民族概论》（中央民族大学出版社，2001 年）、《民族词典》（上海辞书出版社，1987 年）、《中国少数民族》（人民出版社，1981）等。

早在 1962 年，由宋蜀华执笔、集体完成的《对我国藏族、维吾尔族和傣族部分地区解放前农奴制度的初步研究》一文，是中国少数民族社会形态比较研究的最早成果，不仅得到民族学界的好评，亦受到史学界重视。

《百越》一书则是宋蜀华关于中国古代民族史的一项重要研究成果。这部著作以简明、朴实的文风，系统地阐述了我国古代百越各民族的历史发展、社会经济和文化特征，特别是拓宽了以往百越民族史的研究视野，对云贵高原越人的发展演变作了深入探讨。

20 世纪 90 年代，随着海峡两岸学术交流的蓬勃发展，宋蜀华的民族学研究成果也引起了台湾学术界的关注。1995 年，他的《民族研究文集》在我国台湾地区出版，书中辑录了他在民族学和民族史领域富有代表性的 20 余篇论著，其中既有横向的比较研究，也有纵向的历史探索；既分析了族际关系演变等宏观现象，也探索了某一民族或某一地区的微观形态的具体问题；既论证了各民族多姿多彩的文化模式与文化特征，也阐述了他们在不同时期的社会政治制度与经济生活。并且专门论述了如何正确认识我国民族的实际情况，进而从这种实际情况出发，发展具有我国特色的民族学的基本看法。他认为，要发展具有中国特色的民族学，首先一定要从我国各民族所处的具体地理条件出发，认真研究社会发展和族际动态的关系，其次，需要特别重视将现状剖析与历史探索相结合，进行多元文化与生态环境研究。此外，由于民族学乃是一门实践性很强并具有强烈时代感的学科，因而应当针对不同时期民族工作的需要来确定研究的主攻方向。

从整体上看，宋蜀华主张理论方法研究与田野调查工作应当并重，二者紧密结合，相辅相成，从而更好地为现实服务。他以历史唯物论作为自己民族学研究的指导，认为民族学研究必须紧密地和历史学研究相结合，民族史研究也必须与民族学研究相配合，只有这样才能使研究做到既有尝试，又有广度，既知其然，又知其所以然。他曾写道："民族是一个历史范畴，有其发生、发展和演变的规律，对一个民族的历史社会经济和文化习俗的研究，必须持动态的、历史发展的观点而体现于具体资料的观察与分析当中。""如果在研究中只做横的剖析和与其他民族进行比较研究，而不结合进行必要的历史探索，则这方面的知识是不完全的。"不仅如此，鉴于中国的独特国情，地域辽阔、历史悠久、王朝代兴、民族众多、发展不平衡、区域生态环境差异显著，同时，又拥有丰富的历史文献、考古资料和民族志材料，"因而动态的、发展的观点，有助于我们结合我国民族的实情，深入探索民族学的基本理论和研究方法。"对于民族学中国化问题，他进一步做出精彩论述："中国的民族学研究要为中国各民族服务，必须符合中国的国情，才能植根于中国土壤，换言之，必须中国化。这是一个不断前进和创新的过程。在中国化过程中通过继承(中国固有的经验)、引进(对我们有用的经验)和创新，引出新的概念和方法论，则不仅是单向的中国化，且可为国外民族学和文化人类学研究复杂的民族社会提供经验。”上述思路如一根红线贯穿了宋蜀华所涉猎的研究领域，而在研究方法方面，他亦不断思索，努力形成新的特色与侧重点。非常重视将纵横研究（即纵向历时研究与横向共时研究）相结合、微观与宏观研究（局部探索与整体认识）相结合、传统文化与生态环境研究（文化类型与生态环境）相结合以及进行跨学科综合研究等。上述观点和方法较全面地体现在他近年来的重要著作《中国民族学理论探索与实践》中。

伴随着中国前进的脚步，宋蜀华纵横于民族学的研究天地，教书育人、笔耕不辍，已成为当代中国民族学界具有国内外影响的代表人物之一，其治学风格与学术观点给人以重要启示：

第一，他坚定地以历史唯物论作为自己研究的指导思想，但他绝不是采取教条主义的态度，而是将研究深深地植根于我国各民族具体情况，一切从国情出发进行探索。他极为重视民族学田野调查工作，认为那正是学科生命力之所在。他的足迹遍及西部辽阔的少数民族地区，特别是西南地区。在艰苦的、有时甚至是危险的实地调查过程中，他亲身体验了少数民族文化的多姿多彩与少数民族同胞的朴实善良，收集了大量第一手资料，因而其民族学研究具有坚实的实证基础，并且以非常关注我国各民族所处的具体的历史和生态环境条件为特色。

第二，他的民族学研究突出强调“纵横观”。他认为，民族及其文化现象是发展变化的，因此，民族学研究不仅应当对现实中的诸多民族特征进行全面考察，还应该尽可能地回溯历史，以了解民族在历史长河中的起源与变迁。“如此纵横结合，古今互证，更有助于获得符合客观实际的结论。”

第三，他留学海外，受到了正规的西方民族学训练，但是，他在自己多年的民族学研究当中，一直致力于民族学中国化的探索，深入思考民族学研究如何为少数民族地区的现代化服务，以及如何构建具有中国特色民族学等问题。可以说，他在民族学中国化方面做出的贡献是积极而重要的，其成果荟萃于《民族研究文集》、《中国民族学理论探索与实践》等个人代表作品中。

（施　琳）

张尔驹

张尔驹（1924——），曾任国家民委政法司司长。1982 年 3 月，他带领王炬堡、刘孝瑜等同志赴湘西、川东南、黔东北、恩施等地就土家族的问题进行调查研究，并在恩施召集湘鄂川黔四省边区有关负责人会议，总结四省毗邻地区恢复土家族成分的有关情况。

主要著作有：《中国民族区域自治的理论和实践》（主编，1988 年 10 月），此书是第六个五年计划国家社科研究的重点项目。《中国民族区域自治史纲》（1995 年 1 月），此书“以我国民族区域自治为内容，从历史的角度探讨了民族区域自治制度的建立和发展。”①

张尔驹关于中国民族区域自治的主要学术思想，都集中在他的上述两部著作中。《中国民族区域自治的理论和实践》一书以马克思列宁主义的基本原理为指导，正确地阐明了中国民族区域自治理论的形成与发展和民族区域自治的实施与经验，对我国进入社会主义新的历史时期在民族区域自治方面有了重要的理论意义和实践意义。本书为了阐明作为解决中国国内民族问题的基本政策和国家重要政治制度的民族区域自治，首先对产生这个理论的客观情况，包括中国的少数民族概况和中国的民族问题加以详细的介绍，而后分析了中国采取民族区域自治的历史必然性。它还对民族理论的来源、形成和主要内容进行了深入的探讨，并概

---

① 张尔驹：《中国民族区域自治史纲》，第 3 页，北京，民族出版社，1995 年版。

括了中国民族区域自治理论的形成与发展的特点。这些理论是在不断的实践过程中积累和升华的，“中国民族区域自治的实施曾经历过一个较长时期的摸索和实验过程。”[①] 因此，它对中国从二次国内革命时期建立的少数民族政权直至社会主义建设时期自治区的建立和发展作了概述。其次，介绍了有关民族区域自治的法律、法规的制定情况及其基本内容，论述了民族区域自治制度的基本原则、自治地方的自治权利。最后，它阐述了中国实行民族区域自治的伟大成就和取得的基本经验，以及如何进一步巩固和发展民族区域自治以适应社会主义革命和建设事业的需要。

《中国民族区域自治史纲》（后简称《史纲》），就其内容来说，属于专门史，它完成了从中国共产党自建党初期探索解决国内民族问题到社会主义现代化建设新时期近 70 年时间跨度的民族区域自治的形成、发展及完善的历史过程的阐述。

《史纲》充分地认识到我国的民族区域自治的形成是同中国人民的革命斗争紧紧联系在一起的，因此，它把中国人民革命按中国近代史的分期分成了三个时期，即第二次国内革命战争时期（1926 年 8 月—1937 年 6 月），抗日战争时期（1937 年—1945 年 8 月），解放战争时期（1945 年 9 月—1949 年 9 月）。特别要说明的是第一个时期的分期，它与中国现代史分期的不符，是为了把内蒙古乌审旗和阿拉善两个蒙古政权的建立（分别建于 1926 年 8 月和 1927 年 4 月）包括在内，以使事件叙述完整。《史纲》分别对这三个时期我国动荡的政局做了必要的论述，而后详细地阐明了中国共产党在民族问题上所面临的不同任务以及民族区域自治思想的提出，它特别强调由于时代的局限，一些极“左”的提法，像建立联邦制国家、民族自决都未能付诸实施。《史纲》还

① 张尔驹：《中国民族区域自治的理论和实践》，第 76 页，北京，中国社会科学出版社，1988 年版。

详尽地论述了这三个时期民族区域自治的实践，包括第二次国内革命战争时期内蒙古乌审旗和阿拉善蒙古族革命政权、琼崖黎苗族参加的苏维埃政权等民族区域自治性质政权建立的背景和情况，抗日战争时期的蒙汉民族民主政权、新疆三区革命民族自治政权等各抗日根据地民族自治政权和少数民族参加的民主政权的建立，解放战争时期内蒙古自治政府、琼崖黎苗族自治政权的建立和新疆三区革命政权的发展状况。同时，还“对三十年代帝国主义势力扶持和策动下，在我国新疆、东北、内蒙古地区曾建立及垮台的几个民族分裂政权进行了介绍，目的是与民族政权相对照，来说明民族问题的复杂和曲折，”给我们以一定的经验和启示。民族区域自治随着中国人民革命事业的发展得到了发展，在长期的实践中得到了丰富的经验。

“中华人民共和国的建立，为我国民族问题的彻底解决创造了条件。”《史纲》又把新中国成立后民族区域自治的发展分为四个时期，即新中国成立初期民族区域自治制度的建立（1949年10月—1952年12月），社会主义建设开始时期民族区域自治的成就（1953年1月—1956年12月），全面建设社会主义时期民族区域自治在曲折中前进（1957年1月—1966年5月）以及从大动乱的年代到社会主义现代化建设新时期民族区域自治制度的发展与完善（1966年6月—1991年12月）。它介绍了每个时期国内形势和民族工作面临的任务，对每个时期民族区域自治政策的提出、经验的总结以及所取得的成就都做了客观的论述。同时，详细地阐述了前三个时期我国各个地区民族自治区相继建立的情况，以及民族区域自治取得的成就。最后，对大动乱的年代民族区域自治横遭破坏和社会主义现代化建设新时期的形势和民族工作方面的拨乱反正的历史背景及情况进行说明，使我们认识到民族区域自治法制建设的必要性，从而介绍了在社会主义现代化建设新时期民族区域自治的法制建设，公布的《民族区域自治法》

以及各民族自治地方的自治条例和有关实施民族区域自治法的法规的制定。至此，《史纲》以一条十分清晰的脉络向我们展示了我国民族区域自治发展的历史。

在中国这样幅员广大有着众多民族和人口的大国，民族情况复杂，在人口多少、分布状况、历史和文化传统和社会发展阶段等方面都有着不尽相同的情况，因此民族问题有着重要的意义。民族区域自治作为一门科学，作为解决中国民族问题的方式，更有着不可忽视的作用。正如作者所说“历史是一面镜子，以史为鉴给我们以教益。”《中国民族区域自治的理论与实践》和《中国民族区域自治史纲》两本著作对于我国人民民主专政制度的发展不仅有历史意义，而且对当前建设有中国特色社会主义制度也具有现实意义。《史纲》既是关于民族区域自治的历史，同时也可以看成是中国一部现代史的缩略。它系统地从纵向即历时的角度对中国民族区域自治政权的建立和发展提供了一个清晰的脉络，同时还从横向即共时的角度对每一时期全国的政治形势和民族工作形势与情况也做了简介，这些都有助于我们了解当时的情况。它参考了许多中国现代史的书籍和文章，然而却不仅限于对史实的描述，而是利用历史资料对于民族区域自治政权的性质、作用做了客观的分析，对于民族自治政权曾经产生的错误和问题，都根据可靠的资料如实反映，并对产生的原因做了分析。在写作中，作者治学态度严谨，以马克思主义、列宁主义、毛泽东思想为指导，以历史唯物主义的观点作客观具体的分析，力求做到“既不能用现在的观点去写历史，也不能把历史事件、历史人物现代化，总之要采取实事求是的态度，把历史人物、历史事件放到一定的历史条件下，给予正确的恰当的评价。”这两部著作内容上的客观性和全面性，使我们从中明显地看到中国共产党对我国民族问题和民族情况以及民族自治问题逐渐深入和发展的过程，也对民族区域自治总的发展概况有了一个全面的认识，为我国迈向全面建设小康社会新时期民族理论和民族政策的制定以很好的理论指导和启示。

（刘　颖）

参考书目

1. 张尔驹：《中国民族区域自治的理论和实践》，中国社会科学出版社，1988年。
2. 张尔驹：《中国民族区域自治史纲》，民族出版社，1995年。
3. 张尔驹主编：《中国共产党与民族区域自治制度的建立和发展》，中共党史出版社，2000年。
4. 刘锷、何润：《民族理论和民族政策纲要》，中央民族学院出版社，1989年。

张声震

张声震（1924——），壮族，广西邕宁人，研究员，著名壮学专家。原广西壮族自治区副主席，现为广西壮学研究会会长。1941年加入中国共产党。曾任中共上林县特支书记，人民解放军粤桂边纵队团政委。中华人民共和国建立后，历任邕宁专署副专员，广西省水利厅副厅长，南宁、柳州专署专员，中共柳州地委书记，中共广西壮族自治区委员会常委、组织部部长，自治区副主席、特邀顾问。

张声震近十年来从事壮族文化遗产的收集整理和壮族历史的研究，成效卓著，以他任主编，有20多位学者参加，集体创作的《壮族通史》（上、中、下）是一部介绍壮族历史的专著，时间的跨度是从距今约70万年前在百色盆地右江河谷活动的原始人时期至1962年广东省连山壮族瑶族自治县的成立，把壮族丰富的历史生动地展现在我们眼前，解答了很多有关壮族史的问题，澄清了一直以来在壮族民族问题中的错误观点。

针对学术界流行的“壮族外来说”及“壮族是汉族的土著化”的观点，张声震并不同意。他认为，壮族是岭南地区的土著居民，是百越族群西瓯、骆越的后裔，他们自称为“土人”，而把汉族称为“客家”和“官人”。从考古发掘来看，在壮族聚居的岭南、云南东南部地区，从旧石器时代遗址到新石器时代遗址都有发现，如柳江人、西畴人、甑皮岩人、大石铲文化等，都是壮族地区著名的文化遗存。从体制特征和文化特征上看，今天的壮民或其先民在许多地方都与他们有共同之处，表明壮族先民自古以来就居住、繁衍、生息于岭南的广大土地上。[①]

此外作为一支独立的民族，壮族有自己独特的，在民族内部基本是统一使用的语言——方块壮字。建国后，在政府的帮助下，又创制了拼音壮字，并进行了推广，使壮语逐渐走向了统一。语言的完善促进了文化的发展，勤劳智慧而又富于创造性的壮族，早在远古时代就为祖国创造了光辉灿烂的文明，始创稻作文明和“那”文化体系。但在文明和发展的同时壮族又不是个故步自封的民族，它富于开放性，积极向周边民族，特别是汉族学习先进的科学文化知识。在漫长的发展历程中当处于阶级民族压迫时，壮族先民的反抗斗争风起云涌；当外国侵略压境时，他们为维护祖国的统一而热血沸腾，谱写出一篇篇可歌可泣的壮丽诗篇。可以说，壮族的发展过程是异常曲折而复杂的。[②]

《壮族通史》在壮族研究史上具有重要地位，特别是解决了关于壮族族源问题上一直悬而未决的问题。关于这本书中提出的一些观点，已经被后来的学者们所普遍接受和认同，尤其是稻作文明和“那”文化的提出，历来为学术界所推崇。这本书成为其后研究壮族的学者必备的一本书。

《壮学丛书》是张声震对民族学的又一杰出贡献。这是一套系统整理和研究壮族社会文化的综合性学术丛书，包括研究资料的整理收集和研究专著的出版两部分。《壮学丛书》的诞生，标志着壮学研究正走向新的发展阶段，它是壮学研究的里程碑。《壮族麽经布洛陀影印译注》是其中最重要的一本。本书采用影印译注的方法整理出版，以保持这些经本的原貌，同时方便阅读研究。在出版发行这本书之前，张声震已经出版了一部《布洛陀经诗译注》。这也是一本对壮族布洛陀经研究的成果。书中对壮

① 杨圣敏：《中国民族志》，第300页，北京，中央民族大学出版社，2003年。

② 张声震：《壮族史》，第547—555页，广州，广东人民出版社，2003年。

族宗教文学的典范布洛陀经诗进行了系统的译注，采用古壮字、现代壮文、国际音标、方块汉字四对照注译，最后用汉文将每句意译出来，将这部全部由古壮字写成的宗教著作展现在世人眼前。而随后出版的《壮族麽经布洛陀影印译注》则是一本壮文文献，这一前一后，一汉一壮，将布洛陀经诗的原貌进行了深刻的描绘。

布洛陀，壮语意为无所不知的智慧老人，即壮族的智慧祖神。布洛陀经诗是壮族创世史诗，除开头两章序歌外，分编造天地、造人、造万物、造土官皇帝、造文字历书、造伦理道德、祈祷还愿等7篇，共24章。布洛陀经诗各篇均可独立成章，在壮族民间节日或是喜庆之时有巫师进行吟唱。经诗中全面记载了壮族人文始祖布洛陀开天辟地，创造万物，安排秩序，排忧解难的丰功伟绩。内容广博，思想深厚，是壮族原生态文化的百科全书。

广西学术界对布洛陀经诗的研究早已有之，但由于种种实际操作中的困难，终未能系统介绍。张声震作为一位壮族本民族的研究员，精通民族语言，文字功底深厚，采用汉文和壮文两种语言将布洛陀经诗这部传世之作上的轻纱掀起，进行了整理和出版，这对弘扬壮族文化起到了积极的作用，大大开拓了壮学的研究领域，为壮学研究增添了一块基石。过去许多学者认为壮族是有巫教而无经文，张声震的研究有力地驳斥了这种看法。布洛陀经诗雄辩地证明了历史上曾是壮族人民普遍信仰并源远流长的壮族巫教是有自己内容丰富、语言独特的经诗的。任何一个民族的传统文化都是有其传承性的，对这种文化的遗产应加大保护的力度。①

① 张声震：《布洛陀经诗译注》(序)，第11页，南宁，广西人民出版社，1994年。

除了对壮族民族史的研究和对壮语古籍的整理之外，张声震还组织并领导整理了广西各少数民族的民族文化习俗，如音乐、体育等，并出版了相关的著作进行介绍。如由广西民族出版社在1991年出版的《广西少数民族传统体育》一书，主要反映了广西改革开放以来少数民族体育发展的情况。书中共采集了11个少数民族的上百个传统体育项目，对每一个项目，力图做到图文并茂的介绍，集历史性、科学性、社会性、知识性、趣味性于一体，旨在宣传源远流长的民族传统文化。这本书获第二届桂版优秀图书三等奖。

张声震的知识是渊博的，兴趣是广泛的，在早年时曾经出版过专门研究广西各地壮语地名的专著——《广西壮族地名选集》。这本书是一本资料汇编，并以字典的形式进行撰写，所选壮语地名近5500条，有政区、自然村（屯）以及其他地名，所选地名除边境地处外，基本上按地名规范化要求表示标准名称、拼音壮文、汉语拼音、地理位置、地名来历、地名沿革、地名含义、重要人文风物等信息，有的还按各种不同地理特性，附加了反映其自然特征的信息；此外，还附有插图、彩色照片，是一本图文并茂的工具书。①

张声震是一位多产的作家，他视野比较宽广，涉猎壮族生活的各个方面，大至历史，小到地名，均有专著面世。由他主持的《壮族麽经布洛陀影印译注》影响重大，专家认为，影印译注展现了壮族原生态文化的核心内容，对探索珠江文明和中华民族文明的源流具有重要参考价值。

虽然张声震在民族学，特别是在壮学领域中是首屈一指的大家，但他并不故步自封，而是坚持活到老，学到老，从来没有满

---

① 张声震：《广西壮族地名选集》（前言），第1页，南宁，广西民族出版社，1988年。

足于自己已经取得的成绩。他时刻都在关注着近几年来新发现的考古资料及壮学研究的新成果，并在自己的著作中借鉴这些成果，使自己的理论与时代同步。最近出版的《壮族史》一书，虽然是对《壮族通史》的缩写简明版，但还是注意到了新的理论，书中特别介绍了“麽”和“师”等民间宗教，以及与华南和东南亚诸民族共同拥有的“那”文化和稻作文明。

张声震的著作现在已经成为“研究壮族历史的好资料”，而他本人也成为现代壮学研究者必不可少的活参考书。他为壮学的进一步发展做出了巨大的贡献，将壮学发展到了一个新的阶段，以至于提到壮学就不得不提到张声震。

（沈　洁）

参考书目

1. 张声震：《广西壮族地名选集》，广西民族出版社，1988年。
2. 张声震：《布洛陀经诗译注》（汉文），广西人民出版社，1994年。
3. 张声震：《壮族通史》（上、中、下），民族出版社，1997年。
4. 宋蜀华、陈克进著：《中国民族概论》，中央民族大学出版社，2002年。
5. 张声震：《壮族史》，广东人民出版社，2003年。
6. 杨圣敏：《中国民族志》，中央民族大学出版社，2003年。

张天路

张天路，汉族，教授，1927年出生于四川省简阳县。1949年～1953年在成都大学地学系学习，1953年至1979年在中央民族大学（原中央民族学院）任教，主要从事经济地理学的教学与研究工作。从1980年开始在首都经贸大学（原北京经济学院）人口研究所专门从事民族人口研究，担任学术委员会主任，并兼任中国人口学会理事和民族人口研究委员会主任、中央民族大学客座教授、《中国少数民族人口》杂志创始人之一和副主编、《民族团结》人口专栏顾问、《中国少数民族人口健康素质抽样调查》专家委员会副主任、《中国人口丛书》编委、办公室副主任等职。他多次被评为北京市民族团结先进个人、爱国立功标兵等，还荣获全国科学技术突出贡献奖，享受政府特殊津贴。

1980年以来，张天路主持过国家科委、国家统计局、国家社会科学基金、国家计划生育协会、西藏、联合国援华等关于民族人口调查研究和分析科研课题，多次组织和参与过国内大中型民族人口研讨会和国际讨论会，赴美国、加拿大、日本等国考察和交流，他深入少数民族地区进行社区、田野、入户调查，获取大量第一手资料，撰写并出版了《中国少数民族人口》（1988年）、《中国少数民族人口研究》（合著，1988年）、《民族人口学》（1989年）、《西藏人口的变迁》（1989年）、《中国穆斯林人口》（合著，1991年）、《中国少数民族社区人口研究》（主编，1992年）、《中国民族人口的演进》（主编，1993年）、《西藏人口的过去、现状与未来趋势》（1994年）、《中国少数民族人口调查研究》（主编，1995年）、《Population Development in Tibet and

Related Issues》（1997年）、《民族人口学》（修订本，1998年）、《西藏人口50年》（2003年）等12本专著、论文170多篇，以及十多份调查报告和咨询报告等。其中《民族人口学》一书在我国是开创性的第一本研究少数民族人口的专著，其浓郁的民族特色、深远的学术价值，赢得了国内外专家学者的广泛注意。它被公认为是一部填补学术空白的力作，它的问世被看作是“我国民族人口学建立的重要标志”。

张天路的主要学术贡献集中于中国少数民族人口学方面，他是中国民族人口学科的创始人、奠基人，他对民族人口学的研究带动了中国少数民族人口研究的蓬勃发展，通过人口使国内外对中国少数民族的研究得以深入进行。

一、理论贡献

在20世纪50年代以前，我国对人口学的研究还处于一片空白，对民族学科的研究也大多沿用西方民族学科的研究。张天路发现在人文科学中，民族学和人口学是两门不同的学科，而民族人口学则是这两者的交叉学科和边缘学科。他从前苏联人口学家科兹罗夫的《民族人口学》专著中对民族人口学所下的狭义的定义中，经过深入细致的研究并结合我国实际情况后认识到，我国的人口学研究应该包括广义人口学，即研究民族人口的民族构成，各民族的人口构成，各民族的人口再生产特点，各民族的自然变动、迁移变动、社会变动和民族演变所引起的人口过程，以及人口与社会、经济、资源、环境的相互变化及其规律，并分析各种因素，尤其是民族因素对人口数量、素质和构成以及生育、死亡、婚姻等的不同作用。

张天路在实践研究过程中结合中国的实际情况对过去人口学所不曾涉及的几个内容：即研究婚姻形式（包括“阿肖”婚、一夫多妻婚、内婚制、民族通婚、“不落夫家”婚等）对生育、健康等的不同影响；与时俱进的民族人口政策（由鼓励生育政策转变为计划生育）对民族人口数量、素质、经济等的不同作用；人口与民族繁荣问题的研究等等方面提出以下几个主要观点。

第一，人类历史上出现过两种不同类型的民族繁荣，对人口有着不同的要求：传统性民族繁荣要求人口增长快，人口规模大；现代性民族繁荣，要求人口增幅低，人口素质高，新中国各民族繁荣政策理所应当地是后者。

第二，现代性民族繁荣（初期）涉及了15项可供检验的指标：人口增幅（1%以下），总和生育率（2.0左右），婴儿死亡率（20‰以下），平均寿命（70岁以上），成人识字率（95%），以及年龄、城乡和产业构成，人均GDP等。

第三，“人口—教育—经济”的协调发展，是加快民族繁荣步伐的有效模式，即人口增幅、人口素质提高和经济发展三者间要做到相互协调、相互促进的良性局面，而尽量避免相互掣肘的不良态势。

同时，张天路在研究方法上进行了许多创新性的尝试，人口学注重进行问卷调查，人类学则侧重开展田野工作，他认为应该把人口学的问卷调查和人类学的田野工作结合起来加以运用。这种方法受到联合国人口基金高级官员的认同和肯定。

二、实践研究

我国是一个历史悠久、民族众多的国家，各民族间经济、社会发展水平不平衡，民族习俗和宗教信仰也各异，它们直接制约和影响着民族人口的再生产、人口素质、人口构成以及人口经济、人口生态等方面的内容。张天路结合自己的课题研究，为了获得准确可靠的调查数据，从南到北、从东到西，几乎走遍了中国内地的少数民族地区，青藏高原、内蒙古草原、海南和云贵的竹楼山寨都留下了他的足迹，他在宣传民族人口政策、计算和分析民族人口等方面都做出了重要的贡献。

他在民族人口研究中提出了“再也不能笼统地说少数民族落

后”的论断，因为，他在1990年人口普查中提供了各民族人口的分年龄、分性别资料，用国际通用的人口统计学方法，将56个民族的分项原始资料，经过分门别类地计算，再将各个少数民族分别与汉族比较，选出超过汉族指标的民族，结果发现在22个方面，有26个民族，分别有1至18项指标都超过了汉族，这个事实说明有的少数民族的某些人口指标比汉族还先进。这是中华民族人口发展史上的重大转折点，也是新中国民族政策和民族人口政策所结出的硕果。这一看法改变原有的少数民族远远落后于汉族的看法，它可以激励和增强少数民族“达到汉族或接近汉族的发展水平”的信心和决心，从而使各民族都能同期实现现代化，以达到中华各民族复兴的伟大目标。

（扎　玛）

阮西湖

阮西湖，1927年出生于福建漳州，1950年至1952年在中央民族学院工作，1952年至1955年在北京外国语学院学习，毕业后回中央民族学院任翻译。1958年调中国科学院民族所工作至今，先后任《民族译丛》副主编，民族所世界民族室主任，中国世界民族学会常务副会长，现任名誉会长，第14届国际人类学会副会长，中国加拿大研究学联合会执委，现任顾问，中国都市人类学会副会长，中国社科院民族所加拿大人类学研究中心顾问。

阮西湖是我国著名民族学家，作为一名研究世界民族的学者，他对加拿大民族、澳大利亚民族、美国民族和苏联民族的研究很有一番独到的见解，写了大量的论文、专著。

阮西湖反对种族歧视，他曾写过"种族歧视和民族压迫的存在，是阻碍民族结合和民族统一过程的重要原因。"（见《中国大百科全书》民族部分第279页）在对"美利坚是否形成一个民族"的问题上，他认为斯大林的民族形成学说是历史的产物，而非具有普遍意义的理论，它只适合某些资产阶级民族形成的模式，但并不符合美利坚民族形成的具体情况。

阮西湖撰文认为，斯大林的民族定义"没有普遍意义，而只是一种定义、一种模式"。在为《中国大百科全书·民族卷》中的"美利坚人"词条所撰写的释文中，他阐述了美利坚民族迄今尚未形成的观点，随后进一步提出了根本不存在什么"美利坚民族"，而只有"美利坚人"的新看法。

阮西湖还是第一个把"多元文化"这个民主学新词汇引进国

内的人。阮西湖第一次访问加拿大，是在1982年。这次访问让他听到了一个陌生的词汇——在乍一听到这个词时蓦地一愣，那一瞬间他没能从现成的汉语词库里找到关于这个词的对应语——Multiculturalism。假若能料到这个词在日后长达二十年间对于自己学术生涯的牵系度，那么就应当牢记住他第一次听到这个词汇时的心理反映。的确，当时负责介绍加拿大民族政策的专家是这样告诉他的："加拿大是一个国家，两种官方语言，实行的则是Multiculturalism。"这个Multiculturalism！就是它，后来以各种方式出现于阮西湖的多种著述中，迄今已近二十载。在多方面了解了关于加拿大的Multiculturalism后，阮西湖将它翻译为这样一个汉语词汇——"多元文化主义"。

如果不是反映了当今世界对于敏感而复杂的民族关系以及民族文化等等一系列问题的带普遍性的思考，加拿大的多元文化主义不会在两年后成为澳大利亚在处理民族问题上的选择，与此同时，它也不会成为西方世界解决民族问题的一种带启发性的参考与借鉴。显然，正是因为寻摸到了多元文化主义这种带风向标性的特征，阮西湖才会对多元文化主义灌注数十年不息的热情。1985年，他写出了第一篇介绍多元文化主义的文章——《多元文化主义——西方国家处理民族关系的新政策》。此文的价值在于：它首先指出了多元文化主义在西方产生的深刻历史背景，这就是：西方世界在民族问题上所采取的民族歧视和种族歧视以及相关的同化政策终于走到了尽头，失败的结局不得不使一些国家进行调整和反思，这是催生多元文化主义的土壤。

在阮西湖看来，西方的多元文化主义还有什么值得借鉴的话，那就是这一条了：多元文化电视频道。

澳大利亚是最先建立多元文化电视频道的国家。这种电视频道的特别之处在于：在现代化大城市的主流电视台上，设置专门频道，以各个不同民族的语言播放反映该民族生活的电视片，并同时配有英文字幕。这种已成为现代化城市生活一项重要内容的“多元文化媒体”，给在澳大利亚作学术访问的阮西湖留下了深刻印象。

“目前全世界有三千多至五千个民族，他们居住的特点不再是孤立的、封闭的，因此城市不再像古代多属单一民族城市，而绝大多数是多民族城市。未来属于三千个不同民族的居民将有一半以上进入城市——既然城市民族不再是单一的，那么城市主要媒体所使用的语言也不应是单一的。”这样的思考促使阮西湖提出倡议：中国也应尽快创建多元文化电视频道，“赶快向西方学习”。

阮西湖在这里直接袭用了“多元文化电视频道”这个名词。这样做的一个重要缘由是——阮西湖认为——直接以“多元文化”命名的电视频道将是树立中国尊重少数民族文化的国际形象的一个更加有力的手段。

如果不仔细点儿，读者当然无法分辨出发表在《人民日报(海外版)》“一点建议”栏目上署名阮西湖的这篇文章的分量——《我国应创建多元文化电视频道》。阮西湖在文章中列举了如下理由：首先，多元文化频道的工作实际上是国情教育，也可以说是一种跨文化教育……它既能丰富不同民族文化，同时也使那些还没有文字的语言能保存下来，以维护和帮助我国少数民族文化长久保持，发扬光大……

其次，多元文化电视频道的工作还可以促进我国的中西部开发，它既能使东部和内地省区的人了解中西部和边疆的资源、文化和经济发展状况，还可以调动西部各民族人民参与西部开发的热情。

第三，该频道的建立对我国进行国际文化交流与合作具有十分积极的意义，将搭建起一个不同国家不同民族文化相互展示与交流的重要平台……可以说，多元文化电视台是时代的产物，也是我国民族平等政策的具体表现。

在阮西湖看来，创建多元文化电视频道还将更加有力地驳斥西方和我国境内外民族分裂分子的谎言。

阮西湖在心中甚至还为中国的多元文化电视频道设计了如下的模式：先在北京、上海、昆明开通，用不同民族的语言播出反映该民族生活的电视节目，并配以汉语字幕，以便其他民族收看；刚开办时，可以采取从民族地区直接“拿来”各种节目的方式，以便节省成本投入，以后则慢慢扩大节目内容，从小到大……创建中国的多元文化电视频道！（摘自www. cctv. com）

参考书目

1. 李毅夫、阮西湖主编：《世界民族研究》2：世界知识出版社，1984年。
2. 阮西湖主编：《外国民族问题和民族政策》，时事出版社，1988年。
3. 《人类学研究探索：从“世界民族学”到“都市人类学”》，2002年。
4. 阮西湖主编：《澳大利亚民族志》，青海人民出版社，1987年。
5. 阮西湖主编：《加拿大民族志》，中国社会科学出版社，1986年。
6. 阮西湖、王丽芝主编：《加拿大和加拿大人》（一）（二），1990年、1991年。
7. 《当代外国民族问题和民族政策》，四川民族出版社，1993年。

李毅夫

李毅夫（1927——　），亦名李一夫，汉族，湖北省武汉市人。中国社会科学院民族研究所研究员。通晓俄语和英语。1952年毕业于中国人民大学俄文系。毕业后留校，在研究部编译室从事哲学社会科学方面的译校工作。期间曾参与译校《马克思列宁主义与民族殖民地问题》等书，从此开始接触民族问题理论。1954年任中共中央高级党校高级理论班外语教员，同时兼做译校工作。1955年起任中央民族学院（现为中央民族大学）专家办公室翻译，后在《民族问题译丛》做笔译，兼任历史系民族学研究班外语教员。1958年转入中国社会科学院民族研究所，担任《民族研究》编辑。自1961年开始从事世界民族研究，先后被评定为助理研究员、副研究员、研究员，兼任中国民族学会理事、中国世界民族学会副会长、顾问。1984年11月参加“种族问题国际学术讨论会”。1985年5~6月到斯里兰卡对该国民族关系和原始种族部落做过实地考察。在国内于1983~1986年在海南、四川、云南少数民族地区做过一些实地考察。1984~1987年专职培养了世界民族专业硕士研究生4名，编译了许多学术论著和情报资料，多次撰文阐述世界民族研究的对象、任务、课题领域和学科体系。主持或参与编撰了一系列辞书、手册、文集、参考资料和知识读物，曾应聘赴北京大学、兰州大学、湖北大学、中央民族大学、中南民族大学、广播学院、中国社会科学院研究生院为硕士生博士生讲课或担任其学位论文评阅人及答辩委员，曾主持举办“世界民族讲习班”。

主要研究范围为国外的民族关系、民族问题、民族政策和理论，国外的民族学研究动态，以及世界各国的民族构成与分布，各民族的历史渊源、迁徙流动、分化融合与兴衰继绝。所撰《试论非洲民族形成问题》一文（载《世界民族问题初探》，中国社会科学出版社，1981年），比较全面而系统地论述了非洲古代民族和现代民族形成的过程，指出非洲大多数民族都具有多层次、多支系、多部落的结构特点。《谈谈世界民族译名统一问题》一文（载《世界民族研究》文集，中国世界民族学会，1985年），是他根据自己编纂《世界民族译名手册》所积累的经验和问题而写成的。该文分析了过去造成译名混乱的主客观因素，以及部分译名经过“约定俗成”而自发达到统一的过程和规律；并说明《世界民族译名手册》对四万多族名进行音译所遵循的原理和规则，对进一步推动族名译法的统一和规范化起到了促进作用。《关于我国民族研究学科体系的反思和设想》一文（载《民族研究动态》，1988年第4期），首先追溯了“民族研究”在我国发展的过程，肯定了“民族研究”作为一种特定学科体系存在的合理性和必要性，同时指出这一体系内部各分支学科“界限不清”、“名不副实”，既有重叠又有疏漏的问题，主张在现有基础上对其内部结构和框架进行调整和重组，以适应当前社会形势和学科发展的双重需要。该文从核心学科和边缘学科、研究客体和研究主体、国内研究和国外研究、历时研究和共时研究、分科研究和综合研究、基础研究和应用研究等方面，阐述了民族研究各分支学科在“民族科学”新体系中的层次地位与结构关系，以期建立一个体系健全、结构严谨、层次分明、分工合理、功能协调的民族研究学科新体系。这一设想已在国内民族学界引起广泛注意。

作为主要撰稿人和主编出版的著作有：《世界民族译名手册》(英汉对照本，商务印书馆，1982年；俄汉对照本，商务印书馆，1985年)、《世界各国民族概览》（世界知识出版社，1986年)、《中国大百科全书·民族卷》(担任世界民族副主编，中国大百科全书出版社，1986年)、《民族词典》（担任全书副主编兼世界民族分科主编，上海辞书出版社，1987年)、《世界民族常识》(中国青年出版社，1988年)、《世界民族概论》（中央民族大学出版社，1993年6月版)、《世界民族大辞典》（吉林文史出版社，1994年1月版）等。

译校著作主要有：康士坦丁诺夫著《马克思列宁主义与民族殖民地问题》和《人民群众和个人在历史上的作用》（人民出版社，1953年)、马克思、恩格斯著《关于殖民地及民族问题的论著》（合译，中央民族学院，1956年)、托尔斯托夫等著《为帝国主义服务的英美民族学》（主译，民族出版社，1958年)、叶菲莫夫等著《拉丁美洲各族人民》上、下册（主译，三联书店，1978年)、托卡列夫等著《澳大利亚和大洋洲各族人民》上、下册（主译，三联书店，1980年)、《国外民族学概况》上、中、下三册（编译，中国社会科学院民族研究所，1980年铅印)、《世界民族词目集录》(合译，中国社会科学院民族研究所，1981年铅印)、韦斯特马克著《人类婚姻简史》(审校，商务印书馆，1992年)、科瓦列夫斯基著《公社土地占有制，其解体原因、进程和结果》（主译，中国社会科学出版社，1993年)、韦斯特马克著《人类婚姻史》上、中、下三册（审校，部分翻译，商务印书馆，2002年12月版）等，此外还在《民族问题译丛》(1955—1958年各期)、《民族译丛》(1979—1985年各期)、《当代中国社会科学手册》、《民族研究动态》、《民族学通讯》、《民族研究》、《当代国外社会科学手册》、《东方文化知识讲座》、《世界民族问题初探》、《外国民族问题与民族政策》、《世界民族学会会刊》、《民族团结》、《世界见闻》、《世界历史之窗》等刊物文集上发表过数十篇论文与文章。退休后笔耕不辍，至今还在筹划《世界民族史纲》和《世界民族导论》的撰写工作。1990年被确定为世界民族研究学科带头人之一。作为有突出贡献的专家，享受国务院颁发的政府特殊津贴，并于2002年获得中国翻译工作者协会颁发的“资深翻译家”荣誉证书。其传略已被收入《中国现代社会科学家大辞典》、《中国当代知名学者辞典》、《中国高级专业技术人才辞典》、《中国专家大辞典》、《世界名人录·中国卷》和《中华精英大全》。

（周菲菲）

参考书目

1. 李毅夫：《关于我国民族研究学科体系的反思和设想》，载《民族研究动态》，1988年第4期。
2. 李毅夫：《试论非洲民族形成问题》，载《世界民族问题初探》，中国社会科学出版社，1981年。
3. 李毅夫：《世界民族大辞典》，吉林文史出版社，1994年1月版。
4. 李毅夫、阮西湖主编：《谈谈世界民族译名统一问题》，载《世界民族研究》文集二，中国世界民族学会，1985年。

王　尧

西藏学是一门研究西藏的学问，是一门跨越社会科学和自然科学的综合性研究学科。包括了语言文学、考古学、历史学、地理学、宗教学、文学、艺术、美术、雕塑、绘画、音乐、舞蹈、民间说唱、戏剧、天文、历法、藏医藏药、建筑桥梁等多种学术领域，可以说是中国传统文化的大融合。而在方法上，现代藏学研究则运用现代人文科学的手段，借鉴历史学、语言学、文化人类学的方法来研究。因此，在此研究领域中的学者需要具备良好的藏、汉文语言、历史、宗教等基础知识，具备古代史学家所言的“才学识”。而在藏学研究领域中，国内最具影响力和知名度的莫过于现为中央民族大学藏学研究院教授、中国文化书院导师王尧先生。王尧曾在南京大学、北京大学、清华大学任兼职教授，在香港中文大学、奥地利维也纳大学、德国波恩大学、美国西来大学等近十所大学任客座教授。

王尧1928年出生于江苏涟水县，就读于南京大学中文系。大学毕业后，在当时南京大学校长潘菽先生的嘱托下，积极响应并参加到保卫国防、解放西藏的伟大事业中，遂只身北上到中央民族学院（现已更名为中央民族大学）。在我国藏学的创始人之一于道泉教授（1901—1992）的耐心诱导和精心安排下，王尧很快学会了藏语，从而激发了他对藏学的极大兴趣。随后得以向贡噶活佛求教，初窥藏文古典作品的门径，这一切对于后来研究藏族历史文化奠定了坚实的基础。1956年在《中国语文》上发表了第一篇描写藏语声调的论文，引起了王力先生的重视，在《汉语史稿》中加以征引。后在北京大学文史楼中文系随堂听讲，得到了一先生的指点。60 年代，中央民族学院举办藏文研究班，敦请西藏当代最著名的学者东噶·洛桑赤列活佛来主持讲习，王尧得以与他朝夕晤对。

由于这些学术生涯中的无声促进和当时实际情况的需要，王尧便开始探索古代藏文的发展脉络，并将精力主要放在吐蕃时期（公元 11 世纪以前）的藏文研讨上，以极大的兴趣钻研敦煌石窟遗书中藏文写卷。1940 年便开始将注意力放在当时最著名的《敦煌本吐蕃历史文书》的研读上，“文化大革命”也未曾间断，终于在 1980 年出版了《敦煌本吐蕃历史文书》（民族出版社）。《敦煌本吐蕃历史文书》出版后，受到藏学界的极大关注，引起很大反响。后与《吐蕃金石录》和《吐蕃简牍综录》（与陈践合著），经重新编排为三本一套的吐蕃文献丛书，成为研究吐蕃历史的主要参考文献。与此同时，王尧发表了《吐蕃文献导论》，该文对古藏文的特点、文献情况等做了较为全面的介绍。并在此基础上，参照国内外的各种理论，创造性地将藏语发展分成五个时期：上古时期，或称原始藏语时期；中古时期，或称吐蕃时期；近古时期；近代时期；现代时期。这一创造性的个人构想曾在其《藏语 mig（目）字古读考》（1984 年）一文中表明了他的观点：方言的歧异往往是历史的反映。在文章中，王尧认为代表最早的古藏语特点的是嘉戎方言，其次是安多方言，再次是康方言，而卫藏方言（尤其是拉萨话）是代表了发展最快、距离古代藏语最远的方言。然而，它代表了藏语发展的潮流与方向。至于敦煌藏文写卷则是记录最古老的藏语实况的资料，十分可贵。为了说明这一点，王尧又写了《吐蕃文献学概述》一文，加以阐述。同时，王尧还和陈践合作解读了大约五十个藏文写卷，利用这些资料撰写了《吐蕃的兵制》、《吐蕃的法制》和《吐蕃的官制》三篇论文。《吐蕃礼仪问答卷》和《北方若干国君之王统叙记文书》的解读都引起了藏学界的侧目。后来，将这些资料结篇成《敦煌吐蕃文书论文集》出版（1987年）。

王尧潜心致力于西藏学的研究，对藏学倾注了自己最真挚的情感，其研究的方法承袭于道泉教授，即将陈寅恪先生的以语文知识治史（以汉还汉，以唐还唐，也称历史语言学派）运用于藏学的研究上，用藏语为工具来研究藏学，使这种历史的研究方法扩大到藏学的研究中去。

王尧的著作在专业领域内有较大的影响力。《敦煌本吐蕃历史文书译注》（王尧、陈践）一书是此领域内首部力作。由于此书有助于藏学者多领域，历史、文学、语言、宗教、法律、文化等方面的研究有所依托，颇受国内外学术界的青睐，后继续推出了一系列的敦煌文献论著。如《敦煌吐蕃文献选》、《敦煌本吐蕃医学文献译读》、《吐蕃简牍综录》、《吐蕃文献选》等等，并写若干卷发表了关于吐蕃兵制、法制、官制以及占卜、医术等一系列的论文。王尧编著的《吐蕃金石录》，是关于吐蕃金石的专辑，收录碑刻十件、钟铭三件，包括了迄今为止发现的吐蕃时期的全部金石文献。王尧通过对吐蕃文献学的论述以及对碑刻钟铭涉及的政治、经济、军事、民族、宗教、地名、风土人情等做的详尽的考释，揭示了我国唐代吐蕃政权中期和晚期的历史面貌。《吐蕃简牍综录》（王尧与陈践合著），共收录吐蕃简牍464支。这些宝贵的第一手资料，对人们研究探讨当时吐蕃人在西域活动的情况以及西域地区的治理有着非常重要的意义。王尧与陈践著的《吐蕃时期的占卜研究——敦煌藏文写卷诠释》，香港中文大学出版社出版。全书共分三部分，即“导言”、“解题”、“原文及译文”。以巴黎法国科学院西藏学研究中心和巴黎图书馆东方手稿部合编的《敦煌藏文文选》中收录的P.T.1047、1055、1045、1056号占卜进行过录、拉丁转写和汉译，并对占卜做了分析。这些学术成果，为青年学者进一步探索藏学的学术之路可以走得更远奠定了学术准备。

值得一提的是，1999 年民族出版社出版的《法国巴黎国家图书馆藏敦煌 P.T. 写卷解体目录》（王尧主编，陈践、褚俊杰、熊文斌、王维强编写，王旗龙协编）成为国内第一部关于敦煌藏文写本研究的工具书。

王尧还积极参与世界藏学研究的学术交流，1981 年和 1984 年两次参加了纪念欧洲藏学研究的先驱乔玛的国际研讨会，提交了两篇论文《藏语 mig（目）字古读考》、《宋少帝赵显遗事》，并在发言中用藏语向在座的藏学学习者们问候，得到了李方桂教授和张琨教授的赞赏和一再鼓励。在研讨会上，与当代最有成就的匈牙利藏学家 G·乌瑞教授相识继而相惜。另外，1982 年夏，应邀到美国哥伦比亚大学参加第三届国际藏学会。1982 年秋，作为客座教授到维也纳大学藏学——佛学系教了一年书。在此期间，也曾应邀到巴黎访问，使得他纠正了《敦煌本吐蕃历史文书》原书中的若干错误，补足了几处重大的阙文。1992 年和 1995 年两次访问伦敦。应邀到巴黎和伦敦访问的经历，对欧洲的藏学研究现状有了较为清楚的认识，于是写了一篇《最近十年国外学者对敦煌藏文写卷研究的述评》（发表于《中华文史论丛》）。

王尧在藏学研究的造诣是学界有目共睹的，他的每一部著作、每一篇论文都是富有创见性的，凝结了毕生的心血，凝结着他对学术孜孜不倦的追求。

（杨金杰）

赵延年

赵延年，回族，1929 年 7 月出生于河南省南召县刘村的一个贫苦农民家庭，1936～1947 年除因荒年休学在家劳动二年外，先后在刘村育东小学、南都中学、南召县中和南阳师范读书。1946 年夏，在南召县城，他带头抗争恶绅对学生的欺压而形成全城罢课和游行示威的学潮。1947 年在南阳师范参加了反饥饿、反内战学潮。南召县于 1947 年底解放后，南阳师范要南迁，他即退学回乡，在乡村帮助新政权做些宣传和小学复课等工作。1949 年 7 月，正式脱产参加革命，加入新民主主义青年团，1950 年 3 月加入中国共产党。1949 年 7 月～1957 年初，他一直在南阳县工作，先后担任工作员、工作队长、团区委书记、党区委书记、县委宣传部长、副县长、县长。1952 年初提为县级干部。1957 年调南阳地委担任地区农业合作化干校党委书记。1958 年初至 1978 年调宁夏回族自治区党委工作，先后担任书记处办公室、农村工作办公室副主任，政策研究室副主任、主任。1978 年在中央党校学习后留中央工作。1979 年～1985 年先后担任国家农委计划局、外事局主要负责人和国家经委农业局局长。1985 年调国家民委任临时领导小组成员，1986 年～1993 年任国家民委常务副主任、党组副书记。1993 年 8 月～1996 年底任民族问题研究中心专职总干事，被中央民族大学聘为兼职教授。他是中共十四大代表，十三大和十五大列席代表，十三届、十四届中共中央候补委员，第九届全国政协委员、民族和宗教委员会副主任。2004 年初离休后，继续参与一些社会团体活动，是中国世界民族学会名誉会长、中国西部研究与发展促进会名誉会长、

《西部时报》编委会主任。

赵延年在党的长期教育下，总是把人民利益特别是弱势群体的利益看得重而又重，尽一切可能多为百姓办实事。南阳县溧河区是南阳地委和县委的重点区。他担任区委第一书记期间，在创办农业合作社、打井搞水利、引种棉花等方面，都在全地区起了带头作用。在担任南阳县长期间，鉴于1954年白河特大洪水冲掉瓦店镇的教训，积极呼号和进行前期工作，支持修建鸭河口水库。为解决库区移民群众的困难，多次呼吁和支持网箱养鱼，倡议开展生态保护型开发工程。在1955年的农业合作化高潮中，两个新建立的农业社把卧龙岗武侯祠的一些房屋占用了，把张衡墓基作为肥料扒掉了大半，他闻讯后立即制止，县政府采取了抢救性的保护措施，并请郭沫若写了对张衡的介绍和评价。在宁夏工作期间，他积极参与规划和指导多项水利建设，包括银川以南几个县市的输水渠和排水沟系统的统一规划和整修工程；以及100多公里长、输水40立方米/秒的西干渠开挖工程。同时，他牵头总结了沙坡头治沙等一批先进单位的经验，主持编写出版了《初升的太阳照宁夏》和《塞上大寨》两本书；指导《星火》月刊的编辑工作。在国家农委、经委工作期间，他是20世纪80年代中央5个1号文件调研、起草班子中的一员；是总结推广100个提前翻番的地、州、县经验的倡议者和主要参与者，主持编写了《经验汇编》。在农业对外交流和利用外资中，他具体主持谈判和参加执行了黄、淮、海平原低产田改造，滹史杭1000万亩灌区配套改造、海南和云南低产橡胶林改造等十多个利用世界银行贷款的大型项目。此外，还就黑龙江省的三江平原建设、内蒙古河套建设、东北玉米基地建设、新疆绿洲农业建设、西南岩溶地区的治理和合理开发，以及西北和内蒙古等干旱半干旱区种草种树等问题，进行过专项调研，提出的多项建议得到了领导机关的肯定和采纳。在国家民委和民族研究中心、全国政协民族和宗教委工作期间，主持进行了民族地区 90 年代发展战略研究和社会主义初级阶段中国民族问题研究，并分别汇集成册，获得国家民委社科成果一等奖。还主持进行了边疆民族问题调查研究，主要成果汇编为《青川甘滇四省藏族自治地方调研材料选编》和《新疆调研材料选编》。赵延年于 1985 ~ 1993 年兼任中国民族经济学会会长，1990 ~ 1997 年兼任中国世界民族学会会长。这期间，他依托有关研究机构，团结和依靠专家学者，进行了卓有成效的工作。中国民族经济学会编辑的民族地区经济研究丛书，中共中央办公厅通知送去 40 多套分发给领导同志参考。中国世界民族学会编辑的《世界民族大词典》，填补了我国在这方面的空白。关于改革开放新时期的民族工作，他和有关同志一起，在调查研究的基础上，提出了若干建议，比如：加快民族地区和少数民族经济文化发展是民族工作的根本任务；为加快发展进步和加强民族团结，应当将民族经济工作放在各项民族工作的首位；与沿海开放相呼应，应当实行沿边开放；为做好国内的民族工作，应在经济、文化多领域实行对外开放，加强对世界民族问题的研究和相互交流，等等。这些建议，得到了领导上的肯定和广大同志的支持。

赵延年于 1999 年元月上书党中央，建议由重点抓沿海的"第一个大局"向重点抓内地的"第二个大局"转变，加快民族地区和整个西部的发展。早在 1995 年，他即同一批老同志和专家学者共同策划建立了中国西部研究与发展促进会，并吸收一些热心于西部发展的企业家参加。西促会的主要任务是加强对西部的调查研究和宣传，为党中央、国务院和有关领导部门提供材料和建议。中央作出实施西部大开发的战略决策后，根据党和国家的总体部署，西促会一方面继续把调查研究作为重大任务，并在调研基础上举办《中国西部发展论坛》，现已举办五届；另一方面做些力所能及的实际服务工作。2003 年经赵延年提议、西促会通过并报国家新闻出版署批准，由西促会创办了《西部时报》，2003 年 9 月正式出版。

赵延年对老一辈无产阶级革命家怀有深厚的感情，对周恩来关于活到老、学到老、改造到老的教诲念念不忘，敢于坚持真理，勇于修正错误。不论顺境或逆境，他都孜孜不倦地坚持学习，理论联系实际，不断提高工作水平和自身素质，努力使自己成为一名名副其实的共产党人。他的主要著作有《我国的民族情况和民族政策》、《中国少数民族地区九十年代发展战略探讨》(主编）等（中国社会科学出版社)。

张元生

张元生（1929—1999），壮族，广西壮族自治区武鸣县人。中国民族语言学家，壮语言文学学科的创建者和奠基者，中央民族大学教授，中国共产党党员。

张元生于 1950 年考上广西大学中文系，一年后被保送到中央民族学院（中央民族大学前身）学习，毕业后留校工作。他见证了中央民族学院的创建和近半个世纪的发展过程。他在一无先例、二无教材的情况下，白手起家，经过艰苦紧张的筹备，创建了我国历史上第一个壮语言文学学科专业。1952 年初，中央民族学院壮语文专业本科班开班，张元生是该班的第一任壮语文教员。与此同时，在中国科学院语言研究所会同广西有关部门对广西 52 个县（点）的壮语进行全面普查后，张元生积极参与了对壮族拼音文字的标准音选点、字母的确定、韵母的构拟等工作，为创制壮文方案倾注了自己的心血，对壮文方案的产生发挥着重要的作用。在此期间，张元生还担任中央民族学院语文系第六教研室（壮侗语族教研室、壮语教研室前身）主任，主持语文系所设立的壮侗民族相关专业的教学、科研工作，为布依、傣、水、侗、黎等五个民族语文专业的创建打下了良好的基础。

张元生始终坚持党的民族语文平等政策，有着强烈的民族自尊心和民族自豪感。20 世纪 50 年代末至 60 年代初，广西壮族自治区大力推广壮文，张元生不仅献计献策，还带领实习队参与推广工作，使广西壮族地区掀起了学习壮文的高潮，参加学习的群众达 200 多万，对提高壮族人民的文化科学知识水平，宣传党的方针政策起到了良好的作用。一直到 80 ~ 90 年代，张元生仍然是壮文推行的有力支持者，他从加强民族工作的角度出发，积极呼吁有关部门加大壮文推行工作的力度，对壮文在广西壮族自治区的推广使用功不可没。

"文革"后，张元生担任了中央民族学院新建立的少数民族语言研究所副所长，全面主持该所行政管理及科研工作。在他的领导下，尽管人员杂、语种多、困难大，但全所同志团结协作、共同努力，工作开展顺利，全所在科研方面取得了显著的成绩，得到学院领导的表扬。1979 年，张元生被晋升为副教授。1982 年，张元生光荣地加入了中国共产党。1983 年，张元生招收了我国壮语言文学专业的第一位硕士研究生，使这一专业的教学科研水平从此迈上了一个新的台阶。1985 年张元生晋升为民族语言学教授。同年，在张元生的大力主持和积极努力下，少数民族语言研究所协同广西壮族自治区语委在广西壮文学校开办了壮语言文学大专班，为当地培养了一批急需的民族语文人才，也为进一步贯彻执行中央关于多层次多渠道办学的方针积累经验。1985 年中央民族学院少数民族语言文学系成立后，张元生一直担任副主任直至退休，为该系其他相关学科的建设做了大量工作。此外，张元生还担任中央民族大学学位委员会委员、学校教师职称评审委员会委员，并担任北京市翻译工作者协会理事、中国语言学家学会理事、中国民族语言学会常务理事、副会长等社会职务。

在 40 余年的教学生涯中，张元生始终工作在教学科研第一线，先后为研究生、外国留学生、本科生、大专生及短训班、专修班等开设了《现代壮语文》、《壮语语法》、《壮语概论》、《壮汉语言比较》、《壮汉语法比较》、《语言调查实习》、《壮汉翻译理论与实践》、《壮侗语族语言实践概论》、《语言文学研究》专题讲座等多门课程。除了做好全所的有关业务工作外，多年超额完成教学工作量，甚至有的学期每周上课达16个小时之多，这在同类双肩挑人员中是少见的，因而得到著名语言学家马学良先生的称赞。张元生积极探索教学经验，善于在教学过程采取启发式的教学方法，教学中使用科研成果提高教学质量，提倡学生结合课堂讲授，进行选题研究，写小论文等，培养了学生独立思考的能力，取得了较好的教学效果，深受学生欢迎。他担任过“高等学校壮语言文学专业教材编委会”的主编，组织编写了包括《壮语文》、《壮汉翻译理论与实践》、《壮族文学概要》和《壮汉比较语法》等系列民族语文教材，填补了我国这一领域的空白。40多年间，壮语言文学专业为国家和壮族地区培养了1000多名大专生、本科生和研究生，张元生的许多学生都已经成为有名的专家学者或有关单位的管理人才，为壮族地区的文化发展和社会进步做出了很大的贡献。

张元生不仅致力于壮语言文学的学科建设和教学工作，而且对该学科的研究也有较深的造诣。他对壮语、泰语有着极深刻的语感，在壮语、汉语分析工作上有其独到的见解，应用马克思主义语言学理论密切结合民族史，探讨语言的渊源，得出了可喜的成绩，受到同行专家的好评，并将科研成果应用于教学实践，取得了很好的效果。1980年以来，张元生先后主编或参编了《壮语构词法初步研究》、《海南临高话》、《天文史话》（该书于1984年获得中国史学会、中国出版工作者学会颁发的“爱国主义通俗读物优秀奖”）、《奇山秀水话壮乡》、《临高人的文化艺术及生活习惯》、《古壮字文献选注》、《壮族通史》、《壮族史》、《壮侗语族谚语》、《壮侗语族语言词汇对照集》、《壮侗语族语言文学资料集》、《民族词典》等十余种著作。先后发表了《武鸣壮语量词研究》、《壮汉语关系浅谈》、《壮族的方块文字》、《临高话研究》、《壮语变调规律与语法的关系》、《壮族语文的回顾与展望》、《一个战略性的任务》（合作）等数十篇学术论文。

在张元生的著作和论文中，有不少具有重要的学术价值，在壮语语法研究、壮汉语系属关系、壮族古文字研究等方面产生了重大影响。比如《武鸣壮语量词研究》一文，阐明了壮语量词伴随名词的作用，并第一次提出壮语有量级的区别；《壮汉语关系初探》一文，运用语言历史关系比较方法，把壮语与汉语中古音进行比较研究。不但阐明了壮汉语历史上的关系，而且也解决了以前尚未解决的一些重要问题。如“影”母字、复辅音、阳声韵与入声韵整齐相配的问题，为后来研究汉语古音扩大了视野。该文还针对有些国外语言学家认为侗泰语、苗瑶语不属于汉藏语系，应该划入澳泰语系的说法，予以反驳，论据坚实，受到国内外学者的重视。《壮族的方块文字》阐明壮文方块字是一种古老的文字，第一次系统地分析了方块壮字的结构、语音和语义，这对中国古文字研究和文字改革都有积极的参考价值；专著《海南临高话》一书，是张元生根据国家民委的部署带领一个小组与广东省民委、广东民族研究所等单位组成调查组，赴海南岛调查研究后完成的，书中除详细介绍了临高话语音系统、语法系统和词汇外，还分析了临高话跟壮、泰、侗、黎等语言的共同特征，不仅证实了临高话属于汉藏语系壮侗语族壮泰语支，是一种接近于壮语的语言，从而澄清了临高话是汉语方言的错误论点，也回答了中外学者对海南临高话究竟是一种少数民族语言还是汉语的一个方言莫衷一是的问题，也为该地区的民族识别提供了有力的科学依据，是一本很有价值的学术著作。

张元生一生以教书为本，以人为本，以治学为乐，始终保持了中国知识分子朴实、谦逊本色。他不囿于门户之见，鼓励后学者大胆创新，体现了长者风范。即便退了休，他还对壮语言文学学科的建设和发展倾注了极大的热情，并以自己的威望和影响不遗余力地为壮族地区的民族文化教育事业出谋划策，始终不渝地为提高少数民族的文化素质奔走劳碌，表现了他热爱祖国、热爱中华民族的高尚情操，是一位德高望重的知识分子，在壮族人民心中享有崇高的地位。

（韦景云）

田继周

田继周（1929——　）山东省菏泽市安兴镇孔庄人。1949年6月入济南华东大学，后华大与青岛山东大学合并，在山东大学历史系学习。并在1955年8月毕业于山东大学历史系后，分配到中国科学院哲学社会科学部（今社会科学院）历史所，后转民族所，为实习研究员。1956年参加全国人大组织的少数民族调查研究工作，先后深入到云南省等地，对佤族、拉祜族等进行采访了解，取得第一手资料。此后又于1958年和70年代先后两次到云南继续对佤族等少数民族进行田野调查。一直致力于中国少数民族社会历史和中国民族史的研究工作。30多年来曾主持和参与主持国家和中国社会科学院重点研究项目《佤族简史》、《中国民族关系史纲要》、《中国历代民族政策》等少数民族调查的研究和编写。1963年评为助理研究员，1980年评为副研究员，1987年评为研究员。1992年获国务院对社会科学事业作出贡献的“政府特殊津贴”。

已公开发表的论著有：参与调查和编写佤族等社会历史调查报告10多篇，其中亲自撰写18万多字；论文20多篇，代表专著有《先秦民族史》（四川民族出版社，1988年）、《秦汉民族史》（四川民族出版社，1996年），这两本书是《中国历代民族史丛书》系列中的前两本，主要介绍论述了关于先秦及秦汉时期我国的少数民族历史，以及当时我国少数民族社会状况和民族关系。在《先秦民族史》中，田继周对石器时代、传说时代、夏朝、商朝及周代的时代起源、社会制度和民族与民族关系作出了系统详细的论述。另外在《秦汉民族史》中，他先对我国这样一个多民族国家的形成和汉族的来源做了论述，然后分别论述了匈奴民族、西域诸族、东北各民族、氐羌民族、百越民族在秦汉时期的发展状况以及巴郡、南郡、武陵郡蛮和西南夷民族的社会状况。此外他还主持和与人合著有《西盟佤族社会形态》（云南人民出版社，1980 年）、《佤族简史》（云南教育出版社，1985 年）《中国民族关系史纲要》（中国社会科学出版社，1990 年）、《中国历代民族政策研究》（青海人民出版社，1993 年）、《少数民族与中华文化》（上海人民出版社，1996 年）等。在这些著作中他亲自撰写约 50 多万字；参加《辞海》民族部分和《中国大百科》民族卷和经济卷某些辞条的编写，参加《中国古代文化史》（北京大学出版社，1991 年）和丛书《佤族》（民族出版社，1985 年）的编写，共约撰稿 8.5 万字。在其主编代表作《少数民族与中华文化》中，他编写了绪论、第一、二、七章和结束语部分。论述了少数民族对我国新石器文化和青铜器文化发展的贡献，秦汉至宋辽金时期我国某些少数民族对中华文化发展的贡献，以及新疆民族在中华文化发展中的地位等问题。

通过对我国古代民族史的研究，田继周一直坚持我国的多民族性，指出我们中华民族的文化是由多民族文化构成的，而绝非汉族文化，从古至今都是这样的。对于很多史学家曾认为的只有汉族建立的王朝才是中国，而否认了我国少数民族建立的王朝的观点，他认为“这种观点虽然有它产生的某种历史条件和原因，但却是大汉族主义的产物。因此，它不能完全反映和说明我们这个多民族国家的特征。”“中国这个概念，也和其他社会概念一样，有它产生、发展和形成的过程。它的完整的含义是我们今日所理解的中国。它的领域为包括台湾省在内的 960 万平方公里，它的居民是居住和生活在这一领域的所有民族。”“凡居住和生活在中国领域的民族，包括现有的和曾经存在现已消失的民族，都属于中华民族。”[①] 他认为“只有从完整的中国观念出发，从我国多民族的事实出发，”“才能正确研究和反映我国历史的民族关系。”[②] 从历史唯物角度上说，他认为我们不应该只把汉族的民族英雄作为我们国家历史上的爱国主义者，而否定少数民族中的民族英雄对历史的作用，应该“对我国少数民族的历史人物重新评价。例如，汉时南越相吕嘉、唐时南诏王阁罗风、宋时西夏李继迁，都值得重新研究。”[③] 他还主张对历史上的民族压迫和民族战争等问题不要避讳，要从历史唯物论对我国历史上的民族以及民族关系做出正确的评价。在民族同化和民族融合问题上，他反对认为只存在民族同化或民族融合的观点。他认为“从我国和世界上的民族关系来看，一个民族合于另一个民族存在着两种情况或两种方式。一种采取政治强制手段把一个民族合于另一个民族（同化）；一种是通过经济文化的作用，使一个民族经过自然的过程合于另一个民族（融合）。这两种情况或方式是客观存在的，不管用什么词来表示它们，却不能把二者混为一谈。”[④] 他认为无论是民族同化还是民族融合，“具有先进经济文化的民族总是居于优势地位。”历史上像满族一样许多民族在征服汉族的同时也都被汉族同化，也许有的民族在不同程度上也采取了避免汉化的措施，不过在统治汉族这样一个大的、经济相对发达、先进的民族，汉化是不可避免的趋势。即使到了今天，我们汉族这样一个大的民族，在世界舞台上，面对国外欧美强大的经济实力，我们也不免西化。“从这里我们看到了经济文化的强大作用，它总是无情地为自己开辟着道路。”[⑤]

---

① 《历史研究的理论与方法》，第 367 页，红旗出版社，1983 年 9 月。
② 同上，第 368 页。
③ 同上，第 375 页。
④ 同上，第 380 页。
⑤ 《历史研究的理论与方法》，第 383 页，红旗出版社，1983 年 9 月。

在田继周的众多论著中，《我国民族史研究中的几个问题》一文被《红旗》杂志社以“党的十一届三中全会以来史学理论和方法研究方面取得的成果”编入《历史研究的理论和方法》一书，《中国民族关系史纲要》获中国社会科学院奖，《中国古代文化史》获国家教委奖。《中国民族关系史纲要》可以说是国内第一部关于民族史的著作，而《中国历代民族史丛书》系列则是我国较早的比较详尽的民族史系列专著。这些论著在民族问题的研究领域中多是开创性的，具有较高的学术和实用价值。而田继周作为我国较早的民族史研究学者，更是我国民族史学研究中的老前辈和学术权威。

（崔凯琳）

参考书目

1. 田继周：《先秦民族史》，四川民族出版社，1988 年 1 月。

2. 田继周：《秦汉民族史》，四川民族出版社，1996 年 8 月。

3. 田继周等：《少数民族与中华文化》，上海人民出版社，1996 年 5 月。

4. 红旗杂志社哲学历史编辑室编：《历史研究的理论与方法》，红旗出版社，1983 年 9 月。

黄淑娉

黄淑娉，女，生于1930年8月，广东台山人，1952年毕业于北京燕京大学民族学系，是我国著名的民族学家和人类学家。1978年开始招收硕士研究生，1993年经国务院学位委员会批准为文化人类学博士生导师。她曾任中央民族大学民族研究所副所长，中山大学人类学教授等职。现为中国民族学会理事会顾问，仍在中山大学任教。

黄淑娉从事民族学人类学事业已有50多年。在这50多年间，出版了一系列研究成果。在20世纪80年代初期到中期，她翻译并出版了大量关于原始社会史的著作，例如：翻译了《原始社会史的奠基人——摩尔根》，和林耀华合著了《原始社会史》（中华书局，1994年）。90年代中期，与龚佩华教授合著的《文化人类学理论方法研究》（广东高等教育出版社，1998年）被称为是“最为值得阅读的大学人类学理论读物之一。”[①] 本书用“以学派为基点，以代表人物为基线”的方法，对文化人类学的各个学派及其主要思想做了详细的评述。从本书的文字中反映出了黄淑娉“必须重视学习理论，更要联系实际进行田野调查”的观点。她还著有《黄淑娉人类学民族学文集》（民族出版社）。从90年代中期至今，她把岭南地区作为主要研究对象，出版了《广东族群与区域文化研究调查报告》（广东高等教育出版社，1999年）、《广东族群与区域文化研究》（广东高等教育出版社，

① 蓝林友、庄孔韶：《黄淑娉教授人类学研究成就及贡献》，摘自《文化人类学理论新视野》。

1999年)、《广东世仆制研究》(广东高等教育出版社，2001年)。这几部著作都以广东地区汉族不同民系与当地少数民族为线索，利用了“田野调查与历史文献相结合的方法”,[①] 向世人展示了广东地区文化多元的特点。其中《广东世仆制研究》就是一个利用这种方法的典型，书中从世仆的历史、世仆的性质、世仆与宗族的关系等方面说明了世仆是世代承袭的宗族家族奴仆。在2002年举办的“庆祝黄淑娉教授从教50周年暨人类学理论与方法学术研讨会”上，她发表了论文《从异文化到本文化——我的人类学田野调查回忆》。本文作为黄淑娉对自己50年工作的总结，体现了其遵循吴文藻“回归本土”的思想，讲述了她从研究“异文化”到研究“本文化”的历程，有很高的参考价值。

黄淑娉的研究领域很广，尤其是在南方少数民族社会与文化研究、原始社会史研究、文化人类学理论与方法研究和岭南族群文化研究等方面卓有成就。“黄淑娉的学术生涯大致可以分为两个阶段：北京阶段和广州阶段。”[②]她在北京阶段的时间较长，有30多年。由于我国人类学研究发展在“文革”时期受到了限制，对黄淑娉学术研究方向有很大的影响，所以，这30多年黄淑娉主要是研究亲属制度、婚姻家庭和原始社会史。她先后七次带学生到内蒙古、云南、四川等地，进行田野调查，其中在云南、广西地区进行的对拉祜族和摩梭人的婚姻制度的研究，对基诺族的原始社会制度研究，对侗族、傣族的部分制度的研究都取得了相当大的成果，同样为少数民族的民族识别做出了很大贡献。黄淑娉十分重视田野调查，她认为田野调查是人类学研究最根本的方法，是理论结合实际的最好体现。在其学术生涯的后半个时期，研究方向从对“异文化”的研究转到了对“本文化”的研究。她

①② 蓝林友、庄孔韶：《黄淑娉教授人类学研究成就及贡献》，摘自《文化人类学理论新视野》。

认为“从学科的内容和发展来说，民族学、人类学对中国民族的研究都应该包括少数民族和汉族在内，不应有所偏废。”① 由于有着扎实的知识基础和丰富的田野调查经验，对“本文化”的研究更加得心应手。与“异文化”重视田野调查不同，“本文化”的研究更侧重于使用田野调查与历史研究相结合的方法。这也正是黄淑娉可以在对广东本土文化研究方面取得重大成果的原因。在文化人类学基本理论研究方面，黄淑娉也有自己的看法。她认为“对西方人类学理论，要学习、吸收，但不是全部照搬。我们要吸取各派理论的长处，学习对我们有用的经验，研究中国的实际，从本土的实践中建立中国自己的学术体系，根据中国的经验提出新理论、新方法，并应用于指导对中国国情的研究，培养出这种理论研究中国国情的独立的科学人才。”② 从中我们可以看出：“她坚持运用辩证唯物主义的观点，采用取其精华而弃其糟粕的态度，既注重批判的继承，更坚持倡导积极创新。”③ 在《文化人类学理论方法研究》中，她写出了对中国人类学的展望，提出了“开展汉族研究；开展中华民族综合研究；开展人类学应用研究；开展人类学理论研究，加强学科的理论建设”四大有待研究的课题。

黄淑娉是我国人类学的早期学者，她受到吴文藻等先辈们的影响很大，但她并不拘泥于早先学到的知识，而是保持着对新知充满渴求的年轻心态，始终站在学术研究的最前端。黄淑娉以其扎实严谨的学习态度，在取得学术成绩的同时也赢得了其他学者的钦佩。目前她不但继续进行学术研究，而且还在为国家培养年

---

① 黄淑娉：《从异文化到本文化——我的人类学调查回忆》，摘自《从异文化到本文化》。

② 广西民族学院学报，原刊号 199904。

③ 覃德清：《承前启后，薪火相传》，摘自《文化人类学理论新视野》。

轻的人类学研究者。

（阿迪娜）

参考书目

1. 黄淑娉、龚佩华：《文化人类学理论方法研究》，广东高等教育出版社，1998 年 1 月第 2 版。
2. 周大鸣、何国强：《文化人类学理论新视野——学术研讨会文集》，国际炎黄文化出版社，2004 年 2 月。
3. 林耀华、黄淑娉：《原始社会史》，中华书局，1984 年。
4. 《寻找失去的文化——玛卡印第安保留地考察记》，《广东民族研究论丛》第六辑，广东人民出版社，1993 年。
5. 黄淑娉：《从异文化到本文化——我的人类学田野调查回忆》，《从异文化到本文化》，广西师范大学出版社，2002 年。

胡振华

胡振华（回回名穆罕默德），1931年1月9日出生于山东省青岛市一个回族铁路工人家庭，从小受过良好的家庭教育和系统的学校教育，自青年时代就有献身祖国的志愿，在中华人民共和国建立前于1949年7月参加革命工作。1948年至1953年，他先后就读于国立南京东方语文专科学校阿拉伯语学科（后该校并入北京大学东语系）、华东大学（后并入山东大学）、山东大学文学院外文系俄语专业和中央民族学院（今中央民族大学）语文系维吾尔语专业，1953年毕业后留在中央民族学院从事语言学理论及民族语文的教学研究工作，至今已整整50年，于2004年1月离休。他是中央民族大学维哈柯语言文学系教授、博士生导师、东干学研究所所长，享受国务院批准的有突出贡献专家津贴。是吉尔吉斯共和国国家科学院名誉院士，是党和人民培养的新中国少数民族第一批民族语言学专家。多年来在柯尔克孜学研究领域和高层次学术人才培养方面做出了杰出的贡献，并且在回族语言文化尤其是境外东干族语言文化的研究中取得了令人瞩目的成就。

胡振华1951年就读于山东大学，任青岛市人民代表、青岛市回民民主青年联合会主任、青岛市民主青年联合会筹委会副主任，后经批准转调到中央民族学院学习维吾尔语。他原本决心毕业后去边疆工作，由于学院教学研究工作的需要，又被批准于1953年1月11日提前毕业留校任教，开始了他的教学生涯。他先后为大专生、本科生、研究生、留学生、进修生讲授《佤语语法》、《语言学概论》、《语音学》、《语言调查》、《维吾尔语文选》、

《柯尔克孜语基础教程》、《柯尔克孜语语法》、《柯汉翻译》、《柯尔克孜民间文学》、《西北少数民族文学》、《回族文化研究》、《柯尔克孜语言文化》、《突厥语言学基础》、《中国伊斯兰教民族文化》、《东干研究》、《撒拉族研究》、《中亚概况》、《留学生基础汉语》等近20门课程。为了指导研究生完成课题，他常常提供自己有关研究的成果和资料，表现了“甘为人梯”的坦荡胸怀。他对学生充满感情，教书育人，是严师，也是益友。他非常重视对学生道德品质的培养，认为教师的职责是“教人求真”，要教学生求得真知识、真本领、真道德。他很注重对学生基本素质及能力的培养，并从少数民族学生的特点出发潜心研究、积极探索民族语言教学规律和少数民族人才的成长规律。

胡振华本人更是与时俱进，学习永无止境。他除在大学学过阿拉伯语、俄语、维吾尔语外，参加工作50年来，为了适应教学和研究工作的需要，他先后学习、进修过佤语、柯尔克孜语、蒙古语、土耳其语、彝语、塔吉克语、英语、法语、日语。

胡振华大学毕业后不久，接受了国家交予的学习和调查柯尔克孜语言，创制柯尔克孜文字的工作任务。从此，他与柯尔克孜族人民结下了不解之缘。为了真正掌握和研究柯尔克孜语，他于1953年严冬只身前往新疆，先是在伊犁，第二年春天前往北疆特克斯县库克特列克区（柯尔克孜民族乡），深入到牧民当中与牧民同吃同住同劳动，在实践中学习柯尔克孜语，后又到南疆柯尔克孜族广大牧区调查语言、民俗、历史，并在克孜勒苏柯尔克孜自治州成立后参加了创制柯尔克孜文字的工作。在以后的50年中，他多次深入到帕米尔高原、天山脚下，沿着中国和前苏联边界走遍了柯尔克孜牧村，他拜牧民为师，以顽强的毅力和锲而不舍的精神，熟练地掌握了柯尔克孜语，搜集了大量珍贵的语言文学、民俗和历史方面的资料。他也不止一次地深入到黑龙江省富裕县柯尔克孜族地区，进行语言、民俗、社会历史方面的调查。

在学习柯尔克孜语、调查掌握民族学资料的基础上，胡振华教授在研究领域取得了一批开创性的成果。1954 年 7 月，在克孜勒苏柯尔克孜自治州参加用阿拉伯文字母创制柯尔克孜文字的工作中，他与柯尔克孜学者阿不都卡德尔·套克套劳夫先生率先提出了后元音 o、u 与前元音 ö、ü 应该分开，应使用四个不同字母以避免前后元音字母混淆的建议。其科学性已被几十年来的实践所证明，并对后来其他民族文字的改进提供了借鉴。在研究柯尔克孜族各地语言的过程中，胡振华最早发现了东北黑龙江省富裕县柯尔克孜族的语言是一种不同于新疆柯尔克孜语的另一种突厥语族语言，这一发现引起国际学术界的重视，原苏联突厥学家协会主席 Э·Р·捷尼舍夫院士称赞这种发现对研究柯尔克孜语言史是一大贡献。胡振华怀着对柯尔克孜文化教育事业的强烈责任感，多次向各级政府提出重要建议。史诗《玛纳斯》的抢救、柯尔克孜语广播的设立、柯尔克孜文字的恢复使用、《新疆柯尔克孜文学》杂志的创办、柯尔克孜文出版社的建立和中央民族大学柯尔克孜语专业的开设，以及推荐柯尔克孜族演员出国演出等等，都是他与广大柯尔克孜族人民一起努力的结果。

他搜集翻译了《柯尔克孜谚语》（新疆人民出版社，1962），他撰写的《柯尔克孜语言简志》（民族出版社，1984）是我国第一本系统分析中国柯尔克孜语的学术专著，国外学者专文评介，获得中国社会科学院优秀著作奖；他与人合编《简明汉柯小词典》（新疆克孜勒苏柯尔克孜文出版社，1986），并组织领导摄制大型民俗学录像片《中国柯尔克孜族》。他在国内外发表了一系列研究柯尔克孜语言文化的论文，其中《柯尔克孜语中的元音和谐》一文正确地阐述了元音和谐是黏着型语言中存在的词内各音节元音间的搭配规律，纠正了过去语音学中把元音和谐简单地看作同化结果的片面解释，在我国阿尔泰语系诸语言的元音和谐研究领域具有普遍意义，堪称学术创新和语音学理论上的新发现。1989年，他和法国艾克斯·恩·普洛旺斯大学格·伊玛额（Guy Imart）教授共同编著《柯尔克孜语教程》（英文），作为乌拉尔·阿尔泰学丛书的第154卷在美国印第安纳大学出版，受到国际上同行学者的高度评价。

胡振华在柯尔克孜族英雄史诗《玛纳斯》的搜集整理翻译研究等工作做出了重要贡献。他是我国最早发现并向国内外介绍《玛纳斯》的非柯尔克孜族学者，在国内外发表有关《玛纳斯》的著述达数十篇，曾与日本学者西肋隆夫教授合作，将世界闻名的演唱大师居素普·玛玛依演唱的史诗《玛纳斯》第一部的一部分译成日文在日本出版，并指导专门前来跟他进修《玛纳斯》的日本留学生乾寻，并帮助她把“玛纳斯奇”（专门演唱《玛纳斯》的民间歌手）铁米尔演唱的《玛纳斯》第二部《赛麦泰》的一部分翻译成日文在日本发表。他所撰写的《论史诗〈玛纳斯〉产生的年代》一文获中国少数民族文学研究成果优秀论文奖。他多次在法国、日本、土耳其、吉尔吉斯等国举行的国际学术研讨会上和大学讲学时，介绍中国的《玛纳斯》。由于他在这方面多年的辛勤努力，他个人荣获了新疆颁发的史诗《玛纳斯》收集翻译二等奖及文化部与国家民委联合颁发的《玛纳斯》史诗整理工作先进个人奖。胡振华在应邀前往吉尔吉斯斯坦科学院及一些高等院校交流、讲学的过程中，坚持从历史事实出发，着重强调汉族与吉尔吉斯人民的传统友谊，正确解释《玛纳斯》中的问题，他为进一步加强中吉之间的友好关系做了大量卓有成效的工作，受到国内柯尔克孜及国外吉尔吉斯族人民的一致好评。为了适应形势的发展和两国交流的需要，进一步增进中吉两国人民之间的传统友谊，胡振华修订、补充了他在20世纪50年代编写的《柯尔克孜语读本》讲义初稿，重新出版《柯尔克孜语（吉尔吉斯语）教程》（中央民族大学出版社，1995），这部学习吉尔吉斯语的基础教科书在吉尔吉斯共和国受到各方面人士的称赞。

胡振华为柯尔克孜（吉尔吉斯）文化事业所做的贡献使他受到柯尔克孜（吉尔吉斯）人民的尊敬，我国柯尔克孜族人民把他视作本民族的一员，国外吉尔吉斯族人民把他视作亲密的朋友。1995年，吉尔吉斯斯坦为庆祝史诗《玛纳斯》1000周年，出版了反映迄今为止“玛纳斯学”世界水平的《〈玛纳斯〉百科全书》，胡振华作为“中国最早研究这部人民伟大宝藏的研究家”与演唱大师居素普·玛玛依共同成为该百科全书介绍的我国仅有的两位人物。1999年，胡振华先后荣获新疆维吾尔自治区民族语言文字工作委员会、新疆克孜勒苏柯尔克孜自治州党委和政府颁发的柯尔克孜语言文字工作突出贡献奖，他将所得奖金全部捐给了帕米尔高原上的一所希望小学；同年8月，吉尔吉斯斯坦国家科学院选举他为外籍名誉院士，他成为中国在吉尔吉斯斯坦获得该项荣誉的第一人。2002年5月7日，为表彰胡振华教授在发展柯尔克孜学方面所做出的杰出贡献，吉尔吉斯共和国总统阿斯卡尔·阿卡耶夫亲自为他颁发“玛纳斯”三级勋章（相当于“劳动红旗勋章”）。

胡振华的研究领域非常广泛。他不但先后攻读阿拉伯语、俄语和维吾尔语，研究柯尔克孜语，工作后又先后师从前苏联专家格·谢尔久琴科通讯院士进修语言学、翻译学，跟蒙古语言学家托达耶娃进修喀尔喀蒙古语语法，跟突厥语言学家捷尼舍夫进修土耳其语语法、突厥语言学、古突厥文献等。仔细体会语言规律，学习和掌握了多种不同的语言。除研究柯尔克孜族，胡振华在维吾尔及其他民族的语言文化研究方面，同样有不少成果。他与黄润华合作出版《高昌馆课》（新疆人民出版社，1982）与《高昌馆杂字》（民族出版社，1984），对明代回鹘文文献进行校勘、转写及翻译；他从事过契丹小字研究；曾利用汉文《西域尔雅》中的材料研究维吾尔语；与哈米提·铁木尔合作翻译《伊犁维吾尔民歌》（人民音乐出版社，1976）一书；他在青年时代还翻译了不少维吾尔、柯尔克孜族的民歌和民间故事等。此外，他参加合作编辑的书籍有《中国少数民族民间文学》、《少数民族诗词格律》、《少数民族诗人作品选》、《少数民族短篇小说选》、《少数民族文艺研究》、《中国突厥语族语言》及《中国突厥语研究论文集》。

身为回族，胡振华对自己的民族怀有深厚的感情，在我国的回族学研究领域也多有建树，做出了重要贡献。他在党的多年培养教育下，能够正确地对待个人、家庭、故乡、民族和祖国的关系，把热爱本民族与热爱我们伟大的多民族大团结的祖国紧密结合在一起。他利用自身的知识结构优势，在近10年里，广泛涉猎中亚学研究，也从不同角度对回族历史、文化和回族的语言、文学问题进行卓有成效的研究。他是《当代回族文艺人物辞典》(宁夏人民出版社，1989)、《中国回族》（宁夏人民出版社，1993，获国家第二届民族图书二等奖）两书的主编，是《中国回族大词典》(上海辞书出版社，1993）语言部分的主编。他撰写了大量有关回族、伊斯兰教研究的论文。他的《回族与汉语》(载《民族语文》1989年第5期）一文，从民族学、民间文学及语言学诸方面印证了回族形成的历史条件。他的长篇论文《中国伊斯兰教民族文化》被《新华文摘》和《中国人民大学报刊资料》转载。他认为，探索回族先民使用汉语的过程，研究回族在使用语言上的特点，有助于深入研究回族形成的历史和回族来源的成分。他根据日本学者的有关研究及自己对《回回馆译语》的了解，发表了《珍贵的回族文献——回回馆译语》（载《中央民族大学学报》1995年第2期）一文，并于2002年将该文献以中央民族大学东干学研究所的名义进行校勘、注释、影印，作为内部资料印出。

由于突厥语族语言研究及与伊斯兰国家交流的需要，胡振华特别强调对伊斯兰文化的不同类型进行比较研究。他认为在研究中不应只是看到伊斯兰教宗教性的一面，还应对其信仰的载体——民族进行研究。特别是在中国，内地以回族为代表的伊斯兰文化与新疆以维吾尔族为代表的伊斯兰文化之间的差异主要缘于其民族文化的差异，研究穆斯林民族文化对于准确理解伊斯兰教有重要意义。同时，他非常注意对国外回族的研究，认为回族也属跨界民族，研究回族不能不注意国外的回族。早在20世纪50年代，他就与著名东干族（中亚回族）诗人雅斯尔·十娃子及吉尔吉斯科学院东干学分部主任穆罕默德·苏三洛建立了密切的联系，并开始研究东干人，发表了《苏联境内的东干族人民》（载《中国穆斯林》1958年第4期）等文章。1989年之后，他曾多次应邀前往吉尔吉斯斯坦、哈萨克斯坦及乌兹别克斯坦访问，回国以后，连续发表了《苏联回族及其文化》、《今日苏联老回回》、《苏联回族的语言文字》、《苏联回族人的名字》、《苏联知名回族学者》、《中亚的东干族及其语言文字》等多篇文章，介绍了东干族人民文化及社会生活的各个方面，引发了国内的"东干学热"。1991年，胡振华去印度尼西亚访问，回国后写了《印度尼西亚访问记》（载《新疆回族文学》1992年第3期），介绍印度尼西亚等东南亚国家的回族。胡振华也希望国外能了解中国回族，使回族学成为一门真正具有国际性的学科。他在国外讲学时，经常以回族学为主题。从1994年起，他首次以"回族学"名义招收外国留学生；1996年，他与李松茂教授合作在中央民族大学招收了我国第一批回族史专业研究生；同年，在日本召开的伊斯兰文化学术讨论会上，胡振华的学生早乙女晃一在会上发言，介绍了他在中国学习回族学的体会，引起日本不少学者对回族学的兴趣。

胡振华至今已在国内外报纸杂志上发表200余篇论文和文章，出版十几部著作。由于在教学及学术研究中的突出贡献，胡振华教授的名字被载入国内出版的《当代中国社会科学者大辞典》、《中国当代名人录》、《中国民族语言学家》等十多部典籍及美国、英国、土耳其、吉尔吉斯斯坦、印度等国出版的名人辞典或百科全书中。他以自己的刻苦拼搏，以自己多年的无私奉献，为祖国争得了光彩，赢得了多项荣誉。

自1983年起，胡振华曾多次应邀到法国、日本、土耳其、吉尔吉斯斯坦、哈萨克斯坦、乌兹别克斯坦、土库曼斯坦、俄罗斯、印度尼西亚、马来西亚、新加坡、香港等国家和地区讲学，参加国际学术讨论会及交流活动，并多次以中国少数民族文化交流团负责人或顾问的身份赴国外进行文化交流。他作为一名穆斯林，无论在国内国外，在各个方面各种活动中都非常自尊自爱，不脱离本族群众，在北京市穆斯林中享有较高的威信。2001年，经北京市伊斯兰教协会的推荐，胡振华应邀参加沙特阿拉伯国王邀请的中国客人团，前去沙特阿拉伯朝觐。他在国外多年的讲学、交流中，总是主动介绍中国民族宗教情况、民族宗教政策、民族语言文化，做加强与其他国家人民友谊的工作，同时积极为民族地区促成了一些友好合作交流的项目。

（海　峰）

李亦园

李亦园，台湾著名人类学家和民族学家。1931 年出生于福建泉州，1948 年考入台湾大学历史系，后转投考古人类学系，1953 年毕业留校担任助教，1955 年进入台湾中央研究院民族学研究所，从事人类学研究，直到 1998 年退休。其间于 1958 年获哈佛燕京学社奖学金赴美留学，获硕士学位。在中研院任职的 43 年间，担任过助理员、助理研究员、副研究员、研究员、民族所副所长、所长，1984 年被选为中研院院士，并担任中研院评议员、代理总干事等职位。1984 年到台湾新竹清华大学，为该校创立了人文社会学院，并担任院长。

李亦园的研究范围广涉人类学、文化学、比较宗教学、家庭宗教研究、神话研究，并以台湾高山族、华侨社会以及华南、台湾汉族民间文化为其田野研究对象。著有《文化的图象》、《文化与行为》、《信仰与文化》、《宗教与神话论集》等专著 16 种，专业论文 150 余篇，为台湾最具代表性的学者之一。

他的人类学主要学术观点，是依据美国的学术传统，抓住“文化”这个关键词。1995 为了庆祝北大建校 100 周年而举行的“21 世纪：文化自觉与跨文化比较”讲座时，他的演讲对文化做了详细的阐释，将文化分为两个级别，即可观察的文化和不可观察的文化，又将可观察的文化分为三层。他用英国著名哲学家罗素的一句名言来解释这三层可观察的文化。罗素说：“人类自古以来，有三个敌人，自然、他人和自己”。也就是说，人类从最早成人到现在，都必须克服限制他行为的这三个“敌人”。文化就是人为对付这些“敌人”而创造出来的。因此，可以把文化划分为三个层次。第一层的文化我们叫做物质文化，所有的工具、衣食住行之所需，以至科技的发明，所有这些都是人类要克服自然界给我们的限制，以便从自然界得到我们生活所需要的东西而“发明”的文化。这部分文化是我们作为生物体能够生存下去所必要的。第二层的文化叫做社群文化，人类跟动物的最大区别就是人类拥有发达的思维、语言的能力和复杂的社会组织系统。人除了要面对自然外，还要面对自己的同类——人，为了处理同人自身的关系，人又必须“发明”一套协调自己与同类的文化，语言的产生就是人为了与他人相处而“发明”的。诸如语言、行为方式、组织制度等的社群文化把人类集合起来一同征服自然，这就是文化的第二层。第三层的文化叫做精神文化，人跟动物更大的区别在于人类拥有自己的感情、自己的感觉。这些东西也是在社会中与他人互动的，在互动中会有给人良好反映的互动，也会有令人感到不愉快的互动。不管是好的还是坏的，这些东西都是需要安慰、平定与弥补的。为了这个人心中之“鬼”，即罗素所说的第三个“敌人”——自我，人类又“发明”所谓的精神文化，即人类必须创造一些东西，一方面表达自己的感情，一方面又因为这些表达的创造反过来安慰自己。例如文学、音乐、艺术、哲学思想等种种不同的精神文化，而且最重要的也包括宗教。

李亦园把第一级文化的三个层次概括为：①物质文化或技术文化，因克服自然并借以获得生存所需而产生，包括衣食住行所需之工具以至现代科技。②社群文化或伦理文化，因适应社会生活而产生，包括道德伦理、社会规范、典章制度、律法等等。③精神文化和表达文化，因克服自我心中之“鬼”而产生，包括艺术、音乐、文学、戏剧以及宗教信仰等等。

第一级文化，即可观察的文化。第二级文化，不可观察的文化称为文化的文法，又分为两部分，说话 SPEECH 和语法 GRAMMAR，人们在说话时通常是不用先考虑语法就直接说出来的，特别是自己的母语，就像计算机的程序输入硬件，语法输入人的大脑，根植在人的大脑深处，那是在我们吃吃学语时就潜意识学会的，所以我们说中国话就不用思考它的语法。而当我们长大，在我们学习第二门语言时，我们就无法直接学会其语言，而是要先学习它的语法，因为我们没有那种环境一边学习语言一边又潜移默化地学习它的语法，而当我们真正地把它的语法学会，根植进大脑的深处，在说话时就可以不用过多地考虑它的语法而直接流畅地说出来了。这是为什么呢？这就是因为语言是表面的文化现象，而语法才是语言的内在逻辑、内在法则和深层结构。语言学家的任务就是通过建立模式的方法把语言下的语法系统地、完整地描述出来，而人类学家的任务就是同样地通过建立模式的方法把文化表面现象下的深层结构描述出来。可观察的文化，就是文化的表面，更高一级的就是不可观察的文化，即文化的文法，实际上就有点法国结构主义的味道了。列维—斯特劳斯等人认为，人类社会文化的表面结构之后，都隐藏着一种真正的社会结构，人类学家研究的任务就是要用建立模式的方法去分析、说明和揭示这种真正的结构，并最终揭示人类的思维结构。李亦园在文化论上是一位结构主义者。

李亦园所倡导的田野方法与方法论，分为四个重点：

（一）关于异文化研究。就是人类学家在研究本民族的文化前，必须先有对某一异文化的研究经验。

（二）怎样进行参与观察。是指人类学家进入民族地区，从一个观察者的角度进入被观察者的角度，从客位的观察到主位的观察。这通常是需要较长时间和一定的机缘巧合的，因为一个调查者进入调查地区首先是被当地人当作外人看待，能否真正地参与进去不是调查者说了算的。把从观察到参与观察的整个过程分为四个步骤，第一是局外的观察，这是比较客观的，其分离度最高，但参与度最低；第二是观察者的参与，参与进去不太多，保持客观的立场；第三是参与者的观察，这时已基本参与进去了，但还能够保持客观；第四是完全的参与，很多是主观的参与，形成主观的价值判断，其客观度最低。

（三）全貌性观点。即我们经常说的整体观，就是说文化不是孤立存在的，我们研究文化应该完整地、全面地、系统地看待它，不管是物质文化、精神文化还是社会文化它们的存在都是与一定的客观条件相适应的，而且这种种存在之间又是通过一套法则、规律将它们联系起来的，这就是文化的文法。在这之外，一个民族也是人类的一部分，研究一个民族也应该把它放进人类历史的长河中去考虑，探究它对整个人类的意义。

（四）比较研究。再进一步说，人类学是一门比较的科学，这是人类学一个很主要的特征。这也是和上面说的整体观和全貌性分不开的，人类学家研究一个民族，能写出一篇民族志，这可以说是人类学家的目标之一，但最后的真正目标应该是，把这一民族的材料放到整个人类社会的材料之中去做比较研究，从而了解全人类、全世界的文化幅度有多大，文化宽广到什么程度，又被约束到什么程度，它们相同的部分有多少，差异的部分有多大。

人类学研究的对象是人，而人类学家自己也是人，人类学家在研究别人的同时，他又是怎么看待自己的呢？中国人往往是喜欢把做学问与做人放在一起的，即是说做一个好的学问也应该做一个好人，而西方学术界这个往往是可以分开的。

李亦园始终相信自己作为一个人类学者的信条，不仅终生敬爱老师，而且也坚持在田野调查中要尽量少地扰民、累民。人类学家告诉我们，人应该是在互相理解互相包容的基础上，共同进步，共同发展的。这就是人类学的精义。每一个人类学者，都应该将这种理想的发扬光大视为己任，为创造一个更和平更美好的世界贡献一点力量！

（韩　波、金　晖）

参考书目

1. 李亦园：《田野图象》，山东画报出版社，1999 年。

2. 李亦园：《人类的视野》，上海文艺出版社，1998 年。

3. 李亦园：《李亦园自选集》，上海教育出版社，2002 年。

4. 任继愈：《天人之际》，上海文艺出版社，1998 年。

5. 乔健：《漂泊中的永恒》，山东画报出版社，1999 年。

6. 王铭铭：《人类学是什么》，北京大学出版社，2002 年。

陈国强

陈国强，1931年5月18日生，卒于2004年7月31日。福建厦门人，1947年毕业于厦门英华中学，同年考入厦门大学历史系，师从林惠祥教授学习民族学（文化人类学）。1951年毕业后留校为林惠祥教授助手，并兼任林先生创立的厦门大学人类博物馆秘书，开始从事人类学、民族学的教学研究工作。1958年任福建省少数民族社会历史调查组副组长、高山族社会历史调查组组长，在福建调查少数民族及散居于大陆的高山族。先后任厦门大学副教授、教授、系主任、历史研究所所长、人类博物馆馆长、人类学研究所所长和中国人类学会秘书长、中国民族学会副会长、中国民族史学会常务理事、百越民族史研究会副会长、福建省民族研究学会副会长、福建省民俗学会会长、国家社会科学基金会民族问题评议组委员、国家教育委员会民族问题评议组委员、中国都市人类学会副会长、中国民俗学会顾问等职。长期以中国东南地区的民族尤其是台湾高山族为主要研究对象，从事考古、民族学、中国民族史、原始社会史、高山族历史与文化的研究，是国内首屈一指的高山族研究专家和拓荒者。获首届教育部人文社会科学优秀成果专著类二等奖等许多奖项。

陈国强著述丰富，出版专著10本，合著5本，主编、合编40本，发表论文260多篇。主要著作有（著、编）：《台湾高山族研究》（专著，1988年）、《百越民族史》（合著，1988年）、《崇武人类学调查》（主编，1990年）、《当代中国人类学》（主编，1991年）、《建设中国人类学》（合著，1992年）、《闽台惠东人》（合著，1994年）等。

在《台湾高山族研究》中，提出了高山族的来源应是多元的，由考古材料证明的台湾与大陆东南沿海新石器时代文化的密切关系推断出高山族主要来自祖国大陆东南沿海一带，过去所传高山族源于南洋马来人的一元论是错误的。民间传说和文献记载也符合考古发现的推论，证明高山族是祖国南方古代“百越”的一支，古越族和其他民族的融合形成了今日的高山族。反驳了由对铜鼓的研究而提出的“越南中心论”，从考古、民族、历史论证越族与东南亚的关系，提出越族由东西两路南迁到东南亚，东路从台湾南下菲律宾，西路经印度支那半岛进入东南亚其他国家。除此之外，书中还全面地对台湾高山族的历史与现状进行了研究。

《百越民族史》是我国研究百越民族史的第一部专著，论述了百越的民族名称、分布、来源、文化特征、社会经济、社会性质、民族关系以及百越对中华民族的贡献。书中从百越民族的史实上证明，中国自古以来就是一个统一的多民族的国家，各民族在漫长的接触过程中互相吸收、依存，逐步接近。使用丰富的地下考古发掘资料，补充文献资料的不足，对传统的“越为华夏之后”、“吴为周人的一支”的说法提出了质疑，进一步提出越人主要是当地土著先民发展形成的。翁独健认为，全书力求把越族的历史放在整个东南亚历史的民族区来考察，扩大了视野，深化了认识，对古代越族的研究是我国古代史和民族史研究中一个很重要的部分，也是研究今日南方民族的起点。①

有感于“中国内地的民族学研究长期以来缺少对汉族及其民系的研究”，为突破汉族研究这个空白，陈国强于 1988 年申请“闽台惠东人”研究，对有着长住娘家风俗的闽台惠东人进行了

---

① 翁独健序，见陈国强、蒋炳钊、吴绵吉、辛土成著：《百越民族史》，北京，中国社会科学出版社，1988 年。

详细的调查，研究所得便是论文集《闽台惠东人》。书中历述了惠东人口与环境、历史沿革、体质与语言、惠东人迁居台湾、在台湾的惠东人、渔业生产、长住娘家婚俗、妇女特别服饰、民间文学、寺庙与民间信仰、“夫人妈”和鬼神信仰、族属讨论、闽台惠东人比较，提出了惠东人是汉族中的民系的观点，提供了惠东人的全景式的展示。惠东主要包括惠安县的崇武镇、山霞乡、小岞乡、净峰乡，1987 年 7 月陈国强带领厦大人类学系部分青年教师和学生，与地方政府合作，到福建省惠安县崇武镇进行包括社会文化、体质测量和考古在内的人类学调查，不久后有调查成果《崇武人类学调查》、《崇武大岞村调查》、《崇武靖江村》和论文集《崇武研究》问世，此次调查规模之大，在祖国大陆的汉人社区的田野调查中堪称前例。《崇武人类学调查》一书分述了崇武镇概况、崇武人的体质调查、崇武镇城区方言调查、崇武镇城区社会文化调查、五峰村社会文化调查、港村社会文化调查、有关崇武的历史记载等。

在具体的民族研究之外，陈国强在倡导人类学的恢复和学科建设尤其是中国人类学会的建设方面着力尤多。[①]“文革”结束后，很多人仍对人类学的重建处于徘徊状态，他站出来组建人类学科。1973 年，他在历史系创建考古学专业，1978 年主持人类博物馆的恢复展出，1984 年 2 月教育部批准厦门大学成立全国唯一的人类学研究所，10 月成立人类学系，增设本科人类学专业。在他的奔走牵头下，1981 年“首届全国人类学学术谈论会”以“人类学的地位和作用”为主题在厦门召开，会后论文结集出版成《人类学研究》一书。同年 5 月在厦门大学成立了中国人类学学会，陈国强任主席团成员之一，兼秘书长，积极组织分散在

---

① 陈国强前言，见陈国强、叶文程、汪峰著：《闽台惠东人》，厦门，厦门大学出版社，1994 年。

各学科中进行人类学研究的人员从事人类学研究。[①] 在此后的十年中中国人类学会先后召开过四次大型全国性的学术讨论会，并有会议论文结集出版。分别是1983年的第二届，会议主题“人类学与两个文明建设”，论文结集《人类学研究续集》与《婚姻与家庭》；1985年的第三届，会议主题“人类学与应用”，论文结集《人类学与应用》；1988年的第四届，会议主题“近几年来中国人类学——科研、教学、调查”，论文结集《当代中国人类学》。

陈国强还十分注重对中国人类学发展历史的回顾，著有论文“中国人类学发展史略”、“中华人民共和国十年来的人类学(1981—1990)”[②]，系统回顾了人类学在中国的发展以及“文革”后重建人类学的一些情况。特别的，他还提到了人类学与民族学的学科归属问题，指出1993年国家技术监督局颁布的“学科分类与代码”中把民族学作为一级学科，把文化人类学作为之下的分支学科，这与国外和我国台湾的情况不符，后者是人类学包括民族学。而且，国家教委、国务院学位委员会和国家标准局分别采用三套学科的分类标准，使得人类学与民族学的学科名称在中国的使用特别混乱。

陈国强十分重视学术交流。他曾多次赴港台讲学，是1949年以后祖国大陆首批访问台湾的社会科学家代表团5位成员之一，也是新中国成立后在台湾调查高山族社会历史与文化的第一位祖国大陆学者。

陈国强是改革开放后我国人类学的奠基人之一，也是创建人类学学科的主要推动者和创建人之一，他对两岸血缘和神缘文化

---

① 王建民：《中国民族学史》下卷，第515页，昆明，云南教育出版社，1998。

② 石奕龙、大禹：《人类学家陈国强教授》，载《广西民族学院学报（哲学社会科学版）》，1999年第三期。

的研究做出了很大的贡献，在国内最早促进了两岸人类学的交流和沟通。陈国强从事的具体研究体现了他的传统民族学知识的背景，因而没有高深的理论建构，重视事实的搜集与历史的重演。但无论为人还是为学，陈国强教授都是值得尊敬的老一辈民族学家。①

（郑睿奕）

参考书目

1. 陈国强著：《台湾高山族研究》，上海三联书店，1988年。
2. 陈国强、蒋炳钊、吴绵吉、辛土成著：《百越民族史》，中国社会科学出版社，1988年。
3. 陈国强、蔡永哲主编：《崇武人类学调查》，福建教育出版社，1990年。
4. 陈国强等著：《建设中国人类学》，上海三联书店，1992年。
5. 陈国强、叶文程、汪峰著：《闽台惠东人》，厦门大学出版社，1994年。
6. 陈国强：《中国人类学发展史略》，载《广西民族学院学报》（哲学社会科学版），1995年第1期。
7. 石奕龙、大禹：《人类学家陈国强教授》，载《广西民族学院学报》（哲学社会科学版），1999年第3期。

① 陈国强、林加煌主编：《当代中国人类学》，三联书店上海分店，上海，1991年。

施正一

施正一（1932——），安徽省桐城（现为枞阳县）人。1948年参加中国人民解放军，随后进军大西南到云南工作，先是参加军管接收，后在省政府和省委做人事、保卫、组织与秘书工作。1954年8月适应国家经济建设的需要，由组织调到中国人民大学经济系学习，随后又被选拔到经济学说史研究班，师从前苏联著名专家卡达拉也夫教授。1958年3月进入中央民族学院（即现在的中央民族大学），现为中央民族大学教授、博士生导师，第一批享受国务院特殊津贴的专家。1958年至1978年期间，施正一主要从事教学工作，兼搞一些科研，重点课题是马克思主义经济学说、民族理论与传统民族学中的主要流派；1979年至今，则主要从事科研及研究生培养工作，研究的重点是应用马克思主义理论思维方法探索发展我国民族学和民族经济问题。施正一学术职务很多，曾任国家民委学术委员会委员、中国经济学团体联合会执行主席、北京市职称评审委员会委员和经济学科组组长、中国少数民族经济研究会常务副会长和秘书长等。

在当代学术界，施正一是一位颇具个性、思想深刻、勤奋而多产的民族学和经济学家。他既有老一代学者的厚重，又不乏新一代学者的敏锐。与前辈学者相比，他有更深厚的学术功力，有更强烈的干预生活的改革欲望。与晚辈学者相比，他在思想深度、治学方法、精神追求等方面又堪称榜样。其主要著作有：《民族经济学与民族地区四个现代化》（1987年）、《中国西部民族地区经济开发研究》（主编，1988年）、《理论思维与经济科学》（1989年）、《西方民族学史》（1990年）、《马克思的经济学说》（1990年）、《中国少数民族经济词典》（主编，1991年）、《广义民族学》（主编，1992年）、《关于民族科学与民族问题研究》（1993年）、《民族经济学导论》（1993年）、《民族经济学教程》（主编，1997年）、《理论思维与民族科学》（1998年）、《施正一文集》（2001年）、《中国历代经济思想家·百人小传》（主编，2003年）、《外国历代经济思想家·百人小传》（主编，2003年）。施正一的学术思想及理论贡献主要集中在以下几个方面：

一、关于理论思维的科学方法

理论思维是思维科学的一个重要方面。理论思维是恩格斯首先提出来的。他在1878指出："一个民族要想站在科学的最高峰，就一刻也不能没有理论思维。"[①] 但是，他没有给理论思维下过定义。而后人对这个概念的理解也不尽相同。施正一分析指出：理论界常常把理性认识与理性思维等同，把理性思维与理论思维等同，把理论思维又与抽象思维等同；这些概念虽然有着密切的关联，但内涵并不完全相同。他认为：理性认识是讲人们认识的深化过程或阶段，理性思维是讲人们思维的不同类型，理论思维是讲思维过程的一种高级形式或形态；理性认识是相对于感性认识而言，理性思维是相对于野性思维而言，理论思维是相对于经验思维而言，而抽象思维则是相对于形象思维而言。就抽象思维与理论思维的关系来讲，理论思维必然是抽象思维的结果，而抽象思维则不一定要采取理论思维的形式。另外，理论思维要应用概念并不能说明理论思维活动的起点一定就是抽象，因为在任何理论思维活动与发展的逻辑进程中都要运用概念、理解概念，是概念的形成、发展与转化的过程。如上，施正一给了"理论思维"一个准确的、精辟的界定，这种界定是对思维科学理论体系的一个重大贡献。

---

① 《马克思恩格斯选集》，人民出版社1972年版，第3卷第467页。

施正一关于马克思《资本论》中应用方法的经典论述在学界也实属少见。基于对马克思思维方法的规律与特点的深刻认识和把握，施正一总结到，马克思的思维方法本质上讲是一种“科学的理论思维方法”，表现在《资本论》中为：表象——抽象——具体，简单——复杂，低级——高级。这些方法具体是如何运用的呢？就表象——抽象——具体来说，施正一认为，马克思从表象入手，即从分析商品形态与商品交换开始，逐层深入，到达抽象，即资本的本质是追求剩余价值，剩余价值范畴是资本主义经济形态最本质属性的反映，而后从抽象出发，向现象回归，到达具体，即剩余价值的各种转化形态。他不赞同国内外一些学者对《资本论》方法论所持的偏颇观点：“认为从具体到抽象的方法，只能用在研究阶段，而从抽象到具体的方法，也只能用在说明或理论叙述（即建立理论体系）上，故而马克思在《资本论》中是应用的从抽象到具体的‘上升’方法，没有也根本不可能应用从具体到抽象的方法。为什么会产生这种看法呢？我认为主要原因有三个：一是误解了马克思《导言》第三节开头的两段话的意思；二是没有系统研究古典学派的理论思维方法，特别是没有把它同马克思《资本论》中的理论思维方法联系起来并加以比较进行研究；三是没有结合马克思其他有关著作与论述来全面地、深刻地理解与体会马克思的思想。”①

他还指出，马克思理论思维方法与古典学派的理论思维方法相比，也有着根本的区别，这种区别不仅表现在理论思维方法的运用形式上、指导思想上，而且表现在“表象”、“抽象”、“具体”在马克思主义和古典学派的范畴中所处的地位及其内涵、外延也不尽相同。古典学派的理论思维方法，从本质上讲，是一种

---

① 施正一：《理论思维与民族科学》，中央民族大学出版社 1998 年版，第 24 页。

形而上学的理论思维方法，而马克思的理论思维方法，特别是在《资本论》中应用的唯物辩证法，则是辩证思维方法的光辉典范。①

施正一倡导并创立的“广义民族学”和“民族经济学”，与他的理论思维科学方法有着必然的因果关系。正是基于对理论思维科学方法的卓越研究，为施正一的其他学术研究活动夯实了基础，也给后来者铺垫了道路。

二、关于中国经济思想史

中华民族的经济思想源远流长，博大精深。有关中国经济思想史的研究，也是仁者见仁，智者见智，如梁启超的《生计学沿革小史》（1902年）、胡寄窗的《中国经济思想史》以及赵靖的《中国经济思想通史》等。施正一对中国经济思想史的研究，则突出地体现在他对中国经济思想发展脉络及其特点的准确把握和精辟概括上。与胡寄窗和赵靖不同，施正一认为，中国经济思想史应当从管仲开始，主要根据以下三条原则：一是代表人物，二是传世著作，三是独立见解。施正一指出：“我国最早的古典文献如《诗经》，虽然其中反映了不少古代人朴素的经济思想，但却没有明确的代表人物；文武周公也许有过经济思想，但他们的个人著作没有流传下来；孔夫子的《论语》虽然反映了不少经济思想，但时间上是在管仲之后，且不如管仲系统全面。”② 早在春秋战国时期，管仲就提出了劳动创造财富的名言，他说：“地非民不动，民非力毋以致财，天下之所生，生于用力”，即没有劳动，没有劳动与土地的结合，是不可能创造出财富的。这比被誉为现代西方经济学之父的威廉·配第提出“劳动为财富之父，

---

① 《施正一文集》，中国社会科学出版社2001年版，第33－34页。

② 《中国历代经济思想家·百人小传》，施正一主编，中央民族大学出版社2003年版，第1页。

土地为财富之母”的著名论断要早2000年。

就中国经济思想的特点来说，施正一进行了高度的凝练和概括。他认为，最突出的一个特点是具有民族特色的整体观，其次如“农本”思想、重视对土地问题的研究、采用理财学或者生计学的形式、从“鄙工抑商”发展到“工商皆本”等。施正一指出，中国的经济思想大都采取了“理财学”的形式，实际上也就是“国家经济学”，它同古希腊的“家庭经济学”有着明显的区别。并进一步分析指出，在西方资本主义的曙光到来之前，中国人在经济思想方面的成就是长期走在世界前列的，例如“盐铁论”、“钱神论”、对价值的理解、对黄金与粮食的交换关系的看法等。另外，结合中国经济思想史的研究，他对于外国经济思想发展史的特点，也作了独特的分析与概括。

三、“广义民族学”的提出与诠释

施正一曾说过，一个科学概念的提出，会使人们的认识上一个大台阶，如“解放思想，实事求是”、“社会主义市场经济体制”、“中华民族多元一体格局”等。“广义民族学”的提出，则极大地拓宽了中国传统民族学的研究视野，成为施正一在中国学术界所处高度的第一块标志性的奠基石。随着认识的深化和研究的深入，施正一从60年代起就认识到研究民族问题不能采取头痛医头、脚痛医脚的功利主义短视手法，而要有一套科学的民族学理论。他从研究西方民族学形成和发展的历史过程入手，分析了传统民族学的优劣得失，进一步创造性地把民族学划分为“狭义民族学”和“广义民族学”。他认为“发展广义民族学是创建具有中国特色的马克思主义民族学的必由之路”。施正一指出，所谓狭义民族学，就是传统意义上的民族学，主要研究现存的原始民族中的氏族制度或落后民族中的前资本主义诸种文化形态。所谓广义民族学，则是指中国民族学家在马克思主义理论方法指导下正在开拓创建的具有中国特色的民族科学，即中国的马克思主义民族学。开展广义民族学研究，“则使民族学成为一门综合性的学科，成为一个科学群体，并由此导致它发展了多个分支学科，这也就是我们所讲的广义民族学。”①

施正一主编的《广义民族学》是民族学学科领域内的一部宏伟巨著。全书900多页，共分14篇58章200多节，近80万字。由我国第一代民族学家杨堃教授和宋蜀华、李毅夫教授写的序言中，对这本书作了高度评价。《广义民族学》出版后的十多年里，民族学学科的发展与创新及国家科学规划的实践都不断验证了这本书多种观点的远见性。

四、“民族经济学”学科的创建与西部大开发战略的提出与论证

“民族经济学”这一新学科，是从学科角度和理论角度对“广义民族学”概念的丰富和实践。众所周知，“民族经济学”学科的创建和“西部大开发战略”的提出与论证，是施正一在学术界所处高度的另两块标志性的奠基石。施正一为民族经济学的开创与发展做出了不可磨灭的贡献。在70年代末施正一就提出创建“民族经济学”新学科的建议，80年代初组织并率领一批热心学者在有关部门和领导的支持下创立了“民族经济学”学科。围绕着学科的创立与发展，他提出了一系列创新理论，对“民族经济学”学科范畴做了科学的界定：从研究对象上看，民族经济学就是研究民族经济发展变化过程中的现象与特点的科学。他认为，我们讲的民族经济学，既不同于现在人们所讲的“少数民族经济学”或“少数民族地区经济学”（虽然它们之间存在着多种联系与多种共同点，但有着某些本质上的差异），也不同于西方国家的“经济人类学”与“发展经济学”，两者没有必然的联系。从研究方法上看，民族经济学作为一门边缘学科或中介学科，他

---

① 《施正一文集》，中国社会科学出版社2001年版，第163页。

把民族学与经济学结合起来研究，既在研究民族问题过程中研究经济问题，又在研究经济发展进程中研究民族问题，并强调现阶段主要任务是研究国内少数民族与民族地区经济问题，同时又把民族经济学的研究视野推进到世界经济发展和民族发展的大格局中，即还要研究国际层面上的民族经济。这种研究本身就具有创造性。

施正一是国内第一位系统研究东西部发展差距问题，提出西部全面大开发战略的学者。“民族经济学”学科的创建与发展始终与如何缩小东西部差距，加速发展西部少数民族地区经济，实现国民经济的持续、健康发展和各民族的共同富裕这一现实命题紧密相关，相伴相生。借着“十一届三中全会”的春风，施正一多次深入西部少数民族地区进行调研，对民族地区经济社会现状、东部沿海地区与西部少数民族地区经济发展差距进行了比较深入系统的调查与分析。针对日益扩大的东西部差距问题，他最早提出了少数民族地区必须实施“加速发展的战略方针”，并对这个方针的重要性进行了系统的论述，同时，对 80 年代盛行的“两步走”、“梯度发展”、“滞后”、“赶超”等战略方针进行了分析与评价。关于如何加速发展？那就是西部民族地区经济社会要全面开发，并就西部民族地区经济开发的概念、特点、指导思想与实现战略目标的各种依据做了较为详细的分析，对如何开发及何时全面开发以及该地区必将成为国家建设重点等问题做了探索性的论证。诸如，他比较早地分析研究了西部民族地区的人口人才问题；最早提出了波浪式发展与“国际国内双向大循环理论”；对边境开放与边境贸易以及民族地区的生态环境、乡镇企业和市场培育诸问题开展了调查研究。另外，他还对各种不同的经济区，如西藏经济、新疆经济、内蒙古经济、广西经济、宁夏经济与青藏高原经济、北部湾经济、东北亚经济圈以及各民族省区境内的某些小领域经济开发等进行了专题研究，出版了数十种有影响的学术著作，发表了数百篇重要学术论文。这些理论成果大多数在社会发展实践中得到了验证，在理论界得到了认同。1999年底中央“西部大开发战略”的提出与实施，与以施正一为代表的学界先锋们的呼吁与努力是分不开的。

“民族经济学”学科创建至今，成果丰硕，成绩斐然，已培养博士后 1 人，累计培养博士研究生 70 余人，硕士研究生 200 余人。由施正一的后继者所提出的“赶超”理论、“补偿机制”理论、伊斯兰经济学理论、青藏高原环保经济学理论、寺庙经济学理论、圈城经济理论等都填补了国内相关研究领域的空白，在实践中也产生了积极的影响。特别是关于西部民族地区经济开发的研究正在向深度和广度发展，成绩喜人。当然，这些理论成果的取得与施正一在研究生教学中一贯倡导的“因材施教与因需施教”相结合的教学理念是分不开的。

有位哲人说得好：凡是心灵关照世界的人，在某种意义上他就和世界一样伟大。施正一就是这样一位毕生致力学术前沿问题研究，用心灵关照党的民族教育事业、关照弱势（老少边穷）地区、关照弱势群体的学界“老黄牛”。他的做人原则是：“一生不说假话，不做坏事。”他坚持原则，心胸开阔，真诚坦荡，不趋炎附势，而好帮助弱者，有学者风范和大家风度。施正一说过：“我希望能在同学们成长的道路上垫上一块铺路石。”他确实是一块平凡而又坚实的石子，他以巨大的热情和毕生的辛勤劳动，不仅为后学者铺平了前进的道路，而且也砌筑了可供攀登的阶梯。

（王晓琴）

参考书目

1. 施正一：《民族经济学与民族地区四个现代化》，民族出版社，1987 年。

2. 施正一主编：《中国西部民族地区经济开发研究》，民族出版社，1988年。
3. 施正一：《西方民族学史》，时事出版社，1990年。
4. 施正一：《马克思的经济学说》，时事出版社，1990年。
5. 施正一主编：《广义民族学》，光明日报出版社，1992年。
6. 施正一：《关于民族科学与民族问题研究》，中央民族学院出版社，1993年。
7. 施正一：《民族经济学导论》，民族出版社，1993年。

刘先照

刘先照（1933—1993）年，四川资中人，研究员。原任国家民族事务委员会秘书长、政策研究室主任，民族问题研究中心副总干事、研究员。退休后任中国哲学社会科学规划办公室民族研究分课题组组长、中国民族史学会副会长、兼职教授、研究员。出版的著作有：《民族文史论集》（合著）、《中国民族问题研究》、《中国的民族概貌和民族政策》（合著）；主编有《论社会主义民族关系》、《中国共产党主要领导人论民族问题》、《中国少数民族地区旅游大全》（合编）、《神州风情：民族民风与民俗》。从事民族工作 40 多年以来，在民族政策、民族问题、民族史、民族理论等方面成就突出。

在 20 世纪 70 ~ 80 年代，不少民族工作者论及民族关系时，总是说民族关系主流是团结的，是正确的，避开了谈矛盾。民族间的矛盾在认识上被淡化了，但实际生活中却又存在着，于是出现了认识与客观不相一致的情况，使民族工作受到损害。尤其在“文化大革命”期间，完全否定了民族问题的存在。于是刘先照强调“社会主义时期还存在民族问题，而且还将长期存在”，同时对民族问题进行了科学细致的研究。在民族问题的研究中，刘先照有一大特点，即尽力把马克思主义的基本原理运用于理论和实践的研究过程中，尽力贯彻党的十一届三中全会所确立的路线、方针和政策，以为现实服务为立足点。他指出民族关系上存在着问题和矛盾，一方面是历史残留下来的问题和矛盾，主要表现为少数民族经济文化的落后状态所引起的对民族文化传统的不尊重；另一方面，随着改革开放的发展，民族间、少数民族地区和汉族地区之间，经济利益上又出现了一些新的问题和矛盾。在1989年所写的“正确认识和处理社会主义初级阶段民族间的矛盾”一文中刘先照详细地从经济、政治、文化和民族传统等方面介绍了民族问题的存在原因和表现形式，例如，文中指出在培养和任用少数民族干部问题上，少数民族干部的数量、职务安排、使用方法以及培训提高等方面都存在一些问题。这些见解对当时的民族工作的开展实施有重要的指导作用。刘先照十分关注民族地区的发展问题，曾经撰写“加速少数民族地区经济新探”、“论历史上遗留下来的民族间事实上的不平等”、“谈社会主义初级阶段民族间事实上不平等的存在及消除”等一系列文章。他指出少数民族地区要改变忽视发展的观点，确立社会主义阶段的根本任务是发展生产力的战略思想和战略方针，根据自身的特点，因地制宜地发挥自身优势，并实行对外开放的方针，讲求经济效益，进行经济竞争。对于不少民族地区不同程度地走过多依赖国家帮助的路子这个问题，刘先照强调：“今后国家给一些地区以一定的补贴和救济仍然需要，但主要部分应该用于有利于发挥民族地区本身的经济活力上。就是用于使民族地区能建立起一套合理的经济结构和科学的管理结构，不断发展生产力，实现经济繁荣，在发展生产的基础上不断改善和提高人民的物质文化生活水平。”回顾历史，这些观点是完全符合当时的时代发展潮流的。在社会主义初级阶段，消除历史上遗留下来的民族间事实上的不平等，是马克思列宁主义关于民族问题的一个基本理论，对发展我国少数民族的经济文化，促进我国的社会主义现代化建设，有着重要的实践意义。所以，刘先照在这方面做了大量研究，他在《谈社会主义初级阶段民族间事实上不平等的存在及消除》一文中从经济体制和政治体制两方面细致地列出了解决意见，许多意见经过实践的考察，至今仍具有重大的现实意义，如文中指出“在一些比较落后的地区，只要对生产力有利，在所有制、经营方式与分配方式都可以大大宽于汉族地区”，足以见其卓越的远见能力。民族理论的研究是刘先照的另一大阵地。这一阵地上刘先照的马列思想更为明确，正如他在《马克思主义民族观是指导民族问题的行动指南》中所说：“只有用马列主义毛泽东思想民族观加以分析、认识，才能在纷繁复杂、风云变化的现象中得出正确的看法，制定正确的方针政策，沿着正确的道路前进。”而且，刘先照十分强调民族理论研究的重要性，“没有革命的理论，就不会有革命的运动”，“正确的民族理论，对于我们制定民族工作的各项方针、政策，做好民族工作，具有重要的指导作用。”刘先照本人在关于社会主义民族关系、关于民族问题的重要性、关于汉族与少数民族之间的互相依赖关系的理论、关于少数民族通过民族区域自治充分享有当家作主权利的理论等方面有着深刻的研究。同时他对民族理论的发展也有自己科学的见解，在“关于民族理论的几个问题”中有如下描述：“一、要创新，了解新情况，发现新问题，提出新见解，解决新问题；二、要坚持百花齐放、百家争鸣的方针；三、要走出书房，走出办公室，深入人民，深入实际。”经过多年的研究，刘先照对民族理论的研究有了一系列的深刻见解，详列于《新时期民族理论研究的收获和当前的几项任务》一文中，如加强民族理论工作队伍的建设，抓好民族理论研究的规划、抓好研究课题等。

刘先照对民族史亦有研究，《中华各民族的个性与共性的特征及其演变》、《古代到近代中国民族关系的演变和发展》、《各民族共同创造了中国的历史》即是他的一系列优秀作品。

（张　亮）

李绍明

李绍明，1933 年出生于四川。主要从事凉山彝族奴隶制社会的研究、藏族社会历史研究、羌族社会历史研究、四川土家族研究、民族识别、民族文化以及民族学研究。1950 年进入华西大学社会学系，成为冯汉骥的门下弟子；1952 年转入四川大学历史系，改学考古学，一年后毕业；1959 年受派为冯汉骥助手，到云南研究晋宁石寨山出土文物；1982 年 5—7 月及 1984 年 7—9 月参加了由中国西南民族研究学会组织的“六江流域民族综合科学考察”中的雅江试点考察；1985 年 8 月，参加了在四川省凉山彝族自治州首府西昌市召开的“全国首届彝族研究学术讨论会”。1986 年当选为中国西南民族研究学会第二届理事会会长，同年以学会秘书长的身份同其他三人一起访日，进行学术交流。曾担任四川省民族研究所研究员、全国哲学社会科学民族问题研究学科规划小组成员、中国民族学会副会长、中国民族史学会副会长、中国西南民族研究学会副会长，任四川省民族研究所顾问、四川省社科联副主席、四川省文联顾问。曾获得四川省第一次哲学社会科学优秀科研成果奖、四川省第二次哲学社会科学优秀科研成果奖。

主要著作有：《民族学》（四川民族出版社 1986 年出版）、《凉山彝族奴隶社会》（人民出版社 1982 年出版）、《羌族史》（四川民族出版社 1986 年出版）、《彝族古代史》、《李绍明民族学文选》、《中国藏族人口与社会》、《川东酉水土家》（四川民族出版社 1993 年出版）。其中《民族学》一书凝聚了他多年的心血，在该书中他就自己对民族学的理解和认识提出了看法及建议。该书分为绪论、民族学发展史略、种族和民族、世界民族概况、我国民族概况、我国各民族的社会形态、我国各民族的政治制度、我国各民族的宗教信仰、我国各民族的习俗和文艺、民族问题与民族政策、民族调查方法等章节。他认为“民族学应以古今中外一切民族共同体为研究对象，探讨民族发生、发展、演变和消亡的过程及其规律，综合研究处于不同社会发展阶段的各民族的经济基础和上层建筑以及民族间的关系，从而为我国的社会主义事业服务。”“民族学的理论即无产阶级革命导师关于民族志的比较研究，民族学的应用方面分为：一、研究各民族在社会变革过程中出现的问题；二、研究各民族之间的关系问题，亦即民族问题与民族政策的研究。”他撰写的《羌族史》对四川省研究羌族有所贡献，该书“使用大量的民族调查资料，与历史文献相印证，举凡与羌族有关的考古学、人类学、语言学资料，亦广为引证，进行了综合性的、从古代直到现代的全面阐述。”

他认识到四川省作为一个多民族省，处理好各民族、民族与民族之间存在的问题，是民族也是多民族省发展的前提条件。在新中国成立后，他一直从事民族识别以及民族研究的工作，多次参与实地调查研究工作，查阅大量文献与资料，以文章的形式发表了自己的看法，以便同其他同事一起对四川省少数民族问题进行探讨。

李绍明对四川的民族研究事业有重要的贡献。他长年从事四川民族研究工作，曾多次参与实地调查，搜集到大量资料，进行学术讨论，对四川的藏族、羌族、彝族等进行了识别，为四川的民族研究积累了丰富的工作经验和考察资料。在新中国成立后，他和其他同事一起在四川有组织地对少数民族社会、语言等方面进行了大规模的调查研究，编辑了一批民族研究丛书，取得了大量研究成果。他为四川的民族研究事业奠定了一定的基础。

（王　欣）

胡坦

胡坦（1933 年——），生于北京，祖籍河北省永年县，1953 年毕业于中央民族学院语言文学系，主修藏语文专业。1954 年中央民族学院语言学研究生肄业，后留校从事语言学理论和藏语文教学工作。1978 年任副教授，1986 年任教授，1984 ~ 1989 年任中央民族学院副院长。1989 年调至中国藏学研究中心，任教授、副总干事，中国社会科学院研究生院民族系博士生导师，中国民族语言学会副会长，美国暑期语言学院国际语言学顾问。1980 ~ 1982 年曾作为访问教授赴美国明尼苏达大学、俄克拉荷马大学、得克萨斯大学和夏威夷大学讲学，1988 ~ 1990 年在日本大阪外国语大学和东京外国语大学亚非语文化研究所任客座教授。

胡坦多年来一直致力于将现代语言学理论同中国语言实际相结合，积极采用现代化手段和方法研究藏语文。有代表性的主要论文包括：《藏文文法三十颂》（1959）《藏语（拉萨话）声调研究》（1979）、《例外与构拟》（1980）、《中国少数民族及其语言》(英文、1983）《拉萨藏语中几种动词句式的分析》（1984）、《有声调藏语和无声调藏语之比较》（1988）、《国外藏语文法研究评述》（1993）、《藏语中的名·动词组合》（1994）、《藏语时间词探源》（1996）、《藏语科技术语的创造与标准化问题》（1998）、《藏语语序及其变异》（1999）、《藏语主语之隐现》（2000）、《术语民族化问题》（2001）等。主要论著有：《藏语研究文论》（专著，2002）、《语言学概论》（参编，1981）、《拉萨口语读本》（合著），《汉藏语概论》（参编，1991）等。

胡坦在语言学和藏学研究方面的贡献主要表现在以下几方

面：

1. 藏语声调的对比研究

现代藏语的声调在汉藏语系里比较特殊，其中“卫藏方言”和“康方言”（合称“康藏方言”）属有声调方言，而“安多方言”属无声调方言。胡坦针对藏语拉萨话的声调系统及其来历进行了研究，他利用电子计算机（7504 系列）作了提取声调的实验，结果发现单字调值有 6 个，按音位学原理可归纳为 4 个调类：高平（55/54）、高降（52）、低升（12/13）和低升降（132），并详细描述了拉萨藏语的基本字调和二字连续变调的规律；在此基础上，又利用大量的方言材料和历史材料阐明了藏语声调起源和分化的规律。他认为，古藏语本无声调对立，导致拉萨话声调产生和分化的因素主要有三项：①声母清浊对立的消失；②前缀音的脱落；③辅音韵尾的简化。安多方言保留了较多的复辅音和辅音韵尾，至今未产生声调对立。这一现象在汉藏语系诸语言里的确是非常罕见的，对研究汉藏语系声调的起源具有重要意义。1979 年在法国巴黎第 12 届国际汉藏语言学会议上，胡坦宣读的《藏语拉萨话声调研究》是一篇较全面论述藏语声调的起源、发展和现状的论文。此文被译为法文，发表在法国高等社会科学院《东亚语言学报》1982 年 11 卷 1 期。

2. 藏语语音史的研究

1981 年在美国弗吉尼亚大学第 13 届国际汉藏语言学会上，胡坦宣读的论文《例外与构拟》，发表于《民族语文》上的《藏语的语素变异和语音变迁》（1992 年 8 月）和《略谈规则与例外》（1993 年 4 月）等文章，着重探讨了语言中普遍存在的“共时的不规则现象”，指出今日之例外可能是昨日之通则，甲地之例外可能是乙地之通例，研究例外对历史构拟可提供重要的线索。

3. 藏语词汇的研究

胡坦在《藏语中的随欲名和随立名》中指出：古代藏族学者

参照印度声明中某些论述，把万事万物的名称分为两大类：随欲名和随立名。胡坦就这两类名称从语法、语义和特点等方面进行了研究，认为藏语在长期的历史发展过程中，通过创制随欲名合成随立名等办法，建立起一套自己丰富的词汇系统。他还对藏语的并列式复合词主要是双根并列式复合词进行了分析，将其从语义结构上归为同义复合、反义复合和相关复合三类，并认为并列式构词法在藏语里构词能力强、经久不衰的原因在于：一是跟使用这些语言的民族格外讲究结构对称、对偶对仗的构词造句的心理有关；另一个是同这些语言在历史演变过程中语词双音节化的倾向有关。胡坦还对藏语时间词进行了探究，认为大量时间词是由空间——视觉概念的词引申转换而来的。从认识论的角度看，高度抽象的词往往是后起的，大多源于表现具体概念的词。因此说“时间是空间的比喻”，“无形的时间要用具体的空间或视觉行为来体现”是有一定道理的。

4. 藏语语法的研究

胡坦的论文《论藏语的格表志：na 和 la》（1982 年第 14 届国际汉藏语言会论文）以及后来发表在《民族语文》上的《拉萨藏语中几种动词句式的分析》，讨论了藏语名词的“格”和动词的“向”（配价）的复杂关系，第一次将“配价理论”用于藏语研究，指出藏语并非典型的“作格语言”。他在 1984 年匈牙利国际藏学会议宣读的论文《论藏语比较句》列举了 15 中方言材料和文献材料说明藏语比较句的构造特征、方言分歧和古今变迁，首次发现木雅藏话里比人和比物使用不同的格助词。此文被译成英文发表在匈牙利科学院纪念乔玛诞生 200 周年的论文集里。1988 年他在日本《东亚语言和历史》专集中发表了《有声调藏语和无声调藏语之比较》，对藏语各大方言的异同做了较全面的比较和分析。

2002 年由中国藏学出版社出版了胡坦的专著《藏语研究文

论》，该书记述了胡坦在藏语文研究方面的主要贡献，特别是对藏语语音中的难点、词汇的标准化和语法中动词句式的研究，充分说明了他在藏族语言学方面的深厚功底。书中对藏文的创制、藏语的结构和特征进行了概述；对古代藏语的历史分期进行了界定并分析了古代藏语的音韵和语法；他对现代藏语各地方言比较后发现藏族方言的分歧主要在语音，即有无声调、有无清浊声母的对立和辅音韵尾的多寡，并对有代表性的方言如卫藏方言、康方言和安多方言进行语音、词汇和语法等方面分析比较，提出藏族语言文字中当前应亟待解决的“语文现代化”问题，例如书面语的变动较口语更慢导致的言文不一致现象；方言分歧较大难以达成标准语的问题；新词术语的创立问题；正字分歧问题和双语教育问题等。这些都是藏语言文字发展中急需解决的一些重大理论问题和实际问题。他还对国外的藏语语法结构和特征进行了考察，发现从类型学的角度对藏语语法的描述主要集中在三个方面，即格标志系统、动词特征以及语序上。藏语有文字记录以来的1300余年间虽然发生了不少变化，但这三项特征基本未变。从亲属语言比较看，藏语语法的类型接近藏缅语族语言，跟汉语以及苗瑶语族、壮侗语族差别较大。

在藏语文研究领域胡坦博采众家之长倾心研究藏族语言文字50载，尤其是改革开放伊始年年有佳作，硕果累累，对推动藏语文的教学研究工作既有理论指导作用又有实际意义。

（扎　玛）

张公瑾

张公瑾，汉族，1933年10月出生在浙江温州，曾先后就读于东吴大学和复旦大学社会系，后到中央民族学院语文系学习民族语文，1952年提前毕业留校任教至今。现为中央民族大学少数民族语言文学学院教授、博士研究生导师、壮侗学研究所所长，并任中国民族古文字研究会会长、中国民族语文学会常务理事、全国高等院校古籍整理研究工作委员会委员，曾任第九届全国政协委员等职。

张公瑾从事教学研究工作50多年来，先后出版专著《傣族文化》（吉林教育出版社，1986）、《傣历、公历、农历百年对照年历》（云南民族出版社，1986）、《中国的傣族》（泰国曼谷扎楞尼出版社，1987）、《傣族文化研究》（云南民族出版社，1988）、《文化语言学发凡》（云南大学出版社，1998）、《傣族文化史》（收入李德洙主编《中国少数民族文化史》，辽宁人民出版社，1994）等。发表有关傣族语言文化、民族古籍和文化语言学的论文100多篇，其中在国外发表20多篇。张公瑾一生执著于傣族语言文化、民族古籍和文化语言学研究，在以下领域做出了重要的贡献：

一、在傣族语言文化方面

张公瑾把傣族文化的各个组成部分看成一个整体进行研究，在傣族语言、文字、文学、古文献、天文历法、农业科技、宗教等领域多有创见。在傣族语言方面，1958年发表了第一篇论文，此后，他着重傣语语法中的语序研究，并与古代汉语句法进行比较。先后发表了有关傣语名词修饰语的语序，动词带宾语、宾语又带修饰语的语序，动词带宾语和结果补语的语序，单位词及各种状语在句子中的位置，隔语词在句子中的作用等系列论文，展示了汉藏语系语言中最具有特点的语法本质，揭示了一些过去未被注意到的语法规律，开辟了一个以句法为中心的研究领域。在傣文方面，他相继撰写了《傣族的文字和文献》、《傣族经典文字考源》、《傣文渊源及其亲属文字》、《傣族文字发展史上的几个问题》、《傣泰系统民族的语言和文字》、《西双版纳傣文古籍中的声韵学文献》以及《傣文〈维先达罗本生经〉中的巴利语借词》等论文，系统地讨论了傣文文字起源、传播、演化等方面的问题，基本上理清了傣文起源和发展的历史。他在傣族天文历法方面的成果备受学术界推崇。他先后译注了《苏定》和《历法星卜要略》两部老傣文天文历法古籍，撰写了10多篇论文，解开了傣族天文学的计算数据和傣历的安排方法，使这门濒临湮灭的学科得以保存和复兴。他所揭示的傣历计算公式被南京紫金山天文台历算室和科学出版社输入计算机用于傣历1000多年的日期推算。在傣族宗教领域，他既重视汉文文献的材料研究，也对傣文文献进行了深入的挖掘，对我国南传佛教的传播、发展、特点、地位和教义等问题进行了开创性的研究。在他的著作里始终将宗教作为傣族文化的一个重要方面进行研究。目前他应山西教育出版社之约正在撰写《中国南传佛教史》，并被云南人民出版社聘为百卷本《中国贝叶经全集》顾问。此外，他在傣族的农业技术、傣族文学方面也发表了不少论文。

二、在民族古籍方面

张公瑾从傣族古籍入手，并涉及其他民族古籍的各个方面，在民族古籍领域做出了很大的贡献。自1983年以来，他一直担任全国高等院校古籍整理研究工作委员会委员，并相继担任中国民族古文字研究会常务副会长和会长的职务。他撰写了《傣族的文字和文献》，编写了《傣文古籍见知录》，对傣文古籍作了全面的综合介绍，并翻译整理了傣文天文学和编年史方面的古籍多种。他依据南传佛教语言巴利语材料研究傣文宗教古籍，结束了过去傣文佛典只有音译或根据字面大意翻译成汉文的状况，使傣文佛典的名称得到准确翻译。他主编了《民族古文献概览》，系统地对中国少数民族古籍进行了分类和研究。他所主编的《中国少数民族古籍集解》，是有关中国各民族古籍的大型工具书。他有关民族古籍的系列论文如《民族古文字、古籍与民族传统文化》、《民族文字古籍与中华文化》、《史诗研究与古籍整理》、《民族古籍和民族古籍学》等则是我国民族古籍理论研究的开创性论文。他现在还担任国家民委全国少数民族古籍整理研究室重点项目《中国少数民族古籍总目提要》（60卷本）主编。本项目为跨世纪的国家级文化重点工程，它的出版不仅展示我国少数民族古籍的全面情况和民族文化珍品，而且对少数民族古籍学这一学科的建设有着重要的意义。

三、在文化语言学方面

张公瑾是文化语言学最早倡导者之一。从20世纪80年代开始，他致力于文化语言学的理论建设，撰写了《语言的文化价值》、《文字的文化属性》、《文化环境与民族语文建设》、《文化语言学的性质和任务》、《文化语言学与民族语言研究》、《语言学思维框架的转换》、《语言的生态环境》、《走向21世纪的语言科学》等有影响的论文，明确将语言纳入文化范畴。为了体现语言的文化性质和文化价值，体现文化的具体性、多元性、能动性和适应性的特点，他在《文化语言学发凡》中提出了语言和文化的新概念，并将语言事实和民族文化、民族的思维方式联系起来，力图使语言学成为一门具有普遍意义的思维科学。他从民族语言文化的多样性和复杂性中看到，语言与文化之间存在着复杂的互动关系，传统语言学难以解释语言与文化之间的各种复杂性。在长期的探索中，他将自然科学中的浑沌学理论和方法应用到语言文化研究之中，为拓宽语言学的研究领域，丰富语言学理论，提高语言学的社会应用价值做了开拓性的工作。浑沌理论是从研究非线性相互作用系统而逐渐发展起来的，它更着眼于总体、过程和演化，它对语言研究具有重要的方法论意义。语言的分布和演变以及文化演化的速度和形式并不是单纯的线性序列，其中存在着大量非线性的、随机的因素。对语言事实，不仅要注意其结构的分析，还要作整体的把握。针对传统的谱系树理论与历史上语言不断减少的事实相矛盾的情况，他提出了语言发展“河网状”的新模式。张公瑾撰写的《浑沌学与语言研究》、《壮侗语——分布与演化中的浑沌》等论文，是应用浑沌理论研究语言现象的有益探索。他的专著《文化语言学发凡》和主编的《文化语言学教程》、《浑沌学与语言文化研究》则是阐述和应用这一理论的尝试，他的研究成果已引起学界同行的重视。2003 年 12 月中央民族大学少数民族语言文学学院召开了“文化语言学理论与方法研讨会”，会上很多专家对这一理论进行了热烈的探讨。

是长期的知识积累、敏感的洞察力和对学术事业的高度责任感，使张公瑾同时在几个领域里艰苦耕耘，并创造业绩。

（戴红亮）

参考书目

1.《张公瑾——致力于文化语言学的理论建设》，载《中国文化报》，1999 年 8 月 24 日第 3 版。

2.《张公瑾简介》，载《中央民族大学学报》，2001 年第 1 期。

3.《张公瑾》，载《中国文化语言学辞典》，四川人民出版社，1993 年。

4.《张公瑾》，载《当代中国民族语言学家》，青海人民出版社，1989 年。

陈兆复

陈兆复，汉族。中央民族大学教授，联合国教科文组织国际岩画委员会执行委员，中国岩画研究中心名誉主任，中国美术家协会会员。

1933年出生于浙江省瑞安县。1954～1959年就读于原浙江美术学院（现中国美术学院）中国画系花鸟科。1959年毕业后分配到中央民族学院艺术系美术专业任教，长期从事少数民族美术教育事业，主张教学应突出少数民族特色。创作的绘画作品参加多种全国性艺术展览，并在国外举办过画展。1980年以后调任该院少数民族文学艺术研究所美术研究室主任，致力于中国少数民族美术、尤其是岩画的研究工作。自1982年开始，多次赴意大利、法国、西班牙、挪威、瑞典、澳大利亚、印度诸国，从事美术理论及岩画学的进修、研究及学术交流活动。1993年在中央民族大学创建中国岩画研究中心，任岩画研究中心主任。2000年以后创建“陈兆复岩画网”，2003年该网站代表中国岩画研究中心的网页，正式进入国际岩画组织工作网站。

1933年，陈兆复出生于浙江一书香世家，祖父曾任北京大学历史系教授，父亲也从事史学和文学研究，家学传统对他后来专业的选择有着潜移默化的影响。1954年进入浙江美术学院国画系学习绘画艺术。1957年，还是三年级学生的时候就在当时全国美术核心刊物《美术研究》上，发表了题为《关于顾恺之的画论》的论文，洋洋洒洒万余字，对于艺术理论的浓厚兴趣已初露端倪。1959年从浙江美院毕业后，在北京中央民族学院艺术系从教，这以后长期的教学与艺术实践始终伴随着深沉的理论思考。1980年他的第一部学术著作《中国画研究》问世，里面融入他多年潜心中国画理论研究的心得。该书后来不仅在内地再版，还在台湾两次印刷，产生过不小的影响。

20世纪70年代开始，他的学术研究方向显示出新的转机。多年深入少数民族地区考察民族艺术的经历，使他深刻地意识到，民族院校美术教育者的研究重点应当是中国少数民族美术。当时国内从事这方面研究的学者很少，而从全国角度对整个少数民族美术进行通盘整理研究的学者几乎没有。事实上，中国艺术史对宗教艺术与民族艺术这两大块，历来缺乏应有的重视与研究，宗教艺术因20世纪佛教石窟研究热，尤其敦煌学的进展而得到明显改观，但民族艺术这一块仍长期处于空白状态。陈兆复认为这一现状应该改变，中央民族学院的美术教育与研究应当突出民族特色，当务之急是发掘、收集、整理少数民族艺术的资料，并给予系统的研究。1980年《剑川石窟》问世，明确反映出他学术上的这一转变，而他也很快成为这一领域的学科带头人。1991年他出版了《中国古代少数民族美术》，对中国一些重要的民族艺术现象进行专题性研究；1991年出版的《中国少数民族艺术辞典》，他担任其美术分支的主编；2001年他主编的《中国少数民族美术史》出版；这一系列著述都反映了他在这一领域的辛勤耕耘。他的民族艺术史研究既在理论框架上有所突破，同时更具有细节的生动详实。他强调民族艺术的研究要有宏观性，要从整体上观察，从中国艺术史发展的角度上思考。他认为民族艺术不仅是中国艺术史的一个补充，少数民族艺术在不同的历史时期里曾经对中国艺术发展史做出过突出贡献、甚至是重大贡献，它们是中国艺术史发展的重要组成部分。陈兆复通过丰富而大量的民族艺术资料的整理分析，令人信服地证实中国的艺术史最终应当是中国境内各民族共同创造的结果。

当然，陈兆复对学术界产生影响，主要还是因为他在岩画研究方面的开创性与突出成就，几乎是在他把自己的主要精力投向民族艺术史的同时，他也开始关注中国岩画的发现与研究进展。由于中国境内的岩画绝大部分集中在边疆民族地区，岩画的创作主体也主要是少数民族的先民们，所以最初他是将岩画纳入到少数民族艺术史的研究之中的。然而随着他对岩画学这一独特学科领域的深入，特别是随着他愈来愈多地与国际岩画学界交流，他更清楚地意识到岩画研究已经作为一个独立的学科出现于学术界。它不再是考古学或艺术史学的一个分支，它的复杂性、特别是它的跨学科性质，确实使它与考古学、文化人类学、历史学、古文字学、民族学、民族史学以及艺术史学（尤其是原始艺术史学）有着各种交叉与关联，但岩画学显然是一门独立的学科，这是一个充满了原始想像力、创造力、无穷艺术魅力、又同时拥有极其广阔的研究空间的学科领域。岩画属于艺术，但岩画更涵盖了早期人类的思维模式、社会交流语言及艺术创造性。他认为“岩画研究，必将导致如何理解人类过去和现在的意识的复杂性，解释人类社会模式的基础，以及最终触及如何与别的社会模式相连接。”

陈兆复在岩画学这门学科的基础建设中有三个突出的贡献：一、他是最早对中国岩画从全国角度进行整体思考与系统研究的学者；二、他是最早将中国岩画推向国际，同时又最早向中国介绍国外岩画研究的学者；三、1993 年由他发起并创建的中国岩画研究中心在中央民族学院正式成立，这是我国第一家专门研究岩画的学术机构，同时创建的中国岩画学会（来自全国各地的会员 50 人），都积极促成了国际岩画界与中国岩画学者之间的学术交流活动。

早在 1979 年，陈兆复在他发表的第一篇讨论中国岩画的论文里，就明确提出中国的岩画需要从全国的角度进行系统的整理与研究。提出这个研究方向是基于他自身所处的位置以及当时中国岩画发现已具备的条件。陈兆复认为，作为中央民族学院的研究者完全可以利用北京文化中心的地位，利用中央民族学院这一特殊的位置，对全国的岩画资料进行汇聚、整理、分类及研究。更重要的是20世纪80年代的中国已经具备整体思考研究全国岩画的条件，经过20世纪大半个世纪的考古调查，中国各省区的岩画发现已取得重大进展，一些省区的岩画研究也已经相当深入，这些都为全国岩画的系统研究提供了一个基础平台。很显然，此时的中国岩画更需要有人从全国整体的层面上进行系统的整理与研究，从岩画学的角度上去认识、分析岩画这一远古文明成果在中国古文明中的特殊认识价值。确定合理的研究方向是学术研究能够获得成功的重要基础，陈兆复在中国岩画学研究领域的开创性，很大程度上取决于他当时的独具慧眼。

为了能够获得第一手资料，自1985年起，他深入边疆民族地区，足迹踏遍大江南北，考察了内蒙古、宁夏、甘肃、新疆、广西、云南、福建、江苏诸省区的重要岩画点，行程4万余里，为后来的研究打下坚实的基础。陈兆复对中国岩画的系统整理与研究成果主要反映在他的《中国岩画发现史》（1991）和《古代岩画》（2002）这两部学术著作中。最初（1979）他将中国岩画划分为南北两大系统：北方岩画系统，岩画数量极大，参与民族众多，制作以凿刻为主，内容则以动物为大宗，是中国北方众多游牧民族社会生活的一种反映；南方岩画系统，以红色涂绘为主，内容则多表现南方诸族大型的宗教祭祀活动，反映了南方混合型经济形态及原始宗教的特色。但随着研究的深入，他的岩画系统分类得到进一步的完善，如果说早期划分岩画系统较多地参照了艺术表现与形式的法则，那么，他后来的分类则更多地融入了人文地理环境、特别是经济形态的参照系数。新的划分（1990）主要是将东南沿海岩画从南方岩画系统中划分出来，原来的南北两大类型变为北方、西南与东南三大区域性岩画系统。

他认为，无论是从岩画的表现内容、制作手段、还是基本艺术风格，东南沿海岩画都自成体系，其岩画主要与沿海古代民族的海洋经济形态与文化习俗相关，也与中国古代民族的分布格局相关。在三大系统的基础上，他将中国岩画划分为五种类型：①狩猎者岩画；②游牧者岩画；③混合经济岩画；④农耕者岩画；⑤海洋类型岩画。在进一步完善中国岩画类型划分的基础上，陈兆复又对中国岩画的表现内容、艺术风格进行了类别研究，对中国岩画与中国原始宗教的关系、与古文字起源的关系、与陶器及青铜器皿上图案的关系，尤其是中国岩画与中国古代民族之间的关系等重要问题进行了思索与考证，形成了他对中国岩画的一套整体的把握。

陈兆复岩画研究的另一个重要特点是他学术研究的国际化，他也因此成为中外岩画学界交流的最初开创者。说起来这里还有一段有趣的插曲，1985 年意大利卡莫诺史前研究中心学刊上刊登了一封来自北京中央民族学院、名曰陈兆复的读者来信，针对 1984 年世界岩画组织将中国划入岩画空白区域的说法，他在信中明确给予了反驳："事实上，最近 30 年来，中国发现的岩画点有 100 多处，但这些却很少为国际学者所知晓，对这些岩画点的研究工作正在进行。"这封信不仅成为后来陈兆复与欧洲国际岩画学界交流的一个重要契机，也是陈兆复开始向国际岩画学界传达中国岩画研究讯息的一个开端。

1986 年陈兆复接受邀请，赴意大利卡莫诺史前研究中心学习和工作，在意大利期间，他的一项重要工作便是用英文写出了《中国史前岩画》。这部著作一经问世，当年即被译成意大利文出版，第二年（1988）被译成法文，第三年（1989 年）被译成德文，陈兆复在国际岩画界的地位也因此得到确立。就在该书出版的当年（1987），陈兆复被选为国际岩画组织的执行委员，成为亚洲国家唯一的执行委员。这部被时任国际岩画组织主席的阿纳蒂教授称之为“极有意义”的“里程碑”的著作，在进入21世纪之后，仍被联合国教科文国际岩画组织指定为世界范围内最重要的24位岩画学者的著作之一，阿纳蒂教授曾由衷地称赞过这部书：“陈的这本著作有其重要的人文价值，笔锋又往往充满诗意，表现出他对他的祖国强烈的爱。”

20世纪末叶，由国际岩画组织主编的《岩画研究手册》是一部由各国著名岩画学者合作编著的岩画学权威手册，陈兆复作为中国的岩画学者参与了写作。陈兆复不仅是将中国岩画介绍给国际岩画界的第一位中国学者，同时也积极向中国岩画界介绍国外岩画界研究成果，他的《外国岩画发现史》、与邢琏合著的《原始艺术史》以及在陈兆复岩画网上发表的一系列论文、著作，都是介绍外国岩画的重要窗口。为了促成中国岩画界与国际岩画学者之间更为广泛的交流，他还是1991年、2001年两届宁夏国际岩画研讨会的重要组织者之一。在这两届国际岩画研讨会上，中外岩画学者共聚一堂，加深了彼此之间的了解与交流，对推动我国岩画学事业的发展产生了积极的影响。

（张亚莎）

陈连开

陈连开，汉族，1933年生于湖南攸县。1954年毕业于湖南第一师范，到中南民族学院教书。1956年入中央民族学院历史系学习，1961年毕业留校至今。现任历史系教授、博士研究生导师，兼任民族文化交流研究所名誉所长、研究员。社会兼职主要有：中国民族史学会副会长、汉民族研究会副会长、中国社科基金（民族问题）评审组成员等。曾到日本、韩国及香港等国家与地区讲学和学术交流。先后参加中苏边界资料、中国历史地图集（东北）、中国民族史、中国近现代民族史、中国民族文化大观等一系列国家重点课题研究并分别担任课题组长、主编、副主编和主要撰稿人。近10年以"中华民族多元一体格局"为核心理论，协助费孝通主编《中华民族多元一体格局》、《中华民族研究新探索》，并出版个人专集《中华民族研究初探》。主编《中国民族史纲要》、《中华民族形成史纲要》等。

陈连开对于中国历史上的民族问题，特别是民族关系的思考与研究经历了一个长期的过程。

一

早在1958年6月至1959年9月，陈连开先后到青海省海南、果洛、玉树三个藏族自治州作社会历史调查，参与完成上述三州各藏族部落社会历史调查报告。当时，他已初步认识到：中国农牧区划分仍天然形成，非人力所能改变。中国农牧两类民族的矛盾和相互依存，实际上是中国民族关系运动发展的基本形式。[①]这些认识对其后来的研究工作，始终产生着影响。

陈连开对中华民族进行整体性思考，是从1969年受到周恩来总理的一个重要批示的启发开始的。这个批示使陈连开在中苏边境资料的整理和中国历史地图集的编绘工作中，明确了今后长期的研究方向，即研究和阐述中国自古这么多民族，如何共同缔造了统一的多民族国家？又如何会共同缔造统一的多民族国家？为此要深入研究和阐述中国古今民族关系的发展演变过程以及内在联系，并从整体上研究中华民族的形成和发展。

二

陈连开直接运用对中国民族关系的理解和知识，公开发表论著，则是始于20世纪80年代初期。1983年，陈连开在北京历史学会、北京图书馆、中国历史博物馆联合主办的“伟大祖国”的历史讲座中作了题为《我国少数民族对祖国历史的贡献》一讲，后经整理出版。书中谈到：“总起来说，少数民族对祖国的历史贡献，大体可以分为四大方面：一、中华各民族的祖先共同开发和巩固了祖国广大的疆域。二、在100余年的反帝斗争中，中华各民族共同保卫了祖国的统一与领土基本完整，并且在中国共产党的领导下共同缔造了统一多民族的社会主义国家——中华人民共和国。三、在经济领域中，自古以来无论农林牧副渔生产，还是经济交流，中西交通，以及日常生活，包括社会经济各方面，少数民族都做了很大的贡献。现在的社会主义建设，少数民族地区更占有极重要的地位。四、在文学艺术科学等文化领域中，少

① 参见《民主改革前青海藏族牧区社会性质的几个问题》，载《民族研究》，1960年第2期。

数民族也为中华文化宝库增添了不少宝贵财富。”[①]

按照上述概括，陈连开对1969年以来一直思考的问题，作了初步的概括和分析，主要包括以下两点：一、第一次明确阐述了中国的地理环境自然形成了中国的民族、经济、文化区域是由东西两大版块和南北三带所构成，即湿润的东部（或曰东南部）和干旱的西部（或曰西北部）；长城以北草原游牧带，长城至淮河以北旱地农耕带，淮河以南水田农耕带（现在所说东中西三部，是在传统的东部，又分出工商业发达的东南沿海地区成为中国经济文化最发达的东部，而长江、黄河中游传统的经济文化发达区域，对东部而言相形见绌）。这些生息繁衍于东西两大部和南北三带广大区域的民族互相依赖和矛盾统一，构成中国农牧关系的基本内容，是中国众多民族形成统一国家的根源所在。二、第一次在论著中较系统而概括地论述了如下观点：中国各民族共同开发了中国的疆域，并且共同缔造了统一的多民族中国；在近现代，共同保卫了祖国的统一和领土基本完整。中国各民族交替作用，共同缔造了统一的中国，并保卫了祖国的统一，争取到中华民族的独立解放，是中国民族关系发展的主流和总的趋势。当然，我们不应忽视汉族作为主体民族的巨大贡献，它起了主导文化的作用。强调各兄弟民族的作用和共同缔造共同保卫，是因为在一般情况下，传统的观念忽视了少数民族的贡献，甚至认为少数民族在中国历史上只起消极作用，只把他们当“夷狄”看。[②]

这些观点，在陈连开以后的论著中得到了不断的充实和完善。

三

不久，陈连开又被邀请撰写北大中文系古典文献专业和北京

---

①② 《我国少数民族对祖国历史的贡献》，书目文献出版社，1983年。

语言学院合作，由阴法鲁、许树安两位主编的《中国古代文化史》的第一章《中华文化的起源与中华民族的形成》。[①]在这一章中，陈连开较为系统地考察了关于“中国”、“番汉”、“华夷”、“中华”、“中华民族”等名称的由来和在不同历史时期的含义，也系统地综述了关于中国新石器时代文化区域的概念，并结合古史，考察中华文化和中华民族的起源。这样的研究，在当时大体属于前沿性研究。

在《中国古代文化史》正式出版以前，陈连开于1987、1988年先后发表了《中华民族含义初探》和《中华新石器文化的区域性发展及其汇聚与辐射》两篇论文。这是陈连开研究关于中华民族形成问题的初步尝试。其主要成就在于：第一，明确阐述了“中华民族”一词，最初是指中国的主体民族，即汉族；随着中华民族在反帝斗争中日益自觉地结合成整体，它的全部含义才得到充分的阐明：“中华民族是中国古今各民族的总称，是由许多民族结合形成统一国家的长期历史过程中逐渐形成的民族集合体”；[②]“目前，我们在讨论中华民族的含义时，仍集中在如何涵盖中国各民族与中华民族这种‘多’与‘一’的关系方面。”[③]第二，运用中国古人类学和旧、新石器时代考古学的发现和研究成果，与中国的古史研究相结合，得出自己的结论：（一）中华文化、中华民族的起源具有鲜明的本土特点，整个中华民族与大多数中国的兄弟民族，从总体上看皆是由起源于中华大地并继续在中华大地上创造历史的人们形成的。（二）中华民族及其中的主体民族和一些分布较广的少数民族，其起源是多元的。特点是多元起源，多区域不平衡发展，而又反复汇聚与辐射。往往在同一民族中，也是既存在广泛的认同，同时又存在明显的区域文化特

---

① 载《中国古代文化史》，北京大学出版社，1989年11月第1版。

②③ 《中华民族含义初探》，载《民族论坛》，1987年第4期。

点。[1]

四

陈连开发表与出版的上述著作，受到了费孝通的极大关注，他以高度的概括力，将中华民族结构作了高层次阐发，完成了著名的大作《中华民族多元一体格局》。陈连开按照费孝通的指示做具体编撰定稿工作，并于1989年出版了《中华民族多元一体格局》一书。10年之后，又出版了修订本。

该书以中华民族多元一体为理论核心，阐述了中华民族多元一体理论及其来龙去脉，并阐明了中华民族研究的重要意义和使之臻于完善的艰巨性、长期性。全书共分为《中华民族的起源和形成》、《民族称谓含义的演变及其内在联系》、《中国历史上的游牧民族的地位》和《中华民族研究的理论与方法》等四章。陈连开围绕中华民族多元一体格局这一核心理论，对中华民族的起源与形成，中华民族形成史的分期，中华民族的结构等问题，在不同层面上进行了深入的研究。他指出，中华民族多元一体格局理论，包含三个层次的民族认同：一、无论属于中国哪个民族，都是中国人，中国各民族既是平等的兄弟，又结成了体现主权和领土完整的民族实体，即中华民族；二、构成中华民族的56个兄弟民族，都是平等的，享有同等的政治权利；三、56个民族中又有若干具有地方性文化、语言等特点的群体，在此基础上构成了一个具有强大凝聚力的民族实体——中华民族。[2]

同时，陈连开根据中华民族多元一体格局和民族形成理论，

---

① 参见《中华新石器文化的区域性发展及其汇聚与辐射》，原载《北方民族》创刊号，后收入《中华民族多元一体格局》一书中。

② 参见《中华民族多元一体格局》（修订本），第一章，中央民族大学出版社，1999年9月第1版。

准确地解释了我国民族形成的特殊规律。他指出，要根据中国的实际情况，认清中国的特色所在，把多元一体理论与中国民族识别的具体实践相结合，研究中国的民族问题要根据中国的具体情况，不可盲目照搬前苏联或西方的经验。民族实际是因时因地而变化的，我们对民族的认识也应随实际的变化而不断发展。这一理论科学地总结了我们党在民族识别中遇到的各种实际问题，为今后解决更为复杂的民族问题提供了宝贵的理论依据。

最后，陈连开对一个世纪以来关于中华民族结构的“一”和“多”的学术研究进行了阶段性的总结。他科学地阐述了中华民族的形成过程，在很大的程度上，为中华民族凝聚力提供了核心理论和历史佐证，具有重要的历史意义和学术价值。

总之，陈连开在“中华民族多元一体格局”理论指导下，提出民族史研究的整体史观和中华民族整体研究架构，进一步推动了民族史研究向综合和纵深发展，给民族史研究注入了新的生机和活力。

（张晓曦）

满都尔图

满都尔图（1934——），达斡尔族，内蒙古莫力达瓦达斡尔族自治旗人。1952年7月毕业于齐齐哈尔民族师范学校，保送入内蒙古师范学院，1954年7月毕业（专科）。1954年8月至1956年8月任齐齐哈尔民族中学历史教师。1956年10月调入全国人民代表大会民族委员会内蒙古少数民族社会历史调查组，任达斡尔族调查分组组员。1958年调入中国科学院民族研究所。1979年评为助理研究员，1983年评为副研究员，1988年晋升为研究员，兼中国社会科学院研究生院教授，享受政府特殊津贴。曾任中国社会科学院高级专业职称评委（1992—1996）、中国社会科学院民族研究所学术委员（1985—2000）、中国社会科学院民族学研究室主任（1985—1994）、中国少数民族现状与发展调查办公室主任（1993—2003）。1980年参加中国民族学学会的筹建工作，学会成立后历任副秘书长、秘书长、副会长、常务副会长等职，2002年后任学会顾问。兼任中国民族史学会理事、中国都市人类学会理事、中国社会科学院少数民族文学所萨满文化研究中心学术顾问。

自1956年11月至2001年6月，先后赴内蒙古、黑龙江、吉林、青海、新疆、云南、海南等七个省市自治区，深入28个县旗市农村牧区实地调查。调查的民族有达斡尔、鄂温克、鄂伦春、蒙古、赫哲、朝鲜、藏、维吾尔、哈萨克、锡伯、傣、景颇、拉祜、德昂、黎等15个少数民族，编写调查报告50余万字。自主持“中国少数民族现状与发展调查”项目后，为把边疆民族地区与沿海发达地区作比较研究，先后到珠江三角洲地区深圳、珠海、中山、顺德及广西沿海的防城港、钦州，江苏省的苏州、太仓，辽东半岛的大连等地短期学习考察。

满都尔图的研究成果包括《鄂温克人的原始社会形态》（合著，主笔之一，中华书局1962年）、《萨满教研究》（合著，主笔之一，上海人民出版社1985年）、“中国少数民族现状与发展调查研究丛书”之《龙井市朝鲜族卷》（合著，民族出版社1999年）、《白沙县黎族卷》（民族出版社2002年）、《中国民族学五十年—1949—1999》（合著，主编，人民出版社2004年）。论文数十篇。另外主编《中国各民族原始宗教资料集成》之鄂伦春、鄂温克、赫哲、锡伯、达斡尔、满等6个民族分卷（总计84万字，中国社会科学出版社，1999年）。

满都尔图关于中国民族学的研究成果斐然，他从事民族学调查研究近50年来，涉及的学术研究领域大致分为三个部分，包括：中国少数民族原始社会形态调查研究（1956—1987）、中国阿尔泰语系诸民族萨满文化的调查研究（1988—1992）和中国少数民族现状与发展专题调查研究（1993—）。

一、关于中国少数民族原始社会形态的理论研究

满都尔图从1956年参加全国少数民族社会历史调查开始到1987年间，研究的重点是中国少数民族原始社会形态。他在纪念恩格斯的《家庭、私有制和国家的起源》（以下简称《起源》）发表一百周年之际，对我国民族学界把《起源》公认为马克思主义民族学的基本著作给予了肯定，但是对其中的某些结论和观点提出了自己独到的看法。他认为《起源》毕竟写于百余年前，限于当年客观条件的限制，其著作中难免有时代的倾向性并带有某些阶级的偏见。例如恩格斯通过原始时代氏族酋长与阶级社会中一个警察的对比，对原始酋长的赞叹即是一例。他从恩格斯的国家学说中理解出《起源》对中国民族学研究的理论意义，即“阶级不可避免地要消失，正如他们从前不可避免地产生一样。随着阶级的消失，国家也不可避免地要消失”的论点填补了马克思主义社会发展学说的空白。他对《起源》中关于母系氏族制问题进行了深入的理论探索，他在研究了西方资产阶级民族学家的相关著作后认为，以资本主义进入帝国主义阶段为背景，西方民族学界放弃和否定进化论，一批资产阶级民族学家攻击母系制理论是唯心的，我们必须坚持唯物主义原则和实事求是的科学态度来正确对待它。实际上，以群婚为基础的早期母系氏族和以对偶婚为基础的晚期母系氏族的遗迹遍及世界各地。在母系氏族制问题上，坚持婚姻家庭与氏族制度发展诸阶段之间内在的联系的规律性，是马克思主义民族学者必须坚持的思想原则。他引经据典地认为我们应该学习和继承恩格斯用发展变化的观点考察问题的历史主义的研究方法，学习和继承恩格斯对错综复杂的社会现象进行全面的辩证地分析研究的方法，学习和继承恩格斯批判地继承文化遗产的科学态度，学习和继承恩格斯不断探索、不断丰富和发展自己的思想理论的科学精神以及学习和继承恩格斯把著书立说与现实斗争相结合的革命精神。因此，正确对待马克思主义理论著作，否定教条主义，才是我们对马克思主义正确的发展。

满都尔图对我国父系家庭公社进行了研究，父系家庭公社产生于新石器时代晚期，是伴随着母系氏族向父系氏族的转变而产生的一种家庭形态。在原始社会史的研究中具有一定地位。由于历史的原因，迄至新中国成立时我国有不少民族尚保留着父系家庭公社形式或其残余，他以独龙族的典型实例说明父系家庭公社是以血缘关系为纽带，以共产制经济为基础的，集体劳动、共同消费的经济集团。他还研究了海南岛五指山中心区黎族的合亩组织、大小兴安岭山区的鄂温克族和鄂伦春族的“乌力楞”组织以及恩格斯以南斯拉夫的扎德鲁加公社为例的父系家庭公社等组织的性质，认为在父系家庭公社中既没有非自由人（即被奴役者），也没有父权或其他任何形式的特权。而恩格斯根据摩尔根对闪米特人和罗马人的父系大家庭所下的结论与后来的否定论断是相互矛盾的，说明了恩格斯不断掌握和研究新材料，不断发展自己的理论观点的严肃的科学态度为我们树立了科学的榜样。

家长奴隶制是在原始社会解体过程中形成的阶级集团的最初雏形，它以历史的必然性在世界各地留下历史的遗迹。我国一部分少数民族在新中国成立前还保留着家长奴隶制或其残余形态。满都尔图依据我国民族学资料，以云南省西盟县佤族和西藏米林县珞巴族为例，从家长奴隶制与发达奴隶制的比较中归纳家长奴隶制的特征。认为家长奴隶制是在氏族制度下滋生的，因而它不能不带有其起源的烙印，不能不受氏族民主制的影响。它的温和性，是奴隶制还不成熟的表现，而不是什么策略手段的产物。残酷地压榨奴隶，是家长奴隶制发展的最终结果。他还提出，最初人奴役人是和原始的养子制度相联系的。认为商品交换的起源与剩余产品、私有制没有必然的渊源关系。

商品交换是一个历史范畴，满都尔图对商品交换的起源及其原始形态进行了理论探索。他认为以氏族和家族为共同经济单位的人们，用暂时留存的生产品馈赠其他的氏族或家庭不能视为剩余产品。原始的商品交换，从最初的馈赠式的偶然交换到经常性的集市交换，经历了数千年的漫长过程，形成各种不同形态的交换形式，标志着原始交换发展的不同阶段。

二、关于中国阿尔泰语系诸民族萨满教文化的研究

萨满教是渊源于我国北方阿尔泰语系各民族渔猎生活时代的一种原始宗教，至今在部分少数民族的社会生活中依然保留着一定的影响。满都尔图从萨满教的起源、发展演变以及与现代宗教和对民族文化的影响等方面进行了全面系统的研究。由于萨满教的起源几乎没有文献记载，只能凭借民间传说、最早的崇拜对象、萨满的传承和跳神祭祀仪式的有关现象来探寻答案。关于萨满教是不是宗教的问题曾经是我国学术界研究的课题，但它的宗教观念、祭祀对象和活动仪式具备了宗教的基本要素，不可否认它的宗教性质。满都尔图认为，对于正在消亡中的萨满教，应进行抢救性的调查，采录和整理集中表现萨满教不成文的教义的祷词、祭词和祝词；还应把萨满教作为一种文化形态纳入我国北方阿尔泰语系诸民族传统文化的整体中进行探讨，探索萨满教文化与各民族人民意识形态的关系，探索不成文的萨满教教义与哲学的萌芽及其早期形态的关系，以及萨满教与文学艺术、天文、医药等方面的关系。应将各民族的萨满教纳入社会发展的进程中，进行横向和纵向的比较研究，勾勒出萨满教在不同民族发展演变中的历史脉络。

三、关于中国少数民族现状与发展的专题研究

中国少数民族现实问题研究是满都尔图近年来的研究课题。他主持了对海南省白沙黎族自治县近半个世纪以来的巨大变化和发展现状的调查，发现白沙县的经济和社会发展水平，无论在海南省还是在全国，均处于发展滞后的地位。他对白沙县的前景进行了思考，认为首先国家应将白沙县及海南中部民族地区列入西部大开发的范围；其次，白沙县是海南省实行农垦开发的重点县之一，农垦系统必须深化改革；第三，应深化机构改革。另外他还主持了对龙井市朝鲜族的现状调查并提出了可供参考的、可持续发展的思路。

满都尔图对中国民族学发展的炙热之情集中体现在他为《民族研究》所撰写的论文《中国民族学的黄金时代》中。他一生都遵循民族学的田野调查法，走遍了祖国的大江南北，用一个个少数民族鲜活的案例梳理着中国民族学发展的理论与实践脉络，他用马克思主义坚持实事求是的标准对待学术问题，他以谦和的性格不断地学习、继承和探索中国民族学。

（扎　玛）

参考书目

1. 宋蜀华、满都尔图主编：《中国民族学五十年》，人民出版社 2004 年。

2. 满都尔图著：《达斡尔族》，民族出版社 1991 年。

3. 满都尔图等撰著：《中国少数民族现状与发展调查研究丛书·白沙县黎族卷》，民族出版社 2002 年。

戴庆厦

戴庆厦，1934 年 4 月生，福建省仙游县人。曾任中央民族大学民族语言文学学院院长、民族语言文学研究所所长，现任中央民族大学哈尼学研究所所长、教授、博士生导师，中共党员。毕业于中央民族大学语文系。社会兼职有：国务院学位委员会学科评审组成员、中国语言学会副会长、全国哲学社会科学规划领导小组语言学学科成员、《中国少数民族文化大辞典》执行主编、《民族语文》杂志编委、美国《藏缅语区语言学》杂志编委、商务印书馆语言学基金评议委员会、普通高等学校第二批、第三批人文社会科学重点研究基地学术委员会华中师范大学语言教育与实践研究中心主任等职。曾任中国大百科全书《民族卷》、《语言卷》民族语文分科副主编、《民族词典》分科主编、《中国语言学大辞典》顾问及民族语文分科审订。曾应聘为北京语言文化大学、郑州大学、福建师范大学、华中理工大学、广西民族学院等 8 所高校兼职教授。多次应邀赴美国、法国、瑞典、日本、韩国、菲律宾等国以及香港、台湾地区进行学术访问或讲学。

主要贡献：主要从事语言学的研究和教学工作，特别是在藏缅语族语言和社会语言学领域卓有成就。并于 1956 年参加了中国科学院少数民族语言调查第三工作队，奔赴云南从事哈尼文的创制和试行工作。共出版专著 17 部（部分为合著）、论文 160 余篇。在教学上培养了大批本科生、硕士生、博士生和国外以及香港地区高级进修生和博士生，对该学科的建设起了一定作用。专著《藏缅语族语言研究》1992 年获北京市哲学社会科学优秀成果二等奖，专著《汉景词典》、《景汉词典》（合著）1989 年获北京市哲学社会科学优秀成果二等奖；《社会语言学教程》一书（1993）初步提出了以我国少数民族语言材料为主的社会语言学教材框架，并做了一些新理论概括，是一部有新意的新教材。

其他主要著作还有：专著《阿昌语简志》（1985），《景颇语语法》（合著）（1992），《语言与民族》（1994），《电脑辅助汉藏语词汇与语音研究》（1996），主编《中国彝学　第一辑》（1997），《中国彝学　第二辑》（2003），从不同的侧面对彝族的经济、文化、宗教、文字、工艺、体育等进行了论述。《中国少数民族双语教育概论》（1997），《中国少数民族语言应用研究》（1999），《第二语言（汉语）教学概论》（1999），主编《中国哈尼学　第一辑》（2000）、《中国哈尼学　第二辑》（2002）。主编了《汉哈尼词典》（2001）一书，该词典收录了哈尼语条目17600余条，包括字、词、词组、成语等，每个条目都按汉语拼音方案注音，并配有释义。

学术贡献：在藏缅语系的划分方面，他在1987年出版的《中国大百科全书·民族卷》的《汉藏语系》条目中，提出了藏缅语的分类框架：1. 藏语支：藏语、嘉戎语、门巴语；2. 景颇语支：景颇语；3. 彝语支：彝语、哈尼语、傈僳语、拉祜语、纳西语、基诺语；4. 缅语支：载瓦语、阿昌语。语支未定语言：羌语、普米语、白语、独龙语、怒语、土家语、珞巴语等。后来又于1989年指出藏缅语内部是多层次的，“语族—语支—语言”这种传统的两分法是不符合藏缅语诸语言历史发展的客观实际的，应根据藏缅语自身历史发展的特点，逐步深入认识藏缅语的层次问题，并确定出每一层次的标准。这种突破传统的两分法去考虑语言的实际层次以及考虑到系属形成的语言文化、融合和语言影响等因素，无疑对藏缅语分类的具体方法，都是一种新尝试。

戴庆厦对景颇语的研究也是很有深度的，他认为“景颇语的动词存在体和貌的对立，这种对立不仅反映在语法意义的不同上，而且各自还有不同的语法形式（标志）”，[①] 将景颇语的句型按照句子的语气进行了划分：叙述句、疑问句、测度句、惊讶句、命令句、商量句等 6 种，认为疑问句是区别于其他句型的。[②] 在区分子景颇语前缀的不同类别的基础上通过亲属语比较，指出前缀的多种来源：有的来自实词，有的来自辅音字母的前一音节。

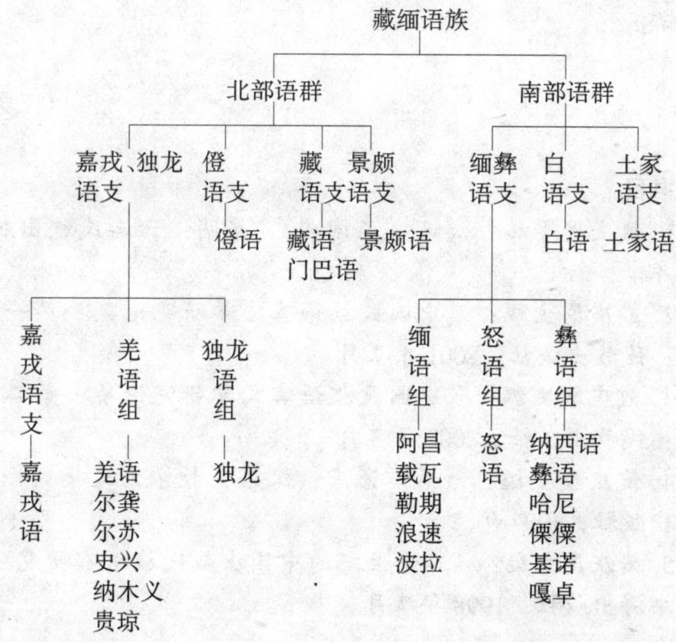

（藏缅语族的划分详见《二十世纪的中国少数民族语言研究》）

① 戴庆厦主编：《中国民族语言文学研究论集 第二辑》，北京：民族出版社，2002 年 3 月版。

② 戴庆厦主编：《中国民族语言文学研究论集 第一辑》，北京：民族出版社，2001 年 7 月版。

戴庆厦于1996年在云南省德宏傣族、景颇族等民族村寨、民族学校进行了双语文教学实地考察，与何俊芳、董艳等合写了《一条切实可行的发展民族教育之路——云南省傣族景颇族自治州双语文教学体制启示录》，在该文章里，他不仅总结了德宏州的双语教育的成就，同时也提出了一些问题和建议：(1) 对双语文的教学的认识有待统一、提高；(2) 双语文教学要进一步规范；(3) 加速双语文师资的培养；(4) 小学五年制改为六年制是个新转折。

（王文银）

参考书目

1. 戴庆厦等编：《汉哈尼词典》，昆明：云南民族出版社，2001年。

2. 戴庆厦主编：《中国民族语言文学研究论集　第一辑》，北京：民族出版社，2001年7月。

3. 戴庆厦主编：《中国民族语言文学研究论集　第二辑》，北京：民族出版社，2002年3月。

4. 戴庆厦主编：《第二语言（汉语）教学论文集》，北京：民族出版社，1997年。

5. 戴庆厦主编：《二十世纪的中国少数民族语言研究》，山西：书海出版社，1998年7月。

乔 健

乔健（1935——），台湾著名人类学、民族学家，祖籍山西介休。1958年获得台湾大学考古人类学学士学位，同年进入台湾大学考古人类学研究所攻读硕士学位。1961年乔健出国后在美国康奈尔大学主要跟罗伯茨研究美洲印第安人。1969年获美国康奈尔大学人类学系博士学位。博士毕业后，在美国印第安纳大学任教。1970到1971年回到台北中央研究院做访问学者；1971年到1978年间，在台湾中央研究院民族学研究所兼任副研究员；1978年创立香港人类学会并担任会长；1986年创设国际瑶族协会任会长一直到1988年；1980年创立香港中文大学人类学系，1980年~1991年任该系系主任；1994年受聘于香港中文大学人类学系；同年7月在山西大学创立华北文化研究中心，担任荣誉主任；1990年创建台湾东华大学族群关系研究所并任所长。现任台湾东华大学族群关系所教授兼所长、香港中文大学人类学讲座教授、中央民族大学荣誉教授、山西大学荣誉教授、山西大学华北文化研究中心荣誉主任。

在乔健50年的人类学学术生涯中，大体可分为三个阶段。第一个阶段是从1954年进入台湾大学学习人类学开始到1961年出国到美国康奈尔大学留学。在这期间他主要从事台湾高山族的研究。由于专业是考古人类学，所以他的学士论文——《中国境内的屈肢葬》一半是民族学的，一半是考古学的。这篇论文是唯一的一篇关于台湾屈肢葬的民族学报告。在攻读硕士期间主要是对卑南族两可继嗣的研究。第二个阶段是研究美国的印第安人、香港的民间风俗和中国内地的少数民族。这个时间段主要是从

1961年出国到90年代。在留学期间主要是研究拿瓦候人的祭仪，研究他们三十几种祭仪的传承。随后第三个阶段是研究汉族社会。

乔健一直都在从事人类学的研究，在长达50多年的学术生涯中出版20多部著作和50多篇中、英文学术论文。乔健的主要著作有：1985年由香港中文大学社会科学院暨社会研究所联合出版的《现代化与中国文化研讨会论文集》，1988年由北京民族出版社出版的《国际瑶族研究论文集》，1990年由台北巨流图书公司出版的《漂泊中的永恒：人类学田野笔记》，与刘贯文、李天生合著的《山西乐户研究》，与Nicholas Tapp合编的《中国的族群关系与族群》（Ethnicity and Ethnic Groups in China），与日本人类学家中根千枝合编的《东亚社会研究》（Home Bound：Studies of East Asian Society）等等。

乔健在人类学领域做了大量的田野工作，他的论点的提出均建立在广泛的田野实践基础上。尤其是，他近些年通过对中国内地的南方少数民族和中国底层社会的研究，给中国的人类学提出了一些新的理论和观点。乔健认为：第一，人类学家重要的是做田野。没有充分的田野，理论是没有用的，而且理论必须受到田野资料的检验。在人类学的理论方面，他认为要从头搞起，就是要把从古典到现代到后现代的理论全部吃透，因为它们是一脉相承的，你不懂前面的，就完全没有办法了解后面的东西。[①] 尤其是在中国，如果要建立一个有中国特色的人类学，就必须结合中国的历史，重视对历史根源的追踪。第二，通过对山西乐户的研究，乔健认为：他们的社会与我国所接触到的社会不一样，并称他们为底边阶级，因为他们是最底层的；他们的一些价值观念、人际关系、社会组织都是与主流社会不一样的，唯一的是他们特

① 2005年1月《广西民族学院学报》第68页《漂泊中的永恒和永恒的漂泊》。

别讲究义气。不是边缘社会，而是叫他们为底边阶级、底边社会。他在他的一篇论文《谈中国研究的一些方法论问题》中指出：底边社会与主流社会不是一种对抗，这种底边社会，就像当代人类学大师 Victor Turner 所谓的“社狱”（Communitas）。“社狱”没有显著的地位和财产。[①]在中国社会中的“底边”社会，是一个特纳所说的“社狱”，相对于主体社会来讲，叫“仿结构”。底边社会跟主体社会的关系是一种辩证的关系。没有主体社会就没有底边社会，底边社会存在于大部分传统社会中。[②]这样就给我们提供了一个新的角度去看待中国社会，看待中国社会不要从上到下或从下到上，还要看到上、下结构之外底边社会的存在。这个底边社会有自己的社会功能，在结构上、功能上，有固定的主体社会存在的作用。[③]第三，他认为以地域来划分中国是不妥当的，这是一个方法论的问题。中国有悠久的历史，是世界上最有延续性的国家，经过了几千年的发展，尽管有地域的特点，但已经形成了一系列不变的制度、观念、现象，很难受到一个地域性的局限。[④]

乔健是一位人类学功底很深的人类学家，对人类学的四个分支领域——体质人类学、语言人类学、考古人类学以及文化人类学都有研究和涉猎。他是我国著名的人类学家、教育家并是一位爱国人士。多次往来于大陆、香港和台湾之间，为三地的人类学交流做出了重大的贡献。乔健的学术研究，尤其是对中国少数民族和中国底层社会人群的关注给中国的人类学界提供了一个崭新的研究视角。乔健多次来中国内地进行学术交流，给中国的人类学研究提出了很多具有建设性的建议，极大地促进了中国人类学界的理论发展。在他的努力下先后创立了香港人类学学会、香港

①②③④　2002 年 7 月《广西民族学院学报》第 9 页《谈中国研究的一些方法论问题》。

中文大学人类学系、国际瑶族研究协会、山西大学华北文化研究中心、台湾东华大学族群关系与文化研究所。这些学会、教育及研究单位的建立对于普及和发展中国的人类学做出了巨大的贡献，同时在一定程度上提升了中国在国际人类学界的地位。

（佟春霞）

杜荣坤

杜荣坤（1935年——），上海市人。1953年考入上海复旦大学经济系，1957年毕业，分配到中国科学院民族研究所。当时因该所尚未成立，先至中央民族学院研究部报到工作，参加民族学研究班，听中国和前苏联著名专家讲授人类学、民族学诸课程，并参加该所筹备工作。1958年该所成立后，即参加新疆社会历史调查组从事调研工作，担任柯尔克孜族分组组长。1958年至1962年，作者在新疆克孜勒苏自治州阿图什县、乌恰县、阿合奇县、阿克陶县、阿克苏专区乌什县等柯族地区，进行社会历史调查工作。在调查期间，作者负责编写和参加编写多篇调查报告（已出版），参加民族问题五种丛书《柯尔克孜族简史》编写工作和《哈萨克族简史》内部铅印本的修改定稿工作。

杜荣坤1962年由新疆回京后，长期从事西北民族史、民族学和中国民族关系史研究工作。历任实习研究员、助理研究员、副研究员、研究员，行政上历任副主任、副所长、所长和《民族研究》杂志主编等职务。曾兼任全国哲学社会科学规划领导小组民族问题研究学科组副组长、中国民族研究团体联合会副会长、中国民族理论研究会副会长、中国民族史研究会副会长、中国民族经济研究会副会长、中国都市人类学研究会副会长、中国民族学研究会汉民族分会会长、影视人类学分会会长等职务。现仍担任全国哲学社会科学规划领导小组民族问题研究学科组副组长、中国民族研究团体联合会副会长、中国民族学会汉民族分会会长、影视人类学分会会长等职务。

杜荣坤在研究工作中，学术造诣深，成果颇丰。已出版与人合作和主编的主要论著有：《中国民族史》（副主编，1996年获北京市社科优秀成果特等奖，1997年获吴玉章哲学社会科学优秀成果奖、1999年获国家社科基金项目优秀成果一等奖等）、《准噶尔史略》（编写组负责人）、《西蒙古史研究》（1987年获北方十五省市自治区哲学社会科学优秀图书一等奖）、《柯尔克孜族简史》（1991年获新疆维吾尔自治区哲学社会科学优秀成果二等奖）、《柯尔克孜族》（知识丛书）、《柯尔克孜族社会历史调查》（1991年获新疆哲学社会科学优秀成果奖）、《中国少数民族调研丛书·哈萨克卷》、《中国历史地图集·西北图幅》（曾获上海哲学社会科学优秀成果特等奖、中国社会科学院优秀成果荣誉奖等）、《中国大百科全书·民族卷》（民族史分支学科副主编），参加编辑《中国民族史学术讨论会论文集》，主编《哈萨克族社会历史调查》和《影视人类学国际会议论文集》等等，并参加多种《辞典》条目编写工作，发表了一批学术性、理论性和开拓性较强的学术论文。

学术研究方面主要有以下贡献：

一、深入开展柯尔克孜族社会历史调查与研究

在长期深入民族地区进行调查和搜集大量文献资料基础上，与人合作编写出版我国第一部柯尔克孜族简史，撰写了多篇柯尔克孜族历史和现况的调查报告、学术论文及知识丛书，提出不少新见解，对维护祖国统一和领土完整，加强民族团结，作出了贡献。

二、开拓我国西蒙古史研究新领域

西蒙古准噶尔，原是我国清代卫拉特蒙古（清代汉文史籍中称其为厄鲁特）一游牧部落（当时卫拉特蒙古由准噶尔、杜尔伯特、和硕特、土尔扈特及辉特等部组成），为元代斡亦剌、明代瓦剌之后裔。明末清初，准噶尔崛起于我国西北，逐渐形成了以准噶尔贵族为统治核心，包括卫拉特诸部及其他一些突厥语族部落、蒙古部落在内的强大政权，卫拉特蒙古达到全盛时期。其活动范围遍及我国新疆、内蒙古、西藏、青海和前苏联的南西伯利亚、西西伯利亚、中亚及当时的喀尔喀蒙古部分地区，对这些地区的历史发展产生过重大影响。但长期以来，在我国蒙古史研究中，往往着重东蒙古史，而忽视西蒙古研究，一般只在从事清史研究中论述清统一西北时，才稍许涉及西蒙古问题。专题性著作和文章很少，尤其是对元明时期西蒙古之研究更是寥寥无几。自1976年起，杜荣坤即策划和组建包括中国社科院民族所和新疆社科院民族所科研人员在内的《准噶尔史略》编写组。这是新中国成立后编写的第一部比较系统完整的准噶尔史（1986年出版）。编写组对中外历史文献和档案资料作了比较充分的搜集整理与研究，吸收了国内外成果，对准噶尔历史的各个不同发展阶段和一系列重大的历史事件与历史人物，分别作了分析论述，提出许多新见解。通过对准噶尔史的编写研究，还发表了一批研究成果和论著，诸如《西蒙古史研究》、《瓦剌史》、《〈清实录〉准噶尔史料摘编》、《〈明实录〉瓦剌资料摘编》、《满文土尔扈特档案译编》等等，发表了一批有质量的专题研究论文，并在内部刊物上编译20多期的外文资料和民族文字资料，产生很大影响。通过对准噶尔史编写研究，编写组一些成员，后来皆成为国内外研究西蒙古史的著名专家，为其后在国内开展对西蒙古史的研究，起了积极推动和促进作用。

三、在西蒙古史研究中，提出一系列新见解

其主要表现在：①对厄鲁特的族源、分布、迁徙、政治、经济和社会发展变化及其与周围诸族的关系等，都提出自己独到见解。②关于对准噶尔领袖和历史人物如何评价问题。根据当时国内外历史背景和实际情况提出评价准噶尔历史人物三条标准：客观上是否有利于民族团结，祖国统一；是否有利于本民族社会经济的发展；是否有利于对外来侵略的反抗和斗争。16世纪至18

世纪中叶，准噶尔出现不少有名的台吉和可汗，前后有10多位领袖，过去有些学者，对他们的评价，常常采取全部否定或全部肯定的态度。根据以上标准，杜荣坤对准噶尔领袖人物评价不囿成说，而是根据大量历史资料，经过深入研究，实事求是地加以评述。他认为，在准噶尔历史上，除噶尔丹和阿睦尔撒纳外，对其他大多数领袖人物，不应轻易加以否定，破坏民族团结和祖国统一的民族败类毕竟是少数。特别是对策妄阿拉布坦和噶尔丹策零在准噶尔社会发展和对外斗争中所起积极作用，应充分肯定，恢复其历史本来面目。而对阿睦尔撒纳等，在新疆统一后，作为清廷高官，所进行的叛乱分裂活动，违背历史发展趋势，应给予否定。他认为，在评价准噶尔历史人物时，必须立足于中华民族，放眼整个历史发展过程，坚持实事求是、民族平等的原则，既要铲除历史上正统的封建王朝体系和大民族主义影响，又要冲破历史上遗留下来的民族偏见的束缚。只有站在全中国和全民族的立场，才能不至于因为准噶尔首领曾反对过清廷，而统称之为叛乱，否定他们在历史上的功绩；才能避免对清廷统一西北边疆只歌功颂德，而忽略他们的阶级局限性和民族压迫、歧视政策。同样，只有站在全中国和全民族立场，我们才能消除民族偏见，对一些领袖人物勾结外国侵略势力进行民族分裂活动，给各族人民所造成的祸害有足够的认识，才能对清朝统一西北边疆的历史意义作出恰当评价。

四、对我国统一多民族国家历史形成和发展规律问题的探讨

1982年，杜荣坤发表《试论我国历史上统一与分裂、战争与民族英雄》一文，提出我国历史发展的规律，是个有统一，有分裂，以统一为主流的不断发展过程，是历史长期发展和不断统一的结果。即由小统一到大统一，由局部割据政权的统一到地区的统一，由地区的统一发展到全国的统一，由若干民族的统一发展到几十个民族的统一。其间虽经过分裂时期，但总趋势是向着越来越大的地域、越来越多民族统一的方向发展，最后形成为清代大一统，奠定今天祖国大家庭的基础。1995 年，他在台湾作学术报告《略论中华民族的形成和发展》，具体论证了我国历史上所经历的四次民族大迁徙、大融合和五次统一，中华各族在无数裂变和凝聚中孕育成长，逐渐形成为不可分割的整体。在《准噶尔史研究中的几个问题》一文中他指出，从历史上看，我国与世界上某些多民族大国具有不同的发展特点。世界史上出现过的多民族大国，如罗马帝国虽有一时的统一，终究还是分裂成很多独立国家。而我国多民族历史的发展，虽也出现过分裂时期，但总的发展趋势，是一次又一次地走向统一，至清朝前期最后奠定我国多民族大家庭的基础。之所以出现这种区别，是因为世界上这些国家的统一是暂时的，缺乏内在的政治、经济和文化联系的共同基础，只维系于一时的军事威慑力量，一旦军事力量衰落，其成员即分崩离析，貌似强大的帝国也就烟消云散。而中国多民族国家的形成与发展，是建筑在源远流长的政治、经济、文化内在联系基础上，犹如千河万流，汹涌澎湃，奔腾向前，最后汇入浩瀚大海。

五、游牧民族宗法封建社会，是否存在封建土地所有制问题

关于游牧民族宗法封建制问题，在上世纪 50 年代，国内外学者曾展开讨论，但尚未得出一致结论，特别在我国，对此的探索很不够。一般都认为，游牧民族宗法封建社会，牲畜是生活资料，亦是唯一的生产资料，土地这种物质生产要素不起重要作用，不是生产资料，也不能建立封建土地所有制，不存在封建土地所有制问题。1989 年，杜荣坤发表《论哈萨克族游牧宗法封建制》一文，根据自己长期对柯尔克孜族、哈萨克族的调研，以有关的历史文献、习惯法及调查资料为依据，进行全面深入研究，对 15 世纪至新中国成立前，我国哈萨克游牧宗法封建制的基本特点进行探讨，认为游牧宗法封建社会中，和通常所指的农业民族封建社会，既有共同点，又有不同点。其共同点是，在封建制度下，生产关系的基础，都是封建主占有生产资料和不完全占有生产者。在游牧封建社会，土地亦是重要的生产资料，实际上存在着封建土地所有制，它是在氏族公社共同使用形式掩盖下的封建土地私有制。作者经过全面分析论证后指出，迄止新中国成立前夕，尽管哈萨克社会还保留着很多氏族制残余，封建领主对牧地的占有往往以“部落公有”的形式出现，对牧民的剥削也常常披着“氏族互助”的外衣，但这并不能掩盖封建所有制实质。其封建生产关系的基础，同样是封建牧主占有主要生产资料——牧地、牲畜，并控制着依附于牧场的牧民。只有获得对牧场支配权，封建领主才能在占有大量牧畜情况下，剥削奴役牧民。因此，他认为：对哈萨克宗法封建制的深入探讨，必然有助于阐明游牧民族社会历史发展的普遍规律和特殊现象，并有助于与农业定居民族的比较研究。

六、关于如何评价“新疆三区革命”的性质和错误问题

1944 年 9 月至 1949 年 9 月，在新疆伊犁、塔城、阿尔泰三区，爆发了以维吾尔族和哈萨克族为主体的各族人民声势浩大的反对国民党反动统治和帝国主义侵略的起义，建立三区革命根据地，开展了英勇的武装斗争，一直坚持到全国解放战争胜利，为新疆的和平解放作出了重要贡献。但由于它不是在中国共产党直接领导下进行的，最主要的是它没有进行民主改革，未能废除剥削制度，基本上没有触动封建地主阶级利益。在革命内部，封建统治上层还把持着一定领导权，特别是在基层，尚保留着封建统治阶级特权，人民仍然受到阶级剥削和封建压迫。三区革命初期，主要领导权曾一度掌握在封建宗教上层手中，他们大肆宣传泛伊斯兰教主义和大土耳其主义，不加区别地对待汉族，甚至发生杀害汉族人民的现象，公开宣称要成立所谓“东土耳其斯坦共和国”，企图将新疆从祖国大家庭中分裂出去，给三区革命带来严重危害。因而三区革命问题就成为很敏感问题，维吾尔、哈萨克等族和汉族学者都不敢去碰，不敢展开讨论，怕被说成是民族主义或大汉族主义。直至改革开放初期，提倡学术思想自由后，对三区革命的研究仍是一潭死水。为打破此僵局，引导大家破除顾虑，解放思想，开展“三区革命”问题自由讨论，以便分清是非、总结历史经验教训，最终得出正确的结论。杜荣坤于1986年在《民族研究》杂志上，发表《新疆三区革命是我国人民民主革命一部分》一文，这是改革开放后我国第一篇论述三区革命的文章。作者对三区革命作了充分肯定，认为三区革命是新疆近代史上一次具有重大历史意义的民族民主革命运动。它是在中国共产党领导的人民民主革命影响下产生和发展起来，是在一部分先进分子领导下进行的。其目的是反对国民党反动统治和帝国主义侵略，要求改善各族人民政治经济地位。由于三区革命坚持斗争，打击了国民党反动派在新疆的专制统治，粉碎帝国主义的侵略阴谋，牵制国民党在新疆的十万军队，有力地支援了全国尤其是西北的解放战争，为新疆和平解放创造了极为有利的条件。作者指出，三区革命和国内的人民解放战争是相辅相佐、互相支持的。作者亦指出，“三区革命”初期，在民族问题上是有错误和缺点的，但其内部始终存在着统一和分裂的矛盾与斗争，而最后先进分子革命派终究取得胜利。1947年，“三区革命”内部的民主进步力量以阿合买提江和阿巴索夫为首的革命派取得主要领导权后，在马列主义指导和中共影响下，与妨碍民族团结的各种错误论调和做法进行坚决斗争，拨正民族问题航向，终于使革命沿着正确的方向和道路健康发展。

此文发表后，对新疆和国内研究三区革命史与近现代史，有着较大影响。

七、关于“炎黄子孙”与“中华民族”提法问题

杜荣坤对包括官方在内的人们，常常以“炎黄子孙”来代表

“中华民族”之提法，持有异议。2002年，他在陕西宝鸡召开的汉民族研究国际学术讨论会上，提交《对“炎黄子孙”提法之我见》一文，此论文后在《中国民族报》和《论文集》上刊登。作者认为，“炎黄文化”并不等于“中华民族文化”或“中华文化”，反之亦然。作者认为“炎黄子孙”主要是指汉族，虽也包括部分少数民族，但不能涵盖所有少数民族，并从历史学、考古学、人类学和民族学的角度加以论证。作者在论述“中华”含义的历史演变后认为，“中华民族”为各民族之总称，其提法应包含“炎黄子孙”之内涵，但又不同于“炎黄子孙”。他认为，在一般情况下，“中华民族”的提法较为科学，也更符合我国统一多民族国家历史发展的实际，更有利于国家统一、民族团结及“振兴中华”的大业。

杨荆楚

杨荆楚，汉族，1935年7月生，湖南衡阳人。1963年毕业于武汉大学经济系。历任中国社会科学院民族研究所理论室主任、所学术委员、中国民族理论学会副会长、中国少数民族经济研究会常务理事等职。现任中国民族理论学会顾问，中国民族学汉民族分会常务副会长。

杨荆楚的主要学术成果有：主编撰写《毛泽东民族理论研究》、《东北渔猎民族现代化道路探索》两本学术专著。发表了《当前民族地区发展的几个问题》、《社会主义市场经济与民族关系的几个问题》、《东西部差距与西部大开发战略》、《西部大开发的新进展》、《民族地区全面建设小康社会的现状与前景》、《试论我国的社会主义民族》等100多篇论文。撰写了民族地区经济发展与民族宗教问题的调查研究报告百万余字。其中《改革开放中汉族和少数民族关系问题》被多家报刊和论文集转载；《云南沙甸民族宗教问题调查报告》被中共中央书记处摘发为党和国家领导人参阅文件，上述两篇调研报告和学术论文被评为中国社会科学院民族研究所科研成果一等奖。1992～1996年，为中国社会科学院重点项目《社会形势分析与预测》（蓝皮书）年度民族地区经济与社会发展预测的撰稿人，已有3篇年度报告被几部国家级大型论文集转载。1992年开始享受国务院特殊津贴。

杨荆楚长期从事民族理论和民族经济研究。他对毛泽东关于民族问题的理论和实践进行了深入的研究，主编了《毛泽东民族理论研究》一书，是毛泽东思想重点研究课题的组成部分。他指出，毛泽东对民族问题进行了一系列的论述，丰富和发展了马列主义民族问题理论。正是以毛泽东的民族理论为指导，党制定了适合中国国情的民族政策，逐步完善了民族立法，确保了少数民族的平等自治权利，维护了国家的统一，符合中华各民族人民的根本利益。书中，他系统地阐述了毛泽东关于中国是一个古老的统一的多民族国家、中国不分民族和部落、民族斗争说到底是一个阶级斗争问题这三个问题的思想。中华民族自古以来是统一的多民族国家，各民族在发展中已经形成了相互学习、密不可分的关系。民族斗争说到底是阶级斗争，只有消灭剥削阶级，才能根除民族压迫。在社会主义时期，各民族和工人阶级和劳动人民的利益是一致的，民族问题基本上是各族劳动人民之间的内部问题，但社会上的阶级斗争，在一定条件下，还会反映到民族关系上来。因此，他认为那种坚持社会主义时期民族问题的实质是阶级问题或否认社会主义时期阶级关系在一定条件下还会反映到民族关系上来的观点，都是片面的、错误的，都不符合马克思主义和毛泽东思想。

杨荆楚 1994 年主持了国家社科基金资助的重点课题，从 1988 年到 1990 年先后三次到黑龙江、内蒙古自治区的呼伦贝尔盟进行田野调查，走访了鄂温克、鄂伦春、赫哲和达斡尔等四个从事渔猎经济的少数民族，收集了大量第一手资料，编撰了《东北渔猎民族现代化道路选择》一书。他认为，后进民族现代化是社会和民族发展的必然趋势。东北渔猎民族有鄂伦春、赫哲族、鄂温克和达斡尔族。鄂伦春、赫哲族长期以渔猎为主，处于原始社会的末期；鄂温克族先民以渔猎和驯鹿为生，建国前，一半人从事游牧，一半人半农半猎或狩猎驯鹿。牧民进入了早期的封建社会，猎民部分处于原始落后状态。建国以来，党和政府对东北渔猎民族的发展、进步和现代化采取了一系列政策和措施。例如采取变游猎、游牧为定居的方式。1953 年，政府拨专款在黑龙江省黑河地区和内蒙古呼伦贝尔盟先后建立了十多个定居点——鄂伦春新村。鄂温克牧民在1958年开始定居，结束了世代游猎游牧的漂泊生活。1945年赫哲族也过上了新的生活。达斡尔族在新中国成立以后才真正有了固定的住所。还有，实行民族区域自治、积极培养少数民族干部、实现渔猎民族自己当家作主、大力发展民族教育、加速发展民族经济提高少数民族的生活水平和放宽政策、鼓励适当增加人口等措施，大大促进了这些民族的发展和进步，但也存在着许多困难和问题。例如产业结构单一没有从根本上得到解决，传统的渔猎经济已经走到了历史的尽头，改变传统生产方式已成为渔猎民族现代化的关键问题，平均主义、满足现状和依赖等待等传统保守思想严重束缚了民族的现代化，人口素质虽有很大提高，但科技水平低和普遍存在轻商意识，远不能适应现代化的要求，酗酒成为渔猎民族的一大公害，至今没有得到解决。书中用详实的第一手资料，对新中国成立前和新中国成立后的东北渔猎民族鄂伦春、赫哲族、鄂温克和达斡尔族这四个民族的生产生活进行了纵向比较，指出了它们在现代化进程中分别存在的困难与问题，并一一提出了它们的发展前景。此书对后进民族现代化的规律进行了积极的探索，为党和政府制定符合渔猎民族现代化实际的规划和措施提出了建议，为渔猎民族的加速发展做出了贡献。

（黄海珠）

参考文献

1. 杨荆楚主编：《毛泽东民族理论研究》，民族出版社，1994年。

2. 杨荆楚主编：《东北渔猎民族现代化道路探索》，民族出版社，1994年。

邵献书

邵献书，汉族，生于1935年11月，江苏省青浦县（今为上海市青浦区）人。1956年毕业于云南大学历史系本科，1959年中央民族学院（现中央民族大学）历史系民族学专业副博士研究生毕业，在学校执教至今。先在历史系，后在民族研究所、民族学系，目前在民族学与社会学学院任教。1992年晋升为教授，1993年被国务院学位委员会批准为民族学专业博士生导师。

早在青年时代，邵献书就师从著名历史学家方国瑜教授学习云南民族史、云南地方史史料，后亦曾向民族学家林耀华教授和前苏联专家莫斯科大学教授恩·恩·切博克萨罗夫及人类学家吴汝康教授学习民族学与体质人类学。20世纪50—60年代，在读研期间和毕业之初，就积极参加当时的全国少数民族社会历史调查研究和民族史志、自治地方概况编写工作。数十年间，为进行民族实地调查研究，指导研究生民族调查实习，足迹几乎遍及云南与川、黔民族地区，深入到各族村村寨寨。所有这些，都为邵献书的教学和科研工作奠定了扎实的基础。

长期以来，邵献书主要在校从事中国西南民族研究的教学工作，为历史系和民族学系本科生、硕士与博士研究生等讲授基础课程和专题讲座。他先后开设过“彝族简史与现状”、“中国西南民族”、“川滇凉山彝族奴隶制及其改革”、“民族学与现代化”、“中国西南民族汉文文献研究”、“中国西南民族金石铭刻和少数民族文字资料研究”、“中国西南民族史概论”、“中国西南民族志概论”、“中国西南民族史专题讲座”、“中国西南民族志专题讲座”等10多门课程。

自20世纪80年代中期起，邵献书开始指导民族学专业中国西南民族研究、民族学与现代化研究方向的硕士研究生，共培养硕士生16名。90年代初至今，指导民族学专业中国西南民族研究方向的博士研究生，迄今共培养博士生近30名（含在读）。他教学认真，方式多样，为人随和，对学生十分负责。目前，已毕业的研究生基本上都具有专业技术高级职称或成为有关单位业务骨干。在他的悉心指导修改下，近一半的博士学位论文已公开出版。由是，他赢得了学生们的尊敬与爱戴。

在主要从事教学工作的同时邵献书潜心科研工作，取得了丰硕的成果，至今已出版专著2部、合著19部、学术鉴定和审阅书稿2部（套）、发表学术论文数十篇。其合著或专著曾获得国家图书最高奖（如上海辞书出版社，《辞海》）、部委级一等奖（如人民出版社《中国少数民族》1981年版、中国国际广播出版社《婚姻家族词典》1987年版、上海辞书出版社《民族词典》1987年版、江苏科学技术出版社《中国民族建筑》1998—1999年版五卷本）、院校级一等奖（吉林教育出版社《南诏和大理国》1990年版）等。其中，有的译成日文出版（如中国青年出版社《中国少数民族常识》1984年版，译后易名为《概说中国少数民族》），有的在香港加印发行（如《南诏和大理国》），也有的在台湾改订出版（如宁夏人民出版社《中国少数民族历史故事》1998年版）等。

邵献书治学严谨，实事求是，不沽名钓誉，亦不随波逐流，学术观点多有创见。

如其所著《南诏和大理国》一书，除对先后与唐、五代十国、宋王朝相始终的，由西南少数民族为主体建立的地方政权南诏和长和、天兴、义宁及大理国，就其历史面貌、政治制度、经济状况、境内民族、文化艺术、习俗宗教等作了相当全面的历史民族学的论述，填补了之前这方面完整研究的空白外，提出了南诏之始建年代应在唐开元二十六年（738 年），即唐王朝册封蒙会诏（南诏）诏主皮逻阁为“云南王”、“越国公”、赐名“归义”之时，而非一般认为始建于唐贞观二十三年（649 年）蒙会诏首领细奴逻建立所谓“大蒙”政权之时，而南诏系今西南白族先民为主体民族所建，亦非一般认为系今西南彝族先民为主体民族所建，这部著作，在云南尤其在大理地区赢得了好评。又如其早年所编著《彝族简志》（下）一书（中国科学院民族研究所 1963 年版），不仅弥补了占我国西南彝族人口最多、分布最广这类封建制地区长时期研究的不足，还对这一广阔地区众多彝族作了全方位横剖面的论述。

三国时期蜀相诸葛亮，以前曾一度被推崇为法家代表人物之一，也是一位改善与西南各族关系的典型人物。但邵献书的《诸葛亮和西南少数民族》一文（载中央民族学院科研处编《中央民族学院学术论文选集·历史学》1980 年版），认为诸葛亮是一位著名的政治家、军事家，不仅在汉族而且在西南民族中也是一位被广为传颂的人物，尽管他在统一和治理南中的某些政策措施方面是有其功绩的，且在客观上也起过一定的进步作用，然而他在南中地区基本上仍继承了东汉以来封建统治者扶植汉族大姓和压制当地少数民族的政策，至于长时期西南民族对他的传颂，则是因历史上的各种原因所造成。与之有关，另一篇《试论孟获的身份和族别》一文（载《中央民族学院学报》1987 年第 6 期），认为三国时期的孟获，应是当时南中汉族大姓之一，并非一般认为他是少数民族甚至是彝族，而诸葛亮对他的“七擒七纵”，无非是屡战屡胜屡放而已，为安定当时蜀汉后方的一种举措，以便全力贯彻其对付曹魏的基本国策。彝族龙云、卢汉，是民国时期两位有影响的人物，但是，过去有关对他们两位的评价多有失公允。《龙云》和《卢汉》两篇传论（均载中华书局 1981 年《民国人物传》第三卷）明确指出，这两位民国著名人物，虽在历史上都曾有不光彩的一面，但龙云是爱国、抗日、反蒋的，卢汉也是爱国、抗日、最终反蒋的，新中国成立前夕他们都毅然脱离国民党蒋介石集团，回到人民的怀抱，对他们一生的是非功过，作出了公正客观的评价。

从20世纪50年代后期起，在我国史学界、民族学界曾传颂过有关清末云南彝族农民起义领袖李文学等人种种反清英雄业绩，这是因刘尧汉辑注发表在《近代史资料》1957年第2期《云南哀牢山区彝族反清斗争史料》长文所引起。此文主要收录经刘尧汉访获的署清光绪十年（1884年）廪生夏正寅所撰《哀牢夷雄列传》一文，并附亦经刘尧汉访获的署清光绪十一贡生王衮所撰《爱乐山域夷变纪略》一文；此外，刘尧汉尚有《云南哀牢山区彝族反清斗争调查记录》、《云南哀牢山区彝族反清斗争调查记录补》二篇资料（分别载于《近代史资料》1957年第3期、1963年第1期）。此后20多年间附和者蜂起，不仅将《列传》、《纪略》等视为信史，多有论著发表，在一些中国近代史和有关展览及图集中，也添入了这一内容，甚至在所谓李文学当年誓师起义的云南弥渡天生营，有关单位还为之立碑并附以长篇说明，等等。可见这事影响之大。但是，邵献书的《夏正寅〈哀牢夷雄列传〉辨伪》（载《近代研究》1980年第1期），连同其姊妹篇《评〈李文学起义〉》、《关于田政几个问题的辨析》（分别载《中央民族学院学报》1980年第3期、1981年第3期），经仔细考证认为，尽管于清末云南大理杜文秀回民起义后期，在云南弥渡、蒙化（今巍山）等地确有李文学或李正学其人，必曾从事过反清斗争，但上述曾被奉为信史之《列传》、《纪略》，基本内容不可信，乃系近人托名前清廪生、贡生夏正寅和王衮之伪作。这一观点，近20多年来逐渐已被多数人接受。

邵献书在长期的教学和科研工作中始终认为在充分吸取国外先进民族学理论和方法的基础上，中国民族学应重视与兄弟学科的密切结合与联系，一定要坚定不移地走中国化的道路，而当前中国民族学的重中之重是对我国少数民族与族群的研究。对我国少数民族和族群的研究，当然主要注重于他们的现实社会，尤其在目前西部大开发的大背景下，各族的现代化问题被理所当然地提到了首要的位置。与此同时，应十分重视民族学的实地调查研究。当然，在主要注重各民族现实社会的前提下，不能忽视历史，这是我国民族学的优良传统之一，也是历史民族学的任务所在。为此，有关的历史文献和实物就显得相当重要。近些年来，邵献书一直致力于中国西南等民族汉文文献和金石铭刻的研究，除付之于教学中外，计有百万字主要参与所著的《中国少数民族古籍集解》一书，将由云南教育出版社出版，它的问世将对我国民族学界是一大贡献。

哈经雄

（一）

哈经雄，回族，祖籍江苏南京，1936年12月出生于江西省南昌市。1952年毕业于江西省南昌师范学校，同年分配到江西省工农干部文化补习学校任教。1955年考入华中师范学院。1958年在华中师范学院提前毕业留校任教，并先后担任系主任、《高等教育研究》杂志主编、高等教育研究会秘书长、华中师范大学校秘书长等职。1987年担任中南民族学院院长，兼《民族高等教育》杂志主编、高等教育研究所所长。在此期间被选为湖北省人大代表、民族宗教委员会委员、武汉市政协委员。1991年12月—2000年1月调任中央民族学院院长、中央民族大学校长。1995年担任博士生导师，培养了我国第一个民族教育与文化专业博士。2003年7月退休。

哈经雄曾担任国务院学位委员会学科评议组成员、北京市学位委员会委员、学科评议组组长。现为全国博士后科研流动站法学教育学专家组成员、全国教育科学规划民族教育学科专家组组长、中国教育学会少数民族教育研究会副会长、全国民族中学协会名誉会长、西北师范大学教育学基地学术委员会主席、内蒙古师范大学顾问、云南大学西南边疆民族研究中心兼职研究员、中国伊斯兰教协会委员、中国回族学研究会常务副会长。同时担任美国休斯敦大学亚美研究中心咨询委员、美国教育文化基金会中国项目负责人。

哈经雄曾到美国等十余个国家和地区讲学和学术交流，在瑞士受到联合国教科文组织的书面表彰。

哈经雄承担过的重大课题有：1.《中央民族大学和加拿大西蒙弗雷泽大学、中加大学巩固合作特别项目》（1996—2001，中方项目主任）；2. 全国教育科学“九五”规划国家重点课题《21世纪初中国少数民族高等教育发展研究》（负责人）；3. 全国教育科学“十五”规划国家重点课题《西部大开发与中国少数民族教育改革和发展研究》（负责人）。

哈经雄撰写和主编的专著、论文达50余项。其中有代表性和重要影响的是：《中国少数民族高等教育学》（主编，1999年获全国第二届教育科学研究优秀成果一等奖）、《民族教育学通论》（与滕星主编，2002年获北京市第七届哲学社会科学优秀成果二等奖）、《陶行知年谱》、《中国高等教育管理学》（副主编）、《民族教育学科体系构成及现状》、《民族教育与中国现代化》、《新中国少数民族高等教育的回顾与展望》等。

（二）

哈经雄从事各类教育的教学、管理和科学研究已50余年，20世纪80年代以前主要研究高等教育和现代教育家思想。近20年来，他着重研究少数民族教育，是中国民族教育研究的开拓者。下面侧重介绍他对高等教育和民族教育的论述。

1. 关于民族院校的办学思想[①]

在人才培养上，他认为，要突出三个方面。一是为少数民族和民族地区的现代化建设培养领导骨干；二是为民族地区的各条战线培养建设者和管理骨干；三是培养能进行民族问题或有关科学文化领域研究的专家学者。

---

① 李静波等主编：《大学校长书记谈办学》，科学出版社，2001，第181—185页。

在办学特色方面，他认为，民族院校特别是民族大学在少数民族人才培养上，除应具备普通高校的共性要求外，还应有自己的特殊要求——熟悉马克思主义民族理论、民族政策，具有马克思主义民族观、宗教观，维护祖国统一，反对民族分裂，愿意为少数民族地区的社会进步和经济发展献身，会做民族工作，且具有一定组织、领导能力。

在学校职能方面，中央民族大学要为经济建设主战场服务，为民族地区服务，为两个文明建设服务，紧紧围绕学校教学这一中心工作，使科研水平不断提高。同时为我国民族研究及国家制定或修订有关民族和民族地区的政策提供重要依据。

2. 关于民族教育

早在1968年哈经雄就带领华中师范学院80多位教师、干部到鄂西土家族苗族自治州进行了半年多的调查研究和培训民办教师。1984年参加帮助鄂西土家族苗族自治州筹建大学（原鄂西大学，现为湖北民族学院）。1986年到民族院校工作后，他更是致力于民族教育研究，对建立和发展中国民族教育理论做出了重大贡献。

(1) 民族教育学的含义和学科性质

民族教育学是研究多民族国家中不同文化背景的各个民族的教育规律的一门科学，在探索人类教育共同规律的同时，重点探讨不同民族教育的特殊规律及特殊性。民族教育学兼有教育科学与民族科学的双重性质，是一门具有综合性质的边缘学科。①

(2) 民族教育现代化的策略

第一，重视基础教育，加大投入，继续采取多种形式办学，努力提高少数民族人民的整体文化素质。民族基础教育是提高民

① 哈经雄、滕星：《民族教育学学科体系构成及现状》，《民族教育研究》1996年第4期。

族人口素质的奠基工程，发展民族教育的重心应是普及义务教育。第二，发展多种形式的民族职业技术教育和电化教育。第三，加强师资培训，提高中小学师资水平，促进大学生录取率的增长。建设一支数量和质量都符合要求的民族教育师资队伍，是发展民族教育的根本大计。第四，切实做好民族教育立法工作，制定相关政策，开展对民族地区教育的对口支援，让更多的民族大学生毕业后返回家乡，投身于民族地区的现代化建设。民族教育的发展必须有法律、法规的保障。民族教育改革，也只有在法律法规的保障下，才能够真正落到实处，才能保持教育行政管理工作的稳定性和持续性，提高民族教育管理的规范化、制度化和科学化程度。第五，切实改善少数民族地区知识分子的工作条件和生活条件，以解决其后顾之忧，减少流失。第六，要发展民族教育，提高民族教育水平，必须民族教育思想现代化，民族教育内容现代化，民族教师队伍素质现代化，民族教育手段现代化，民族教育管理现代化。①

3. 关于西部大开发与少数民族教育的发展

哈经雄认为，西部大开发也是民族地区和少数民族的大开发。西部大开发对少数民族、民族地区和国家社会主义现代化建设的全局有着重大而深远的影响。今天的西部大开发，处在知识经济初见端倪、科教兴国战略日益深入人心的时代，教育处于全局性、基础性和战略性的地位。显然，西部大开发既为民族教育的发展带来了良好的机遇，也使民族教育面临许多新的挑战，尤其是将促使民族教育进行前所未有的改革。

21 世纪初中国的民族教育如何面对世界教育的变革和发展？如何面对中国教育的改革发展？民族教育体制及其结构、专业学

---

① 哈经雄：《民族教育与中国现代化》，载乔健等主编：《社会科学的应用与中国现代化》，北京大学出版社 1999 年，第 266—276 页。

科建设、教学内容与课程设置、教学管理与评估、教材教法等如何改革与发展?

4. 关于少数民族高等教育的改革与发展

哈经雄认为，少数民族高等教育区别于普通高等教育的基本属性及特征主要是：以少数民族和民族地区学生为主要对象，重视少数民族文化、民族地区社会经济发展问题的教学和研究，重视为少数民族及民族地区服务，具有一定跨文化教育的色彩。

新中国民族高等教育得到了史无前例的发展，取得了举世瞩目的成就，其历史经验主要有：必须坚持党的教育方针，必须坚持为党的民族工作服务、为少数民族和民族地区服务的办学宗旨，确立适合时代发展要求的培养目标和学校定位；必须坚持党的领导，坚持社会主义办学方向，不断加强思想政治工作，保持和发挥政治优势；必须坚持按教育规律和民族工作规律办事，发挥自身的优势和特色，促进学校的健康发展；必须坚持“三个面向”的方针，不断改革创新，坚持对外开放，使学校融入当代教育、经济、科技发展的大循环之中；必须坚持学校的不断发展和改革，其中体制改革和创新是关键，教育改革是核心，教育思想和教育观念革新是先导，尤其是提高教育质量是永恒主题；要尽快缩小和消除少数民族和民族地区在接受高等教育方面的差距，使民族高等教育适应和促进民族地区社会经济的发展，就必须适当超前、跨越式地发展少数民族高等教育。

多民族国家中，社会要和谐发展，少数民族要有效地加入到现代文明中，就必须发展少数民族高等教育；要迅速发展少数民族高等教育，就要切实实行各民族平等的制度，在政策和资金等方面给予扶持，在一定历史时期内建立专门的民族院校是必要的；发展少数民族高等教育时，应坚持多元一体的原则，在录取学生、设置课程等方面，既要反对民族歧视，又要反对偏激的狭隘民族主义，真正促使少数民族高等教育持续、稳定、健康的发展。

新时期少数民族高等教育的定位是：民族高等教育既是民族教育的有机构成部分，处于整个民族教育体系的最高层次，同时又是中国高等教育的重要构成部分。它的创立和发展，是对我国高等教育事业的重要补充和促进，特别是民族学院、民族班的创立发展，更是丰富了我国高等教育的内容和形式。但是，少数民族高等教育不应机械划分为一个独立的教育体系，应该从更高的层次——整个中华民族的角度来考虑，即我国的高等教育是包括56个民族在内的整体，少数民族教育只是其中的一部分。在这个大系统当中，既要充分体现少数民族的特点，即表现为文化上的“多元”；又必须强调国家的统一意识，即它们的“一体”。

对于少数民族高等教育的结构与布局，要抓住西部大开发和中国高等教育大发展的机遇，在层次结构方面，在有条件的高校加强研究生教育，稳步发展本科教育，大力发展民族地区急需的高等职业教育类型的专科教育；在专业结构方面，继续发展和振兴民族学科、畜牧林特等特色学科和优势专业，大力发展民族地区社会经济发展需要的实用性和紧缺性专业；在类型结构方面，在继续发展普通高等教育的同时，适应终身教育的趋势，大力发展充分开发人力资源的高等成人教育，尤其是民族干部和民族地区科技人才的继续教育；在形式结构方面，同时发展校园教育与远程教育，尤其是灵活多样地大力发展适应民族地区地理和经济条件的现代远程教育形式；在布局结构方面，调整民族地区现有高等教育，并解决西藏、青海等地高校数量过少的问题，利用内地高校优势，结对支援或在民族地区开辟新校园。

(三)

哈经雄的另一贡献，是对民族教育学科发展方面。

1. 基地建设：先后在中南民族学院和中央民族大学支持和

运作成立民族教育研究所，创办《民族教育研究》刊物。

2. 人才队伍建设：一，申报并被批准全国第一个民族教育硕士点，开始招收全国第一批民族教育学硕士生和博士生。二，通过课题攻关，培养民族教育研究队伍。例如，在他主持的“十五”国家重点课题研究时，力求体现以下特色：打破学科、学校界限，集合各自治区和多民族省数十所高校和科研机构的百余名民族教育教学人员，进行集体攻关，团结协作，分工负责，发挥团队精神，发挥各自优势，把学术研究和学科建设、队伍建设结合起来，把开展研究、完成课题的过程作为学习的过程、实践的过程，作为培养和培训民族教育理论队伍的过程，争取研究成果和研究队伍双丰收。

哈经雄先后培养了近 30 名民族教育方向的研究生，对民族教育研究队伍建设作出了突出贡献。他的弟子中不少人毕业后迅速成才，在所在岗位大显身手。例如，王军博士现任中央民族大学教育学院教授、博士生导师、院长，苏德博士现任内蒙古师范大学教授、学院书记，常永才、陈立鹏、丁月牙、谭志松、张俊豪、沈桂萍、胡玉萍、李廷海等人也正成为民族教育研究的后起之秀。陈立鹏博士还被邀请承担民族教育法草案的第一执笔人。

3. 促成在全国教育科学规划中成立民族教育学科组，并担任学科组组长，促进了全国民族教育研究的全面发展。

4. 明确提出民族教育是一个相对独立的学科，并论述其学科体系。

总之，民族教育作为一门年轻的学术领域和学科，在 20 年的时间里得到显著发展，哈经雄对该学科的创立、研究队伍的培养、学术交流、社会影响等方面，做了大量开拓性的工作和不可磨灭的贡献。

（钟清秀　常永才）

梁庭望

梁庭望，壮族，广西马山县古寨乡古今村岽竹屯归河弄人，中共党员，中央民族大学原副校长、教授、博士生导师。

梁庭望1937年3月17日（农历2月5日）出生于一个贫苦的农民家庭，先祖几代前从都安逃荒到拉段附近的拉更屯，父母为逃避水灾又逃到岽竹，他们都是诚实憨厚的农民，目不识丁。因为人地生疏，屡受欺凌。曾被附近村一伙歹徒蒙面持火洗劫一空，几乎丧命。

梁庭望少年时期多灾多难，身体虚弱。他一出生母亲就得了重病，不满周岁丧母，体弱多病，几度危急。13岁丧父，孤苦伶仃，既无叔伯兄弟可以依靠，三个姐姐又相继出嫁，唯与年逾八旬的奶奶相依为命。

梁庭望上学纯属偶然。抗战期间，有一年遭遇灾荒，家中迫不得已把唯一一块好地当卖，谁知买主欺他父亲不识字，把当字故意写成绝字，一块命根子土地就这样丢掉了。父亲认为受人欺负在于不识字，发誓送他上学。在小学里他受到了以一位伪科长儿子为首的一群恶少的百般欺凌，不堪回首。1949年春夏之交游击队解放了古寨乡（时称古善乡），梁庭望参加了一个半秘密的宣传小组，白天守路口，晚上到各村屯进行宣传，全乡各村屯几乎都曾经去过，直到1949年12月解放。

1950年初，梁庭望考上了隆山中学（即现在的马山中学），但仅几个月父亲就突然去世，他不得不辍学。待到1951年复学，他完全失去了家庭和亲友的依靠，唯有靠政府助学金上学。

1954年考上武鸣高中，1957年考上中央民族学院（中央民族大学前身)，从中学到大学全靠政府甲等助学金。1961 年毕业于壮语言文学专业本科，留校从事壮族文学和历史文化的教学和研究工作。

梁庭望留校工作以后，一直是“双肩挑”。先后担任过语文系团总支副书记、留学生部留学生班主任、中文系负责人、政治系副主任、少数民族语言文学三系暨民族语言研究所党总支书记、教务处长、中央民族大学副校长，分管教学研究工作。校内还先后担任中央民族学院教学研讨组副组长、中央民族大学学术委员会副主任、职称评审委员会副主任、学位委员会副主任、教学改革指导委员会副主任、群体活动委员会主任、“211”工程领导小组副组长、“211”工程项目验收专家组成员、少数民族文学研究所名誉所长、民族博物馆顾问等。任少数民族语言文学三系暨民族语言研究所党总支书记期间，该系所连获全国民族团结先进集体和全国少数民族教育先进单位两个荣誉，科研成果多年在全校名列前茅。任副校长期间，强力整顿 1989 年搞乱了的教学秩序；大刀阔斧对全校专业按保持、新增、暂停、扩大、缩小、改向、合并七种模式进行改造；重建课程体系，砍掉了 35% 的旧课程，重编教材；在教学科研人员中率先改革分配制度，将工资以外的奖金、超课时费、科研奖励等等（约占总收入的 50—60%）绑在一起，化为课时费（科研成果折算），多劳多得，不劳不得。这四项动作较大的举措为后来深化改革打下了比较好的基础。

在校外，先后任国务院学位办新增博士点硕士点通讯评审专家、亚洲开发银行技术援助中国教育部民族教育项目专家、中国学位与研究生学会师范类（含民族）工作委员会执委、中国社会科学院文学类博士生导师评审专家、国家民委所属高校系统专业设置委员会评委、国家民委职称评审委员会委员、文化部民族文化保护工程特约专家、国家民委《中国少数民族古籍总目提要》

领导小组成员、北京市职称评审委员会委员兼文史学科组组长、中国少数民族文学学会党组成员兼副理事长、中国少数民族比较文学研究会常务理事、中国五省区（广西、云南、贵州、广东、湖南）壮族古籍整理协作领导小组副主任、中央统战部《中国民族百科全书》总编委兼分卷主编、中国民间文艺家协会稻作文化专业委员会主任、中国民族古文字研究会顾问等。

梁庭望留校以来，先后开设的课程有《历代文选》、《现代汉语》、《文学通论》、《写作通论》、《壮族文学史》、《壮族文学艺术概论》、《壮族文化概论》、《壮侗语族各民族文学概论》、《壮侗语族各民族文化概论》、《中国少数民族文学史》、《中国少数民族文学概论》、《中国少数民族文化概论》、《中国少数民族文学比较研究》等10多门课程。教授对象有大专生、本科生、进修生、硕士生、博士生和留学生，留学生中有进修生、本科生、硕士生、博士生和访问学者。由于授课注意知识的含金量和前沿性，以及语言表达的准确性和生动性，学生比较欢迎。曾被评为北京市优秀教师，获北京市优秀教学成果奖和国务院政府特殊津贴。他同时还是中国岩画中心、广西民族学院等单位兼职教授。

几十年来，梁庭望笔耕不止，几乎所有的业余时间和节假日都用在研究和写作上，先后独撰、主编、参编的著作主要有《壮族文学概要》、《壮族文化概论》、《传扬歌》、《壮族》、《壮族风俗志》、《壮族通史》、《壮族科学技术史》、《中国少数民族文学史》、《中国少数民族文学概论》、《中国少数民族文学》、《中国少数民族文学比较研究》、《我是中国的孩子》、《中央民族大学五十年》、《中国民族百科全书》(壮、黎、仫佬、毛南、京族卷和布依、侗、水、仡佬族卷)、《壮族伦理道德长诗传扬歌译注》等30多种，《编写〈中国少数民族文学史〉若干问题思考》、《论中华文化的板块结构》、《歌墟起源及其发展》、《关于推行壮文的若干理论问题》、《越族神话与古希腊神话神祇之比较》、《论少数民族高层人才培养的特殊使命》、《中央民族大学的特殊地位和作用》、《泰国教育管窥》、《西欧教育考察的启示》、《栽培稻起源研究新证》、《二十世纪壮族的回顾》、《二十世纪的中国少数民族文学研究》、《广西花山崖画探谜》、《古代越人对发明水稻人工栽培的贡献》、《冲出滇国研究的突破口》、《北京——中华文化交流、整合、升华的中枢》等论文170多篇，其他诗文几百篇，总计800万多字（不包括主编部分）。在已经出版的著作中，《中国少数民族文学史》先后荣获北京市优秀社科成果一等奖、国家民委系统高校优秀教材一等奖、国家教委优秀社科成果二等奖，其他还获多项部委级奖。壮族研究方面，在栽培稻起源、花山主体形象为壮族图腾蛙神、壮族文学历史分期、壮族奴隶制、歌墟起源、《传扬歌》研究、壮族铜鼓研究、壮族风俗研究、《粤风》疏证、壮族文字史研究、壮族神话谱系构拟、壮族图腾研究等方面都有所突破。中国少数民族文学、文化方面，对中华文化的板块结构，中国少数民族文学的定义、范围、特点及其与汉文学的关系，中国少数民族文学各种体裁的特征，少数民族文学的演化规律和特点，少数民族文学的研究方法和途径，民族文学与民族文化的关系，民族文学比较研究，20世纪中国少数民族文学的发展等方面，也都有所突破或建树。

梁庭望的一些著作已流布到欧美、东北亚、东南亚一些国家，其论点常常被国内外学者所引用。如日本国家院教授辰巳正明在其专著《诗的起源》一书中，引用了《壮族文学概要》的第6章歌墟整整一章。著名教授君岛久子也在其多种著作中引用他的观点。

梁庭望退休以后学术活动和社会活动似乎更忙了，依然没有节假日，晚上工作到很晚。他还在上课，正在带少数民族文学综合研究方向的博士生，以便把55个少数民族文学的综合研究这一难度较大的课题传下去。学术活动更加繁重，他把小时候种地、放羊、打柴养成的吃苦精神转移到科研上，退休以来平均每年出版一本书以上。这些项目大都具有传帮带性质，属于他自己的项目，常常分一部分给年轻人。目前手头还有几套丛书，即《中国民族百科全书》（15 卷，任总编委兼分卷主编）、《宗教丛书》（4 部，任主编）、《壮学丛书》（60 多部，任副总主编兼学术委员会主任）、《中国少数民族文学丛书》（6 部，任主编）、《蓝鸿恩文集》（4 部，编委会主任）。即将出版的著作有《中国少数民族诗歌史》（专著）、《20 世纪中国少数民族文学编年史》（合著，撰写 1900—1949 年部分）、《中国南方少数民族宗教》（合著，主撰）、《中国少数民族文化概论》（编委，参编）、《壮侗语族各民族文学论纲》（合著，主撰）、《中国少数民族古籍辞典》（壮族部分）、《民族文学关系研究》（编委，参编）、《中国少数民族古籍精品图典》（壮族部分）、《中国少数民族风俗》（壮族部分）。梁庭望“不知老之将至”，他觉得自己是党和政府培养起来的，在身体还能坚持的时候，舍不得把时间花在娱乐上。他唯一的休闲方式是工作间隙打太极拳、自我按摩和饭后散步几十分钟，以保持工作精力。

（肖　晖）

白翠琴

白翠琴（1938 年——）浙江省平阳县人。中国社会科学院研究员。1964 年夏毕业于南开大学历史系，分配到中国科学院哲学社会科学部（后改为中国社会科学院）民族研究所（现改为民族学与人类学研究所）工作。长期从事西蒙古史、魏晋南北朝民族史及中国少数民族法制史的研究。思维敏锐，治学严谨，勤勉刻苦，勇于探索，成果丰厚。近年来，虽被眼疾所困，仍笔耕不辍，为我国民族史学的繁荣和发展继续发挥余热。其对学术孜孜以求、锲而不舍的精神，给同行留下深刻印象，曾被中国社科院院部评为先进女科研工作者。

数十年来，她积极参加国家及院所重大课题项目，出色地完成各项集体科研任务。与此同时，不断学习新知识充实自己，利用多学科的研究成果，加强个人有关课题探讨，在掌握大量资料基础上，提出许多独到见解。独著或与他人合作先后出版了十余部专著及大型工具书。其中主要的有《瓦剌史》（1991 年，吉林教育出版社）、《魏晋南北朝民族史》（1996 年，四川民族出版社）、《准噶尔史略》（1985 年，人民出版社）、《西蒙古史研究》（1986 年，新疆人民出版社）、《中国民族关系史纲要》（1990 年，中国社科出版社）、《中国民族史》（1994 年，中国社科出版社）、《中亚文明史》第五卷（2003 年，法国巴黎，联合国教科文组织主持）、《中国历代民族政策研究》（1993 年，青海人民出版社）、《中原地区历史上的民族融合》（2004 年，内蒙古人民出版社）、《北疆通史》（2002 年，中州古籍出版社）、《中国饮食史》第六卷（1999 年，华夏出版社）；《中国民族史人物辞典》（1990 年，中国社会科学出版社)、《中国民族史大辞典》(1994年，吉林教育出版社)、《中国历史大辞典》(1994年，上海辞书出版社)、《新疆历史辞典》(1994年，新疆人民出版社)等等。有不少成果曾获国家或院级优秀成果奖(例如：第九届中国图书奖、国家社科基金项目优秀成果一等奖、中国人民大学吴玉章奖暨第六届人文哲学社会科学成果优秀奖、中国社科院优秀成果一等奖等)。并且还发表了50余篇近90万字的学术论文，对民族史及少数民族法制史等有关问题进行深层次探讨。

一、致力瓦剌史研究，填补久悬学术空白

15世纪前期，瓦剌崛起漠北，统一蒙古。进而联结东西蒙古诸卫，巩固两翼，拆除明廷“西域屏障”和“辽海藩篱”，并挥戈南下，大败明军，俘获明宗，威震中原。长期以来，瓦剌部众驰骋在辽阔的西北原野，内勤牧耕，外御强敌，为开发与捍卫祖国边疆作出了重大贡献。但在双重正统观念(汉族封建正统观念、蒙古成吉思汗系黄金氏族正统观念)的束缚及影响下，对瓦剌历史很少予以客观系统的论述及公正评价。因而留给后世的是残缺不全的记载和迷雾重重的疑团。

过去，瓦剌史长期是一个冷僻的角落，以其资料分散、钩稽不易而为明代蒙古史研究中之难题，不仅没有综合性的专著，连专题论文也不常见，瓦剌的史实只有在中国通史和蒙古史综合著作中略有所述，语焉不详。白翠琴在尽可能搜集各种有关资料及吸取国内外研究成果的基础上，积多年潜心研究，写出《瓦剌史》。钩沉剔微，据实考述，对瓦剌政治、经济、军事、文化及社会生活各个方面进行深刻探讨。在许多问题上不乏独到见解，如对瓦剌族源、各部源流及分布、瓦剌联盟形成及变化、社会结构、政治状况、文化习俗、也先之后二百年历史等，皆搜遗辑佚，综汇诸家，提出自己新看法。《瓦剌史》是我国第一部较为全面系统研究瓦剌史的专著，填补了学术界在这方面研究的空白，受到国内外好评。

20余年来，她发表大量西蒙古史研究学术论文。例如：《1257年释迦院碑考释》、《斡亦剌贵族与成吉思汗系联姻考述》、《瓦剌境域变迁考述》、《瓦剌王猛可帖木儿杂考》及《续考》、《从经济交流看瓦剌与中原地区的关系》、《明代大同马市与蒙汉关系刍议》、《明代蒙古与西域关系述略》、《明前期蒙古与女真关系述略》、《论脱欢、也先与脱脱不花的联盟》、《也先之后瓦剌探微》、《十五至十八世纪卫拉特社会组织和统治机构》、《卫拉特蒙古官制演变考述》、《土尔扈特早期史探微》等等。而在《关于评价也先汗的几个问题》中，则针对其是“叛逆”、“篡位者”、“诡诈百端的虏首”、“杀掠犯境的逆贼”等传统看法，从巩固东西蒙古的统一，打破传统观念和排除习惯势力的障碍，成为非黄金氏族蒙古大汗；采取措施，促进瓦剌社会经济复苏和发展；“土木之役”后审时度势，达成“景泰和议”等三方面进行探讨，认为综观也先戎马倥偬生涯，论析其功过，他应是蒙古史上有作为的首领，完全可以与达延汗等同样彪炳青册。

二、潜心探索魏晋南北朝民族史，梳理辨析创新意

因参与编写国家“六五”重点项目《中国民族关系史纲要》之需，从20世纪80年代中期开始，将精力逐渐转向魏晋南北朝民族史及关系史之研究。主要成果有《魏晋南北朝民族史》；《中国民族关系史纲要》魏晋南北朝部分；《中国民族史》（国家“七五”规划重点项目）中乌桓、鲜卑、羯胡、柔然、敕勒、氐、羌等部分；《中国历代民族政策研究》之《魏晋南北朝民族政策概论》；《中原地区历史上的民族融合》的“魏晋南北朝编”及“隋唐编”等等。并发表大批有关学术论文。

魏晋南北朝时期各民族、部族的历史活动，不管是自觉还是不自觉、主动抑或被动，客观上都为功业辉煌、文化灿烂的“大唐盛世”的形成作出了重大贡献。历史一再证明，雄伟绚丽且五千年绵延不绝的中华文明是各族人民共同创造、继承、保护和发展的结果，也是我们中华民族团结奋进、共同繁荣的历史根基和文化渊源。而《魏晋南北朝民族史》以丰富的史实、科学的方法、简洁的文笔凸现了此一历史主题，展示出中华民族演进史中具有深远历史意义的重要一章。此书为国内外第一部全面、系统地论述魏晋南北朝各族历史的学术著作，无论是其选题还是内容都具有开拓意义。书中除了对当时中华大地诸族的源流、分布、迁徙以及政治演变、社会制度、经济生活、文化艺术、风俗习惯、与他族交往和融合、对创造中华的贡献等方面进行精辟论述，在很多问题上提出独到见解外，还对这个时期民族融合特点及汉民族发展问题高屋建瓴地加以剖析和概括。作者摆脱旧史的窠臼，一反“五胡乱华”、“民族间大混战”、“汉族惨遭杀戮”、“历史大倒退”之陈词。认为此时期是我国汉族发展的重要阶段，民族大迁徙、大融合给汉族注入了大量新鲜血液，而在融合过程中，汉族又汲取了少数民族文化精华，大大丰富了自身物质文化和精神文化。并且，汉族人口分布较前广泛、合理，与其他民族一起，对恢复北方社会经济和开发江南共同作出了贡献，为隋唐繁荣昌盛、汉族大发展奠定了基础。此书出版后，受到国内外学术界关注，《中国社会科学》专门载文对此书进行评介，并获中国社科院优秀成果奖。

作者在有关这一时期的专题论文中，也不乏创新开拓之作。例如，《魏晋南北朝民族观初探》用大量史实对汉族及少数民族统治者的民族观进行深入探讨。指出，汉族统治者一方面从先秦两汉以来的民族思想中，汲取自己需要的部分，使其披上一层古圣人立言的外衣，另一方面又根据国势民情有所变化和发挥。其特点有三：第一，既以华夏正统自居，轻视少数民族，又要面对少数民族日益强大的事实，千方百计加以羁縻控制；第二，既坚持“内诸夏外夷狄”的传统观念，痛心疾首地称十六国时期为

"五胡乱华"，又不得不承认南北对峙局面，遣使往来通好，并逐渐改变对北方诸族的看法；第三，入仕少数民族的汉族世家士人，从宗晋为正朔所在，转而奉北魏为正统，并极力"以夏变夷"，促进汉化。而少数民族统治者，一方面为了统治人口多数的汉人，尽力标榜自己也是继承华夏正统，并提出正统不是根据族称，而是以德相承，从不将自己排斥于中华一统之外，这实际上是对"夷夏有别"、"贱夷贵夏"思想的否定，为少数民族入主中原，进而统一全国寻找理论根据，对后世产生很大影响。另一方面，又仰慕汉族传统文化，重用汉族士人，加速汉化，以适应统治中原地区的需要，并提高本族的文化素质。此论文发表后，受到好评，还被《中国社会科学》海外版翻译成英文向国外介绍。

三、深入北方游牧民族法制史领域，独辟蹊径新求索

中国疆域辽阔，民族众多，法律文化各具风采。深入探讨少数民族法制内容实质、演变历程，廓清其发展脉络，这不仅有利于对诸族政治制度、法制思想、阶级结构、经济状况等的研究，而且对进一步了解现代法律框架下少数民族习惯法的遗存，针对性地制定各种法律制度，加强依法治国，更好地贯彻落实民族区域自治法，也是有所裨益的。但是，过去在相当长时期内，对少数民族法制的研究尚未引起有关方面的高度重视，蒙古法、哈萨克法等在国内学术界也很少涉及。多年来，白翠琴涉足此领域，搜集有关资料，从民族学、历史学、法制学、社会学、民俗学等多学科角度，进行深入研究，取得不少成果。自20世纪80年代初开始，陆续发表了《试论卫拉特法典》（合著，收入《中国法制史考证》）、《哈萨克法初探》（合著，收入《中国法制史考证》）、《略论元朝法律文化特色》、《卫拉特法典与噶尔丹洪台吉敕令之比较研究》等等论文。对蒙古、哈萨克等游牧民族的法源、从习惯法至成文法发展历程、具体内容及实质等进行探讨，开我国此方面研究之先河。对深入研究我国民族史、社会制度史、法制史等都颇有启迪作用。

例如，《卫拉特法典》内容十分丰富，犹如一面镜子，透过它，可了解卫拉特蒙古的政治、经济、文化及风俗习惯等。作者在《试论卫拉特法典》一文中，详尽地分析了法典制定的历史背景、主要内容及历史意义。明确地指出：法典的“某些条款虽然也保留了氏族制的外壳，但其主要内容是从社会生活各个方面维护封建所有制，巩固封建等级制度，稳定封建统治秩序。从法律上促进了封建制的发展，对蒙古社会的历史进程产生深远影响。”并从五个方面加以论述：（一）法典规定，藏传佛教为蒙古各部共同信仰的宗教，严禁用言语和行动侮辱僧侣；（二）土地、牧场归领主占有和支配，严禁阿拉特牧民离开所属封建领主而自由迁徙，重惩逃亡和盗窃，极力保护封建领主所有制；（三）法典规定王公、高级僧侣的各种特权，贵族与平民及平民间上、中、下三个阶层的严格区分；（四）法典在社会生活其他方面（婚姻、继承等）的立法规定也是为进一步巩固封建制度服务的；（五）法典规定各部必须联合起来共同抵御外敌，宣扬对敌勇敢战斗的精神，并进一步调整了卫拉特与喀尔喀之间，以及各鄂拓克、爱马克内部的关系，以加强团结，共同抵御外侮。

又如《哈萨克法初探》一文，对哈萨克法概况、内容实质、法源等进行了探讨，尤其对哈萨克法中反映出来的游牧宗法封建制加以剖析。并指出：哈萨克法既是哈萨克族统治阶级意志的体现、民间习惯的汇集，又受到政治风云变幻及社会发展、文化素质提高、思想观念变化及周围诸族法律文化（尤其是蒙古法、伊斯兰法）的影响。因而，深入研究哈萨克法，有助于更好地了解哈萨克族的历史和文化。

再如，《略论元朝法律文化特色》一文，作者以民族学、法制学、历史学、语言学等独特视野，在全面研究元朝法制的基础上，通过纵横对比，从成文法渊源、形式、内容、监察司法机构、圆署约会制度、律书语言文字等方面论述元朝法律文化的五大特色：（一）法源呈多源性，蒙古法、回回法、金制唐律兼容并蓄；（二）大部分律书是法例汇编性质，断狱量刑基本上以断例为依据；（三）元律公开宣称各族在法律上不平等，将人分为四等，罪同罚异；（四）诉讼审判制度颇有独树异帜、开创新例之举；（五）元代律书文体独特，多半为"硬译公牍文体"。作者进而指出："元朝统治者将'祖述'和'变通'紧密结合，其法律主要受中原传统法系影响，但又留有浓郁草原游牧气息的蒙古习惯法遗痕，还吸收了回回法等的某些内容。这种与他族交融而不失原有特色的文化现象，正是一个民族内部及中华民族凝聚力经久不衰的重要渊源所在。"

四、参与多种民族辞典之编纂，竭诚为普及民族学科知识作贡献

普及民族学科知识，使广大民众更好地了解诸族的历史和文化，这是民族科研工作者义不容辞的责任。白翠琴以其深厚学识造诣及扎实专业功底，参与《中国民族史大辞典》、《中国民族史人物辞典》、《中国历史大辞典》、《新疆历史辞典》等编纂及《辞海》修改补充工作，共撰写50余万字的释文。在编纂中，对自己所写的辞条字斟句酌，反复推敲，力求准确。同时，认真负起副主编、编委等职的责任，细致地参加部分条文的修改、审定、校对等工作，为普及民族学科知识贡献自己的力量。

卢勋

卢勋是我国著名的民族史学家、国务院特殊津贴专家，中国社会科学院民族学与人类学研究所研究员，中国社会科学院研究生院教授、博士生导师。1939年1月21日出生于广东省顺德县，2004年12月28日在北京逝世，享年66岁。

卢勋幼年失怙，在孤儿院长大成人。1952～1958年，在广州市第五中学读完初中、高中后，以优异的成绩考入中山大学历史系。1963年大学毕业后，分配到中国科学院哲学社会科学部民族研究所工作，历任实习研究员、助理研究员、副研究员、研究员，兼任中国社会科学院研究生院教授、博士生导师。他先后担任过民族历史研究室主任、所学术委员会委员和职称评审委员会委员，院职称评审委员会委员，中国民族史学会秘书长、常务副会长，中国铜鼓研究会副会长，中国少数民族科技史学会、汉民族学会等理事，兼任《民族研究》杂志编辑部特邀编审。

卢勋长期从事中国少数民族社会历史、隋唐民族史、中国少数民族经济形态、中国历代民族政策及中华民族凝聚力等领域的研究，尤长于中国南方山地农业民族社会经济发展史研究，治学严谨，学风诚朴、凝重，有着丰富的田野调查经验，足迹遍及云南、贵州、海南等省区的少数民族山区。其学术著作以方法缜密、富于历史质感和讲究科学见称。先后出版的学术专著有《中国南方少数民族原始农业形态》（与李根蟠合著）、《中国原始社会经济研究》（与李根蟠、黄崇岳合著）、《民族与物质文化史考略》（与李根蟠合著）、《隋唐民族史》（与肖之兴、祝启源合著）、《中华民族凝聚力的形成与发展》（与罗贤佑、刘正寅等合著）；

发表学术论文有《论隋唐对南方民族地区的政策》、《台湾史前文化及其先民》、《民族与楚国物质文明述论》、《论宋代在黎族地区的羁縻之治》等数十篇。

《中国南方少数民族原始农业形态》是根据实地调查写成的第一部很有学术价值的著作，被公认为填补了运用民族学资料对农业史研究的一项空白。该书对我国保留原始农业成分各民族的生产力和生产关系、物质生活和精神生活的各个方面进行了详细的论述和深入的分析，对原始农业的起源，生产技术和各种交换方式的递变，土地如何从公有到私有，以及家族公社和农村公社如何向阶级社会过渡等重大理论问题提出了许多新的见解。如传统观点认为，早期农业起源于河流两岸和低洼沼泽地。该书认为，早期农业起源于山地更具有普遍性，它与刀耕火种农业的特点又有着密切的关系；又如过去流行一种观点，认为农村公社是从公有制向私有制、从原始共产制社会向阶级社会过渡的必由之路。作者认为，农村公社不过是从氏族社会向阶级社会过渡的一种形式，只有在一定的条件下才会形成农村公社。家族公社或农村公社都可以直接过渡到以私有制为基础的阶级社会，这是从原始社会向阶级社会过渡的两种并行不悖的途径或方式；同时，作者还对土地从公有制向私有制转变的途径和标志提出了颇有见地的看法。该书出版后引起中外相关学者的关注和推崇，书中丰富的调查材料和确凿有据的观点广泛被学术界采用。

《中国原始社会经济研究》一书，运用考古学、民族学和古史资料，对采集经济、原始农业、原始畜牧业、原始手工业及早期社会分工与交换和与此相适应的社会组织的产生与变化等进行了较深入系统的探讨，并提出了一系列新的看法。如过去有一种传统的观点，认为东半球种植业是因畜牧业发展需要而产生的，所以狩猎——畜牧——农业是三个相互承继的发展阶段。该书以大量资料论证农业直接起源于采集，它和畜牧业一样古老，并指出绝大多数文明古国，畜牧业只是作为种植业的副业而存在；传统观点还认为只有经过“第一次社会大分工”或畜牧业要有较大发展才能产生私有制，书中则指出，不论是畜牧业或种植业在一定条件下，甚至渔猎为主的经济类型都可以构成私有制产生的经济基础；过去认为野蛮时代的高级阶段是“从铁矿的冶炼开始的”，该书的作者认为这种观点不带有普遍性，因为绝大多数文明古国的形成是在铜器时代。另外，该书对原始社会分期、我国古代国家的形成与发展等诸多问题也进行了卓有成效的探讨，提出了令人信服的观点。有关专家评述该书时认为，该书作者把考古学、民族学和文献资料科学地、系统地结合起来对我国原始社会的经济生活进行深入探讨，做到既有继承，又有创建，使人耳目一新。

《民族与物质文化史考略》一书，以其开阔的视野，丰富翔实的史料，全面揭示了我国各民族在各自的条件下，对中华文明做出的特殊贡献，对少数民族在我国民族文化史中的地位和作用作出了客观的评价。有关专家在评述该书时说：“以往研究民族史都是从通史入手，且都偏重于上层建筑。该书从物质文化入手可以说是空前之举，为民族史研究打开了新的局面。”确实如此，此书突破了传统的治史框架，为新时期民族史学的研究趟开了一条新的路子。另外，近几年出版的《隋唐民族史》和《中华民族凝聚力的形成与发展》分别是中国社会科学院重点项目《中国历代民族史丛书》之一和国家社科基金项目，也是作者多年辛勤耕耘的重要学术成果。

卢勋是著述甚丰的学者，又是出色的学术组织者和学科带头人，他总能站在学科建设发展的高度，不断研究和开拓新的课题。他自 20 世纪 90 年代参与主持了一批国家、院、所的重点科研项目，如《中国历代民族政策研究》、《中国历代民族史》、《中华人民共和国国家历史地图集·中国少数民族分布与迁徙图》、

《中国少数民族革命史》、《中华民族凝聚力的形成与发展》及《中国少数民族史大辞典》等。并参与了《黎族简史》以及《辞海·民族史分册》、《中国民族史人物辞典》等工具书的编写工作。这些项目完成并正式出版后，均产生良好的社会效益，分别获得了国家、院、所的优秀科研成果奖。卢勋与其他同志一道，曾先后于 1993 年和 2001 年赴贵州省台江县与海南省白沙县进行苗族、黎族现状与发展调查，他不顾年事已高，翻山涉水、走村串户，深入基层了解情况和收集资料，在此基础上，完成了《台江县·苗族卷》和《白沙县·黎族卷》这两部资料翔实、内容丰富的专著。在卢勋去世的前几年，他主要参与主持了社科院重大科研项目《中国历代边政通论》的编写工作。从思路的形成、史料的搜集、内容的界分、框架的组建以及提纲的确定等等，他都是勤思苦研，精心擘划，同课题组成员反复砥砺、探讨，倾注了大量的心血。

卢勋作为一名出色的学术组织者和学科带头人，在其担任中国民族史学会秘书长和常务副会长期间，为该学会的建设和发展做出了显著的贡献。从 1988 年至 2002 年，他先后亲自参与筹划、组织召开了九次学术研讨会，为推动民族史学研究的繁荣发展发挥了重要作用。与此同时，卢勋还十分关注民族史学研究的整体规划和科研后备人才的成长与培养，对研究生和青年科研人员尤寄殷切希望，对读书门径、治学方法，无不耐心指点，纤悉以告，研究室里许多中青年学者的成长，多与其擘划建议和奖掖诱导有关。

（管彦波）

史金波

在中华民族文明孕育成长的漫漫历程中，各民族的祖先创造出多种文字，那些古老而神秘的符号之间存在着怎样的联系，如何破解那些被时光吞没的古文字所遗留的千古之谜？中国民族古文字研究会会长、中国社会科学院民族所研究员史金波就是其中一位拓荒牛、解谜者。他是现今国内不超过10个认识西夏文的专家之一，也是认识西夏文草书的唯一学者。

史金波，1940年3月3日生。河北省高碑店市人。1962年中央民族学院语文系毕业，1966年中国科学院民族研究所西夏文专业研究生毕业。毕业后留民族所工作至今。曾任民族所副所长、中国民族古文字研究会会长、中国民族史学会常务副会长等。现为中国社科院学术委员会委员、民族研究所研究员，研究生院教授、博士生导师，兼任中国社会科学院西夏文化研究中心主任、中国民族古文字研究会理事会顾问、中国西南民族学会副会长、宁夏大学兼职教授等职。1990年荣获国家级有突出贡献中青年专家称号。曾为日本东京外国语大学客座教授。

史金波的研究与教学领域是西夏文史、民族史学、民族学。出版著作19种（包括合作），论文150余篇，参加编写辞书等12种。他的主要代表作有：《西夏文化》（吉林教育出版社，1986年，《中国少数民族文库》之一，《文库》获第一届国家图书奖提名奖）、《西夏佛教史略》（宁夏人民出版社，1988年，台湾商务印书馆重印，1993年，获光明杯二等奖）、《类林研究》（合著，宁夏人民出版社，1993年9月版，获西北五省区图书奖、第二届全国古籍整理图书一等奖）、《西夏天盛律令》（合著，科学出版社，1994 年 8 月版，《中国珍稀法律典籍集成》之一，《集成》获第一届中国社会科学院优秀科研成果荣誉奖)、《中国活字印刷术的发明和早期传播——西夏和回鹘活字印刷术研究》（合作，社会科学文献出版社，2002 年，获中国社会科学院优秀科研成果一等奖和第二届郭沫若中国历史学奖二等奖）等。

作为中国历史上一个重要王朝，西夏留下来的汉文资料甚少，而西夏文字又难以破解，近代出土的大批西夏文文献尚难以解读。1962 年，史金波考上研究生时，当时的西夏学专家们在 6000 多个西夏字中能知道字义的不超过一半，西夏语语法也有很多关键问题未得解决，国内外尚无人翻译西夏人撰著的长篇作品。在著名西夏学家、导师王静如先生的指导下，史金波从抄写西夏文书籍入手，学习、记忆每一个西夏字的形、音、义，同时还利用有限的资料揣度西夏语语法。经过长期艰辛的努力，死亡的西夏文字，在史金波眼中慢慢变得鲜活起来。他对西夏文字及相关的知识产生了浓厚的兴趣和越来越深的感情。渐渐地他跻身于西夏学研究的前沿位置。

在西夏历史文化研究方面，史金波充分发挥他熟悉西夏文和西夏文献、掌故的特长，利用考察得来的资料和鲜为人知的西夏文献资料，研究西夏社会的历史和文化，独自或与人合作写出了一批学术论文和专著。

他的《西夏文化》一书首次系统地研究和介绍了西夏文化，论证了西夏文化具有的浓郁民族特色、发展源流以及对中华民族文化发展的重要贡献。专家们认为，这是国内外迄今发表的第一部系统阐述西夏文化的专著，其使用资料之广，考证史实之精，在国内尚属罕见。

他的《西夏佛教史略》更是弥足珍贵。为了这部书，他准备了 20 年。1975 年，正是批林批孔闹得厉害时，他却一头扎进北京图书馆馆藏西夏文佛教资料之中。为了这项研究的顺利进行，他又不得不把佛教学啃了下来。这部书在宁夏回族自治区成立30周年时出版，中国佛教协会会长赵朴初题写书名，著名佛学专家郭朋在序中欣然评述："这部具有很高学术价值的专著，填补了我国佛教史以及民族文化史上的一个空白。这部书，剖析透彻，叙述明晰，是一部极为难得的独创性的史学专著。"

西夏灭亡后是否还有遗民或后裔？这是西夏学研究领域中一个颇能引起中外学者感兴趣的问题。史金波及其同行翻阅了大量文献资料，并经过实地调查，终于在安徽合肥寻访到党项人的后裔。他们发表了题为《元代党项人余氏及其后裔》的论文，以确凿可信的资料向全世界公布了党项族确有后裔的消息。

西夏文文献绝大部分藏于我国。1990年初，为了得到这些珍贵的资料，经史金波和他的同事的奔波，在中国社科院领导和科研局、外事局的支持下，俄方同意共同整理和出版内蒙古黑水城出土的全部文献。1993、1994和1997年，史金波带队三赴俄罗斯，进入了圣彼得堡东方学研究所。黑水城文献总共8000多个编号、15万面以上。现已经出版《俄藏黑水城文献》11册。这套书的出版，开创了我国西夏文献出版的先河。

现存最早的泥活字印刷品印刷术是中华民族对人类文明的巨大贡献。但是，尽管《梦溪笔谈》详细记载了毕活字印刷术的方法，但因为没有泥活字和泥活字印刷品的流传及发现，成为中国学术界、考古界的一件憾事。因此，寻找中国早期活字印刷品，就成了我国印刷、版本、考古学界梦寐以求的事情。史金波和同事们在圣彼得堡整理西夏文献期间，发现了四种西夏时期的活字印刷品，其中有一种可以确认是泥活字印刷品，即西夏文的佛经《维摩诘所说经》。中国早期活字印刷品的发现和认定，维护了印刷术的中国发明权，在中国乃至世界印刷史的研究上都具有十分重要的意义。

1997年中国社会科学院特设了"中国活字印刷术的发明和

早期传播”研究课题，由史金波和雅森·吾守尔两位学者承担。几年来，研究取得了丰硕的成果。史金波与其同事不但借鉴了国内重要的考古发现成果，还远赴国外探访到了一大批鲜为人知的中国早年流失海外的印刷文物。在《中国活字印刷术的发明和早期传播——西夏和回鹘活字印刷术研究》一书中，他们通过对宋、元时期中国各民族经济状态、文化生活、社会环境和历史背景的深入研究，证明了中国活字印刷术的发明、传播与使用不是偶然的，而是中华文明高度发展的必然结果，融合了中原和边疆各族人民的智慧，处于世界领先地位。他们还对中国印刷术如何沿着连接东西方的丝绸之路，传播到欧洲的途径进行了探讨，明确了西传的路线和时间范围。

在科研工作中，史金波既注重文献资料的积累，也重视实地调查研究。多年来，他先后到很多省区调查西夏、彝族、藏族、女书等问题，每次都有很大收获。他在脚踏实地地做具体的微观研究的同时，也尽量做一些宏观的研究和理论的探讨。比如，在民族历史研究方面，他发表了论述民族史学的社会功能、倡导加强中国少数民族法制史研究、少数民族近代史研究以及探讨历史上民族政策的论文，在民族史学界产生了较好的影响。

几十年来，史金波长期从事民族研究工作，经常到条件艰苦的少数民族地区作调查研究。他对一些事关民族文化和现状的重要问题认真调查，主动向上级报送情况，提供对策，先后在中国社会科学院和国务院办公厅的内刊上刊登，其中《关于重视少数民族文字文物保护和鉴定的建议》、《近年出土的西夏泥活字佛经是现存最早的活字印本，建议尽快组织专家作出鉴定》、《建议加强对西藏人权立法的研究和宣传工作》、《在对外交流中要注意保护我国文化遗产的产权》等都得到中央领导的重视。

在科研的道路上，史金波一直在艰辛地跋涉。为了搞好研究，他自学了宗教、考古、法律、版本、印刷等多方面的知识。

年近花甲，还在学日语。即使这样，他仍觉得各方面的知识还很不够。1998年9月，史金波以中国社会科学院西夏文化研究中心主任的身份东渡扶桑，前往东京大学进行整整一年的讲学和研究。他计划利用这一机会，使国内西夏学与日本西夏学接轨，搞好两国之间西夏学的交流，把我国的民族研究和西夏学研究搞得更生动，更有特色。

（黄海云）

白振声

白振声（1940—），满族，宁夏银川市人。中央民族大学教授、博士生导师。中国民族学会常务理事、中国少数民族经济研究会常务理事、《辞海》编委会委员兼分科主编。国务院颁发的为国家高等教育事业做出突出贡献的政府津贴获得者。1959 年考入中央民族学院历史系，1964 年毕业后留校，先后在历史系、政治系、民族学系和民族研究所工作，历任助教、讲师、副教授、教授。1996 年前，曾兼任系党政工作 20 余年。师从著名民族学家、民族史学家林耀华、陈永龄、宋蜀华、程溯洛等先生。

40 年来，白振声的足迹遍布全国少数民族聚居的农林牧区，丰富的田野调查为他的教学与科研带来丰硕的成果。至今已在国内外学术刊物上发表论文 30 余篇，主编专著 3 部、与他人合作的著作 19 部，共计 150 余万字。其著述涉及民族学、民族史和民族经济等领域，许多成果具有开拓性和建设性。

主要著作有：《中国少数民族经济概论》（合著，1982 年）。《新疆现代政治社会史略》（主编，1992 年），获国家民委社会科学奖的著作二等奖。《民族学通论》（合著，1997 年），获国家教委人文社科优秀成果一等奖。1998 年，与宋蜀华先生联合主编的高等院校研究生教材《民族学理论与方法》，获得国家民委社会科学奖的著作一等奖。《中国民族百科全书·维吾尔　裕固　乌孜别克　俄罗斯卷》（主编，2001 年），《中国民族概论》（合著，2001 年），获北京市社科优秀成果二等奖。重要论文有：《茶马互市及其在民族经济发展史上的地位与作用》（《中央民族大学学报》1982 年第 3 期），《历史民族学刍议》（《广西民族研究》1991

年第 4 期),《西方马克思主义民族学剖析》(《中央民族大学学报》1998 年第 1 期),《少数民族对中国文化的贡献》(韩国汉阳大学民族研究所《民族与文化》第三辑,1995 年版)等。

白振声几十年来辛勤耕耘在民族教育与科研领域,他的研究范围比较广泛且具有独创性。主要的学术贡献集中表现在民族学、民族史和民族经济三个方面。

一、民族学

1. 在林耀华主编的民族学经典著作《民族学通论》中,白振声撰写了其中的两个重要单元,即第五单元"文化"和第六单元"民族学与现代化"。"文化"单元对古今中外繁多的文化概念作了横向纵向的比较、分析和归纳;探讨并阐释了文化的结构(状态)与特征以及民族学文化研究的意义。在"民族学与现代化"单元中,把民族学研究与我国的现代化建设实践结合起来,提出问题及对策,这是民族学研究的最终目的及意义。

2. 与宋蜀华联合主编的《民族学理论与方法》一书,作为高校研究生的教材,受到广泛好评。全书分上下两编。上编对各种民族学理论进行概括与探索,客观扼要地介绍了现当代各理论流派及其基本学术观点,同时对其贡献及缺陷予以分析和评价;较系统地阐述了马克思主义民族学的主要内容与本质特征,肯定了苏维埃学派的"经济文化类型"、"历史民族区"理论,剖析了当代西方马克思主义民族学的假马克思主义实质;回顾中国民族学发展历程,探讨民族学中国化的理论,展示成果,总结了中国民族学的学科特点、发展方向及未来前景。下编系统而又全面地阐释了民族学的研究方法,强调了田野调查对于民族学研究的极端重要性,详述了田野调查的特点与方法;同时,也全面论述了跨文化比较研究法、历史文献研究法和跨学科综合研究法等的具体内容、方法、特点及其在民族学研究中的不可或缺的作用;要求民族学工作者具有广博的多学科知识,能与其他学科的学者进行合作，尤其是借用其他学科的研究方法与手段为自己服务，特别是体质人类学、语言学、社会学、考古学、人口学、生态学、数理统计学与影视人类学等等。对民族学研究方法的这种全面而又系统的理论阐释，在目前学术界的相关著作中尚属首次。

3.《西方马克思主义民族学剖析》一文，当年被作为“优秀论文著作”选入由中共中央党校、全国报纸理论宣传研究会、北京大学联合编辑的《中国社会主义精神文明建设宝典》一书。

4.《历史民族学刍议》一文，是国内学术界对“历史民族学”这一民族学分支学科的首次系统论述。文章首先阐述了历史学、民族学各自的学科特征及它们之间的相互关联；继而强调了历史民族学的科学内涵以及开展历史民族学研究的理论意义与现实价值。

二、民族史

白振声在民族史研究方面的重要著作就是他主编的《新疆现代政治社会史略》。首先，本书从统一多民族国家形成、发展的高度和深度出发，对 1912 ~ 1949 年这 37 年的新疆历史进行了整体化、系统化的研究和透析。从宏观历史目光看，这段历史时间短暂，却是新疆历史长河中不同社会制度和历史时代的衔接阶段；用微观历史目光看，这段时期政权更替、你争我夺、政治黑暗、经济凋零、社会封闭、动荡不宁，外患尚未尽除、内部动乱不已。本书分析造成这种复杂局面的原因时，除了当时整个中国乃至国际大背景的影响外，认为历届治新人物的思想、政治行为和政策起着十分关键的作用。全书按主要治新人物和政治势力的先后顺序，把这段历史分为杨增新统治时期、金树仁统治时期、盛世才统治时期和国民党统治时期四个阶段。每个阶段，在历数他们的思想行为、治新政策及实施情况的同时，评价其利弊得失，分析其成功失败，力求从社会政治生活的角度全面探讨新疆这段历史的特点及其发展的规律性。因此，学术界评价这本书视点新、视野宽。其次，书中对复杂人物（如杨增新、盛世才等）的评价，坚持“是否有利于中国的国家统一、领土完整，是否有利于新疆民族和睦、社会稳定，是否有利于社会经济的恢复和发展等客观事实为标准。”有突破、有创意。再次，本书变化视角，触及一些难点，将 1944 ~ 1949 年国民党统治时期作为全书四大板块之一去写，更贴近新疆历史实际，对该阶段主新的吴忠信、张治中、麦斯武德、包尔汉等人的治新业绩有了客观的论述，这是对以往研究的突破。另外，资料新。除运用大量的中外文资料外，还有许多作者亲自调查资料乃至作者的亲身经历与感受，弥足珍贵，为本书所独有。

这本书是新疆现代史研究中颇具特点的创新之作，有重要的学术价值和重大的现实意义，引起了学术界的广泛关注。

三、民族经济

1.《中国少数民族经济概论》（合著）一书中，白振声主要撰写“少数民族古代社会经济发展概况”部分，是民族学、民族史、经济史界等首次对中国少数民族古代社会经济发展的系统而简要的阐述。

2.《中国民族概论》（合著）一书中，白振声撰写了上编的《中国少数民族社会经济的历史演变》和下编的《西北地区少数民族》两部分。《中国少数民族社会经济的历史演变》部分，是学术界首次运用历时性与共时性相结合的方法，对中国各民族社会经济发展的历史性特征（如多样性、统一性、不平衡性等）作出精辟分析和高度概括。

3.《茶马互市及其在民族经济发展史上的地位与作用》一文的主要学术价值在于：是中国历史上内地与边疆、中原汉族与北部西部少数民族、定居农耕地区与游牧畜牧业地区进行经济交流的一种最具代表性的形式，且时间延续长，地域范围广，社会影响巨大而又深远（如影响着当时社会的政治稳定、经济繁荣、民族关系和谐乃至国家统一等诸多方面)。但以往的学术界(历史学、经济史等)皆未给予充分关注,未有专题著述探讨。本文填写了这方面的空白。

彭英明

彭英明（1942—），土家族，出生于湖南省永顺县的一个农民家庭，1960考入中央民族学院分院，即现在的中南民族学院历史系，因受到岑家梧先生的点拨和熏陶，对民族研究产生了浓厚的兴趣，在三、四年级就已发表了两篇文章。毕业后即留校执教。1978年因民院撤销，他被调入华中师范学院历史系，在章开沅教授门下从事中国近代史的教学和研究，顺利地完成了章开沅教授主编的三卷本的学术专著《辛亥革命史》的部分编写工作。1980年，中南民族学院恢复重办，他又回到母校重操故业，在政治系民族理论和政策研究室开始教学和学术研究工作，成为当时学院最年轻的教授，后来又成为国家民委学术委员，中国民族理论学会理事，湖北省民族学会副会长，湖北省社会科学联合会副主席。他还为故乡的发展、民族团结贡献自己的力量，先后被评为湖北省民族团结进步先进个人，科教系统劳动模范，优秀共产党员和全国民族团结先进个人。

主要论著有：《辛亥革命史》（参编，1980年）、《民族新论》(合著，1987年)、《马克思主义民族理论与中国民族问题》（主编，1988年）、《从原始群到民族——人们共同体通论》（合著，1991年）、《邓小平民族理论研究》（主编，1999年）、《土家族文化通志新编》（撰写与主编，2001年）、《土家族通史》（副主编，2003年）、《学步文集—民族理论与民族历史若干问题探研》(2003年)。

彭英明民族研究主要的学术观点和思想集中在他新编的《学步文集》一书中，此书被列入民族研究文库，是国家社科基金和省部级社科基金项目的成果，由于他特殊的学术背景，这本书中不仅包括民族理论、民族问题、民族历史方面的内容，还包括近代历史方面的内容。

在民族理论篇中，包括马克思主义民族理论的历史发展（包括马列主义民族理论的创立和发展、毛泽东思想的民族问题理论及其中国化、邓小平有中国特色社会主义民族理论内容、“三个代表”的民族观），民族的起源、形成和发展规律，人们共同体中的部落、部落联盟及部族诸形态方面的论文，尤其对民族形成的时期有独特的看法。其中，《关于民族发展规律理论研究的几个问题》的论文是在拜读了牙含章先生的新作《民族形成问题》所写的商榷性文章。作者“不同意蒙昧时期就有民族的说法，认为民族是在部落后产生出来的”，[①] 还对部落问题的特征和发展趋势进行论述，同时对民族同化、民族融合问题也进行了实事求是的阐述。它论及到社会主义民族这个当时认为敏感的问题，在学术界产生了广泛影响。

在民族问题篇中，包括社会主义新时期民族问题的新含义、新世纪民族问题与民族的自身发展、中国少数民族的人权保障、民族区域自治法的修改完善、对少数民族地区的扶贫开发等方面的论文，其中对于民族问题实质的研究在当时引起了较大的争论。当时民族理论界拨乱反正，否定“民族问题的实质是阶级问题”的提法时又走向另一个极端，即认为任何时期的民族问题都不涉及阶级问题。作者分阶段地看待民族的实质问题，认为在阶级社会里，民族问题的实质就是阶级问题；在社会主义初级阶段，是逐步消灭历史遗留下来的事实上的不平等，即发展经济文化的问题；在民族消亡时期，是从民族的四个要素方面消除民族差别。

---

① 彭英明：《学步文集——民族理论与民族历史若干问题探研》代自序第14页，北京，民族出版社，2003年版。

在当时普遍认为民族问题就是民族之间关系的问题的情况下，作者眼光独到，认为民族问题不仅表现于各民族之间，而且渗透于每一个民族内部，并贯穿于民族兴亡的始终，这一提法激起了不少反对意见。文章后来经过修改，发表在1981年的《民族研究》上，仍然“余波”未尽，质疑不断，直到1992年召开的中央民族工作会议上，江泽民同志在报告中谈到，民族问题既包括民族自身的发展，也包括民族之间的关系、民族和阶级、国家的关系问题，这样才给困扰作者十年的“笔墨官司”画上了一个完满的句号。后来，应《民族研究》副主编之邀，彭英明又写了一篇题为《再论民族问题的含义》，进一步阐述和完善了民族问题的含义。

民族历史篇中，包括我国民族概念的历史考察、中国统一多民族国家的形成、如何打破封建史家的正统观念、土家族的族源、形成和稳定、对出土文物的历史研究等方面的论文。《关于中国民族概念历史的初步考察》一文，受到了广泛的关注，为不少研究者所引用。因为他对20世纪80年代《社会研究辑刊》和《民族研究》的文章中关于“民族”一词最早是由梁启超1903年从日文转译来的观点提出质疑，经大量的查阅资料的工作，查到了考证汉文“民族”一词的最早上限，还将“民”与“族”二字的汉文连用情况做了最早的溯源，在目前也属于考证出来的最早时间。

近代历史篇中，由于作者读了大量近代史方面的书籍，积累了丰富的资料，形成了一些学术观点，在《历史研究》、《光明日报》、《文汇报》、《江汉论坛》等报刊上发表了一些文章，选取的都是原来人们未重视的论题，如《1903年的拒俄运动及其历史作用》，将原来不为人们所重视的拒俄运动对后来资产阶级革命发生所提供的干部培养准备，对辛亥革命的思想准备等作用作了论述。①《评辛亥革命前的无政府主义思潮》则对其产生的起源、与国际工人运动中的无政府主义的紧密关系、它的实质及对辛亥革命和以后的历史发展的影响作了一个深入的分析。《从“反满”到“五族共和”》一文是对辛亥革命这一时期资产阶级革命中民族政策和民族关系问题作了一个系统的研究。由于这些文章选题较新，论述都是前人未论及的问题，在近代史研究领域很快引起注意，得到了同行专家的热情鼓励。

彭英明在民族理论方面的研究成果，除了上述的著作以外，还在1980年为解决教学之需，主编了一部40万字的教材《马克思主义民族理论与中国民族问题》。“这部书大胆地对以前流行的民族理论和民族政策教材从体系、结构到内容，都作了一些调整和创新，在理论部分中除新增加了对马克思主义民族理论发展史的叙述外，还改变了过去教材按观点立章的体例，而按问题立章，并在具体内容阐述中，尽力进行历史的和逻辑的探讨，使理论的广度和知识的深度也宽厚得多。”② 可以说在分量上也是目前同类教科书中最厚重的一部。《光明日报》评价它是近年民族理论研究中的一部“力作”，为民族地区进行民族理论与民族政策的教育起到了有益的作用。另一部由他主编的《邓小平民族理论研究》一书得到了国家社会科学基金的重点资助。“本书内容的最大特点是，既有对邓小平民族理论的形成和体系的全面简明的概述，又有结合当前民族工作的热点问题的专门探讨，诸如，初级阶段的民族观问题、经济体制改革和所有制形式问题、民族法制建设问题、维护祖国统一和反对民族分裂

① 彭英明：《学步文集——民族理论与民族历史若干问题探研》代自序第14页，北京，民族出版社，2003年版。

② 彭英明：《马克思主义民族理论与中国民族问题》第1页，成都，四川民族出版社，1988。

问题等等均有论及。”[①] 对于解决我们建设有中国特色的社会主义国家的民族问题具有一定的参考价值。

彭英明近四十年来在民族理论、民族学、民族史和中国近代史方面，主编和参编、撰著，在各级刊物上发表和出版的著作共有8部，文章50多篇，共约150万字，就研究成果，是当今土家族人文学者中称得上翘楚的“二明”（李绍明和彭英明）之一。他的著作内容“上起原始部落，中经古代的部落和民族，下至近代的以及当代的民族问题。在这个深广的时空框架里，他上下左右以求索，尊重事实，讲求逻辑，不为陈说所囿，不为偏识所蔽，显示了严谨而质朴的学者本色，所论必有实据而多具新意。”在他的许多论著中，显示了他初生牛犊不怕虎的“理论勇气”、看待问题的独到前瞻的眼光和对于学术研究矢志不渝、孜孜不倦、锲而不舍的“三不”的宝贵精神。他在民族理论方面的研究成果自成体系，独到创新，服务现实，多次获得国家民委和省级学术奖励，在学术界有一定影响。同时，他作为教师，受岑家梧为师风范的影响，对于青年教师的培养格外重视，愿做“人梯”和“铺路石”，让民族繁荣之光在他们这一代身上闪光。“正是这种土生土长、土里土气、土头土脑、土色土香，使他终身保持土家人本色，”“又将他的全部聪明才智回报民族教育，回报湘鄂西土家族人民。”

（刘　颖）

参考书目

1. 彭英明、徐杰舜：《民族新论》，南宁，广西人民出版社，

① 彭英明：《邓小平民族理论研究》序一第3页，南宁，广西民族出版社，1999年版。

1987 年。
2. 彭英明：《马克思主义民族理论与中国民族问题》，成都，四川民族出版社，1988 年。
3. 彭英明：《邓小平民族理论研究》，南宁，广西民族出版社，1999 年。
4. 彭英明：《土家文化通志新编》，北京，民族出版社，2001 年。
5. 彭英明：《学步文集——民族理论与民族历史若干问题探研》，北京，民族出版社，2003 年。
6.《中南民族大学学报》，2003 年第 6 期。

王天玺

王天玺（1942—），男，彝族，祖籍四川，出生于云南省云县，他是第一个彝族法学硕士。1966 年 9 月参加工作，曾任云南省委常委、省宣传部长，中国理论民族学会副会长、中国民族问题研究中心研究员，主要研究若干重大民族理论问题。1988～1991 年间在全国人大民委和国家民委任职。现任《求是》杂志总编辑。20 世纪 80 年代初，参与由党中央委托乌兰夫草拟的《民族区域自治法》的工作，同时也多次参与其他一些重要文件起草工作。主要著作有《变革时代的行与思》（人民出版社，1998 年）、《创新——时代的主题词》（民族出版社）、《宇宙源流论》（云南人民出版社，1999 年）、《民族·社会·国家》（民族出版社，1988 年）、《东方之光——“三个代表”与理论创新》（人民出版社，2002 年）、《民族法概论》（人民出版社，1998 年），其中，《东方之光》和《彝海结盟》拍成电视理论片，他同时还发表过多篇研究文章。

《民族·社会·国家》一书是“他在全国人大民委和国家民委工作时期的作品”。[①] 书中他多次谈到民族问题、民族关系的重要性。中国作为一个多民族国家，在中国共产党的领导下，要使各民族人民团结一致，共同建设具有中国特色的社会主义国家，就必须正确处理民族关系、民族问题、民族矛盾，对此他用唯物辩证法的思维阐述了自己的看法。

他认为：“民族问题不仅是一个国家自己的问题，同时也是

① 王天玺：《民族·社会·国家》，民族出版社 1988 年版第 3 页。

国际形势变化的一个重要的因素。”[①]而解决多民族国家所面临的民族问题，不仅需要正确的指导思想，法律的维护也是必不可少的。“法律维护对民族平等、团结、互助有重要意义”。[②]他还认为“民族区域自治是保证国家统一的民族平等的重要制度，是我国解决民族问题的正确道路。”[③]他多次提到法律对维护民族关系的必要性，并参与了草拟民族区域自治法的工作。

尽管民族问题要解决、民族关系要解决，这是我们不可逃避的现实，但是对于多民族国家，我们不能全盘否定它积极的方面。例如，多民族国家“保卫安宁有强大力量”、“发展经济有巨大潜力”、“民族文化丰富多彩”、“社会革命能顺利发展”。这是王天玺在书中谈到的他在这时期的认识水平。

对民族问题有了深刻的认识之后，王天玺以江泽民“三个代表”重要思想为前提，写出了《东方之光——“三个代表”与理论创新》一书，它以“深入宣传‘三个代表’思想，展示中国共产党理论创新的光辉历程为宗旨”，通过电视宣传片的形式宣传“三个代表”的重要思想。

《东方之光》以创新为宗旨贯穿于全文，本着解放思想、实事求是、与时俱进的思想，通过六部分阐述创新的重要性，并巧妙地将“理论性与艺术性、理论创新与艺术创造、抽象思维与形象思维完美地结合在一起”。但它不是仅仅片面地展开阐述，而是结合实际一起论述，生动而深刻。书中还大量引用了史实资料，使其具有较强的说服力。

在党的十六大即将召开之时，该书改拍成了电视理论片，强有力以及富有感染力的解说词、优美的画面、较强的理论性等深深地打动了广大群众。题材新颖，表现形式富有创新性，“不是

---

①②③王天玺：《民族·社会·国家》，民族出版社1988年版。

从抽象到抽象，从理性到理性；也不是从形象到形象，从感性到感性，而是把抽象理论通过生动具体的形象表达出来，在生动感性的图像中闪烁着科学理论的光芒。”该片较生动地阐释了“三个代表”的深刻涵义，使基层广大干部群众能更好地树立正确的思想，对民族团结、民族统一起着重要的作用。

在王天玺所著的《民族·社会·国家》一书中，我们可以看到这样一行字：“我早已离开了民族工作岗位，但在多民族的边疆地区几乎所有的事情都和民族工作有关系，都要慎重对待，认真做好。”对待工作的认真态度，兢兢业业的工作精神，体现了他高尚的道德品质。多年来，他一直关注民族的发展，一直没有离开过与民族有关的工作，仍然时时关注。作为一名少数民族学者，他时时刻刻都在关注少数民族同胞，为各族同胞办实事，力图用自己微薄的力量使各族人民凝聚在一起，共同为建设祖国美好的明天奉献一份力量。因为只有解决了各民族间的民族矛盾、民族问题，国家的安稳与兴旺、民族的平等与互助、人民的和平与团结才能得以实现。

（王　欣）

参考书目

1. 王天玺：《东方之光——“三个代表”与理论创新》人民出版社 2002 年 10 月。
2. 王天玺：《变革时代的行与思》，人民出版社，1998 年 11 月。
3. 王天玺：《民族·社会·国家》，民族出版社，1988 年。
4. 王天玺：《创新——时代的主题词》，民族出版社。
6. 王天玺：《宇宙源流论》，云南人民出版社，1999 年。

庄孔韶

庄孔韶1942年12月生于北京。是新中国培养的第一个民族学人类学博士。美国华盛顿大学杰克逊大学国际研究学院和人类学系博士后研究院访问教授和访问学者、博士生导师。中国人民大学人类学研究所所长。原中央民族大学教授、多元文化研究所所长、实验影视人类学中心主任。清华大学特聘资深教授。香港中文大学人类学系客座研究员，台湾中央研究院访问研究员，加拿大不列颠哥伦比亚大学社会学和人类学系高级访问学者，中国民族学会理事，中国人类学会理事。中国遗传学会国际伦理道德委员会委员，美国摄影师终身会员。

庄孔韶学术成就硕果累累，著作颇多。其中著作有：《人类学通论》，山西教育出版社，2002年出版；《独行者——人类学随想丛书》湖北教育出版社，2003年出版；《银翅——金翼的本土续篇研究：1920年至1990年中国的地方社会和文化变迁》，台湾桂冠书局，1996年出版。

《人类学通论》是在我国人类学著作、人类学教材陈旧缺乏的情况下，由国家教育部高教司、民族司和国家民委教育司联合立项的部颁国家级重点教材。《人类学通论》一书的出版使得中国人类学本土化有了一个新的开始，也可以作为中国人类学发展的一个新的基点。该书的出版使中国人类学的教育有了更好的发展，也定会使人类学在中国得到更加广泛的传播。《人类学通论》一书在内容上兼容了欧美学者和我国本土学者的思想观念，可谓兼收并蓄地系统介绍了人类学这门学科从创建至20世纪末的最新理论与研究成果。此教材还把许多新兴的正在成长中的人类学分支学派纳入书中，如历史人类学、影视人类学、医学人类学、都市人类学等。

《独行者——人类学随想丛书》首次以人类学诗、文学人类学、影视人类学的形式，在跨文化的条件下尝试不同种族人种人格的比较、勾视和透视。次书分成五部分：《自我临摹——客居诗选》携映出作者在美国期间文化领略的经历，感受文化差异和怀乡，感受文化相同与思考；《远山与近土——田野纪行》则是人类学的调查经历；《文化与灵性——新知片语》上最新人类学理论的通书解释；《家族与人生——湖边夜话》是扩大人类学领域，第一个深入红色人种家族历史的开篇之作，它不是拘谨的人类学作品，而是以小说体裁撰写的北美大陆移民家的创业史；《表示与重勾——北美显影》是作者早十余年用大小反转片拍的北美生活经历，是用镜头与影视语言表现的非文字作品。

《银翅——金翼的本土续篇研究：1920 年至 1990 年中国的地方社会和文化变迁》一书对中国的社会和结构与制度变迁予以了透彻的解析，剖析了中国文化发展过程的高成与低成、外来与本土、传统与新生之间的传递、协调、分化、关联整合的过程，从而揭示了期间的整体与部分、群体与个体文化行为规划与变异的哲学基础和社会历史源流。

除此之外，庄孔韶还著有《父系家族公社形态研究》（1983 年出版）；《教育人类学》（1989 年出版）；影视人类学片《端午节》（编导和制片人，英国版录像带，美国 1982 年玛格瑞特米德电影节入围片）；《水漫山峡》（1997 年出版）；《怀想——北京“新疆街”的时空变迁》（1999 年出版）；《我妻我女》，讲述独生子女的教育问题；《虎日》（2002 年出版），是研究民间禁毒的有效方法的应用和示范片；另外有现代诗集《情人节》，1995 年出版；《北美花间》，1994 年出版；个人摄影展《美国和中国》等成果。

庄孔韶对中国人类学的发展有着深远的影响，他主张“不浪费的人类学思想”，提倡用多种形式和手段来表现人类学的理论，如小说、诗歌、随笔、电影作品等，反对拘谨的人类学作品。庄孔韶用细腻的文学描写、优美的笔触诠释着理性和严谨的学术思维。相比传统的学术书的呆板面孔，一串串的西洋文字，显得十分浪漫。庄孔韶对我国影视人类学的发展有着重要的贡献，是我国影视人类学的奠基人。庄孔韶十分重视影视人类学的应用，并且将影视人类学定义为：影视人类学是以影像和影视为手段表现人类学的理论，记录和诠释一个族群文化或尝试建立比较文化的学问。庄孔韶创建的一系列影视人类学作品如《虎日》、《端午节》等，影响深远。

另外，庄孔韶与其他人类学家一样，十分重视田野调查和实地工作，强调人类学这门学科的特点就是要进行在一个地方至少度过不少于一年的田野生活，凭借人类学的文化透镜参与观察，撰写与展示文化。庄孔韶还主张人类学者必须要有好的身体，能够走南闯北。主张用平和的态度和平等的目光去接触社会。

从人类学的学科领域看，庄孔韶提出：人类学的核心分支涉及体质人类学、语言人类学、考古人类学和社会－文化人类学四大部分，前三部分由于国别或有地理区域学术传统不同而各有合与分。但是中国的传统则至少使体质、语言和考古的研究特化了，对这三个分支在人的生物性文化性、语言的文化本质以及关注古今与物人关系的研究中，人类学的影响依然强有力地保存着。

人类学是研究人性与文化的学问，产生于150多年前。20世纪，人类学传入中国，但是，这样一门研究范围广泛的学科却由于种种原因在中国至今仍很神秘，主要原因就在于人类学方面的读物太少，仅有的一些也集中在大学教材，而且是陈旧的。鉴于此，教育部高教司、民族司和国家民委教育司联合立项，部颁的国家级重点教材《人类学通论》的出版就更显重要。庄孔韶负责主编此书。此书的定位也不局限于是一本独到的人类学教材，对人类学感兴趣的人都可以看看，人类学独特的视角使人们的视野更加的广阔，思维更加的敏捷丰富。《人类学通论》不仅适合于本科生学习，也适合于研究生和其他专业的学生学习研究。该书还引用大量的外文资料，有些最新的资料甚至连国外的教科书也包罗进去了。而且许多本土个案，如中国人重男轻女的生育偏好及还本归原的现象等，展示了中国人类学几十年的成就。

显然20世纪90年代以来，人类学的热潮有所降温，但是在21世纪的今天，《人类学通论》的出版很有可能成为我国人类学发展一个新的基点，并且为其他社会人文的研究增添新的资源。庄孔韶是第一个由我国自己培养的人类学博士，在国外享有较高的声誉。庄孔韶编写的《人类学通论》打开了中国人类学发展和教育新的篇章，为中国人类学教育及其本土化作出了贡献。庄孔韶的一些成果对社会的公共安全作出了贡献，如《虎日》为民间禁毒提供了有效方法。另外，《我妻我女》在独生子女教育问题上提出了自己的见解，为独生子女的教育提供了新的思路，对中国未来人才教育有一定的意义。

（余　惺）

黄有福

黄有福，朝鲜族，1943年2月出生于吉林省永吉县。1966年7月毕业于中央民族学院历史系。1987年至1988年，曾在美国哈佛大学哈佛燕京学社任高级访问学者。自1984年以来，应邀赴美国、加拿大、前苏联、日本、蒙古、韩国等国的10余所大学讲学。现任中央民族大学民族学系教授、民族学专业博士生导师、韩国文化研究所所长，兼任中国朝鲜民族史学会会长、中国朝鲜族发展研究会副会长、中国民族学学会理事、中国都市人类学学会理事。

黄有福主要从事北方民族文化史的教学与科研。他出版的专著有《中国朝鲜族民族研究》、《中国北方民族文化史》（合著）、《中朝佛教文化交流史》（合著）、《中国朝鲜族社会文化研究》、《奉使图》、《跨入21世纪的中国朝鲜族》（合著）、《中国朝鲜族社会文化再探》等21部。在这些著作中，有三部曾获省部级优秀图书奖。另外，他的译作有《女真语、满语研究》等7部；参编《辞海》等辞书3部；主编国际学术刊物《亚细亚文化研究》（韩国出版）7辑；所撰、编的学术著述共计38部。发表论文“The Korean Immigrants Society and Culture in PRC and U．S．A”、“《奉使图》成书始末”、“Home on the Range”等103篇，其中40篇在美国、日本、韩国等海外刊物发表。论文《日本侵略亚洲各国的历史不容否认》一文曾刊登在《领导参阅》热点剖析栏目中（2001.18期），直接为党和国家领导人制定有关政策服务。

黄有福的理论研究涉及到民族学研究的许多领域。其最主要的研究是中国朝鲜族的历史以及中国朝鲜族文化身份的定位，另外还包括中韩文化交流史的研究。

在朝鲜族历史与文化的研究方面，他曾就朝鲜族历史的肇始问题、作为中国少数民族之一的朝鲜族共同体形成的时间问题，以及朝鲜族文化的性质等等问题做了深入的研究。他曾清楚地指出朝鲜族移民历史的概念及范畴：

(1) 移民史的研究，可以有两个相反的角度，也就是移民"送出国"和"受民国"的角度，我们应从受民国的角度把研究的焦点放在作为中国少数民族之一的朝鲜族的来源问题上。

(2) 研究的对象应局限在中国朝鲜族群体范围。这个群体的成员必须兼备如下两个条件：其一，移民者或其后代必须是中华人民共和国的公民；其二，移民者或其后代必须是经有关行政部门公认其民族成分为朝鲜族者。如果朝鲜族移民及其子女仍未取得中国国籍，如果朝鲜移民的后裔已经加入了其他民族群体，那么他们的历史并不包括在论述范围中。

(3) 研究者应遵循中国朝鲜族是一个完整群体的原则，任何研究者都无权以是否保持本民族语言、风俗习惯等"同化"尺度去任意把朝鲜族群体内的一些成员排除在群体之外，朝鲜族移民史的范围也就是整个中国朝鲜族群体的移民史。①

另外，纠正了"朝鲜族"一词使用上的混乱，指出"朝鲜族"并不是"朝鲜民族"的简称，实际上是专指"享有中国国籍的朝鲜民族"。②

在研究近几年来出现的朝鲜族人口负增长的问题时，他提出了三点关键的看法：

---

① 黄有福：《中国朝鲜族移民史研究》，《中央民族大学学报》1993年第四期第56页。

② "The Korean Immigrants Society and Culture in PRC and U. S. A" 《The World platform》1998.10.28。

（1）朝鲜族人口从动态来讲建国后其发展一直是比较缓慢的，特别是实行计划生育以来发展得更慢些。这与朝鲜族政治觉悟有关。中国朝鲜族听党的话，党指向哪，就走向哪。抗战时期积极参加抗战，解放战争、抗美援朝同样积极参加。在抗日战争、解放战争年代延边牺牲的烈士中，98%是朝鲜族，也就是所谓的“村村有烈士碑”。20世纪70年代开始，当中央号召实行计划生育，延边朝鲜族也是积极响应的，所以按政策规定朝鲜族可以生二胎，可他们大多生一胎。

（2）国有计划经济转向市场经济以后，朝鲜族由于经济的原因不愿生孩子或少生孩子的就多了。因为一个孩子上学费用太高，其他的就医消费等成本也高，对低收入的家庭来讲压力很大。

（3）延边朝鲜族人口的外流，特别是女性人口的外流。外流分为两部分，一是改革开放以来延边人打破了过去的就业模式，走向全国的各大城市创业，其中有很大部分是育龄妇女在外面打工，这样生孩子就少了。第二是嫁到国外，这与在国内打工不同，如果一旦嫁到国外就成为外国人了，国籍就变了。延边朝鲜族自治州出现一些假结婚的，根据抽样跟踪研究，他们走的时候，想出去在国外挣了钱就回来，但并非如此，一旦取得韩国国籍之后，那么她回来也是韩国人。她不会再加入中国国籍，即使想改过来也是很难的，这样她拿着韩国护照来去更容易些，这部分延边朝鲜族女性流失人数比较多。①

在研究中朝交流史史料的过程中，黄有福发掘整理了清使阿克敦的《奉使图》。该手稿是深入研究中朝交流史的一个十分重要的史料。它是至今发现的唯一的古代中国使臣绘制的有关朝鲜

---

① 黄有福：《中国朝鲜族社会文化研究》，辽宁民族出版社2002年12月版，第127页。

的图册，是研究清、朝鲜早期文化交流史及政治、外交史的绝无仅有的珍贵形象资料。黄有福教授研究了《奉使图》的内容、成书的始末、流传过程，及其对《奉使图》绘图者考辨等等。

另外，在研究韩国当代民俗学时，他将韩国民俗学研究史划分为：民俗学研究的萌芽时期、韩国民俗学形成时期、韩国民俗学发展时期。并介绍了韩国民俗学的各个流派以及主要的研究成果。

在研究韩国人类学历史与现状时，他把韩国文化人类学研究历史划分为滥觞时期（1896—1959 年）、形成时期（1960—1970 年）、发展阶段（1970—现在）。并进一步分析了韩国人类学研究的三种动向。首先，韩国人类学中具有十分浓厚的民俗学传统。民俗学传统的研究无论从研究史的时间上评价，还是从研究成果数量上评价，都是非常突出的。其次，民族学传统是另一走向。即运用文化人类学的文化概念研究韩国文化的本质和传统社会制度。再次，新出现的社会学传统的研究更重视研究“现代韩国社会”的变化及发展问题或者从生态环境条件、经济结构特点等诸多方面去探讨社会制度及其功能。

他指出，目前韩国文化人类学关注的主要问题集中在文化和社会制度方面。对文化的研究主要分为研究文化体系和研究文化实践现实两种倾向。文化体系的研究包括文化原型、文化原理、文化规则等。

黄有福对朝鲜族历史、文化研究做出了一定的贡献。《奉使图》的发掘、整理、出版对中朝（韩）文化交流史研究是一个里程碑性的贡献，对此韩国的主要报刊、电视台都曾做过大量的报道，韩国暻园大学专门为此召开过 9 次全国性大型学术会“朝鲜族发展学术研讨会”。他的学术理念和研究成果曾多次被国内和美、日、韩等国外媒体专题报道。具有权威性的刊物将其评价为“中韩文化交流史研究领域的首席专家”、“中国朝鲜族研究领域的国际性权威”。

黄有福每年数次到国外讲学，他把讲学所得全部用于资助各族贫困学生和社会义务办学，每年资助学生达60余人，为此曾获得北京市第五届民族团结表彰大会先进个人称号。

（秦　丽）

参考文献

1. 黄有福著：《中国朝鲜族社会文化研究》，辽宁民族出版社2002年12月出版。

2. 黄有福主编：《韩国文化研究》，黑龙江朝鲜民族出版社1994年出版。

3. 黄有福：《中国朝鲜族移民史研究》，《中央民族大学学报》1993年第4期。

4. 黄有福著：《中国朝鲜族民族研究》，辽宁民族出版社1989年出版。

徐杰舜

徐杰舜，汉族，祖籍浙江余姚，1944 年 1 月 24 日出生于湖南零陵（今永州）。1965 年毕业于中央民族学院分院（现为中南民族学院）历史政治系，师从民族学家岑家梧教授。1965 年到 1985 年先后在浙江武义一中、武义三中任教。1985 年以来先后任广西民族学院民族研究所民族理论研究室主任、广西民族学院民族研究所副所长，现任广西民族学院学报（常务）副主编、学报编辑部主任，广西民族学院民族学人类学研究所教授，兼任广西民族学院汉民族研究中心主任，广西右江民族师专人类学研究所所长、教授。在汉民族研究领域有开拓性的贡献，先后七项八次获省部级优秀成果二等奖，1994 年被广西壮族自治区人民政府授予“有突出贡献科技人员”称号。

30 多年来从事人类学民族学研究，先后出版著作 30 余本，发表论文 200 余篇。主要著作有：《汉民族历史和文化新探》(1985 年)，《中国民族史新编》（1989 年)，《汉民族发展史》(1992 年)；合著、主编《南乡春色——一个壮族乡社会文化的变迁》（1990)，《从原始群到民族——人们共同体通论》（1991 年)，《中国民族政策通论》（1992 年)、《中国民族政策史鉴》(1992 年)，《实施自治法研究》（1997 年)，《汉族民间风俗》(1998 年)，《雪球：汉民族的人类学分析》(1999 年)。

面对“近百年来我国仅出版过两本关于汉民族的专著和论文集”这一事实，决心填补汉民族史研究的空白。徐杰舜在《汉民族发展史》一书中从起源、形成、发展、特征和文化五个方面阐述了关于汉民族历史的思想，提出了汉民族的两大主源为炎黄和东夷，苗夷、百越和戎狄为其三大支源，汉民族的形成经历了三部曲：夏、商、周、楚、越民族相继形成，春秋至秦在民族大融合中华夏民族的形成和统一，西汉之时华夏民族发展转化为汉民族。汉民族的发展主要有两大阶段，从魏晋南北朝至隋唐，民族同化潮流汹涌澎湃，汉民族旧貌换新颜；从宋辽夏金元至明清，在激烈的民族斗争中民族的自我意识大大增长。汉民族在共同语言、共同地域、共同经济生活、共同心理素质上有鲜明的特征，琴棋书画是汉民族表现于共同文化上的外部特征。

《汉族民间风俗》以民俗事象是否具有代表意义为标准，经过科学的调查与研究，展现了一种“风俗的美学”，[①] 在讲述某一风俗事象时揉入了一些民间传说、歌谣、趣味典故及文人词曲，风俗文化的美学价值得到凸现。书中分为百工百业风俗篇，衣食住行风俗篇，游乐百戏风俗篇，四时八节风俗篇，红白喜事风俗篇，生养益寿风俗篇，社会交际风俗篇，信仰禁忌风俗篇，通过充实丰厚的资料，表现了风俗的直观可感性，许多具体的民俗事象栩栩如生。

《中国民族政策通论》中徐杰舜提出了“不仅要研究汉族执政时期的民族政策，也要研究少数民族执政时期的民族政策；不仅要研究中央王朝的民族政策，也要研究分裂时期的民族政策”（1992，第488页），希望对中国历史上整个的民族政策有一个比较全面的理解。在《中国民族政策史鉴》[②] 中，徐杰舜细说了历朝的民族政策，得出了中国民族政策具有开拓性、怀柔性、羁縻性、同化性和因俗性的结论。

---

① 钟敬文序，徐杰舜主编：《汉族民间风俗》，1998年，北京，中央民族大学出版社。

② 徐杰舜、韦日科主编：《中国民族政策史鉴》，1992年，南宁，广西人民出版社。

《中国民族史新编》中将全国划为四大区，东北内蒙地区、西北新疆地区、西南西藏地区与中南东南地区，每一部分先介绍该地区历史上的少数民族，再讲该地区当代的少数民族，这种体例被誉为一种新的突破，“有利于了解各地区、各民族的发展史，在同一地区的古代民族与当代民族有何联系，古代民族的历史去向，当代民族的族源与发展在本地是怎样与古代民族结合起来的。”[①] “书中既确立了汉族的主体地位，又摒弃了汉族的本位观”[②]，而且“把汉族历史纳入到中国民族史范围，主张把汉民族史与民族关系史区别开来”。[③]

从 1985 年到 1992 年，徐杰舜的主要学术思想就体现在上述五本书中，[④] 在进行学术历程反思时，他认为自己当时“一方面有着收获的喜悦，另一方面又有着学术的困惑”，[⑤] 困惑之一是民族理论千人一面，困惑之二是中国民族史研究长期停滞不前，在这种情况下他自觉到了中国民族史的研究需要新的理论和方法，需要自觉地学习和运用人类学的理论。通过接触 80 年代以来出版的大量的有关人类学的译著，他开始了自己学术的转型。他的第一次尝试就是运用人类学社会文化变迁的理论和方法，考察了地处桂东北、聚居在贺县南乡镇的壮族，对其落籍南乡 400

① 陈永龄序，徐杰舜编著：《中国民族史新编》，1989 年，第 2 页，南宁，广西教育出版社。

② 张正明序，徐杰舜编著：《中国民族史新编》，1989 年，第 4 页，南宁，广西教育出版社。

③ 熊锡元序，徐杰舜编著：《中国民族史新编》，1989 年，第 7 页，南宁，广西教育出版社。

④ 《汉族民间风俗》一书为《汉族民间风俗丛书》的改写，《丛书》中徐杰舜负责编写《汉族民间经济风俗》一书。《汉族民间经济风俗》，徐杰舜著，广西教育出版社 1990 年 6 月版。

⑤ 徐杰舜著：《我的人类学情结》，2003 年 2 月，《广西右江民族师专学报》第 16 卷第 1 期。

年，尤其是新中国成立后40年社会文化的变迁作了系统、全面的调查，撰写了《南乡春色——一个壮族乡社会文化的变迁》一书。《雪球：汉民族的人类学分析》一书则是“学术转型完成的过程，也是尝试本土化的过程”（2001，第110页），转向了当代汉民族的考察，认为进行汉民族研究是汉民族自我认识的需要，是研究少数民族以及认识中华民族的需要，也是发展人类学的需要。在调查方法上与以往相比也实现了突破，采用参与观察法、问卷法、族谱资料、语言研究等，从史学方法入门，逐步运用多学科的研究方法并强调人类学的方法。理论上的突破主要是用族群概念代替“支系”、“民系”对当代汉民族进行了分析（1999，第11页），把族群定义为对某些社会文化要素的认同，对他“自觉为我”，是一个社会实体（1999，第17页）。对汉民族的族群结构分析分为三级，第一级是按人文地理划分，将汉族分为华南、华东、华中、华北、东北、西北、西南汉族，二级是省或代表市，三级主要指“族群岛”，如广西的“高山汉”、疍人等。全书的结构主要分为对各个地区汉族的地区概述、秦汉时期族群概况、汉族向华南的迁徙和发展、方言、族群和文化。在汉民族的形成发展模式上，修正了之前提出的“民族融合”的观点，认为汉民族的形成与发展像雪球一样，越滚越大，越滚越结实。

著书编书之外，徐杰舜主持《广西民族学院学报（哲学社会科学版）》（以下简称《学报》），有力地推动了中国人类学的发展。正当中国人类学的发展进入一个重要的新的发展时期时，1994年8月徐杰舜受命主持广西民族学院学报编辑部的工作，并担任了《学报》常务副主编，“根据当时正在兴起的人类学发展的态势以及全国没有一家人类学专业期刊的现状，专门设置了人类学研究一栏，决心高举人类学的旗帜，把广西民族学院学报办成中国人类学的园地”（2003）。《学报》通过发表1994年10月28日著名人类学家乔健教授在香港中文大学任人类学讲座教授的就职演讲词《中国人类学发展的困境与前景》引起了中国人类学学者的注意，通过参与北京大学社会学人类学研究所主办的“社会文化人类学高级研讨班”的学习和活动使《学报》逐渐得到了中国人类学界的认同。2002年《学报》出版100期座谈会上，乔健先生曾动情地说徐杰舜通过主持《学报》，现在变成了一个中国人类学界两岸三地的联络人，通过他的联系，大家有一个机会联系在一起，事实上对中国人类学界的发展起了一个很好的推动作用。

徐杰舜曾被乔健先生称为“汉民族研究很重要的一个人”，的确，他在把汉民族作为研究对象纳入民族学的体系之内起了很重要的作用。他提出了研究汉族离不开对少数民族的研究，研究少数民族离不开对汉族的研究，指出中国通史不是汉民族史，作为政治实体的国家与作为社会实体的民族是两回事，都有利于汉民族研究走上正轨。但是如其所述，他前期的研究如70年代末80年代初的《汉民族发展史》，打上了斯大林民族理论的学术印记（2001，第109页），因而在中国民族史研究方面最终感觉停滞不前。在反思以及自觉学习人类学新理论之后，做了许多学术转型的尝试，在后期研究中运用族群作为分析的核心，以解释汉民族中的诸多层次与地域文化特征。尽管还比较粗糙，也尽管被人批评为“历史学的著作”，但终于迈出了可贵的一步。通过主持《学报》，徐杰舜成了中国人类学界一个重要的联系人，有力地推动了中国人类学界的发展。

（郑睿奕）

参考书目

1. 徐杰舜编著：《中国民族史新编》，广西教育出版社1989年。

2. 徐杰舜著:《汉民族发展史》,四川民族出版社 1992 年。
3. 张有隽、徐杰舜主编:《中国民族政策通论》,广西教育出版社,1992 年。
4. 徐杰舜主编:《汉族民间风俗》,中央民族大学出版社 1998 年。
5. 徐杰舜主编:《雪球:汉民族的人类学分析》,上海人民出版社,1999 年。
6. 徐杰舜主编:《本土化:人类学的大趋势》,广西民族出版社,2001 年。
7. 徐杰舜:《我的人类学情结》,2003 年 2 月,《广西右江民族师专学报》第 16 卷第 1 期。

祁庆富

祁庆富，汉族，1945 年 2 月 8 日出生，吉林省汪清县人。1964 年考入北京大学东方语言文学系朝鲜语专业，1969 年毕业后，曾在辽宁省《铁岭日报》社任记者、编辑。1978 年考入中央民族学院研究生，师从著名的民族学家宋蜀华及民族史学家吴恒，专攻西南民族史。1981 年获历史学硕士学位，留校从事民族学、民族史及文化学的教学科研工作。现任中央民族大学民族学、人类学专业教授、博士生导师，教育部人文社会科学重点研究中心主任，兼任中国民族学学会副会长、北京市社会学会常务理事、中国汉民族研究会副会长。

祁庆富知识面广博，学术功底深厚。除民族学、民族史专攻外，还涉猎历史学、博物馆学、图书馆学、文化学、生态文化学、比较文化等领域，形成了多学科综合交叉研究的特色。

祁庆富的学术研究从西南民族史起步。20 世纪 80 年代，他与李昆声合著《南昭史话》（文物出版社，1987），对于学界一直争议的南诏族属提出自己的论证，主张王族为乌蛮，具有许多彝族先民特征；贵族中数量占优势的却是白蛮，白蛮中一部分转变成彝族，而当时以洱海为中心形成的白蛮共同体后来发展成近现代白族。南诏是一个多民族组成的地方政权。在彝族研究方面，他撰写了马学良主编的《彝族文化史》（上海人民出版社，1989）中的《历史篇》，其中《南诏王室族属考辨》一节据文献、考古和民族学调查资料对于“南诏王室彝族说”做了较有说服力的详证。

90 年代，他在硕士论文《两汉时代的西南夷》基础上，出版专著《西南夷》(吉林教育出版社，1990)。该书是我国第一部比较全面系统地研究西南夷的专著。西南夷是两汉时代对分布在今云南、贵州、四川南部和西部以及甘肃南端、广西西端少部分地带正式纳入郡县制范围的众多古代少数民族的概称。本书紧紧围绕着西南夷的族系和郡县制发展两大问题，深入探讨了西南夷的由来与发展，是西南民族史研究的一项重要成果。书中指出："在全国再也找不出第二个地区有如此众多的民族种类，有如此众多的语言谱系归属。西南地区是统一的多民族大家庭的一个缩影，在中华民族发展史上占有一定的地位。西南民族史错综复杂，千头万绪，其发端，不能不追溯到西南夷。"

在研究西南民族史过程中，他密切注意当时史学界、经济史学界热烈讨论的"亚细亚生产方式"问题。他把傣族封建领主社会比较晚地保留的"农村公社"形态引进讨论，发表了《"亚细亚生产方式"指的是原始社会吗?》(《世界历史》1980年第1期)，论证"亚细亚生产方式"是马克思、恩格斯探索科学原始社会过程中使用的不科学用语，提出"放弃说"。在《"亚细亚生产方式"不是马克思主义的科学概念》(《中央民族学院学报》1985年第3期）中进一步论证："亚细亚生产方式"概念本身含混不清，它不过是马克思在长期研究中使用的一个探讨性术语，而不是一个科学的概念。他的论述受到国内外学术界的注意，其论文收入在美国出版的《中国学者论亚细亚生产方式》(The Asiatic Mode of Production in China，1989)。

进入中央民族大学民族学系任教后，他的研究重点由民族史转向民族学。作为林耀华主编的《民族学通论》(中央民族学院出版社，1990）的执笔人之一，撰写《民族社会形态》单元，系统地论述社会形态在中国民族学研究中的历史地位。文中提出"农村公社与奴隶制相斥性、与农奴制相适性"论点。在《民族学实地调查方法》一章中，在国内首次引用介绍西方人类学提出的“主位”（自观，emic）、客位（他观，etic）方法。提出：“我国民族学正处在一个发展阶段，要发展就必须创新。不但需要理论创新，也需要方法上创新。西方民族学的发展道路表明，民族学的发展创新不在书斋里，而在民族学田野工作的广阔天地。在这改革开放的时代，中国民族学工作者只有迈开双脚，到中国和世界各民族的广阔天地中去进行实地调查，才能开拓出一条中国民族学的新路。”

在民族学研究中，他特别关注“文化”。他参加施正一主编的《广义民族学》（光明日报出版社，1992）一书的编写，在《文化民族学》一编中，提出建立文化民族学分支学科的构想和框架理论。由此，他将自己的民族学研究方向定位在“文化”上。此后，与他人合著《中国少数民族通论》（中央民族大学出版社，1996）。在宋蜀华主编的《中国民族概论》（中央民族大学出版社，2001）中，他承担编写《中国少数民族传统文化结构分析》一章。他提出少数民族传统文化论的基础结构包括：（一）生态结构：多元的生态文化圈和生态经济文化类型；（二）经济结构：不同发展阶段的社会经济形态；（三）政治结构：复杂的社会政治制度。他将少数民族传统文化的价值结构划分为：（一）少数民族传统文化的核心——本族认同的价值观；社会行为规范——外在的价值观；（三）民族传承物——价值观的物质载体；（四）文化传承的象征符号体系。突出价值意义，是他的少数民族传统文化论的基本出发点。他特别指出：“人们关于客观事物的价值观点和信念就是价值观。一个民族所共同接受并遵从的价值观，集中地代表了一个民族的文化精神。一个民族的价值观以及体现价值观的社会行为规范、物质载体，通过符号传承作用，涵盖着群体所共有的意义系统，形成一套完整的价值体系。中国少数民族传统文化展现的正是这样一种具有凝聚力的价值体系。”“一个民族文化的核心是本族认同的文化价值观。”“每一种文化都提供一系列估价人类行为的范畴和标准。文化作为人类行为选择的标准体系，既是人类行为的直接结果，又是人类行为的指针。一个民族所共有的选择标准，就是这一民族的价值观。每个民族的价值观，决定这一民族的价值取向。价值观念和价值取向集中地反映出民族意识和民族心理，因而占据着民族文化的核心组成部分。”“少数民族传统文化是中国传统文化的组成部分，但是，由于少数民族传统文化具有多样性的特点，其文化价值观及价值取向既有中华民族价值观的共性，又有每一个民族的个性。”

祁庆富认为民族学属于应用学科，离开应用，便失去学科活力，因而他特别注重文化民族学的实际应用研究。1994—1997年，他在《商业文化》杂志上连续发表有关中国吉祥物的文章就是具体的尝试。1999年，他出版了自称为“做了一点拓荒工作”的著作《中国少数民族吉祥物》。该书中，作者首次运用象征符号的理论，具体阐释中国少数民族吉祥物，开拓出一块“具象”阐释研究的领域。他指出：“在少数民族表演艺术、工艺艺术的大千世界里，各种各样的动物、植物、器物构成了一个五彩斑斓的象征符号百花园。在这个象征符号的系统中，蕴含着一种约定俗成的祈福求吉的象征物，它就是吉祥物。只有追本溯源，阐释符号的能指、所至，才能明了隐藏在每一种物的深层的寓意，自然也就解开了前面所提出的疑团。”他指出：中国少数民族吉祥物是中华民族吉祥文化的重要组成部分。在多元一体的中华民族文化格局中，中原地区的汉族和周边的少数民族的文化相互交融，汉族的吉祥观念对少数民族吉祥物的形成有着重要影响，汉族吉祥物中也包含了许多来自少数民族的内容；一些少数民族之间也有共同的吉祥物，然而各少数民族特有的吉祥物占据主流。与汉族吉祥物相比较，少数民族吉祥物的来源、内容、象征意义，特别是吉祥物载体（即表现形式），都表现出十分鲜明的本民族特色。我国民族众多，每一个民族都有自己创造的吉祥物，少数民族特有的吉祥物是象征文化的集中体现，负载着民族传统的心理和意识，展现出各民族文化的特质。少数民族吉祥物的载体无疑包括纹样化的形式，但除此以外，还包括非纹样化的载体，即行为性载体（口传性载体、表演性载体）和器物性载体，载体多样化是少数民族吉祥物和汉族吉祥物相区别的一个重要特点。这类用非纹样化形式表现传播的吉祥符号，尽管限于吉祥文化的初级阶段，但吉祥物的“符指”十分鲜明，因而不能摒弃在吉祥物范畴之外。他对于加强少数民族吉祥物研究工作提出了三点具体意见：（一）研究少数民族吉祥物，必须借鉴国内外各种文化理论，如符号学、传通学以及象征文化、比较文化理论等，同时结合少数民族的实际，探讨中国少数民族吉祥文化理论。（二）少数民族吉祥物与民族的历史、文化、风俗、习惯、宗教信仰、心理意识、地理环境、民间文学、民间歌舞、工艺美术等都有密不可分的联系，只有进行多学科综合交叉研究，才能把吉祥物研究引向深入。（三）搜集整理少数民族吉祥物和吉祥图案资料，是开展少数民族吉祥文化研究的前提。深入到少数民族的实际生活中去，进行系统的、专题的调查，是一项迫在眉睫的工作。这不是少数人在短时间内可以完成的，应当制定规划，通力协作，把每个民族的吉祥物资料经过整理、研究，再进行综合比较，把每一个少数民族吉祥物的宝库真正打开。该书出版后得到社会好评，获第三届中国高校人文社会科学研究成果三等奖。

在吉祥物研究基础上，近年来，他致力于民族文化遗产研究，并于2004年开始招收民族文化遗产研究方向的博士生。他主编出版了《民族文化遗产（第一辑）》（民族出版社，2004）。2004年10月应邀出席日本爱知大学主办的“激荡的世界与中国”学术研讨会，发表了题为《关于少数民族传统文化转型与民族文化遗产保护的思考》的演讲（在国内发表于《云南民族大学学报》2004年第6期），集中表述了对于传统文化及民族文化遗产的看法。他认为，民族传统文化和民族文化遗产是既有联系、又有区别的两个概念，必须区分开来。传统文化可以变异，创新、重构是主流，对传统文化不可能、也不应该“全盘保护”，需要保护的仅仅是传统文化中的一部分，笼统说“保护”不恰当。遗产是传统文化中最有价值的精华部分，必须保护其原形态，不能重新创造。继承少数民族优秀的传统文化，最重要的是抢救和保护少数民族文化遗产。他作为文化部邀请的专家，多次参加非物质文化遗产的实地考察和论证工作。作为中国民族民间文化保护工程委员会邀请的专家，参加首批国家级非物质文化遗产代表作申报的论证工作。主张一定要处理好遗产保护与开发利用的关系，他在《光明日报》发表《少数民族非物质文化遗产的抢救与保护》一文中指出：中国少数民族文化遗产十分丰富，特别是非物质文化遗产，有着特别的优势。虽然称为“非物质”，但与“物”又密不可分。口头和非物质文化遗产的本质不在于“物”与“非物”，而在于文化的“传承”，其核心是传承文化的人。少数民族非物质文化遗产是一个巨大的宝库，而它面临失传的危机尤为严重。

非物质文化遗产保护不能仅仅停留在保护层面，应当与利用、开发有机地结合起来，实现文化遗产的“可持续性”保护。一方面，过度或破坏性开发必须坚决果断制止；另一方面，也不能由于出现某些问题就“因噎废食”，应该理顺利用与开发的关系。我们必须清醒定位：改变贫穷、落后面貌，大力发展生产力，实现社会主义现代化，是少数民族不可动摇的目标。在少数民族文化遗产保护工作中，“发展是硬道理”，坚持科学发展观更有特别重要的意义。大力抢救与保护好少数民族非物质文化遗产，使少数民族传统文化传承成为现代化进程中有机组成部分，应是正确的出发点。

此外，他还涉足生态民族学、历史民族学领域，发表过多篇有见地的论文。

在中韩文化交流史方面，他的成果颇丰，代表作有《朝鲜诗选校注》(辽宁民族出版社，1999)。

（杨　玉）

罗贤佑

罗贤佑，1945年6月出生于河北省定县。中国社会科学院民族研究所研究员、民族历史研究室主任、民族史学博士生导师。1969年毕业于北京大学西语系，1978年师从我国著名蒙古史专家翁独健教授，在中国社会科学院研究生院民族系攻读蒙元史专业研究生，获硕士学位。1981年入中国社会科学院民族研究所从事研究工作至今。现为中国民族史学会副会长兼秘书长、中国蒙古史学会副会长、中国元史研究会理事。1993年起，获国务院颁发政府特殊津贴。曾先后出访加拿大、法国等地，进行学术交流活动。

罗贤佑多年来致力于蒙元史、中国北方民族史及中国民族关系史等方面的研究，著述颇丰，迄今为止，发表的专著、论文、译文及各类文章共有100余万字。他的每项学术成果都力求有所创新、有所突破。《元代民族史》（四川民族出版社，1996年）、《中国民族关系史纲要》（合著，中国社会科学出版社，1990年）、《中华民族凝聚力的形成与发展》（合著，民族出版社，2000年）、《中国历代民族政策研究》（合著，青海人民出版社，1993年）、《中国北疆通史》（合著，中州古籍出版社，2001年）、《中国边疆经略史》（合著，中州古籍出版社，2000年）等学术著作是其有代表性的研究成果，在学术界具有一定的影响，得到有关专家学者的首肯与好评。例如戴逸教授在其《一部独具匠心的著作——读〈中国民族关系史纲要〉有感》一文中说："《纲要》全面、系统地阐述了中国历史上各民族之间关系的形成和发展，探讨了中国民族关系史发展的客观规律，立意新颖，结构严谨，内容丰富，史论兼述，上下五千年，搜罗详备，提纲挈要，自成体系……《纲要》的问世，具有重要的学术价值和现实意义。”任崇岳、蔡之纯等分别撰文评述《元代民族史》一书，认为这部著作“是作者多年以来从事元代民族史研究的结晶，是一部具有较高学术水平的力作。对于史乘中出现的元代各个民族的历史，该书进行了全面、系统、深入的论述，阐述严谨细致，内容丰富翔实，不少地方发前人所未发。”“《元代民族史》在元史和民族史研究领域作了可贵的尝试，取得了良好效果，具有某种填补空白的意义。”

《中国民族关系史纲要》一书，先后获国家图书奖提名奖、中国社会科学院优秀科研成果奖和国家社科基金项目优秀成果奖二等奖；包括《元代民族史》在内的《中国历代民族史》丛书先后获中国社会科学院民族研究所优秀科研成果一等奖和中国社会科学院优秀科研成果二等奖。此外，其《狩猎野牛的民族》获“东方奖”二等奖；参加撰写的《中国民族史人物辞典》、《中国少数民族史大辞典》获中国社会科学院优秀科研成果奖；《中国历代民族政策研究》获中国社会科学院民族研究所优秀科研成果奖。目前的科研工作主要是主持中国社会科学院重大研究课题《中国历代边政通论》，计划四年完成，约150万字。

作为博士生导师，罗贤佑曾参与过一名博士研究生的辅导工作，目前担任一名博士研究生的主要指导教师，开设了“蒙元史”、“中国北方少数民族史”、“中国民族关系史”、“中华民族多元一体格局”、“蒙藏民族关系史”等课程。罗贤佑为人冲淡谦和，与之接触，如沐春风。对待学生他更是极尽呵护、负责之精神。在指导学生过程中，他要求学生力戒浮躁，不仅要有扎实的史料基本功，而且要注重理论学习，开阔视野；学生不仅能从事实证研究，而且能从宏观上分析、把握历史问题。他给学生授课时，指示要点，自由交谈，互相探讨，然后再深入下去。这种相互交流、循序渐进的教学方法使学生获益匪浅。

博览、勤思、深研是罗贤佑的治学准则。他一向主张：凡研治文史者，一定要坚持不渝地积累资料和涵蕴思虑。他在撰写《元代民族史》一书时，力求搜罗、发掘多种史料资源，广泛涉猎，勾隐索微，集中了大量第一手材料，在此基础上分析研究，进而作出比较明确的判断。该书不仅引用了正史，还旁及元代官方文书、元人诗文集、私人笔记、碑刻铭文、家乘野史、传说歌谣以及宋、明人著作和波斯、阿拉伯等域外史料。该书也引用了相当数量的文物考古资料，从历史角度结合文献资料进行综合表述，从而使史实反映得更加充实、鲜明。他多次强调：治学的重点在于“通”，融会贯通，闻一知十，举一反三，由此及彼，触类旁通。读书做研究，仅有勤奋精神还不够，还要善于思考、比较和总结，要有举一反三的“悟性”，达到触类旁通。研究中国民族史，必须具有坚实广博的中国通史和世界通史的基础知识，还要掌握尽量多的相关学科的知识及理论方法。只有博采众长，具有远见通识，在研究中才能思路开阔、左右逢源地进行多方位探讨，从而得出令人信服的科学性结论。在其本人的研究实践中，这种治学特点就有所体现。例如由他撰写的《中华民族凝聚力的形成与发展》中的“各民族文化上的相互交融”一章，就是从历史流变的角度，上溯远古，下贯明、清，涉及到社会思想、宗教形态、人文伦理、文学艺术、民间风俗以及民族形成与融合等许多内容，这不仅勾勒出源远流长的中华文化的历史发展脉络，而且还对中华民族在文化上密不可分的关系，揭开了一个新的层面，以大量的确凿史实证明：共同的文化成为中国境内各族的粘接剂，是中华民族凝聚力经久不衰、日益强固的原因之一。

（秦永章）

金炳镐

金炳镐，黑龙江延寿人，朝鲜族，生于1950年2月，1974年毕业于中央民族大学（原中央民族学院政治系政治理论专业），后获得法学硕士学位，1996年在韩国汉阳大学做访问学者，现为中央民族大学教授、博士生导师、校学术委员会委员、校学位委员会委员、马列主义学院院长、中国民族理论与民族政策研究院院长、中国民族理论学会副会长兼秘书长。在中央民族大学任教30年，1989年和1995年两次获得北京市优秀教师称号，破格晋升副教授、教授职称，从1993年开始享受国家有突出贡献专家的政府特殊津贴。2002年获宝钢教育基金优秀教师奖。2003年被评为首届北京市高等学校教学名师、首届全国高等学校教学名师，成为全国民族院校首位国家级教学名师。2004年获首都五一劳动奖章，2004年被评为首届国家民委有突出贡献的专家。

主要代表作有：《民族理论通论》，中央民族大学出版社，1994年出版，46万字，分为民族实体论、民族发展论、民族问题论、民族关系论、民族政策论等七编，阐述了民族理论学科的研究对象、研究内容和性质、理论体系、研究方法、方针、重点以及民族理论学科的理论体系的建立发展；并分别就民族实体、民族发展、民族问题、民族关系、民族政策进行了论述，提出“当前，动荡不安的国际形势更突出地显现了民族问题的重要性，改革开放中的国内形势，要求在改革、发展和稳定中更重视国内民族因素和民族问题因素。在这种国际国内形势和环境中，民族理论学科要充分发挥自己学科的特长，深入研究‘冷战’结束后中国和国际民族问题的现状与发展趋向，深入研究我国社会主义现代化建设过程中民族问题方面的重大的理论和实践问题，为促进我国建设有中国特色的社会主义服务。民族理论学科也将在社会实践中不断得到发展。”[①] 该书获第三届全国高校优秀教材（民族类）二等奖（1995 年），是北京市精品教材项目（2002），被认为是中国民族理论学科发展中的代表作之一。《中国共产党民族纲领政策通论》，黑龙江教育出版社，2002 年出版，分为 3 卷 5 编 35 章，92 万字。上卷，第一编：研究阐述了中国共产党三代领导集体的民族纲领政策思想，以毛泽东、邓小平、江泽民为核心的中国共产党三代领导集体关于解决我国民族问题的理论和政策，是我党民族纲领政策的理论指导和核心，体现了马克思列宁主义民族理论在中国发展的三个阶段。[②]中卷，第二编研究论述了我党在国内革命战争时期、红军长征时期、抗日战争时期、解放战争时期的民族纲领政策及其变化发展；第三编研究论述了新民主主义革命时期中国共产党民族纲领政策的形成和发展。下卷，第四、五编：研究论述了社会主义时期中国共产党民族纲领政策的发展和完善。全国人大常务委员会副委员长布赫为该书题字：“在新的世纪，学习马克思主义民族理论，学习和研究中国共产党民族工作的经验和教训，是很有意义的。《中国共产党民族纲领政策通论》是这方面的一本重要的参考书。”该书被国家新闻出版总署确定为“迎接党的十六大重点图书”之一（2002 年），由国家民族事务委员会送中央政治局常委、书记处书记等中央领导参阅（2002），获北京市第八届哲学社会科学优秀成果一等奖（2004），被评为北京市精品教材（2004）。《中国共产党三代领导集体的民族理论与实践》，黑龙江教育出版社，

---

① 金炳镐：《民族理论通论》，第 1 页，中央民族大学出版社，1994 年出版。

② 金炳镐：《中国共产党民族纲领政策通论》，第 1 页，黑龙江教育出版社，2002 年出版。

2003年出版，65万字。该书全面、系统地论述了毛泽东、邓小平、江泽民同志为核心的三代领导集体的民族理论及其实践，明确指出，这是马克思主义民族理论在中国发展的三个阶段。该书是国家新闻出版总署确定的“十五”重点规划图书。《民族问题概论》，黑龙江朝鲜民族出版社，1994年出版，论述了民族问题与社会发展，社会主义初级阶段的民族问题，民族聚居地区、杂散居地区、农业地区的民族问题，民族关系及其发展规律，中国解决民族问题的理论与政策等，获国家民族事务委员会社会科学优秀成果二等奖（1996年）。《邓小平民族工作思想》，内蒙古人民出版社1996年出版，获内蒙古自治区“五个一工程”入选奖（1997年），获第二届中国高等学校人文社会科学研究优秀成果三等奖（1998年），获中央民族大学优秀科研成果著作一等奖（1998年）。《中国民族理论研究二十年》，中央民族大学出版社，2000年出版，获第七届北京市哲学社会科学优秀成果二等奖（2002年）。《民族理论政策概论》，中央民族大学出版社，1994年出版，获吉林省哲学社会科学优秀成果奖（1995年），获中央民族大学优秀科研成果著作一等奖（1996年）。

金炳镐在长期的民族理论和民族政策教学和研究中，构建了以揭示民族的基本属性、基本特征、基本结构和基本素质为基础，以阐释民族发展为主线，以实现促进民族发展、协调民族关系为重点的、包括马克思主义民族理论发展史论、民族实体理论、民族发展理论、民族问题理论、民族关系理论和民族纲领政策理论的民族理论学科体系和教材体系。在民族理论与民族政策研究领域提出了一些新概念、新观点。比如，第一个研究论述了马克思民族定义产生背景、产生过程和基本特点及在中国的传播；第一个研究论述了民族属性、民族结构、民族素质及其关系，提出了民族是客观实体，要综合观察和认识民族实体的观点；第一次从民族属性、民族特征、民族结构、民族素质的角度研究民族发展理论，提出了民族发展是民族的民族性发展、社会性发展、人的发展的统一的观点，提出了民族发展是民族理论研究的重点的观点；提出并论证了原生形态民族、次生形态民族、民族属性、民族分界意识、民族认同意识、民族结构、民族素质等新概念，等等。这些观点开拓了民族理论研究视野和研究领域，受到民族理论学术界的关注。

金炳镐主要从事民族理论、民族政策、民族学方面的教学和研究，同时进行朝鲜·韩国学、民族法学、民族社会学、民族人口学等方面的研究。参与中央民族大学全国第一个民族理论本科专业的创建，创设并主讲了“马克思主义民族理论”、“中国民族理论与民族政策”、“民族关系理论”等本专业的几门主干课程。金炳镐主讲的《马克思主义民族理论基础》，于2003年被评选为北京市级精品课程。这是中央民族大学第一门北京市级精品课程。牵头申报并获得全国第一个马克思主义民族理论与政策专业硕士、博士学位授予权。招收培养国内硕士、博士生87名、进修教师23名、外国籍硕士、博士生17名、外国籍高级研修生11名。16次赴韩国、朝鲜、日本、美国等国参加国际学术会议。从事中国民族理论学会工作25年，任秘书长17年，参与组织全国性学术讨论会17次，编辑出版《民族理论研究》（副主编）17年。承担和参与国家社科基金课题等各类课题研究22项。目前研究中的有教育部、国家民委、北京市、社科基金等课题6项。在国内出版著作（包括合著）23部、在国外出版著作2部；在国内发表论文250多篇、在国外发表论文30多篇。论著中获国家部委级、省市级奖16次（一等奖6次、二等奖6次、三等奖4次）、大学和省级研究机关奖13次。金炳镐被公认为是中国民族理论学科发展中的中青年学者代表人物。

（王荣尧）

参考书目

1. 金炳镐：《民族理论通论》，中央民族大学出版社，1994年。

2. 金炳镐主编：《中国共产党民族纲领政策通论》，黑龙江教育出版社，2002年。

3. 图道多吉主编、金炳镐副主编：《中国民族理论与实践》，山西教育出版社，2003年。

4. 金炳镐主编：《中国民族理论研究二十年》，中央民族大学出版社，2000年。

5. 金炳镐：《民族理论政策概论》，中央民族大学出版社，1994年。

6. 金炳镐：《马克思主义民族形成理论及其在中国的传播》，《内蒙古社会科学》，1986年。

王锡宏

王锡宏，汉族，1950年3月11日生于朝鲜平壤，1967年归国。1978年就读于中央民族大学，1982年毕业并留校从事高等教育和民族教育研究工作。曾任中央民族大学《教育简讯》责任编辑、高等教育研究室主任、民族教育研究所副所长、《民族教育研究》常务副主编、九州大学和驹泽大学外国人教授、福冈亚太研究中心研究员、东京大学和早稻田大学客座研究员。曾兼任北京地区高等教育研究协作组副组长、中国未来教育研究会少数民族教育研究中心主任、日本东京亚细亚文化综合研究所中国所所长、日本亚细亚文化推荐委员会委员等学术职务。现为日本东京亚细亚文化研究所教授。

王锡宏长期从事民族教育方面的国家级重大课题研究。“七·五”计划期间，承担国家哲学社会科学重点项目“中国民族教育现状与发展研究”，任国家民族事务委员会民族教育研究课题办公室主任。“八·五”计划期间，任国家重点项目“中国民族教育重大理论与实践问题研究”课题秘书。“九·五”计划期间，参与了国家重点项目“西部教育与西部大开发研究”；“十·五”计划期间，设计起草国家哲学社会科学项目“地市城乡经济协调发展研究”的课题申请报告和主体框架。

他先后主持过国家民族问题研究中心中心课题“2000年中国少数民族教育发展战略纲要研究”、国家民族事务委员会重点项目“中国少数民族教育理论体系研究”、教育部项目“WTO背景下的地市高等教育发展问题研究”。

他主编的《中国边境民族教育》（中央民族学院出版社，

1990年2月）受到日本、韩国、澳大利亚、美国、加拿大等国学术同行的高度评价，日本国会图书馆白岩一彦先生编著的《中国民族教育》一书，多处引用该书的观点和资料。由他设计理论框架和编写体例的《中国民族教育发展战略抉择》（中央民族学院出版社，1991年12月）以及他作为主要执笔者之一的《中国少数民族教育重大理论问题研究》（云南出版社，1997年9月），在民族教育研究领域具有一定的影响。

他的学术专著《中国少数民族教育本体理论研究》（民族出版社，1999年）受到了国内外学术同行的赞誉。台北师范学院校长欧应生教授认为该书："学养精深、述作丰富、文以载道、立德立言、殊深佩服。"先后获北京市教育学会优秀奖、中国未来教育研究会教育科学一等奖、全国教育科学一等奖（1999年10月）。

其主要学术贡献，体现在以下几个方面：

一、研究少数民族教育战略

他提出了较为完整的少数民族教育发展战略思想、方针和原则，阐述了少数民族教育发展的战略模式、目标、重点、步骤，预测了21世纪不同时期中国少数民族教育发展走向和蓝图。

二、在中国边境地区民族教育研究方面具有一定贡献

提出了中国边境教育"八大"特点、"三大障碍"理论。八大特点为：国际性、边远性、分散性、封闭性、不平衡性、低层次性、复杂性、综合性；三大障碍为：偏远的、封闭的、恶劣的自然条件是制约边境教育发展的地理障碍；落后的生产力和生产方式、相对贫困的经济生活是制约边境教育发展的经济障碍；传统文化中的消极因素是制约边境教育发展的文化障碍，边境社会经济及教育的发展，在某种意义上是与这三种障碍作斗争。

提出了"五个层次开放、中间进取、内外冲击、全国支持、中央扶植"的边境教育发展构想。"五个层次"开放指的是：本地区内部的开放、向省内开放、向全国开放、向边境的邻国开放、向全世界开放，变陆地最边远一线为陆路开放最前沿。

中间进取：所谓“中间”就是我国边境地区处于我国和相邻国家之间。所谓“进取”就是我国边境民族教育要想有效地利用国际国内有利条件，争取各方面的援助和支持，首先要立足于自身努力，把立足点放到依靠自身力量的基点上，不断提高对教育事业战略地位的认识，深化教育改革，调整教育机构，完善教育机制，通过自我觉醒、自我进取、自我努力、自我完善来加快教育事业发展。

内外冲击：就是国内外两面对我国边境教育进行冲击。内线冲击：通过内向开放，造成强有力的内线冲击。内线冲击指的是各边疆省区的中心城市、发达地区以及中部、东部发达地区所形成的，对边境民族教育的辐射线。外线冲击：是指各相邻国家的文化教育对我国边境文化教育的渗透和影响、刺激和挑战、改造和争夺、促进和鞭策，以及由此所造成的巨大压力和冲击。

全国支持、中央扶植：由于边境民族教育的特殊战略地位和作用，对边境民族教育中央应采取特殊政策，全国应给予特殊支持。

三、在民族教育文化背景研究方面具有一定建树

首次提出了少数民族教育第一个文化背景和第二个文化背景的概念，并阐述了这两个文化背景之间的关系，论述了少数民族教育文化背景层次性和差异性。

从文化传播学的视角，通过对统一国家范围内，各民族之间以及少数民族与主体民族之间在文化方面互相联系和影响的大量事例和现象的分析和透视，揭示其中较为深层的、规律性的东西，提出了文化传播幅度、频率、力度的文化传播学新概念，提出了民族文化影响力三原理新理论。

所谓民族文化传播幅度，指的是民族文化在向外传播的过程中，所表现出的传播广度和规模的特性。它主要体现在一个民族文化的活化载体和物化载体数量的多少和规模的大小，以及一个民族有效文化活动空间的广狭。文化传播频率，是构成文化传播影响力的又一重要要素。文化传播频率指的是一个民族的文化在一定的时间内，向其他民族传播的次数。一个民族文化传播频率，集中体现在这个民族的文化信息通过以现代高科技武装起来的现代信息传播系统，在一定的时间内所播放的频率。文化传播力度指的是一个民族的文化在传播和交流过程中，对其他民族文化造成实际影响的能力和力量。

民族文化影响力在某种意义上讲，是文化传播幅度、频率和力度三者共同作用的总和。可用公式表示为：民族文化影响力=文化传播幅度×文化传播频率×文化传播力度，也就是说民族文化影响力是与文化传播幅度、频率和力度成正比例关系。

四、提出少数民族教育双重性理论

提出了较为完整的少数民族教育特点理论、少数民族教育双重性理论。少数民族教育双重性理论引起了国内外学术同行的关注，受到教育部、国家民族事务委员会有关领导的重视。《中国教育报》、《教育研究》、《民族研究》、日本的数家杂志先后登载和介绍了少数民族教育双重性理论的基本内容和要点。在统一的多民族国家中，少数民族教育在各方面既要考虑和适应本民族的文化环境，本民族的发展和需要，又要兼顾以主体民族为主的、统一的多民族国家共同的文化大背景及其发展和需要。在教育目标方面，既教育学生热爱家乡、热爱本民族，继承本民族的优秀文化传统，成为本民族的优秀人才，又要教育学生热爱统一的多民族国家，成为捍卫和建设统一国家的优秀人才；在教育内容方面，既要教授本民族优秀传统文化，又要教授多民族国家的主流文化；在教学语言方面，既要使用本民族语言文字，又要学习主体民族语言文字或国家通用语言文字或族际语言文字。撇开国际影响因素而不论，少数民族学生在文化环境、教育目的、教育内容、教学用语等诸方面，有“两面适应”、“两面兼顾”、“两手准备”的特点。这种特性，称之为“少数民族教育双重性”。少数民族教育的双重性是二元结构，首先，教育的各个方面首先考虑和适应本民族文化环境和本民族的发展需要，体现本民族特色。这种特点，简称为少数民族教育双重性的第一重性。其次，在教育的各个方面还要兼顾以主体民族为主的统一国家的发展和需要，在某种程度上受到主体民族为主的各民族共同的大文化背景影响，这一特点，简称为少数民族教育双重性的第二重性，第一重性与第二重性，合起来构成了双重性。进而阐述了少数民族教育双重性的辩证关系、理论与实践依据，以及在实践中的运用。该理论填补了我国民族教育研究的空白，对民族教育和多元文化教育研究的中国化具有重要意义。

（于会堂）

马 戎

马戎（1950—），男，回族，上海市人，我国著名的社会学家、人类学家、民族学家。1976 年毕业于内蒙古农牧学院农业机械系，1982 年获得中国社会科学院研究生院政治经济学硕士，后去美国留学，在美国布朗大学社会学系学习，于 1987 年获得博士学位，1990 年 ~ 1991 年在美国哈佛大学费正清中心做博士后研究，1993 年担任北京大学教授、博士生导师，1995 年在北京大学社会学人类学研究所任所长，2000 年 6 月，担任北京大学社会学系主任。现为北京大学教授、博士生导师、北京大学社会学系主任，北京大学社会学人类学所所长。马戎主要从事民族社会学、环境社会学、教育社会学等学术领域的研究。

马戎发表有多部著作及学术论文。主要著作有：1993 年北京大学出版社出版的《边区开发论著》（合编）、1994 年北京大学出版社出版的《中国乡镇企业的发展历史与运行机制》（合编）、同年在香港牛津大学出版社出版的《中国边远地区开发研究》、1995 年 Times Academic Press 出版的 China's Rural Entrepreneurs（中国的乡镇企业）（合编）、1996 年天津人民出版社出版的《社区研究与社会发展》（合编）、1997 年出版的《西方民族社会学的理论与方法》（马戎编）、1997 年北京同心出版社出版的《西藏的人口与社会》、同年由中国藏学出版社出版的《西藏社会发展研究》（执行主编）、1998 年群言出版社出版的《田野工作与文化自觉》、1999 年由北京大学出版社出版的《中华民族凝聚力形成与发展》（马戎、周星主编）、2001 年由民族出版社出版的专著《民族与社会发展》、2001 年 7 月、9 月分别由民族出版社和丽文文化事业出版社出版的《民族发展与社会变迁》、《二十一世纪的中国社会学与人类学》等多部著述。马戎近年发表的主要论文有：1998 年 4 月《北京大学学报》发表的《必须重视环境社会科学——谈社会学在环境科学中的应用》、1999 年 4 月《中国社会科学》发表的《遵守学术规范，推进学术对话——关于“学术对话和学术规范”的笔谈》、1999 年第 2 期《西北民族研究》上发表的《中华民族凝聚力的形成和发展》、2002 年 5 月《民族研究》发表的《不同学科研究方法的相互借鉴与结合》、2003 年 1 月《西北民族研究》发表的《在继承传统中开拓创新》、2003 年 4 月在《社会学研究》上发表的《漫谈社会学和社会发展》、2003 年 4 月在《社会科学战线》上发表的《中国各族群之间的结构性差异》、2004 年 5 月在《中南民族大学学报》上发表的《社会学的族群关系研究》等多篇学术论文。

马戎的学术研究主要在民族社会学、环境社会学以及教育社会学等领域。从他发表的著作和论文中可以看出他的相关学术观点。下面主要从这三个方面来分析一下马戎的学术观点。在环境社会学方面，马戎在其文章《必须重视环境社会学——谈社会学在环境科学中的应用》中指出，在环境保护方面应当提倡自然科学与社会科学相结合的环境研究方法，由于人的能动作用是环境变化中最重要的因素之一，社会学作为研究人类社会及其活动的一门学科，在 21 世纪环境科学的发展中将发挥重要的作用。进而对环境社会学的研究领域作如下划分：1. 传统文化习俗、社区行为规范对环境的影响；2. 生产力水平的提高、生产规模的扩大、生产组织形式和生产方式的改革对环境的影响；3. 社会体制变迁、政府政策和法规对环境的影响。这些领域的研究成果将会对中国的现代化与可持续发展产生积极的影响。[①] 马戎在民族社会学的研究主要集中在族群方面。他认为，民族社会学尤其关心现实问题的研究，突出特点应是对中国当前民族问题进行分析和展望并指出中国如何更好地处理各民族间的族际关系。如他在文章《理解民族关系的新思路》中指出："中国几千年来在处理族群关系中具有把族群问题'文化化'的传统，但是近代在新的历史条件下开始吸收了欧洲把民族问题'政治化'和制度化的做法。但是现在中国应当从本国历史中吸取宝贵经验，也应当借鉴美国、印度、前苏联等处理本国种族、族群问题的策略与经验教训，把建国以来在族群问题上的'政治化'趋势改变为'文化化'的新方向，培养和强化民族——国民意识，逐步淡化族群意识。"[②] 并进而提出政治一体化、文化多元化的思想。在文章《族群关系变迁影响因素的分析》中，马戎认为，在研究族群关系的各类影响因素的作用时，建议用"反推比较法"，先调查族群之间的亲疏程度，然后分析各类因素如何影响和制约这些族群之间的相互关系。[③] 马戎在教育社会学研究领域方面更多的是关注中国少数民族教育事业的发展以及少数民族的教育问题。他认为，对我国少数民族教育现状和存在问题有关的各项专题研究，需要深入的实地调查，借助历史资料和外国少数民族教育的研究文献，在横向和纵向两个方向进行比较研究，只有这样才可能在这些专题上为今后少数民族的发展提出一些改进的建

---

① 《必须重视环境社会学——谈社会学在环境中的应用》，《北京大学学报》1998 年第 4 期第 103 页。

② 《理解民族关系的新思路》《北京大学学报》，（哲学社会科学版）2004 年 11 月第 122 页。

③ 《族群关系变迁影响因素的分析》，《西北民族研究》2003 年第 4 期第 28 页。

议与方案。[1]同时提出，多元一体格局可以看作是理解和分析我国少数民族教育的一个总体理论框架。正如他在其文章中所说的，随着全国和世界社会经济发展的大势，"一体"的局面将不可避免地得到加强，同时也必须看到"多元"的客观性和长期性，在一定的历史阶段要注意发挥"多元"在"一体"的大框架中的积极作用，并慎重地引导"多元"在教育方面逐步向"一体"过渡。学校教育提供的是通用性、规范化和具有实际应用性的知识，在这方面与文化领域略有不同，文化比较强调地区、民族、历史特色。教育体制则不但要在全国推行通用性和规范化，而且需要与世界教育体系进行某种"接轨"。[2]

马戎是著名的社会学家、人类学家、民族学家，在北京大学从事教学工作的同时承担多项课题的研究并躬身力行开展"文化西援工程"。他的研究领域更关注西部文化尤其是少数民族的发展及其所遇到的问题并进而提出可借鉴的方法，如他对西藏教育的关注和对族群关系问题的关注。在他主持下，北京大学社会学系和社会学人类学研究所不仅培养了大批的人才而且取得了丰硕的研究成果，这些研究成果对我国社会学发展起到了积极的推动作用。尤其，他个人对环境问题、少数民族的教育问题以及对族际关系、民族关系问题的研究对我国的全面和谐发展具有重要的现实意义。

（佟春霞）

参考书目

1.《中国农村教育发展的区域差异》（合编），福建教育出版

①②《中国少数民族教育事业的发展》，《西北民族研究》1999年第1期第19页和20页。

社，1999年。

2.《中华民族凝聚力形成与发展》（合编），北京大学出版社，1999年。

3.《中国农村教育问题研究》（合编），福建教育出版社，2000年。

4.《中国乡镇组织调查》（合编），华夏出版社，2000年。

5.《中国西部边区发展模式研究》（合编），民族出版社，2000年。

6.《民族与社会发展》，民族出版社，2001年。

杨圣敏

杨圣敏，1951年11月生，回族，中共党员，教授，人类学专业博士生导师。1982年毕业于西北大学历史系，同年考入中央民族学院民族研究所，师从程溯洛教授攻读民族史专业硕士学位，1985年毕业，获历史学硕士学位，留校任教至今。1990年在加拿大西蒙佛雷泽大学人类学与社会学系进修，1992年～1997年师从林耀华教授在职攻读民族学专业博士学位，获法学博士学位。1995、2002年相继为美国斯坦福大学人类学系和哥伦比亚大学东亚所高级访问学者。现任中央民族大学民族学与社会学学院院长、西部发展研究中心主任。同时兼任中国民族学会副会长、中国世界民族学会副会长、中国都市人类学会副会长、教育部社会科学委员会委员、国务院第五届学科评议组成员、《人文世界》杂志主编，北京大学、南开大学、兰州大学、南京大学、西北大学等校客座研究员、兼职教授。1998年被教育部评为跨世纪优秀人才。

在从加拿大和美国的人类学与社会学系进修以后，特别是攻读了民族学专业的博士学位以后，他的研究角度从历史学逐渐转向民族学和人类学。即从研究中国西北和中亚地区民族历史为主线，转为研究这些民族文化的特点及特点形成的原因。研究方法也从阅读考证、解释历史文献为主，转向了实地调查为主。

为此，他先后20余次赴新疆对维吾尔、塔吉克、塔塔尔、哈萨克等民族进行实地调查，他还多次赴云南、海南岛等地的少数民族村寨实地调查。大量的实践使他在研究的方法和角度上有很多新的认识。在这方面的研究中，他撰写并发表了《历史文献与民族学研究》、《火焰山下的田野工作——关于如何调查与研究》、《吐鲁番的维吾尔人——一个生态人类学角度的观察》、《环境、家族与政府》、《干旱地区的文化》等论文。

在进行个人学术研究的同时，他非常注重国际间的交流和合作，主持了多项国际合作研究项目。如与日本学者合作进行的研究有“维吾尔族的传统文化与教育问题研究”、“海南黎族的环境与传统文化”、“云南民族的环境与传统文化”，与美国学者合作的项目有“哈萨克、塔吉克、柯尔克孜牧业文化研究”等。

他在治学过程中始终将自己的专业研究与社会实践紧密相连，在国内外的刊物和国际学术会议上发表了一批相关的研究成果。如在1992年联合国科教文组织在开罗召开的“世界穆斯林人口会议”上，发表了“中国穆斯林民族人口的历史与现状”的演讲，并当场驳斥了美国学者对中国人口政策的污蔑。1997年在香港的国际学术会议上发表了《少数民族在当代中国的作用与发展》的论文。1998年在日本东京的“东亚民族文物与文化国际研讨会”上，发表了《中国人的传统文化与形象思维》的论文。2002年，在华盛顿召开的“亚洲民族的发展与冲突问题”国际研讨会上，他发表了“新疆民族的历史与现状”的演讲，现场与“新独”分子进行辩论，驳斥了他们和某些美国学者主张新疆独立的谬论。2003年，在加尔各答召开的“中印民族的传统文化与现代化”国际研讨会上，发表了《塔吉克人的环境与文化》的论文。2004年在德国召开的中亚民族研讨会上发表了《塔吉克人的家族观念》的论文。

2000~2002年，他作为主持人之一参与并主持了《中国22个人口较少民族社会发展问题调查与研究》的项目，项目组成员深入全国22个民族地区进行实地调查，写出30余万字的调查和研究报告上报国务院和中共中央政治局，受到中央的重视，并成为国务院制定相关政策的重要参考。国务院为此专门发出2002年第44号文件，拨出专款数十亿元支持22个小民族的发展。为此，该报告获得国家民委2002年优秀调研报告一等奖。自1996年以来，他连续5年主持了对北京的维吾尔族流动人口聚居区的调查，从都市人类学的角度，深入细致地展示和分析了北京的外来少数民族人口的生存状况、存在的问题，提出了解决的建议，相关的调查报告和研究成果受到国家民委和北京市民委的重视。2002年，他带领研究生和当地大学生、干部20余人对新疆维吾尔等民族的2000余户共1万余人进行了问卷调查，搜集了丰富的资料。这是近几十年来学者们在新疆民族中进行的最大规模的一次问卷调查。2003年，他还主持完成了国家民委民族问题研究中心委托的研究项目《西部开发与民族关系》。课题组成员深入新疆、西藏和云南等9个边疆民族地区进行调查，写出了10余万字的报告，就这些地区历史上和当前存在的民族关系问题以及今后可能的动向进行了介绍、分析与预测。

从他所从事的研究中我们可以看出一个学者对社会和弱势群体给予的深深的人文关怀。他说："人类学家在进行观察和研究时，应遵循中性与客观的原则。但在实际的田野工作中，他们有时又不能做一个完全的旁观者。有时他们需要为那些不能进行自我保护的人做些事情，为他们呼吁。"① 他是这样说的，也是这样做的。在新疆从事田野工作时，他多次为被调查者呼吁、尽责，并"感到莫大的欣慰"，成为被调查者的"兄弟"。

他的研究领域主要为中国西北与中亚民族、干旱地区的历史与文化。代表著作为吉林人民出版社1991出版的《回纥史》（维吾尔文版于1998年由新疆人民出版社出版），天津古籍出版社1992年出版的《资治通鉴·突厥回纥史料校注》。"笔者自1981年起专攻突厥、回纥史。在阅读整理有关史料的过程中，深感《资

---

① 马戎主编：《田野工作与文化自觉》上册，第481—482页，群言出版社，1998年。

治通鉴》为治隋唐五代时期突厥、回纥史最重要的一部书。为了个人学习和使用的方便，遂将其中四至十世纪有关的史料（上起公元389年，下迄公元934年）全部抄录成册。”[①] 1982年北京大学历史系张广达教授见到他的抄录，曾加以赞赏并建议将其出版。于是他在读书与授课之余对这部分史料逐条进行校注，历时9年有余，参考了数百种中外专著及论文，最后集成《资治通鉴·突厥回纥史料校注》，付梓印刷。

《回纥史》是《资治通鉴·突厥回纥史料校注》的姊妹篇。回纥是我国北方草原上的一个古老的民族。本书较详细地论述了回纥的起源、发展、形成统一民族、西迁的历史过程，深入地探讨了回纥与现代维吾尔族、裕固族的关系。作者在充分吸收国内外学术界有关回纥史的研究成果的基础上，在诸如铁勒与突厥的关系、回纥人的种族特征、回纥汗国的人口、回纥人的原始宗教信仰、哈拉汗朝建立的年代等一系列问题上，都提出了独到的见解；在诸如回纥与唐朝关系的性质、西迁的三支回纥人之间的关系等问题上，进行了较前人更详细、深入的探讨。

他还主编了《黄河文化丛书·服饰卷》（内蒙古人民出版社，2001年），《中国民族志》（中央民族大学出版社，2003年）等书。合著的著作有《新疆现代政治社会史略》（中国社会科学出版社，1993年），《新疆纵横（历史篇）》（中央民族大学出版社，1992年），《中华民族》（华夏出版社，1991年），《民族学理论与方法》（中央民族大学出版社，1998年），《中国少数民族文化史图集》第三卷（广西人民出版社，1999年），《人类学通论》（中国社科出版社，2001年）。共发表有关西北和中亚民族历史与文化研究的论文50余篇。

（张国云）

---

① 杨圣敏：《资治通鉴·突厥回纥史料校注》序，天津古籍出版社，1992年。

吴宗金

吴宗金，男，1952年4月26日出生于贵州锦屏的侗族山村。中央民族大学民族法学研究所教授，并任兼职律师和法律顾问。主要研究方向是民族法学。社会兼职有中国法学会民族法学研究会副会长，高校法学统编教材《中国民族法学》主编，民族法学博士点论证建设人等。

主要著作有《民族法制的理论与实践》（个人专著），主编专著《民族法学导论》、《中国民族立法理论与实践》、《中国民族法学》、《中国民族法概论》（日文版）、《中国民族法学研究》、《民族区域自治法学》、《民族区域自治法教程》、《民族法学》等。主编和参加编撰的民族法学、法学类和民族学类著作共40多部，文章百余篇。参与《教育法》、《民族区域自治法》和部分《自治条例》等相关法律法规的立法研讨活动。

吴宗金是我国民族法学科的创建者之一，是中国法学会民族法学研究会的筹备者之一。他还参与了民族法、教育法、教师法、编制法等立法研讨工作，并为培养民族法学界的高级专业人才在孜孜不倦地工作；他对民族法学研究，始终围绕着一条主线和一个方向：为现实的民族法制建设服务。他在从事民族法学研究和教学工作已经20多年中，从倡导“民族法学”和创建民族法学科到论证建设民族法学博士点等，付出了艰辛的努力。

他在20世纪80年代初在系统学习法律专业过程中，特别是在学习《宪法》和部门法律有关民族问题规定方面，便开始思索并倡导“民族法学”问题的研究。1986年出席中国法学会第二次会员代表大会时，提交了《关于建立民族法学科刍议》的专题论文。

20世纪80年代中后期和90年代初期是创建民族法学科的高潮阶段。这段时间，他一方面积极致力于在中央民族大学创建民族法教研室、民族法学研究所，积极筹建学会并担任副秘书长和副会长；另一方面组织攻关民族法学研究课题，主编出版了两本专著，一本是《民族区域自治法学》，一本是《民族法学导论》。20世纪90年代中期和后期，民族法学研究进入了一个繁荣阶段。他又应司法部委托主编了两本民族法教材，一本是《民族区域自治法教程》，一本是《中国民族法学》。1998年《中国民族法学》在日本翻译出版，法学教材在国外翻译出版是不多见的。

他的主要学术贡献在于以下几方面：

1. 对民族区域自治法的立法和理论研究

吴宗金在《民族区域自治法》的学习、研究、教学的20多年中，主要的贡献是主编了两本《民族区域自治法》专著，一本是课题成果，一本是司法部的高校法学教材，并在《中国法学》和《人民日报》理论版等报刊发表了几十篇文章。其中，对《民族区域自治法》的贯彻实施和修订等问题提出了许多的意见和建议，对民族区域自治法学的诸多理论问题做了一些探索。另一方面他参与了全国人大、国家民委等邀请的关于《民族区域自治法》修订的一系列研讨会议，还参与了民族自治地方的自治条例和单行条例的起草或修正研讨会议或专家论证活动及一系列的国内和国际的专门和有关的学术会议等等。

他认为党和国家对民族区域自治非常重视，用基本法把民族区域自治规定为国家的一项基本政治制度。在世界多民族国家中，中国的民族区域自治基本政治制度及其法制建设是一颗耀眼的明珠。他认为有些人特别是能够影响到对贯彻实施民族区域自治法的有关人员，缺乏相应的法律理念。如对贯彻实施根本法和基本法的意识还是停留在“协商”的传统观念上，即无论是在立法方面或具体实施方面，以“协商”达成为原则，“协商”不成即不运作。好像根本法和基本法的原则有时还从属于部门职权，根本法和基本法的权威受到严峻挑战。因此，吴宗金认为，民族区域自治制度不只是民族自治地方的利益问题，首先应是关系到国家的根本利益所在。

对于民族区域自治法和民族区域自治制度，吴宗金认为，现在需要做的工作很多。最关键的是要进一步提高认识。即不要把它只是视为民族自治地方利益问题，而是关系到更高层次即国家根本利益问题。这个概念不是民族自治地方利益服从国家利益的概念。这个更高层次就是，已经把民族区域自治这个基本政治制度形成法律制度化，现在需要把它形成法律规范化。修正后的《民族区域自治法》第 73 条对这个法律规范化问题作了明确规定，也就是关于系列配套法规的建设与完善问题。认识到位了，民族区域自治制度也就能逐步完善了。

《民族区域自治法》的贯彻实施与其他法律不同，它具有并需要特殊的形式和程序。它有两个系列配套法规问题，一个是民族自治地方的配套法规，一个是上级国家机关的配套法规。前者应当主要由人大职权监督；后者应当由政府职权监督，即需要在国家行政系统建立一个既虚又实的“民族区域自治法实施监督委员会”，专门检查和督促处理自治法规定的“上级国家机关的职责”问题。这个“职责”不到位，民族自治地方的自治机关的“自治权”就没法到位。上级国家机关“职责”的主要体现形式，最主要的是其配套法规规定的措施，落实其措施就是一种“特殊程序”。自治机关行使法律规定的自治权也是一种特殊形式和程序。应当通过配套法规建立这“两个层次”的相应机制并形成规范。这两点，是民族区域自治法的“法律责任”归结。他认为这两点也是民族区域自治法贯彻实施 20 年来最主要的问题所在。这不仅是改变人们对民族区域自治法是一封“高级慰问信”的看法问题，而是关系到国家根本利益所在的问题。

2. 对民族经济法学分析的研究

他在《论民族经济法学经济分析方法的必然性》一文中认为，民族经济法学是以民族经济法律现象及其发展规律作为研究对象的一门交叉学科。它具有二重学科属性，一方面，它属于民族学的范畴，进一步讲，它是民族法学的重要组成部分。另一方面，它属于法学的范畴，是从属于经济法学的一个学科分支。从学科渊源上看，它是民族学、法学和经济学三门学科历史发展的结果，是三者的综合与分化。同时，作为一门独立的学科，民族经济法学有其基本的研究方法，即经济分析的方法。

从历史必然性和逻辑一致性两方面来看，经济分析是必要的。从民族经济法调整对象的经济性、民族经济法公平的世界观和经济的世界观的统一性、民族经济法律规范的相对稀缺性三方面看，经济分析具有可能性。经济分析的具体方法是成本效益分析法和规范分析与实证分析相结合的方法。他提出真正开创民族经济法律经济分析先河的应当是亚当·斯密和马克思。亚当·斯密首次将经济分析的方法应用于法律领域，以此来研究自然法学的经济理性。马克思创立的历史唯物论和政治经济学不仅分析了法律这一上层建筑的经济基础，而且以资本主义为例，剖析了其经济基础的全貌并将古典经济分析所遗漏的相关法律因素如产权、制度、国家和意识形态统统包括进去，进而指出了资本主义国家形式的本质在于便于资产阶级攫取最高额利润，三权分立的本质在于便于各种资本家分享平均资本收益，资本主义法律体系的本质是资产阶级私有财产权的体现等。

3. 对民族法的实践和民族法学科的建设问题的关注

吴宗金正在主编好几本民族法学教材，有的属于第二版修订。在努力做好所承担课题任务的同时，还继续提高相关的法律服务质量。他目前最关注的两件事：一是依法行政的民族事务管理法制化问题。民族事务管理职能机制的完善需要相应的法律理论支持。二是《宪法》第四条规定的“国家保障各少数民族的合法权利和利益”的合法权益保障问题。三是民族法律高级专业人才培养问题。

（扎　玛）

班班多杰

班班多杰，藏族，1952 年 7 月生，青海省湟中县人。现任中央民族大学哲学与宗教学系教授、博士生导师，兼任中国宗教学会理事，中国西藏文化保护与发展协会理事，入选北京市首届“百人理论工程”，荣获国务院颁发的享受政府特殊津贴证书。

班班多杰是年轻的藏学专家之一，涉足藏学研究领域已有 20 多年，并取得了令人瞩目的学术成就。其专著《藏传佛教思想史纲》、《宗喀巴评传》、《拈花微笑——藏传佛教哲学境界》在出版之后受到了广泛好评。《藏传佛教思想史纲》荣获 1993 年国家民委社会科学优秀成果一等奖；《拈花微笑——藏传佛教哲学境界》荣获教育部第二届高校优秀科研成果三等奖。他还在《中国社会科学》、《哲学研究》等杂志上发表了多篇关于藏传佛教与藏族文化方面的论文。这些论文被《新华文摘》、《中国社会科学文摘》等杂志转载、摘录。不怕寂寞、潜心治学是班班多杰的一贯作风。严谨、求实是他的学术座右铭。下面从学术历程、学术成就和学术特色三个方面，对班班多杰的学术思想做一个简要的述评。

一、学术历程

班班多杰的学术历程主要有三个方面的内容：

1. 选择藏传佛教研究之路

班班多杰出生在宗喀巴大师的故乡——青海省湟中县。父母都笃信佛法，他从小就对藏传佛教耳濡目染，体会到了藏传佛教思想对藏族人民的巨大影响。因此，粉碎“四人帮”之后，他在学习和教授哲学的基础上，毅然选择了将藏传佛教的哲学思想作为自己研究的重点和方向。

2. 奠定坚实的藏传佛学研究基础

语言是研究的基础。为了研究藏传佛教，班班多杰首先开始学习古藏文，因为藏传佛教的经文大部分是用古藏文写成的。他在本校的民语系跟古藏文研究生和进修生班旁听有关藏文课。当时的主讲教师是东嘎·洛桑赤列教授，课程内容有佛教文选与历史文选等。每一堂课他都做到课前预习，上课认真听讲，重点记下问题，课后复习，并随时向老师和同学们请教。这样持之以恒地学习了两年，他基本上可以阅读藏传佛教思想和历史方面的典籍了。

为了研究，需要把藏文典籍中的有关资料翻译成汉文，因此，班班多杰在研究伊始就把藏传佛教哲学典籍的翻译工作视为研究工作的绝对必要的基础训练和准备阶段。他先后请教了现代著名藏传佛教大师、翻译家法尊法师、观空法师、郭元兴居士、王森先生、韩镜清先生，聆听他们的教诲，并基本掌握了佛经翻译方法和技巧——对经。所谓“对经”，就是拿一本译得最好的藏、汉文佛教经典对照起来阅读，从经典的内容到语法结构，从藏、汉佛经的对应到构词方法，将它读懂吃透，以总结经验，掌握方法。在法尊法师和观空法师的精心指导下，他对照精读了法尊法师翻译的宗喀巴大师的《菩提道次第略论》、《辩了义不了义论》以及观空法师和他的学生翻译的《〈中论〉文句释》，后来又对照阅读了王森精心抄录的汉藏文对照本《〈中论〉根本颂》。在此基础上，他开始了自己的翻译工作，先翻译了由宗喀巴大师的高徒达玛仁钦记录、宗喀巴讲授的关于中观应成派不同于其他宗派的八大难题，即《听宗喀巴大师讲八难题备忘记录》。经过观空法师和韩镜清先生的审订后，该文发表在《世界宗教研究》上，接着他又翻译了嘉样二世·晋美旺波的名著《宗派建立宝鬘论》、阿旺·贡却坚赞的名著《萨迦宁玛噶举诸宗派见地之差别略议》等著作。

另外，他还通读了大量的佛教典籍。其中有：关于藏传佛教通史方面的书，如《讲述一切宗派源流和教义善说晶镜史》等；藏传佛教主要人物的代表作，如宗喀巴大师的《菩提道次第略论》、《辩了义不了义论》、《缘起赞》、《八难题备忘录》等；人物传记，如《至尊宗喀巴大师传》、《玛尔巴译师传》、《米拉日巴传》等，以及有关印度佛教史和宗派史方面的著作。

3. 选择正确的研究方法

在打好基础的过程中，班班多杰采取了“攻其一点，由点带面”的方法，脚踏实地地开始了自己的研究工作。他首先选择藏传佛教格鲁派创始人宗喀巴作为研究的重点，通过阅读大师的相关著作，勾勒出了他的佛教哲学思想。然后，他又用同样的方法去探究其他的重要问题，如：觉朗派、噶举派、萨迦派、宁玛派哲学思想的基本内容、体系构架、不同特点、理论渊源，以及汉地禅宗思想对藏传佛教各宗派思想的影响，藏人思想理论的深度、广度和对印度佛教思想的创新与发展等。随着研究的深入和视野的扩展，班班多杰发现：藏族传统宗教——苯教和佛教之间有一种非常微妙的关系。于是，他翻阅了大量的资料去努力探讨苯教思想及其与佛教思想的关系。在此基础上，他写出了自己的第一部著作——《藏传佛教思想史纲》。之后，又出版了《宗喀巴评传》和《拈花微笑——藏传佛教哲学境界》两部研究藏传佛教思想的书，并发表了《藏传佛教史上的“他空见”与“自空见”》、《藏传佛教觉朗派的独特教义“他空见”考》等论文。

二、学术成就

班班多杰在学术领域取得了显著的成就，主要体现在以下几个方面：

1. 对藏传佛教哲学思想的梳理和客观、科学的评价

藏传佛教哲学思想是整个藏传佛教的核心和精华。很多学者

在研究藏传佛教时多限于历史事迹的传承研究，而忽略了哲学思想这一根本。班班多杰下决心弥补这一空白。因此，他以 15 年之功，刻苦钻研，考证和梳理了藏传佛教的哲学思想，并努力做出客观、科学的评价。

《藏传佛教思想史纲》是班班多杰的第一部力作。该书花费了他 10 年的心血，中国著名佛学专家任继愈先生特地为此书做了序。这本书主要论述了藏传佛教在发展过程中与苯教发生的对立统一关系以及藏传佛教五大宗派的主要思想。该书的独创性体现在以下几点：

第一，清理了佛教传入之前藏族思想发展的阶段。班班多杰认为，藏族传统的认识发展史经历了"万物有灵"、"原始的宇宙发生论"、"天神观念"和"本空无寂"四个不同的阶段。而以哲学理论形态出现的藏族世界观是在"本空无寂"阶段形成的。(《藏传佛教思想史纲》，上海三联出版社，1992 年，前言第 5 页)

第二，在佛、苯关系上提出了"阳苯阴佛"的观点。班班多杰认为："前弘期佛教和苯教之间的相互接触、激荡，可以说是一种外在的、表面的融合，佛苯两家经过冲突、抗衡后的融合、创宗，可以说是一种内在的、深层的融合，整个交涉是由外层融合进入内层融合的过程，从整个佛苯交涉的过程来看，形式上两家的冲突、斗争显得突出尖锐；从内容上看，相互吸收和融合还是占据了矛盾的主要方面。"(《藏传佛教思想史纲》，上海三联出版社，1992 年，第 109 页)"苯教从佛教的思想体系中搬来了传统苯教所缺乏的基本教义、名词概念、修持方式、仪轨制度，从而使苯教的内涵发生了巨大的变化，出现了佛教化的苯教。""这种阳苯阴佛的苯教实质上即是最富有藏民族特色的佛教思想，是藏传佛教的重要组成部分。"(《藏传佛教思想史纲》，上海三联出版社，1992 年，前言第 6 页)

该书出版后，受到了普遍的好评，被称为“第一部系统研究藏传佛教思想的佳作。”（黄颢、诺布旺丹：《光明日报》哲学副刊 1993 年 1 月 11 日，第 481 期）专家认为：“面对哲理深奥、体系庞大的藏传佛教，作者以历史和逻辑相统一的方法论原则，从对藏族传统苯教的历史考察中揭示了藏族认识史的逻辑起点和发展轨迹，这一追根溯源的哲学反思，逻辑严谨、论证有据，反映了藏族认识史的本来面貌。”（同上）而对藏族传统哲学思想的分析则“展现出了藏民族深邃的思维和精湛的智慧，总结了理论思维的经验和教训，揭示了印度佛教和藏传佛教的异同点。”（同上）

在《宗喀巴评传》一书中班班多杰认为，宗喀巴佛教思想中最有价值的部分是“三士道次第”和“中观正见”。“‘三士道次第’是格鲁派终极关怀的三个层次，是佛教超验人格的发挥、发展，这种对未来世界的三层划分，比遥远单一、高不可及的成佛论，更显得精巧细致。它实际上关照着现实社会中的不同阶层，使不同阶级、不同社会地位的人都能在精神上得到最终的安顿。”（扎洛：《法音》，1996 年第 8 期，第 26 页）而“中观正见”则是实现这三层人格境界的方法。

《拈花微笑——藏传佛教哲学境界》是继《藏传佛教思想史纲》之后又一部挖掘藏传佛教哲学思想的专著。在这本书里，班班多杰运用第一手资料和西方思想的理论方法分析了藏传佛教各派的思想，指出：“‘无’与‘有’的互动，乃是藏族佛教哲学的特质，‘有无之境’的融合应是藏族佛教思想的核心。”（《拈花微笑——藏传佛教哲学境界》，青海人民出版社，1996 年，第 318 页）

在撰写专著之余，班班多杰也发表了相关的论文。《藏传佛教史上的“他空见”与“自空见”》连载于《哲学研究》1995 年第 5、6 期。该文对藏传佛教的思想特点及理论渊源做了系统的考证。《藏传佛教觉朗派的独特教义“他空见”考》发表于《哲学研究》2001 年第 9 期。该论文进一步追溯了“他空见”的渊源。在藏传佛教界，很多宗派和学者认为，觉朗派的特殊教义“他空见”是外道邪见。班班多杰通过对觉朗派的开宗明义之经典《山法了义海论》的缜密解读，寻觅“他空见”的称谓，探寻“他空见”的渊源，最后在藏、汉文《大般若经》和《央掘魔罗经》中找到了“他空见”之内涵与名称的经典依据，从而证明“他空见”是佛教思想，但也受到了印度神学外道的影响。

梳理、辨析印度佛教大乘晚期的义理的演变脉络和复杂内容是印度佛教和藏传佛教义理的核心问题。班班多杰在前贤研究的基础上，解读了这个时期印度佛教大师佛护的《中论佛护疏》、清辨的《般若灯论》、月称的《中观明句论》、寂护的《中观庄严论》、莲花戒的《中观光明论》、《修道次第》初、中、后三篇。他也研究了与此相关的有关藏传佛教萨迦派和格鲁派的论著。据此，在利用第一手资料的基础上，他写了《藏传佛教“自空见”源流考》一文，发表于《哲学研究》2003 年第 6 期。班班多杰提出了以下观点：“藏族佛教学者从印度大乘晚期发展史中独标出‘自空中观见’、‘他空中观见’、‘中观自续派’、‘中观应成派’、‘经部行中观自续派’、‘瑜伽行中观自续派’的学术范式和理论命题，并以此梳理、辨析、重组、整合了印度大乘佛教义理的发展脉络和复杂内容，建构了大乘佛教思想的纵向发展系列和横向分布状况的时空框架。这已经不是陈述性工作，而是创造性工作，体现了中国学者对佛教思想的突出贡献。”

2. 关于藏传佛教和藏族文化关系的研究

在《藏传佛教思想史纲》中，班班多杰对藏传佛教和藏族文化的关系已经有所论述，在发表于《宗教与民族》2003 年第 2 辑的《为道、为学、为器》一文中，他集中用“为道、为学、为器”概括了藏传佛教和藏族文化的关系。他指出：“大小五明是藏传佛教体系结构内的诸要素，也是藏族文化的主体内容。‘为道’是指藏传佛教的目的理性、价值理性、终极信仰、理想归宿，即内明中的信仰层面；‘为学’是指藏传佛教的逻辑体系、范畴系统、修持方式和道德戒律，即内明中的哲学、伦理学的层面和因明学；‘为器’是指藏传佛教的工具理性、知识取向，即声明、医方明、工巧明、诗词学、辞藻学、韵律学、戏剧学、历算学。内明即佛学在十明中起着指导和钢骨的作用。”这一概括充分说明了藏传佛教在藏族文化中的核心地位，也印证了世界著名宗教学专家保罗·蒂利希（Paul Tillich）的话：“作为终极关切的宗教是赋予文化意义的本体，而文化则是宗教的基本关切表达自身的形式总和。简言之，宗教是文化的本体，文化是宗教的形式。”（转引自张志刚：《宗教学是什么》，北京大学出版社，2002年，第237页）

3. 对藏族社会现实问题的关注

作为一个藏族人，班班多杰非常关注藏族社会的现实问题，他衷心希望藏族人民能够过上幸福美好的生活，所以他写了《论藏传佛教的价值取向及藏人观念之现代转换》一文，发表于《世界宗教研究》2001年第2期。该文客观、冷静地分析了藏传佛教对藏民族价值取向正、负面的深刻影响后，指出：“藏族信教群众既要有出世的理想信念，又要有入世的进取精神，如果藏族人一味地固守藏传佛教赋予的那种价值取向、思维定式、道德规范、性格习俗则必然成为时代的落伍者；随着时代的发展，对藏传佛教价值取向之内容作一次现代化的转换是完全可能的。这不仅有外部宗教的历史借鉴，也有大乘佛教的学理根据。”

三、学术特色

在20多年的学术研究生涯中，班班多杰逐渐形成了自己的学术特色。

1. 甘于坐冷板凳，静心专一是他的学风的集中体现

藏传佛教体系庞杂、思想幽深。藏传佛教思想研究不仅需要深厚的哲学思想基础，而且需要扎实的藏、汉语言文字功底。班班多杰在治学过程中时刻以“板凳甘做十年冷，不问收获只耕耘”来自勉，力戒浮躁，静心专一。因此，《藏传佛教思想史纲》从收集材料、整理、写作到出版花费了10年的精力。在后来的学术生涯中，他始终坚持这种静心专一的学风，走严谨治学之路。

2. 哲学思辨和资料积累是他治学的两大基本方法

（1）在研究过程中非常注重哲学思辨。中国社会科学院宗教研究所李翼诚在评价《藏传佛教思想史纲》时认为该书富于哲学慧思，并举例说：“作者在分析了宗喀巴中观正见后总结说：宗喀巴的性空缘起论要求人们从‘无’中去把握‘有’，从‘有’中去把握‘无’，把‘有’和‘无’内在地统一起来，这种方法同人们在经验中形成的常规思维是相抵触的。在经验认识的范围内，人们往往把‘有’和‘无’分开来看，并认为二者是互不相容的。宗喀巴的中道观作为一种高超的思维艺术，其绝妙的地方就在于能够在常识观念仅仅看到‘有’的地方发现‘无’，常识观念仅仅看到‘无’的地方发现‘有’，没有在看到一个方面时而否定另一个方面。作者认为，宗喀巴对中观正见的理解和发挥可以说达到了炉火纯青的境地，为藏传佛教史上所仅见。可以看出，作者的这一概括系运用对立统一的观点浓缩出宗喀巴中观哲学思想的精髓。”（李翼诚，《中国社会科学》，1995年第1期，第207页）

（2）资料是学术研究的基础。在治学过程中非常注重学术资料的积累。为了找到原始资料，他经常连续几天泡在图书馆，或去社科院、藏研中心等相关的科研机构查阅、咨询。从20世纪

90年代开始，为了更广泛、更深入地研究藏传佛教的思想，班班多杰阅读了大量的第一手资料。它们包括：

①印度原典资料，如：藏传佛教大师寂护和莲花戒的作品；

②藏传佛教各宗派的经典，如宗喀巴大师的《菩提道次第广论》、堪布·次朗的《噶举派教法史》、多布巴·喜饶坚赞的《山法了义海论》等。

目前，班班多杰正在修订《藏传佛教思想史》一书。

（邓建新）

周庆生

周庆生（1952—），生于安徽省安庆市。1975 年入郑州大学中文系学习，1977 年毕业留在该系教授现代汉语和语言学概论。1982 年赴北京大学中文系进修语言学，1985 年考入中国社会科学院研究生院民族系，专攻少数民族语言专业社会语言学研究方向，1988 年获该院文学硕士学位，在中国社科院民族研究所（2003 年改为民族学与人类学研究所）工作至今。研究领域涉及亲属称谓、语言政策、语言规划、双语教育及汉语方言等方面，主攻语言人类学和社会语言学。

现任中国社会科学院研究生院民族系教授、博士生导师，中国社科院中国少数民族语言研究中心副主任，中国社科院民族学与人类学研究所南方民族语言研究室主任、研究员，民族所学术委员会委员，《中国社会语言学》杂志和《中国民族语言学会通讯》主编，《民族语文》杂志编委，民族所加拿大人类学研究中心成员，中国社会语言学会会长，中国民族语言学会副会长兼秘书长，中国少数民族双语教学研究会常务理事，中国都市人类学学会理事，中国语言学会理事，国际语言法律研究会会员（加拿大），中国加拿大研究会会员。

一、主要学术贡献

出版学术专著 3 部，其中，独撰 1 部 33.2 万字，主编 2 部 159 万字；发表学术论文 50 篇，其中 8 篇是英文或法文；发表译文 20 篇，其中 5 篇属于英译汉，15 篇属于汉译英；主编《中国民族语言学会通讯》1—33 期。学术成果主要包括如下几个方面：

1. 社会语言学研究　专著《语言与人类：中华民族社会语言透视》（语文出版社，2000 年）在运用大量的田野调查资料和国内外文献资料的基础上，从当代社会语言学的视角，分析了中华民族特别是中国少数民族的语言与社会、政治、民族、文化、教育、心理、交际、传播等方面的互动关系，梳理了我国社会语言学和国外特别是西方社会语言学的发展脉络，构建了中国社会语言学的框架体系，提出了许多独到的见解。作为我国第一部较深入系统地研究中华民族社会语言的专著，该书具有重要的学术价值和推动学科发展的建设性意义。

该书的宏观研究特别是语言政策研究，能够坚持马克思主义理论做指导，微观研究则多采用田野调查、社会统计、结构功能分析及跨文化比较等方法。该书提出并论证了“统一多样”的语言政策，《墨经》中的社会语言思想等诸多新命题，以及语言交际变体模式、语言状况分析模式等诸多新模式。该书使用的大多数田野资料，都是作者亲自调查或参与调查的。

2. 语言规划和语言立法研究　论文《一种立法模式，两种政治结果：魁北克与爱沙尼亚语言立法比较》（《世界民族》1999 年第 2 期），从多方面比较西方世界第一部地方性语言大法——加拿大魁北克省的《法语宪章》，与东方世界第一部地方性语言大法——前苏联解体前的《爱沙尼亚苏维埃社会主义共和国语言法》的异同，认为魁北克省的《法语宪章》实施了 20 多年，虽然在经济上有得有失，但是并未出现分离的格局；而爱沙尼亚苏维埃社会主义共和国的《语言法》才颁布两年半，该国就从前苏联独立出来，并且引起连锁反应。这表明，一个国家的地方语言立法跟分离主义的政治结局之间，并不存在必然的因果关系。语言法既可以用来调节民族关系，缓和民族矛盾，也可以用来促成民族分离，因此，不能随意强调或肯定语言法的一种功能而忽视或否定其另一种功能。该文为当时我国正在进行的两项语言文字立法工作，提供了许多有益的借鉴，并引起我国语言立法工作者、有关领导和专家的关注和好评。

《中苏建国初期少数民族文字创制比较》（《民族语文》2002年第6期）一文，从国家政治建设和文化教育建设这个大背景，比较中国和苏联在建国初期，为帮助本国少数民族创制拉丁化新文字而制定的政策、规划及其实践，探索创制文字的客观规律和新创文字的社会功能。该文提出：(1) 文字是记录语言的一种符号，但在一定的社会历史条件下，文字和政治紧密相连；(2) 创制文字具有改善民族关系，发展民族语言文化的功能；(3) 国家自上而下大规模地为其他少数民族创制文字，是在特定社会政治背景中发生的，不论在中国还是在苏联，都是千年甚至几千年一遇的事件；(4) 在创制文字的过程中，选择什么样的文字形式或文字类型，主要受社会政治因素的制约，字母和正字法的具体设计，主要由语言学家来完成；(5) 从总体上讲，民族关系和民族政策是制约文字使用的一个决定性因素，国家创制的少数民族文字能否在社会上使用，并不取决于该文字系统设计得是否科学合理，正字法制定得是否完美无瑕，而是取决于国家的民族政策和民族语言政策是否发生重大的转变。

周庆生主编的《国外语言政策与语言规划进程》（语文出版社，2001年）是目前世界上规模最大、时间跨度最长、所收文献最全的一部有关国际语言政策和语言规划研究的资料集。另外，他主编的《国家、民族和语言：语言政策国别报告》（语文出版社，2002年），是一部囊括了世界五大洲二十几个国家的语言政策国别报告集。此书作为一个阶段性成果，受到了好评。书中从国家和民族的视角，研究世界五大洲22个国家的语言政策。其中，重点研究了国家利益与国语及官方语言问题、国家主体民族语言的规划与传播、国家双语政策、国家多语政策和国家“统一多样的”语言政策等。

郝时远对此书的评价为“我认为《国家、民族与语言：语言政策国别研究》一书的出版，通过对世界范围语言政策的比较研究为我国语言政策在新形势下的发展和完善提供参考和借鉴，不仅是及时的而且是重要的……这一研究成果对我国少数民族语言研究的学科性扩展也是很有意义的。”而许嘉璐则评价“他们选择了22个国家的语言文字规划情况进行研究，这22国既覆盖了发达国家、中等发达国家和发展中国家，又都具有相当的代表性。特别是英、美、德、加、坦、秘、哈、土、越、南非和前苏联等，可供我们吸取的东西更多。因此可以说，这部著作已经做到了‘以偏概全’。书中每一节，并不是纯客观地介绍有关国家语言的历史和现实状况，国家语言规划情形，而是在其中贯穿着作者的评价和议论，有些文末还单列了小结、余论、思考与展望，这些对读者都很有启发作用。”

3. 双语教育和第二语言学习动机研究　《中国双语教育类型》（《民族语文》1991年第3期）一文，依据我国少数民族语言文字在中小学使用的实际情况，将中国的双语教学分为“保存型、过渡型和权宜型”这三个大类，外加八个小类，将中国的双语教育体制分为“健全性、发展型和试点型”三类。

《教育语言政策嬗变：海峡两岸比较》（载《双语双方言》[七]，汉学出版社，2002年）一文，比较了海峡两岸教育语言政策的嬗变历程及其异同。该文论证道：近20年来，海峡两岸教育语言政策的思想、政策产生的背景、政策产生的方式等均有许多相似之处，此外，两岸也都致力于推行通用语教育或共同语教育。两岸的差异主要表现为：大陆的“双语教学”主要指汉语和少数民族语言，而台湾“母语教育”中的“母语”，既指闽南话、客家话，也指原住民（少数民族）的语言；大陆北方有传统文字民族的双语教育体制已经相当完备，而台湾的“母语教育”体制尚处于草创阶段；大陆的“双语教学”的发展与非执政党

（如民主党派）没有直接的联系，而台湾的“母语教育”或双语教育的发展与非执政党的关联却十分紧密。

《民族儿童第二语言学习动机比较分析》（《民族语文》1997年第2期）一文，采用问卷调查法，随机分层抽取了云南省西双版纳傣族自治州内4个少数民族144位五年级学生，调查他们学习汉语的动机及其家长对其学习的支持程度。通过对样本数据进行定量定性分析，该文的发现是：（1）第二语言学习动机跟少数民族儿童的地理分布并不相关；（2）少数民族家长支持其子女上学的倾向，与该民族传统文化变迁的程度存在着一种正相关关系。

4．亲属称谓研究　《西双版纳傣语亲属称谓语义成分分析》（《民族语文》1990年第2期）运用义素分析法，精细描述了傣族亲属称谓的语义成分和民俗分类。《傣语亲属称谓变体》综合运用文化人类学、描写语言学、社交语言学和社会语言学的研究方法，系统描述了傣族亲属称谓中的从佛称、还俗称、等级称、从孩称、父母称、亲称和泛称等13种称呼方式，其中有七八种，前人从未论及。英语论文《傣族亲属称谓的人类学透视》（《东南亚评论》［印度］1993年第1/2合期），从文化人类学的视角，阐释傣族的社会结构和文化对亲属称谓的影响或制约。

二、关于国际学术交流

2003年10月，获得香港大学教育学院“田家炳中国访问学者基金”的资助，赴该院讲学并进行合作研究三周。2001年5月获得加拿大政府“加拿大专项研究奖学金”（SACS）的资助，赴加拿大7市11所大学进行学术考察和交流，为时五周。1998年5月应越南国家人文社会科学研究中心语言学研究院的邀请，赴河内该院讲学两周，主讲中西语言规划的理论与实践。1991年应邀赴加拿大拉瓦尔大学“国际语言规划研究中心”，从事合作研究10个月，完成了《世界的书面语（中国卷）》和《世界诸国的语言构成（中国部分）》中 15 种语言的中文审稿、英文翻译、英文编辑和电脑输入等项工作。

三、获奖情况

1994 年，研究报告《中国双语教育问题》获“中国社会科学院 1977—1991 年优秀科研成果奖”。2000 年，合作完成的专著《世界的书面语》获第三届中国社科院优秀成果奖二等奖。2001 年，专著《语言与人类：中华民族社会语言透视》获本年度中国社科院民族所优秀科研成果一等奖；论文《北京语言状况》获中国都市人类学研究十年优秀论著奖优秀奖。主编的《国外语言政策与语言规划进程》获 2003 年度中国社科院民族学所优秀科研成果二等奖。

（黄海珠）

郝时远

郝时远，蒙古族，1952年8月出生于内蒙古呼和浩特市。1973年至1976年间就读于北京钢铁学院机械专业，1978年考取元史研究生。1981年以《元代监察机构及其职能作用》为题的毕业论文（20余万字）通过答辩，获史学硕士学位。1982年调入中国社会科学院民族研究所从事科学研究工作，自此以后主要从事元朝历史、马克思主义民族理论和国内外民族问题及民族历史的研究。郝时远曾任中国社科院办公厅主任，国家民族事务委员会民族问题研究中心研究员，《辞海》1999年版民族理论、世界民族学科主编等职务。现为社科院研究员，中国社会科学院民族学与人类学研究所所长，研究生院教授、博士生导师，中国社会科学院海外华人研究中心主任，《民族研究》、《世界民族》杂志主编等职务。同时，他也是国家级有突出贡献的中青年专家、全国哲学社会科学民族研究学科规划组副组长、中国民族学会会长、中国世界民族学会执行会长、中国法学会民族法学研究会副会长，享受政府特殊津贴。

郝时远现已撰著、主编、合著学术专著10余部，发表学术论文70多篇，调查研究报告20多篇（部）。主要代表作有《中国的民族与民族问题》（江西人民出版社，1994年6月出版）；《帝国霸权与巴尔干“火药桶”》（社会科学文献出版社，1999年11月出版）；并主编了一系列哲学社会科学规划项目中的世界民族问题与民族政策丛书，如《南斯拉夫联邦解体中的民族危机》（四川民族出版社，1993年12月出版）；《旷日持久的波黑内战》（中央民族大学出版社，1995年11月出版）；并与阮西湖共同编写了当代世界民族问题与民族政策的综合编《当代世界民族问题与民族政策》（四川民族出版社，1994年1月出版）；还主编了2001—2002年的《世界华商经济年鉴》（世界华商经济年鉴杂志社编辑出版，2003年2月）；《海外华人研究论集》（中国社会科学出版社，2002年11月）等书。

《中国的民族与民族问题》，是建设有中国特色社会主义理论研究丛书中的一本，其副标题为“论中国共产党解决民族问题的理论与实践”。该书分为六章：从多元一体、统一的多民族国家历史透视写起，到实行民族区域自治制度的必然性、历史时代变迁、处理民族问题的基本原则、民族平等、民族关系的调整与改善、民族问题的发展趋势等来论证中国共产党解决民族问题的理论和实践活动。

《帝国霸权与巴尔干“火药桶”》是郝时远多年以来研究世界民族问题的一个重要的成果。巴尔干是一块为世界各地所关注的地区，其特殊的地理位置和重要的战略地位及错综复杂的民族、宗教问题使得该地区战乱不断。在研究巴尔干地区的民族问题的过程中，郝时远曾主编过《南斯拉夫联邦解体中的民族危机》和《旷日持久的波黑内战》等书，为人们提供了较为全面的了解南斯拉夫的民族状况和波黑危机背景、成因与现状的参考书。1999年以美国为首的北约轰炸南斯拉夫后，郝时远又着手写成了《帝国霸权与巴尔干“火药桶”》一书，在此书中，作者从历史学的角度，分析了自古希腊文明发展时期的巴尔干半岛，至一战、二战时期的巴尔干，再到以美国为首的北约在1999年发动的“科索沃战争”。以时间为线索，从南斯拉夫的历史角度解读了科索沃的现实，探讨了自古以来帝国强权是如何制造和为什么点燃巴尔干“火药桶”的问题，以期对今天美国霸权主义有更深刻的认识。

从郝时远关于民族问题的书中，我们可以看出，在世界民族问题和民族政策的研究上，郝时远特别主张联系对象国的国情特点以及该国家与民族的历史发展过程来研究。他说："民族问题表现形式的多样性和表现程度的复杂性，既反映了民族这个历史范畴遵循自身发展规律的必然过程，又反映了不同国家的国情特点和解决民族问题的各种道路选择。因此，在研究这些国家的民族问题与民族政策时，从各研究对象国的国情（包括历史的和现实的）出发去探讨民族过程的状况，是我们必须遵循的原则。任何脱离国情的形式的附和理论借鉴，不仅无助于发挥科学研究的社会功能，而且对科学研究本身也是有害的。"①

从1998年印度尼西亚发生排华事件后，郝时远就开始从民族学、人类学、国际政治学方面关注华人问题。他认为"华人问题"属于民族问题，这种想法使他1999年在民族研究所提议建立了"海外华人研究中心"，该"中心"成立后积极与国内外同行联络、交流，并开展了不少的研究。在此基础上，2002年经中国社会科学院批准，"中心"正式改为"中国社会科学院海外华人研究中心"，郝时远任该中心主任。"中国社会科学院海外华人研究中心"开展了第一次学术活动"海外华人研究讨论会"，并出版了学术论文集《海外华人研究论集》。此论文集收录了国内外海外华人研究领域著名学者的论文24篇，内容包括海外华人研究的学术理论和方法，海外华人的政治、经济、文化、移民社会、民族观以及海外华人的族群关系等问题，反映了国内外海外华人研究领域的最新成果。

郝时远认为海外华人的研究属于国际移民范畴，研究海外华人移民群体业已形成的特点，不仅对世界上移民资源和潜力最大的中国具有重要意义，而且对国际社会迎接未来移民浪潮的冲击

---

① 郝时远、阮西湖主编：《当代世界民族问题与民族政策》，第4页，四川民族出版社，1994年1月出版。

也具有重要作用。郝时远说："我认为在国际移民的研究方面，海外华人的典型性[①] 是需要特别重视的。重视的目的不仅是为了揭示海外华人这一移民群体离乡背井后的生存、发展规律，更重要的是为人类社会未来的移民浪潮提供一种成功的范式。"[②] 在 20 世纪 60—70 年代，从事海外华人研究的还多是经济学家。而 70 年代中期以后，由于国际移民现象、类型和特点都发生了显著变化，因此国际移民的研究需要更多学科的参与，以使其理论得到更新的发展。郝时远所提议成立的"海外华人研究中心"是一个从民族学角度研究国际移民的中心部门，它为国际移民的理论发展也将起到十分重要的作用。《海外华人研究论集》中体现的理论成果则将为后学者辨明方向、提供帮助。

2001—2002 年的《世界华商经济年鉴》，也是由中国社会科学院海外华人研究中心主办的，由郝时远任主编。此年鉴是一部全面介绍全球华商发展历史与现状的大型经济年刊，起到了弘扬华夏文化、为企业传播信息及加强华商交流、促进全球发展的作用。

郝时远主编的《世界民族》和《民族研究》两本杂志也是很重要的民族学杂志。两杂志均为中国社会科学院民族学与人类学研究所主办的双月刊。《民族研究》在 2002 年曾荣获第二届中国社会科学院优秀期刊评选一等奖，2003 年荣获第二届国家期刊提名奖。《世界民族》于 1995 年创刊，是一本很重要的民族专业学术期刊，选登国内外学者研究世界民族的论著和资料，主要内

---

① "海外华人的典型性：在国际移民研究中，海外华人无疑具有典型性。当然，这种典型性并不局限于其规模和分布，更重要的是移民模式、移民成就、族际关系和文化传承等。"郝时远：《海外华人研究论集》，第 4 页，中国社会科学出版社，2002 年 11 月出版。

② 郝时远：《海外华人研究论集》，第 6 页，中国社会科学出版社，2002 年 11 月出版。

容有：马克思主义民族理论研究、族际热点问题透视、民族社会的变革与发展、民族传统文化与现代化、人类学理论和方法、国外民族考察报告、人物与机构介绍等。

由中国社会科学院民族研究所完成的院基础研究项目成果，郝时远主编的民族类图书《中国少数民族分布图集》（中国地图出版社出版），是我国学术界独立完成的第一部以民族为主题的专题地图集，也是第一部全面、准确、细致、科学地反映我国少数民族分布状况的地图集，为人们观察、研究中国少数民族人口分布的动态变迁提供了基础，对于增进我国各民族的相互了解，增强民族团结，巩固祖国统一，具有积极意义，也是研究我国少数民族不可多得的参考工具。

郝时远作为一名民族学者，在民族学领域作出了很大的贡献。他从民族学、人类学的视角去关注世界，不断地运用民族学、人类学的知识对世界上的各种民族问题与民族政策提出自己的见解，为社会科学的进步和发展奉献着自己的全部力量。他孜孜不断地学习和不断进取的精神是值得后生尊重和学习的。

（李卓娜）

宋才发

宋才发，汉族，1953年5月10日生，湖北省武穴市人，中央民族大学教授。1972年11月于广济师范学校毕业参加工作。1977年底考进华中师范大学政治教育系，1982年1月大学本科毕业留校任教。1988年6月硕士研究生毕业，1996年6月博士研究生毕业，最后学位为法学博士。1991年6月晋升副教授，1996年10月晋升教授。1993年遴选为硕士研究生导师，1995年评定为科学社会主义专业重点学科带头人（后来为省部级、国家重点学科带头人）；1998年遴选为博士研究生导师，独立培养和指导“市场经济与法制建设方向”的博士生。历任《华中师范大学学报》编辑部主任、华中师范大学中国特色社会主义研究中心常务副主任、中央民族大学法学院院长兼民族法学研究所所长，中央民族大学科研处处长兼学校“211工程”办公室主任，学校学术委员会秘书长等职。兼任吉林省行政学院、广西民族学院、华中师范大学等6所院校教授、湖北省学术委员会委员、职称评定委员会委员、国家哲学社会科学成果评审鉴定专家、教育部法律专家顾问组成员、中国法学会经济法研究会理事、中国法学会西部大开发法律研究会常务理事、中国法学会民族法学研究会副秘书长等职。1999年被评为湖北省“有突出贡献的中青年专家”，同年评为国务院“政府特殊津贴专家”，2004年评定为国家民族事务委员会首届“有突出贡献专家”。

宋才发先后主持并承担国家和省部级社会科学基金研究项目11项，发表学术论文350余篇，大多数论文发表于“全国中文社科核心期刊”，代表作为《对当代社会主义建设实践的思考》，载中国社会科学院《马克思主义研究》1996年第6期；《论民族法学学科体系的构建》，载中国社会科学院《民族研究》2004年第5期。《论国有企业市场化的法律依据及其调适》、《政治体制改革：社会主义民主政治建设的必由之路》等4篇论文分别获得省级优秀成果一等奖；《论中国企业的国际营销机制与法律规范》、《论社会主义发展规律的作用机制》等8篇论文分别获得省级优秀成果二、三等奖。出版个人学术专著8部：《列宁社会主义建设思想研究》（华中师范大学出版社1991年版）、《社会主义发展理论研究》（武汉出版社1993年版）、《社会主义经济建设历史经验研究》（华中师范大学出版社1997年版）、《中国现代企业制度的法律规范与实务》（华中理工大学出版社1999年版）、《中国：侵权行为认定与赔偿》（中国民主法制出版社2001年版）、《20世纪社会主义建设理论与实践探析》（上卷、下卷）（广西人民出版社2004年版）、《列宁社会主义建设理论与实践探究》（广西人民出版社2004年版）和《WTO规则与中国法律制度改革》（人民法院出版社2005年版）。合著、主编著作38部，主要有《建设社会主义法治国家的理论与实践》（华中师范大学出版社2000年版）、《民族区域自治法通论》（民族出版社2003年版）、《中国民族法学体系通论》（中央民族大学出版社2005年版）等。其中，合著《中国市场经济法》（华中师范大学出版社1994年版）系湖北省"八五"重点图书出版项目，1995年获得中南6省"优秀学术著作一等奖"；个人专著《社会主义发展理论研究》（武汉出版社1993年版）系国家首届中华社会科学基金研究项目，1995年获得湖北省省级优秀成果奖，1998年再获教育部普通高校第二届人文社会科学优秀成果二等奖；个人专著《社会主义经济建设历史经验研究》系国家教委"九五"规划基金项目，1998年获得第六届武汉市人民政府奖；《社会主义：20世纪回顾与前瞻》（主持人之一）（华中师范大学出版社2000年版），系国家社科基金“九五”规划重点项目，2001 年获得国家第八届“五个一工程奖”、“湖北省第四届优秀作品特别奖”。

宋才发在科学社会主义理论与实践研究方面，形成了自己的理论研究体系和特色，其理论建树主要集中在如下三个方面：

第一，较系统地研究和阐述了列宁的社会主义建设思想。列宁是在苏维埃政权建立初期的复杂历史背景下领导社会主义建设的，尽管他从事社会主义建设实践的时间不长，但对社会主义建设规律进行了十分有益的探索，其思想是异常丰富的，有着鲜明的时代性。宋才发在通读了人民出版社第一版《列宁全集》的基础上写作并出版的《列宁社会主义建设思想研究》和《列宁社会主义建设理论与实践探究》两部著作，全面系统地探讨了列宁关于社会主义建设思想的精髓，内容涵盖了列宁关于马克思主义的理论建设、无产阶级执政党建设、社会主义经济建设、苏维埃俄国政权建设、社会主义民主与法制建设、社会主义思想文化建设、苏维埃俄国的国防建设、社会主义国家的外交建设等八个方面的问题。他抱着求实、求是的态度，所用材料均见平实，所得结论亦无惊人之语。就是在这平实的立论中，反映了著者的朴实学风和功力，显示了著者的真知灼见。如“用科学的态度对待马克思主义”、“保持党的核心领导集体的正确性和稳定性”、“社会主义国家必须利用商品和货币”、“社会主义国家必须建立军队”等内容，既真实地再现了列宁思想的本来面目，又纠正了过去人们理解上的偏差，这对列宁社会主义建设思想的研究具有重要的学术价值。他是全国列宁思想研究为数不多的权威专家之一。

第二，率先提出了不发达国家社会主义建设的理论。宋才发率先提出了“不发达国家的社会主义发展理论”的研究课题，认为“不发达国家的社会主义建设是社会主义发展理论研究的核心”，该课题列入了国家“七五”社科规划项目。在他承担的国家首届中华社科基金课题最终成果《社会主义发展理论研究》

中，他把发展中的社会主义国家作为一个单独的研究对象，形成一个独立的研究体系。从历史唯物主义的角度分析和论述了社会主义社会的基本矛盾、发展规律以及社会主义社会的进步问题；从发展的角度论述了和平与发展是处于大转折、大过渡时期的当今世界的两大主题，认为当今世界的竞争，实质上就是以经济实力和科技实力为基础的综合国力的较量，它对于经济文化比较落后的社会主义国家具有特殊的意义；运用唯物辩证法的方法分析并论证了社会主义发展问题，如社会主义发展中的矛盾辩证运动、主观因素和客观因素的关系、共性和个性的关系、平衡与不平衡、先富和共同富裕、把握机遇与利用矛盾、波浪式前进等观点；从社会进步的标志的角度，提出了促进社会生产力的发展，是我们衡量社会进步的最高尺度。在论述社会主义现代化建设的进程时，他提出了“经济现代化是社会主义建设的根本任务”，“政治现代化是社会主义现代化建设的既定目标”，“人的现代化是社会主义现代化建设的核心”，认为满足人的需要、造就全面发展的人，是社会主义现代化建设的出发点和归宿点。

第三，在新旧世纪的交替之际认真地总结了社会主义建设的历史经验。他在《社会主义经济建设历史经验研究》中，以马克思主义科学社会主义基本原理以及邓小平建设有中国特色社会主义理论为指导，以70多年社会主义经济建设实践为依据，集中地探讨了当代社会主义经济建设的基本历史经验。这些经验既包括成功的经验，也包括失败的经验。这些社会主义建设的规律和经验，被概括为“十大关系”：（1）正确处理经济建设中政治与经济的关系；（2）正确处理经济建设中农业、轻工业与重工业的关系；（3）正确认识经济建设中市场与计划两种手段；（4）正确认识经济体制改革激进性与渐进性的实质；（5）正确处理经济建设中独立自主与对外开放的关系；（6）正确认识经济建设中人的决定性因素作用与科技第一生产力的关系；（7）正确处理经济建设中速度与效益的关系；（8）正确处理经济建设中积累与消费的关系；（9）正确处理社会主义市场经济与精神文明建设的关系；（10）正确认识社会主义市场经济发展与民主法制建设的关系。他认为“总结当代社会主义经济建设的历史经验，集中到一点：就是要把马克思主义的科学社会主义基本原理与各国具体的国情实际相结合，尊重客观经济规律，尊重人民群众的发明创造，从实际出发，实事求是地建设社会主义。”落后国家建设社会主义既是20世纪的伟大创举，又是世界性的历史难题。当前苏联、东欧国家发生剧变和解体，社会主义运动处于“低潮”的情况下，尤其是在新旧世纪交替之际，从社会主义经济建设的视角去总结和探讨20世纪社会主义建设的历史经验，无论对于启解人们的“思想结”，还是对于坚持科学社会主义、开拓未来——探索出一条适合不发达国家社会主义建设的成功之路，都具有深远的历史意义和重要的现实理论价值。

在经济法、侵权行为法学方面的理论贡献，主要体现在如下两个方面：

第一，较早提出“中国市场经济法”的概念和建立中国现代企业制度的理念。当“市场经济”还属于探讨中的非官方语言，还有姓“资”之嫌的时候，宋才发就感触到了时代脉搏的跳动，深信建立社会主义市场经济体制必将成为中国经济体制改革的目标走向。当第八届全国人民代表大会通过宪法修正案，确立“国家实行社会主义市场经济”的第二年（1994年），早就做好准备的他率先出版了《中国市场经济法》，提出市场经济是法制经济，必须用法律来规范和调整经济关系。认为实行“社会主义市场经济”是中国的基本国策，法制经济是中国走向兼有文化国特征的法治国的目标选择。市场经济法制化，是政治民主化、制度民主化和社会民主化的基础；只有在实行经济法制化的同时，积极推进政治制度和法律制度民主化，中国这个富有“文化国”传统的国家，才能步入“法治国家”和“福利国家”。随后他又推出了《中国现代企业制度的法律规范与实务》、《WTO 规则与中国法律制度改革》、《建设社会主义法治国家的理论与实践》三部著作，进一步从微观到宏观，论证了在中国推行法制经济和建立现代企业制度的重要性和必然性。

第二，从一个全新的角度构建了侵权行为判例法的初步体系。侵权损害赔偿制度，是任何一个社会文明、法制完备的国家都不可缺少的法律制度。随着我国签署和参与的国际组织、国际公约、条约的增多，以及经济全球化和法治的一些规则逐步世界化，中国公民和法人的合法权益，不仅要受到本国法律的保护，而且还要受到国际组织、国际社会的维护。在人类社会进入 21 世纪的今天，不只是民事损害赔偿制度受到中国公民、法人的重视，而且现代社会所独有的精神损害赔偿、国家损害赔偿制度等，也日益受到越来越多的社会公众的关注。为了给寻求司法保护的人们提供法律救助，给各级人民法院提供判例，宋才发不仅出版了《中国：侵权行为认定与赔偿》，而且由人民法院出版社推出了他主编的“以案说法”丛书：《劳动纠纷案例》、《消费纠纷案例》、《人身损害赔偿案例》等一套 11 本；《司法保护》等 6 本；《家有少年》系列“父母孩子读案例”丛书；以及《减轻农民负担》等 10 本“农民维权”丛书。他认为在法律没有具体规定或者法律的规定落后于社会现实的情况下，审判实践中既能充分体现法律规范的公平、正义基本原则，又具有创新精神的典型案例，就能起到弥补成文法不足的作用，成为修订法律和制定新的法律的基础材料，并对法的发展产生重大影响。理论来源于实践，法学研究如果仅仅是从文本到文本，势必走向理论上的贫困。因此在法律的更新过程中，案例研究是一个不可或缺的重要环节，也是法学研究的重要素材。所以，他从侵犯人身权行为、法人侵权行为、行政侵权行为、商业侵权行为、财产侵权行为、特殊侵权行为等诸多方面，对较为常见和易于碰到的、具有代表性的侵权行为，就如何依法认定与规范赔偿进行了探讨，并且回答了人们在依法确认侵权行为的性质、损害事实以及损害赔偿责任构成之后，应当选择什么样的合法与合适的途径、方法去索赔的问题。

在《民族区域自治法通论》和《中国民族法学体系通论》两本学术著作中，较系统地阐明了他在民族法学研究方面的学术思想：

第一，提出并构建民族法学的学科体系。2002年他主持并承担国家民委重点课题《中国民族法学学科体系的可行性研究》，在其结项成果《中国民族法学体系通论》中，他认为民族法学属于一门有别于“法人类学”、“法民族学”和“少数民族习惯法学”的新兴法学学科。它既是当代法学与当代民族学相互衔接与交叉的学科，又是关于多民族国家调整国内民族关系的法律规范的学说。我国民族法制建设特别是民族区域自治法学建设，在不断地推动和促进着正在发展中的民族法学的研究和民族法学学科体系的丰富与完善。构建民族法学学科体系是民族区域自治制度在我国实践和发展的必然结果。民族立法离不开对民族法学体系的研究、其他法学学科对民族问题的研究和完善，也迫切需要民族法学研究的成果来加以补充和印证。作为一门学科体系它必须与民族经济、民族历史、民族宗教、民族文化等紧密联系。我国的民族法律体系以宪法中的民族条款为基础，以民族区域自治法律制度和散居少数民族权利保障法律制度为主干，并包括培养少数民族干部的法律制度、民族经济法律制度、民族教育法律制度、民族文化法律制度、民族风俗习惯法律制度等一系列的民族法律制度所组成。在他主持的国务院西部开发办2004年重点课题《西部开发立法与民族自治地方自主权的衔接研究》、教育部2004年重大科研项目《民族自治地方经济社会发展自主权研究》

和 2005 年国家社会科学基金项目《民族区域自治制度的发展与完善——自治区自治条例研究》中，进一步丰富和完善了他的上述学术思想。

第二，论证民族区域自治法学是民族法学的基本学科。2001 年他主持并承担了北京市高等教育精品教材重点项目《民族区域自治法通论》研究，他在该项研究成果中指出，民族区域自治是《中华人民共和国宪法》规定的一项基本政治制度。民族区域自治法规范的不只是民族自治地方的利益关系问题，而是关系到国家根本利益的重大问题。《中华人民共和国民族区域自治法》是一个完整的、独立的法律体系，它构成了我国民族法学体系的法律基础。作为民族法学理论基石的民族区域自治法学，是调整民族区域自治关系的法律规范的总称，是民族法学体系的重要组成部分，是民族法学体系的核心。它的主要任务是探索如何运用法律手段，调整民族区域自治的各种关系，包括中央、上级国家机关同自治地方的关系，自治地方同国内其他地方的关系，以及自治地方内各民族之间的关系等，以维护国家的统一，保障少数民族的平等权利和管理本民族内部事务的权利，巩固和发展民族平等、团结、互助的社会主义民族关系，加快少数民族和民族地区经济文化发展，促进各民族共同繁荣。民族区域自治法学是以马克思列宁主义、毛泽东思想的民族理论法律观为指导，以研究我国民族区域自治法为重点，对民族区域自治法律规范的本质、功能、内容和形式，以及民族区域自治法律关系产生、发展的规律等，进行理论研究和概括的科学。

（刘玉民）

滕　星

滕星是目前国内少数民族教育和多元文化教育研究领域很有学术影响力的专家，也是这一学科的开创者和奠基人之一，是推动教育人类学研究极富创造力的中坚学者。

一、主要学术经历

滕星1953年出生于一个知识分子家庭，排行老三。“文化大革命”时期在浙江绍兴老家和东北嫩江草原（北大荒）插队10余年，种过田，烧过窑，拉过纤，当过羊倌、牛倌和马倌。1978年入读东北师范大学，先后获教育学学士和硕士学位。1982年至今任教中央民族大学。1991—1992年应邀赴美国夏威夷大学进行夏威夷土著社区与教育的田野工作，翌年获霍英东高校青年教师基金资助赴美就“世界多元文化教育发展现状与趋势”的课题进行考察和研究。1993年起师从著名人类学家、社会学家林耀华攻读教育人类学，1998年获法学博士学位。1994年获美国富布莱特（Fulbright）高级学者基金资助赴美国加州大学伯克利分校人类学系，任客座研究员，在西方当今极富学术盛名、被誉为“在美国教育史上最有影响的四个人物”之一的教育人类学家John U. Ogbu教授的指导下进行了为期1年的“美国多民族社会与教育”的课题研究工作。1998年在中央民族大学评为教授，2003年聘为博士生导师。

另外，滕星曾受聘于世界银行、亚洲开发银行、英国海外教育发展部、美国新闻总署、美国教育发展研究院、美国福特基金会、日本文部省等国际组织担任项目顾问或专家，并主持和参与国内外10余项教育与少数民族教育课题研究工作。曾获“北京市高校青年学科带头人”荣誉称号；曾任美国加州伯克利大学人类学系、夏威夷大学中国问题研究中心客座教授，台湾中央研究院民族学研究所客座研究员和中国民族学类核心期刊《民族教育研究》主编，现任北京师范大学、西北师范大学、内蒙古师范大学、湖北民族学院特聘教授和“教育人类学研究丛书”主编（第一辑已由民族出版社出版，共5本）和“20世纪中国民族学人类学经典著作丛书”编委（已由民族出版社出版3本），并经常应邀赴美国、日本、香港等国家和地区的大学及研究机构讲学、开展合作研究和参加国际会议。

二、主要学术成果

滕星著作、译述颇丰，几乎在他所有涉足的研究领域都做出了贡献。他的学术专著有《文化变迁与双语教育》、《族群、文化与教育》；主编与合著的著作有《中国少数民族教育学概论》、《民族教育学通论》、《中国少数民族双语教育概论》、《中国民族教育50年》、《民族教育经济学》、《20世纪中国少数民族与教育》、《西部开发与教育发展博士论坛》、《世界教育史大事记》、《中外教育名人辞典》、《学校教育评价》等，其中《文化变迁与双语教育》获国家图书奖二等奖，《族群、文化与教育》获北京市哲学社会科学优秀成果奖二等奖，《中国少数民族教育学概论》获全国教育科学优秀成果奖二等奖，《中国少数民族双语教育概论》获北京市哲学社会科学优秀成果奖一等奖，《民族教育经济学》获北京市哲学社会科学优秀成果奖二等奖；参与编写了《教育大辞典·民族教育分册》、《文化学辞典》；主译《终身教育导论》等。他还先后在国内外学术期刊上发表了《民族教育概念新析》、《民族教育学的学科性质与学科体系》、《国外教育人类学学科历史与现状》、《族群、文化差异与学校课程多样化》等50余篇学术论文。

滕星的主要学术著作择评如下：

1.《文化变迁与双语教育——凉山彝族社区教育人类学的田野工作与文本撰述》一书是他田野工作和理论思考的阶段性成果，也是他的第一本学术专著。该书是国内第一部采用文化人类学的理论范式与研究方法对具有异文化背景的少数民族教育进行的细致研究，开创了国内经典意义上教育人类学研究的先河。同时，该书也是林耀华著名文化人类学著作《凉山彝家》的追踪研究成果，继承了中国老一辈人类学家、社会学家开创的对社区或族群文化变迁追踪调查研究的传统，并续写了新的篇章。《族群、文化与教育》是一本学术论文集，主要收录了作者自1980年以来以中文撰写的部分论文，集中论述了教育人类学，特别是内地教育人类学、民族教育学研究的缘起、历程与现状，也充分展示了他个人学术研究的心路历程。

2. 由他作为主编之一担纲主持编写出版的《中国少数民族教育学概论》和《民族教育学通论》是广义民族教育学的奠基著作，是少数民族教育研究发展历程的重要标志和学术水准的集中体现。

3. 他的“云南中缅边境拉祜族女童失学、辍学问题研究”是一项备受社会各界关注的课题，同时也在此展示了他的学术创造力——将实验法引入教育人类学研究和少数民族教育研究中，兴办了一个“拉祜族女童班”，用教育实践来检验教育人类学诸多理论，特别是以英、美等国为代表文化教育人类学的本体核心理论——少数人族裔（ethnic minority）低学业成就理论。而“民族学院研究”则是一项颇富争议的课题，其成果之一——“21世纪我国民族学院（校）的办学模式应作重大调整”一文（载《族群、文化与教育》）曾经在人类学（含民族学）界、社会学界、民族教育研究界和民族工作者中引起强烈反响。美国的《基督教科学箴言报》和《高等教育周刊》、新加坡的《南华时报》、《光明日报》等信息媒体均对以上两项研究作了大篇幅的报道，获得国内外广泛关注。

4. 他主编的《教育人类学研究丛书》第一辑于2001—2002年间相继付梓。这是国内教育人类学研究方面的第一套丛书，它的出版，标志着教育人类学的发展已经进入了新的阶段，对于刚刚走上学术化道路的中国教育人类学来说弥足珍贵。

5. 他与滕复主译了教育家保罗·朗格让的《终身教育导论》(华夏出版社，1985年)，成为大陆最早的终身教育思想的引介者和倡导者之一。

三、主要学术思想

滕星最近10余年来不辞辛劳地在国内外开展教育人类学田野工作，掌握了大量国内外少数民族教育实践的第一手资料，并在四川凉山彝族社区和云南澜沧拉祜族社区建立了长期的田野工作点。正是由于他是“用脚做学问”，所以才使得他的学术思想切合中国少数民族教育理论与实践的需要，也使得他在同侪中能独树一帜（有意思的是，他把他的书斋就自命为“独树斋”）。笔者几经研读原著探其究竟，拜谒本人聆听教诲，把个人丰富的人生经历和学术实践置于文化的时空脉络中加以考察和体悟，在此不揣浅陋，将他在教育理论与思想领域的主要学术贡献概述如下：

1. “多元文化整合教育理论”（亦称“多元一体化教育理论”)。通过多年对国内外民族教育理论和多元文化教育理论的潜心研究与分析，结合费孝通的“中华民族多元一体格局理论”和林耀华的“社会均衡论”思想，他提出了这一极具本土文化阐释力的理论。该理论构想形成的依据是：在一个多民族国家中，无论是主体民族还是少数民族，都有其独特的传统文化；在人类漫长的历史发展过程中，由于各民族自我文化传递和各民族间文化的相互交往，各民族在文化上形成了“你中有我”、“我中有你”的特点；不仅主体民族文化吸收了各少数民族文化，而且各少数民族文化中也打上了主体民族文化的烙印，形成了在一个多民族国家大家庭中，多种民族文化并存并共同组成代表某一多民族国家的“共同文化群体”，即形成如费孝通所说的文化上的“多元一体格局”。该理论的核心观点是：一个多民族国家的教育，在担负人类共同文化成果传递功能的同时，不仅要担负传递本国主体民族优秀传统文化的功能，而且同时也要担负起传递本国各少数民族优秀传统文化的功能；“多元文化整合教育”对象不仅包括少数民族成员，而且也包括主体民族成员；“多元文化整合教育”的内容，除了包括主体民族文化外，还要含有少数民族文化的内容；少数民族不但要学习本民族传统优秀文化，而且也要学习主体民族文化，以提高少数民族年轻一代适应主体文化社会的能力，求得个人最大限度的发展；主体民族成员除了学习本民族文化外，还应学习少数民族文化；“多元文化整合教育”的目的是，继承各民族优秀文化遗产，加强各民族间的文化交流，促进多民族大家庭在经济上共同发展，在文化上共同繁荣，在政治上各民族相互尊重、平等、友好与和睦相处，最终实现各民族大团结。该理论是近 20 多年来中国教育人类学界提出的第一个具有本土特色的理论，也为 21 世纪初许多教育人类学、民族教育学研究提供了理论范式的话语资源。该理论对中国教育，特别是少数民族教育的学术研究和改革实践必将产生深远的影响。

2．“转换教育的研究范式，倡导教育研究的人类学范式”。鉴于中国内地教育研究的陈痼积弊，他接续老一辈知识分子“从实求知、学以致用”的传统，力陈人类学研究范式对中国教育研究沉溺于“书斋里思辨，摇椅上玄想”之陈腐风气的文化治疗作用，用他自己的学术实践，为内地教育研究如何采用社会文化人类学的研究方法进行教育理论与实践的研究，打破学术壁垒、拓展研究空间提供了富有价值的范例和经验，推动教育研究由书斋思辨走入日常生活世界。他的主张已经在教育研究者中引发了一股经验研究的潮流，越来越多的教育研究者在其研究设计、实践和报告中加入了田野调查和民族志撰述的环节和内容。

3. “教育研究是多学科就教育这个主题进行对话的学术场域，而且应该具有本土化和国际化的双重视野”。这个观点是他向来秉持学术研究自由探索的人文精神与多元发展的价值取向的必然结果和具体体现。教育的多学科研究和对话为各个学科的自主发展和反思，追求“互惠”的教育研究提供了现实的可能性。他认为，中国内地教育研究缺乏学术规范和对学科本体理论发展之历时性与共时性的自主认识和反思，因此不是陷入西方中心主义的“迷思”，就是陷入本土民族主义的“迷思”，加之研究方法的缺陷，使研究结果难以对教育改革的理论与实践产生有益的作用，造成对物力和智力的极大浪费。他的这一思想是对中国内地教育研究界一味追求“本土化”和“食洋不化”的思潮和现象的有力纠正。

教育人类学在中国方兴未艾，滕星也走过了一条从“独行者”到“领头雁”的学术之路。他未来学术工作目标主要有两个：一是“教书育人”，即继续推进中国教育人类学的学科建设，继续主编并组织出版“教育人类学研究丛书”和“国外教育人类学名著译丛”，推介中青年学者的学术成果，培养具有研究生学历的学科接班人，增强学科的发展后劲和建立结构合理的学术梯队，从而加强学科内部的对话与交流和教育人类学研究对年轻才俊的吸引力，使教育人类学对中国教育的改革和发展做出更多的切实贡献；二是“普及人类学知识，造福社会”。即在全球化和现代化进程不断加速的今天，人们文化交流的需要日益强烈和多样化，通过普及人类学知识，使得人们在追求“和而不同”的人文世界的过程中产生和发展充分且自主的文化自觉。

滕星是一个勇于实践的学者，对于他朴实的人生理想和未竟的学术抱负来说，“而今迈步从头越”是最恰当的写照。

（巴战龙）

参考文献

1. 巴战龙：“异音同至听，殊响俱清越”——评滕星博士的《文化变迁与双语教育》，《广西民族学院学报》，2003年第5期。

2. 巴战龙：《人类学家滕星教授》，《广西民族学院学报》，2004年第3期。

3. 巴战龙、滕星：《人类学·田野工作·教育研究——一个教育人类学家的经验、关怀和信念》，《中南民族大学学报》，2004年第2期。

4. 徐杰舜、滕星：《在田野中追寻教育的文化性格——人类学学者访谈之二十七》，《广西民族学院学报》，2004年第2期。

熊坤新

熊坤新，汉族，1953年生，籍贯四川三台，现为中央民族大学民族学与社会学学院民族理论政策教科部暨研究所民族理论教研室主任、教授、硕士研究生导师、印度尼赫鲁大学副博士。1982年毕业于西藏民族学院政治系，获哲学学士学位，随后留校任教。1992~1993年入中国人民大学师从罗国杰教授做国内高级访问学者。1994年在北京全国人才招聘中调入中央民族大学任教。1998~1999年被国家教育部公派赴印度尼赫鲁大学社会学系留学深造，获社会学副博士学位。兼任中国民族理论学会理事、中国伦理学会理事、《道德与文明》杂志社特约通讯记者、中国改革开放史学会副会长兼秘书长、北京市中日关系史学会理事等职。

熊坤新科研成果丰硕，先后在《人民日报》、《光明日报》、《中国教育报》、《中国青年报》、《中国社会科学》、《民族研究》、《世界民族》、《中国边政》（台湾）、《中国藏学》等报纸杂志上发表论文150余篇，独撰或合撰出版各类著作30余部，累计达300余万字，其中《广义民族学》（合著）于1993年获国家民委社会科学一等奖；《科技伦理学》（合著）于1995年获全国高等学校人文社会科学研究优秀成果二等奖；《论民族伦理学多元化结构》（独撰）获陕西省政府1989~1992年社会科学优秀成果三等奖等。

熊坤新研究兴趣广泛，其研究范围主要涉及到民族伦理学、民族理论政策、藏学、印度民族文化等诸多领域。

熊坤新科研功底深厚，基础理论扎实，先后主持完成了国家

1997年度社会科学基金资助项目《民族伦理学研究》和国家教育部（原国家教委）“八五”人文社会科学研究资助项目《藏族传统道德与现代文明》。现正主持国家民委重点科研项目《21世纪世界民族问题热点及其辐射作用预警性研究》。并参与了省部级和国家级重点科研项目《社会伦理学研究》、《中国民族文化大观》、《中国民族问题预警性研究》、《民族区域自治法新论》、《构建民族法学学科体系研究》等。

这些年来，熊坤新重点对新兴边缘学科——民族伦理学进行了开创性研究，所著《民族伦理学》（中央民族大学出版社1997年12月出版）堪称是其代表作。该书共分三编：第一编，从宏观角度对民族伦理学作为一门新兴交叉学科的地位、研究对象、内容与任务、研究方法，以及民族伦理学的多元化结构、发展特点与趋势、民族传统道德观念与社会主义市场经济之间的辩证关系等问题进行了研究和探讨；第二编，从中观角度对中国少数民族伦理思想研究的现状与展望、基本属性与特点、中国少数民族地区的传统道德在道德教育中的功能与作用、少数民族传统美德如何与社会主义市场经济接轨，少数民族伦理道德的主要表现形式、主要内容、类型、属性、特点，历史上中国少数民族伦理学著作及其思想等进行了论述和探讨；第三编，从微观角度对族别伦理学特别是对蒙古、回、藏、维吾尔、壮、朝鲜、满、白、傣、景颇、德昂等影响较大且颇具民族特色与特点的民族伦理思想进行了研究和探讨。其中，由于熊坤新曾在藏北草原插过队，大学毕业后又曾长期在西藏民族学院任教，后通过人才招聘调入中央民族大学后，也常与藏学系的师生打交道，故对藏族同胞的生活方式及其相应的道德观念有较多的观察、了解、感受和认识，对藏族史籍中的道德文献材料也多有涉猎，故他对藏族伦理思想的研究情有独钟，写的研究性文章较多一些，且有一定的深度，数量也占该部分的三分之二以上。特别需要指出的是，熊坤新在该书中提出了许多重要观点，概括起来，主要有：第一，民族道德具有客观的现实存在性。他认为，在人类文化中，每个民族都有自己丰富的伦理思想，特别是在人伦关系和道德观念上，各民族都是富有道德情感和道德传统的民族，都喜欢并善于用道德这一特殊的社会意识形态来协调和规范人们的言论与行动。可以肯定地说，有民族就必然有道德，没有道德的民族是没有的；根本就不讲道德，一点儿也不要道德的个人也是罕见的，一定的道德形式总是存在于一定的民族形式之中，一定的民族道德总是会带有其自身的民族性特点。第二，民族道德具有重要的地位和作用。他认为，民族道德既是民族意识和民族文化的主要内容之一，也是民族精神生活中须臾不可缺少的“精神调节器”，在民族文化和民族精神文明中居于特殊的地位。可以说每个民族在处理民族关系时，在处理民族成员与民族整体以及与国家和社会的关系时，在很大程度上都是靠道德观念和道德准则来调适的。就民族个体成员而言，道德情感、道德意志、道德信念、道德实践，对自身品格的锻造，义务、良心的栽培，善恶观念、是非观念、荣誉观念的确立，要而言之，对个人人生观、价值观、公私观、幸福观、婚恋观、生死观等方面的影响，无疑都起着极为重要的作用。就民族整体而言，由民族个体成员道德意识或道德观念汇集组合而成的氏族、部落道德，以至于民族道德，构成了该民族的重要意识形态之一，反映了构筑在该民族物质经济利益基础之上的伦理倾向，显示了该民族社会道德的面貌和水平。因此，道德对一个民族的兴衰，对一个民族的素质，对一个民族的文明程度，尤其是民族个体成员的家庭、事业、身心发展，对民族整体的社会风尚、道德面貌和文明状况，都将会起到非常重要的作用。第三，民族传统道德观念中的积极成分，是促进社会主义市场经济发展的精神动力之一。认为各民族传统道德观念中都有良莠之分、好坏之别，最重要的是要对二者予以认真而又严肃的清理、区分和对待。一般来讲，继承和发扬各民族传统道德观念中的积极进取性意识和健康成分，否定、摈弃其守旧意识和落后观念，必能为促进社会主义市场经济的健康发展提供精神动力和思想保证。第四，当前最重要的任务是建立有利于社会主义市场经济发展的道德规范体系。认为各民族传统美德是各民族在其自身的形成、发展过程中，长期积累起来的极其宝贵的精神财富，是各民族聪明智慧和优秀文化的一种表现形式。今天，要在民族地区建立合理、有序的市场经济体制，最重要的就是要在原有各民族传统美德的基础上，制定出一套既符合人民意愿，又有利于市场经济发展的道德规范体系。这一新的道德规范体系的内容，无疑仍属于传统美德的范畴，但在建设市场经济的今天，却需要条理化和系统化，并赋予新的内涵和新的标准及新的要求，也就是对传统美德进行理论概括和升华。当然，这一规范体系的价值导向应以集体主义原则为其主旋律。这对增强民族凝聚力，促进民族团结也是大有益处的。第五，正确认识中国少数民族伦理思想与中国伦理思想的辩证关系是与正确认识和处理中国的民族关系相一致的。他认为，将汉族伦理思想当作中国伦理思想，显然是以偏概全，忽视或抹杀了少数民族伦理思想的客观存在。当然，汉族是中华民族的主体民族，在中国伦理思想中，汉族伦理思想博大精深，形成了系统、完整的理论体系，在中华民族的伦理思想中起着举足轻重的作用。但少数民族伦理思想也是丰富多彩的，无论是表现形式、类型、特点、结构等，都呈现出多元化的特色。事实上，中华各民族在祖国的大地上杂居共处，各民族的伦理思想也相互渗透与交融，以至于相互吸收和相互影响。这既是普遍的、必然的规律，也是合情合理且十分自然的现象。因此，中国各民族的伦理思想，理所当然都是中国伦理思想不可分割的组成部分，汉族伦理思想与各少数民族伦理思想一起构成了统一的中华民族伦理思想，等等。此外，熊坤新还在该书中提出了如下建议：第一，需对加强民族伦理学研究特别是中国少数民族伦理思想研究引起足够的重视，明确并懂得加强该课题研究本身所具有的重要的理论意义和现实意义。第二，中国少数民族伦理思想研究是一个涉及面十分宽广的领域，是一项功在千秋的系统工程。当务之急，应把正在或有志于从事这方面研究的人员组织起来，成立专门机构（如中国少数民族伦理思想研究中心或研究所），制定研究规划，分工合作，共同创业。第三，积极创办《中国少数民族伦理思想研究》的学术刊物，专门发表或交流这方面的专题性文章。第四，争取经费支持。可将该课题列入国家社会科学基金重点项目，并希望得到国家教育部、国家民委及中央民族大学等相关单位、组织的支持。

总之，熊坤新的民族伦理学研究，就其学术价值而言，它不仅拓宽了民族学和伦理学的研究领域，而且试图从中寻找嫁接或搭桥的方法，尝试性地建构了该学科的框架体系，对繁荣学术研究、弘扬民族文化具有积极意义。就其实践意义而言，熊坤新教授的民族伦理学研究成果，则无疑有利于增进民族间的相互了解，促进其思想文化交流；有利于消除民族隔阂，加强民族团结；有利于加强民族地区的社会主义精神文明建设，特别是道德建设。就其社会影响而言，熊坤新的民族伦理学研究，一直受到许多著名专家学者的支持和肯定。如北京大学著名学者张岱年先生和中央民族大学著名学者林耀华先生分别为《民族伦理学》写序，中国人民大学著名学者宋希仁先生特地为中央民族大学出版社写推荐出版该书的意见。及至该书出版后，《人民日报》先后两次予以介绍并刊登书评，《中国教育报》、《民族研究》、《中央民族大学学报》、《道德与文明》等也先后发表书评，对该书的开创性意义作了充分的肯定和高度评价。

此外，熊坤新在民族理论政策研究方面，除参撰出版了《中国民族理论与实践》、《民族理论纲要》、《民族区域自治法通论》、

《中国共产党关于民族问题的基本观点和政策》等教材或著作外，还先后发表了《马克思主义民族理论发展史略》、《马克思主义民族理论在中国的传播与发展》、《差距与协调：现代化进程中东西部民族地区的经济发展与共同繁荣》、《新形势下仍然要坚持反对两种民族主义思想残余》、《加入 WTO 对中国民族理论政策的影响及对策》等有影响的论文。在藏学研究方面，熊坤新除参撰出版过《藏族传统文化辞典》和《藏族大辞典》等书外，还发表过《当前西藏社会主义民族关系中的几个问题》、《驳“西藏民族同化”论》、《发展民族教育是西藏行使民族自治权的必然要求》、《天葬起源之探讨》、《试论〈玛尔巴译师传〉中的伦理思想》等论文。在印度民族文化研究方面，熊坤新和其夫人陶晓辉女士自印度留学归来后，也先后合作发表过《印度民族文化面面观——赴印度学术考察报告》、《印度阿加罗人的婚恋习俗》、《印度帮助落后地区的措施、成就和经验》、《借鉴印度经验，大力开发我国的香精油制品及香料产业》、《西部大开发，中国应向印度学什么》等论文。

（王　洁）

王希恩

王希恩（1954——），汉族，籍贯河南内黄县。主要从事民族理论研究，现为中国社会科学院民族学与人类学研究所民族理论室主任、研究员、博士生导师，担任所学术委员会委员，所职称评审委员会委员，中国民族理论学会常务副会长，中国民族学会理事，中国民族史学会理事，中国汉民族学会常务理事等。

王希恩幼年随父母在甘肃生活学习。1962 年入学，先后在甘肃省农科院小学、甘肃省武威七中（原甘肃农业大学附中）完成了小学和中学阶段的学习。1973 年高中毕业后，打过零工，插过队，当过工人。这段曲折的经历磨炼了他的意志，成为他人生中一笔珍贵的财富。1978 年，王希恩考取西北师范大学历史系。经四年的本科学习后，继续攻读该系的古代史专业硕士学位，师从王俊杰教授研究魏晋南北朝史，侧重北方民族史。研究生毕业后，被分配到甘肃省委党校执教，讲授中共党史。这一期间，他根据自己的兴趣和特长，主要从事中共党史和中国古代民族史的研究，相当一部分作品被《新华文摘》、《中国史研究动态》和《人大复印资料》等刊物转载，产生过较大影响。1993 年，他考取了中国社会科学院研究生院的博士生，师从著名民族学家杨堃教授和汤正方教授，开始系统地从事民族理论研究，时年 39 岁。1996 年获取法学（民族学）博士学位，进入中国社会科学院民族研究所工作。2000 年担任中国民族理论学会常务副会长。2002 年被聘为中国社会科学院研究生院博士生导师。

民族理论是中国民族研究领域中的主干分支之一，独具特色，同时又属于民族学的学科范畴。虽然王希恩接受正规的民族学教育始自博士生阶段，但涉及民族现象的学术研究早在本科期间既已开始。他的本科毕业论文为《游牧与民族——匈奴社会组织演变纵论》，攻读硕士研究生阶段的专业为中国古代史的魏晋南北朝，但方向是当时的少数民族史。在党校工作期间，他在从事党史教学和研究的同时，仍没有放弃对民族史和民族学的研究兴趣，发表过相关论文，开设了地方民族史的课程。

主要代表作为：《宇文部史迹勾勒》（1988 年）、《早期东部鲜卑觅踪》（1989 年）、《民族过程与国家》（博士论文，1998 年出版），《世纪之交中国民族问题的基本态势及进一步促进民族团结研究》（国家社科基金课题，2000 年）、《当代中国民族问题解析》（2002 年）、《关于民族精神的几点认识》（2003 年）、《西方民族理论的主要渊源》（2004 年）、《论民族建设》（2004 年）等。

王希恩的主要学术成果为以下几个方面：

对民族过程理论进行了改造和提升。民族过程理论曾是 20 世纪 60、70 年代前苏联民族学界的主导理论，80 年代传入中国后引起学术界的重视，但仅限于翻译及评介层面，鲜有人进行专门研究。王希恩的博士论文选题为《民族过程与国家》，他在肯定民族过程理论的前提下，又从定义到内容对其进行大胆的修正，以完全中国式的学术风格和话语阐述了他的民族过程理论。该理论将民族过程看作是人类社会发展历史的一个特殊形式，详细分析了民族过程的具体内容，尤其对民族过程与国家的关系做了系统阐述。该论文得到了评审专家们的高度评价，认为“这是一篇学术水平很高的博士学位论文”，“大文章，有气派”（施正一）；“文章在许多方面突破了民族学研究迄今所达到的深度……是一篇富有创见和开拓性的优秀博士学位论文”（刘鄂）；“民族与国家的起源及其相互关系，是民族学、政治学研究的重要课题，王希恩提交的《民族过程与国家》，在这一课题的研究方面取得了显著的进展”（郝时远）。1998 年该论文出版后引起更多学者的关注，并于2000年被评为中国社会科学院民族研究所优秀成果。

对一系列民族基本理论问题发表了独到见解。如提出，前国家社会的社会组织和政治系统二位一体，历经了队群—氏族—部落—部落联盟和酋邦这样一种序列，而不是原先人们认为的民族—部落—部落联盟；民族认同不等同于民族意识，民族意识也不能作为一般民族的特征，民族有潜民族、自在民族和自觉民族三种不同的存在状态等。近来他又就“族性认同”、民族精神、民族建设、西方民族理论的渊源等基本问题发表了一系列论文。这些观点和论文力推陈见，视野开阔，在较大范围上扩展了传统民族理论的研究内容，推动了民族基本理论研究的深入。

对当代中国民族问题的主要矛盾、表现形式和发展趋势等做出了系统阐述。由他主编并主要撰写的《当代中国民族问题解析》一书充分展示了这一研究的成果。书中对民族问题的定义和当代中国民族问题的主要矛盾等重要理论问题提出了有说服力的见解并作了详细阐述。根据这些理论，他成功地主持了国家社科基金课题《世纪之交中国民族问题的基本态势及进一步促进民族团结研究》，该研究成果引起中国有关部门的重视，并获得中国社会科学院和民族研究所两级科研成果奖励。《当代中国民族问题解析》一书也被同行专家们誉为当代中国民族问题研究的“一流成果”，成为有关研究的重要参考书。郝时远在该书的序言中写道：“这部书对我们深化认识中国民族问题的现实国情特点是很有价值的，同时它也为民族学界从我国社会主义初级阶段的实际出发观察、研究民族问题作出了有益的尝试。”

提出要创新发展马克思主义民族理论。他认为中国民族理论以马克思主义民族理论和国内民族问题为传统研究内容，几十年来为马克思主义民族观的传播、中国民族工作的开展和民族政策的制定发挥了重要作用，但如今又面临着创新和发展的重要使命。出现了如国内民族状况发生了巨大变化、学科建设本身的薄弱以及当代世界政治事务中的民族因素和社会生活中的民族因素都呈日益增多的趋势等挑战和压力。中国民族理论要发展，必须解放思想、开阔视野、勇于创新，在坚持马克思主义原理指导的前提下，走出一条符合时代精神和中国实际的研究之路。他提出中国的民族理论要坚持自己的特色和话语。认为，西方的话语体系是西方学人对他们所处社会存在的反映，即便反映的是宏观现象和客观规律，使用的也是他们习惯了的表达方式，而在涉及政治信念和国家利益的时候又理所当然地服务于他们自己的利益。所以，如果说西化民族理论的学术观点和方法是值得尊重的话，它的西化形式和立场则是不能盲从的。相反，传统中国民族理论尽管因交流不时有新的概念和术语吸纳其中，但它总体上反映出的是中国化的话语模式，符合我们自己的思维习惯，能够容易地为人们所接受，是我们应该珍惜和提倡的。

此外，他还密切关注当代世界和中国民族问题的新变化，率先开展了全球化与民族问题关系的研究以及新的社会环境下民族现象和民族过程特点的研究。《在全球化对当代民族的影响》的文章中，他指出全球化在为各国各民族带来巨大发展机遇的同时，也将继续把经济关系不平衡和贫富差距的挑战留给人类社会，这便注定了世界范围内民族问题的长期性。经济利益是最根本的利益，表现在经济方面的民族矛盾也将是最深刻的矛盾，这一点在全球化时代将表现得更为鲜明。在当代世界，全球化已是各国各民族不可回避的客观现实和趋势，由全球化带来的民族问题是它带给人类社会总问题的一部分。如何在应对全球化的过程中趋利避害，在民族问题方面同样需要人类做出认真的选择。

（黄海珠）

参考文献

1. 王希恩著:《民族过程与国家》,甘肃人民出版社,1998。

2. 王希恩主编:《当代民族问题解析》,民族出版社,2002。

3. 王希恩:《全球化对当代民族问题的影响》,《学习时报》第139期。

4. 王希恩:《坚持民族理论的正确方向》,中国社会科学院院报。

蔡华

2001年，著名人类学家、美国科学院院士克利福德·格尔茨在《纽约图书评论》上对中国的一部学术作品《A Society Without Fathers and Husbands》（译为《无父无夫的社会：中国纳人》）发表长篇书评，引起国内外学术界的巨大轰动。该部作品也被认为是动摇了学术界婚姻、家庭研究的传统观点，使人类学、社会学中原来关于社会结构的理论最核心的基石发生了断裂。这部现今仍备受关注的作品就是蔡华的心血之作。

蔡华，1954年生于云南昆明的一个知识分子家庭。青少年时期适逢上山下乡年代，因此曾当过铁道工人。在那个大家普遍认为知识无用的年代里，蔡华仍坚持自学，并于1973年考入长沙铁道学院。1976年大学毕业后一直在云南历史研究所工作。1984年蔡华赴法国求学，就读于巴黎第十大学民族学和史前史学系，并有幸得到了著名人类学家艾丽铁和被誉为“当代人类学之父”的列维-斯特劳斯的亲自指导；1986年获巴黎第十大学社会文化人类学硕士学位，1995年获该专业博士学位，并且其论文被评为当年该校最佳博士论文。后在法兰西学院社会人类学研究所任合作研究员至今。此外，在1996~1999年间，蔡华曾四次去英国牛津大学和伦敦大学进行合作研究。

蔡华研究范围广泛，研究领域主要有社会结构、多元文化中的制度与行为、影视人类学，并在专业领域内发表了许多具有较大影响力的作品，获得国内外知名学者的高度评价。蔡华的专著以及翻译的作品主要有《东南亚的印度化国家》（商务印书馆，1986)、《A Socity Without Fathers and Husbands》（译为《无父无夫的社会：中国纳人》，法国大学出版社）等。在国内外专业核心期刊上发表了很多论文、译文，主要有《不羞涩的爱情》（《重要极岛》法文版，1991年4月）、《没有丈夫和父亲的社会》（《地理》韩文版，1994年7月）、《无父无夫》（英国皇家人类学院发行教学版）、《纳人的亲属制度结构与婚姻家庭悖论的终结》（哈佛燕京学社三联书店）、《婚姻制度是人类生存的绝对必要条件吗》（广西民族学院学报2003年）。

另外，在影视人类学方面，蔡华拍摄的人类学科学纪录片《既没有丈夫也没有父亲的社会》在1995年获法国文化部奖，1996年又获得英国皇家人类学会国际人类学电影奖。另一部影片《达巴—西马拉雅区域的撒满》在1999年也入围了法国巴黎真实电影节。

由于受到众多国内外知名人类学家的亲自指导、多年的人类学专业训练、田野工作经验以及良好的留学经历，蔡华拥有锐利的学术目光。在我国传统学者看来的原始“群婚”、“对偶婚”、“走婚”的地方，蔡华看出“走访”是一种本质上决然不同于婚姻的制度。在此基础上写出的学术作品《A Society Without Fathers and Husbands》（译为《无父无夫的社会：中国纳人》）在法国出版。2001年5月，该书又被美国学术界翻译成英文，由纽约著名出版社 zonebooks 出版。

《A Society Without Fathers and Husbands》中大胆提出的一个理论假设：婚姻、家庭是否是社会的绝对必要因素？并且蔡华用摩梭人的走婚制对这一理论假设作了论证，从而引起学界的反思。

这一研究成果对人类学、社会学以及其他社会科学都有很大的冲击。首先在人类学、社会学上，二战以来，在社会关系和社会结构研究领域中，西方出现了两个重要理论学派：拉德克利夫－布朗学派和列维－斯特劳斯学派。这两个学派理论观点存在很多差异，但在社会关系和社会结构领域中都认为：没有婚姻或者没有家庭，就不成为社会，甚至人类本身都无法生存。布朗认为，在人类社会关系中纵的代际传承是社会的核心，核心家庭是社会的最小结构，而蔡华通过摩梭人“走婚制”的实证研究，表明核心家庭在纳人社会中基本不存在，没有传统意义上婚姻制度和家庭组织的摩梭人社会依旧运行，且运行得与其他社会一样好。列维–斯特劳斯认为横的联姻关系是社会的核心，认为社会有四个常数——婚姻、家庭、两性分工、乱伦禁忌，而蔡华指出：在摩梭人那里，联姻关系和上述四常数中的前两项都不存在，并且摩梭人社会中的两性分工不是发生在夫妻之间，而是发生在兄弟姐妹之间……面对蔡华关于婚姻与家庭的这些实证研究和理论创见，美国人类学界权威学者、普林斯顿大学人类学高级研究院社会科学教授克利福德·格尔茨教授评论说，人类学的王冠——“亲属关系理论”中的上述这两个主要派别，都被蔡华的成果给证伪了！

其次，这个成果对心理学也有很大的冲击。在摩梭人那里，与孩子最亲的男性不是父亲而是舅舅，而从严格意义上的乱伦禁忌来看，舅舅是不可能与母亲发生性关系的，所以孩子根本就没有所谓的“恋母情结”。这些现象的存在使弗洛伊德在西方社会婚姻、家庭理念为基础建构起来的潜意识性欲冲动和性压抑等精神分析的核心概念失去了基础。“我这本书（指《无父无夫的社会——中国的纳人》）出来以后，心理学家很‘恐慌’。买它的心理学家比人类学家还要多很多。”蔡华说。

这些成果给蔡华带来了巨大的荣誉，也使中国的人类学再次与国际学界创造了良好的学术交流氛围。2001 年，著名人类学家、美国科学院院士克利福德·格尔茨在《纽约图书评论》上对蔡著发表长篇书评后，中国有的学者称“中国人类学研究又迎来了一个春天！”2002 年 10 月 17 日，法兰西科学院授予蔡华法语国家奖章金奖。

但对蔡华而言，保护摩梭人的文化比获得国际大奖、为国内外同行所承认更为重要。因为，“每一个民族的文化都是她的思维工具，又是她的思想囚笼”（蔡华语），全球性的现代化文化需要包括摩梭人文化在内的别的文化作为自己的镜子。

人类学学界的一些泰斗也对该作品给予了高度的评价。“当代人类学之父”、法兰西学院克劳德·列维—斯特劳斯教授发表了对蔡华的评论：“蔡华博士对西方人类学做出了重大贡献。在亚洲及非洲存在少量几个在其社会制度中否认或降低‘父亲’和‘丈夫’的作用的社会。他使人类学认识了其中之一。多亏了他，现在纳人在人类学典籍中获得了一席之地。”英国人类学泰斗、牛津大学罗德尼·尼德姆教授认为：“蔡华对纳人各种社会制度的描写令人称慕、富于启发性，而且自始至终引人入胜。这部民族志完整并且十分可信，其中充满了宝贵的新发现和人文价值。任何对‘妇女地位、性生活方式、取得社会身份的必要条件’以及其他许多异族观念感兴趣的人，都会为《一个无父无夫的社会》一书所吸引。”

（杨金杰）

聂鸿音

聂鸿音，汉族，籍贯山东蓬莱，1954年11月6日生于北京市。1969年参加工作，1982年北京师范大学中文系古代汉语研究生毕业，获文学硕士学位。毕业后曾先后任教于中央民族学院和北京师范大学。1993年在中国社科院民族研究所任副研究员，1997年评为研究员，次年被评为博士生导师。现任中国社会科学院民族研究所民族古文献研究室主任、所学术委员、学位委员，兼任山西大学文学院、宁夏大学西夏研究中心、中央民族大学民族研究中心教授，中国民族古文字研究会副会长兼秘书长。

聂鸿音的科研视野较为宽阔，除了少数民族语文和文献研究工作外，还涉及古代汉语、语言学、汉语音韵学、中国民族史、中国古代文学等多种领域。懂得英、法、德、俄、拉丁等数种外国语，均有译著、译文或研究文章发表，他的主要研究领域大多以“绝学”著称。近十年来他致力于俄藏西夏文献的整理和出版（中国社科院重大课题），在解读西夏文献时往往能利用古汉文、藏文以及梵文的文献进行参校，同时吸收国外已有的研究成果，这使得他的研究又显出了多文种综合的特色。除西夏文外，关于藏文、梵文、回鹘文、契丹文、女真文他都有比较专门的研究。

现已出版的聂鸿音独著或合作的著作有10部：《古代汉语问答》（广西民族出版社，1986），《中国的文字》（人民教育出版社，1989），《番汉合时掌中珠》（合作）（宁夏人民出版社，1989），《塞北三朝》（香港中华书局、上海三联书店、台湾书泉出版社，1992，北京中华书局2001年再版），《类林研究》（合作）（宁夏人民出版社，1993），《西夏天盛律令》（合作）（科学出版社，1994），《古道遗声》（中华书局、香港中华书局，1997），《中国文字概略》（语文出版社，1998），《西夏语比较研究》（合作）（宁夏人民出版社，1999），《西夏文德行集研究》（甘肃文化出版社，2002）。

另有两部译著出版：《中上古汉语音韵纲要》（英汉翻译，齐鲁书社，1987），《唐代长安方言考》（法汉翻译，中华书局，2004）。发表专业论文 100 多篇，译文 6 篇，涉及英、俄、法等语种专业论文的对译。介绍性、评论性的文章达 30 多篇，富有知识性。有 10 余篇论文被人大报刊资料全文转载。

在西夏学研究方面，1996 年，聂鸿音连续发表了两篇具有重要价值的文章：《勒尼——一种未知的古代藏缅语》和《藏文史籍中的木雅诸王考》。前者根据研究西夏文献《月月乐诗》的用词对应，提出西夏曾有一种所谓勒尼（1he dzi）语今尚不为人所知；后者根据藏文史料《系谱表》考证了西夏几代皇帝的藏文称呼，特别是从语文学角度证实西夏末帝李（目见）就是藏文所称托吉（多吉贝）。两文皆言人所未言。他对这些问题的探讨，有助于究明西夏主体民族的成分和族源，并解决西夏史上某些久悬未决的疑难问题。

作为一名学者，聂鸿音十分关注当今的语言文字工作的建设与改革。他从学者的角度积极参与讨论，并提出了自己的意见。

他的《中国文字概略》（语文出版社，1998）是对中国境内古今所有民族文字的比较研究，其中整理出了文字类型学和发生、传播学的规律，突破了以往的文字学只讲汉字不讲少数民族文字的局限，充实了广义的中国文字学理论，因而屡见当前同类著作征引。书中概略地介绍中国各种文字的形成和发展过程，对现行文字附带介绍其使用情况，对已经消亡的文字则附带介绍其被发现、解读及重要文献的刊布情况；介绍一些文字学的基本理论和研究方法；概略地介绍中国历史上文字规范和改革的经验和教训，以帮助读者正确认识中国文字的自然发展态势和中华人民共和国政府的文字工作方针。

他在书中建议，在继续把汉字研究推向深入的同时，中国的汉文字学者们也要注意一下中国其他少数民族文字的情况。中国文字史是古今众多民族共同创造的历史，几十种少数民族文字都在各自不同的历史阶段发挥了各自的作用，它们的历史和现实功绩都是不应当被人忽略的。文字学家必须能够以平等的态度对待一切文字，就像民族学家必须能够以平等的态度对待一切民族一样。

近年来，聂鸿音主持了中国社科院重大课题“契丹语研究”，并参加了多项省部级以上的科研工作，还被国家民族事务委员会聘请为“中国少数民族古籍总目提要”重大课题组的专家，近年来十余次赴少数民族较多的省区，为当地政府有关部门讲解收集整理少数民族古籍的具体方法，颇受各地干部和科研工作者欢迎。

（黄海云）

丁石庆

丁石庆，达斡尔族。现为中央民族大学少数民族语言文学学院教授、博士生导师，语言文学系语言学教研室主任。兼任中国民族语言学会理事、中国双语教学研究会常务理事、中国阿尔泰学研究中心副主任等职。曾赴保加利亚索菲亚大学和香港中文大学做访问学者、高级访问学人等。

1956年6月14日出生于新疆塔城县。1978年9月至1982年7月在中央民族学院少数民族语言文学系哈萨克语言文学专业学习，获文学学士学位。同年毕业留校任教至今。1988年晋升为讲师。1994年晋升为副教授，同年获北京市优秀青年骨干教师称号。1994年9月至1995年9月在保加利亚索菲亚大学东方语言文化研究中心，师从保加利亚著名突厥语专家艾米里·鲍耶夫教授研修副博士学位课程。1997年5月至7月在香港中文大学人类学系作高级访问学人。2000年晋升为教授。2000年至2003年师从张公瑾教授在职攻读中央民族大学少数民族语言文学专业文化语言学方向博士研究生，获文学博士学位。

丁石庆主要从事语言学及少数民族语言教学研究工作。为中央民族大学少数民族语言文学学院、预科部及清华大学中国语言文学系等相关专业本科生讲授语言学概论、心理语言学、文化语言学、语言学专题讲座、语言与文化专题讲座、汉语文化、阿尔泰语导论等课程。已招收数届语言学及应用语言学专业文化语言学方向硕士学位研究生，独立讲授语言学理论与方法、现代语言学、文化语言学、文化语言学专题研究等硕士学位课程。目前独立招收语言学及应用语言学专业人类语言学方向的博士学位研究生。独立讲授人类语言学、人类语言学专题研究、双语研究、文化语言学、语言与文化、阿尔泰语导论等博士生学位课程。在教学中强调学生树立牢固的专业精神，注意吸收国内外语言学最新动态与最新研究成果，在教学中探索教学相长的多种互动教学模式，并结合教学实践，先后编写多部教材。

丁石庆独立撰著《达斡尔语言与社会文化》（中央民族大学出版社，1998）、《双语文化论纲》（中央民族大学出版社，1999）、《双语族群语言文化的调适与重构——达斡尔族个案研究》（中央民族大学出版社，2005）等论著；主编《汉语与少数民族语言关系概论》（任副主编，中央民族学院出版社，1992）、《文化语言学教程》（主编，北京市高等院校精品教材，教育科学出版社，2004）、《浑沌学与语言文化研究》（主编，中央民族大学出版社，2004）等教材或论著；发表了《苏联哈萨克语语音学及其发展述略》、《哈萨克语紧缩词试析》、《论俄语对中外哈萨克语的影响》、《达斡尔语名词语法成分的重叠》、《清代达斡尔族满达双语现象形成的多元基础》、《试论莫旗的民族关系与语言接触》、《论新疆达斡尔族的传统文化观》、《达斡尔语言文化的结构与发展态势》、《达斡尔语渔业词汇及其渔业文化历史变迁》、《达斡尔族早期狩猎文化的母语重建》、《游牧民族语言的物质文化特征》、《民族语言的文化学研究方法试探》等70余篇论文。另外，参加了《维汉大辞典》、《中国语文大词典》、《中国少数民族百科全书》（部分民族词条）等多部辞书的编纂工作。

丁石庆学术代表作之一《达斡尔语言与社会文化》运用新的语言学理论与方法对达斡尔语言材料进行梳理与分析研究，通过语言与文化同构的原理对达斡尔文化的发展轨迹进行了专题研究，并提出了达斡尔族早期文化的三个重要特征：具有以多种经营为特点的物质文化类型、以哈拉与莫昆为中心的宗法制度模式、以萨满教思想为基础的信仰观念体系。张公瑾教授认为“本书通过达斡尔族语言探讨达斡尔族婚姻家庭、宗教信仰、人名地名及文化交往洋洋20万言，大至天地山河，小至心理观念，得心应手，运作自如。本书材料丰富准确，编排合理清晰，是文化语言学领域中一部精细翔实、独具特色的新著。它的出版，定会受到关心文化语言学的读者的欢迎。”另一部代表作《双语文化论纲》首创从文化的角度来探讨双语问题。“全书古今兼顾，源流清晰，粗细并重，理据充足，为双语研究开一方新思路，是一部有较高价值的理论著作”（张公瑾序）。

《双语族群语言文化的调适与重构——达斡尔族个案研究》是丁石庆的博士论文，该文首次将双语族群的语言文化划分为母语文化、双语文化、方言文化三个子系统，以中国人口较少的北方少数民族——达斡尔族的语言作为分析样本，充分利用历史文献资料和相关的研究成果及田野调查材料，综合运用多种语言学理论与方法，构建了一个语言文化的类型解释模式，将达斡尔族的语言文化系统纳入或还原至原生与次生的文化环境中，并将三个子系统的发展衍变历程视为语言文化的调适与重构过程进行了新的文化诠释。论文答辩委员会全体委员一致认为“本文采纳‘以人为本’的语言学理论以及浑沌学原理与方法，综合运用描写语言学、对比语言学、文化语言学等研究手段，对达斡尔族语言文化的体系及演变流程，进行科学阐释和理论探讨，在诸如达斡尔族语言文化的框架建构及其特征、以母语文化为主流的民族文化源流以及从母语文化向双语文化（达满、达汉）转型的演变规律、母语文化与异质文化之间的互动关系等方面，颇多创见；尤其是析出的达斡尔族语言文化的三个子系统的构拟模式，对我国少数民族语言文化学研究具有借鉴意义。论文援引的资料丰富，论证严谨，有说服力。总之，是一篇具有语言学、文化语言学理论价值与应用价值的优秀学位论文。”该论文荣获2003年度中央民族大学优秀博士论文奖。

丁石庆曾参加国家级或部委级“七五”、“八五”、“九五”等多项哲学和人文社会科学科研项目，并分别获得国家级或部委级奖项。其中，与戴庆厦合作主编的《汉语与少数民族语言关系概论》1992年获国家民委优秀社会科学研究成果奖，1998年获高校第二届人文社会科学研究成果语言学三等奖。参撰的《中国少数民族教育重大理论问题研究》获1999年全国第二届教育科学优秀成果一等奖。与张公瑾共同主持的北京市教委高等院校精品教材建设（重点资助）系列项目《文化语言学教程》，2004年分别获得中央民族大学优秀教学成果一等奖、北京市高等院校优秀教材二等奖，同时被评为北京市高等院校研究生的精品教材。另有数篇论文分别获得部委级奖励。目前负责主持北京市高等院校重点学科与北京市教委共建项目“北京地区少数民族社区与家庭语言情况调查研究”，并参与《濒危语言研究》等多项国家级和部委级科研项目。

何星亮

何星亮，笔名何潇。广东省兴宁县人，1956年8月生。1982年获学士学位，1987年获硕士学位，1990年获博士学位。现为中国社会科学院民族学与人类学研究所研究员、宗教文化研究室主任、所学术委员会委员和职称评定委员会委员，中国社会科学院研究生院教授、博士生导师，中国社会科学院博士后研究流动站指导教授。中南民族大学历史文化学院教授，中南民族大学民族文化研究所所长。曾任日本东洋文库、国学院大学客座研究员，曾在英国、我国台湾、香港和澳门地区作过短期访问和研究。第十届全国政协委员、全国政协民族和宗教委员会委员，中国民族学会副会长兼秘书长，国家图书馆专家咨询委员。1993年起享受国务院政府特殊津贴。

新疆是何星亮的第二故乡，他曾在那里工作、生活了5年的时间。1975年，何星亮由广东到新疆乌苏县红星农场工作。1978年，何星亮从新疆考上中央民族学院，学习哈萨克语。1982年大学毕业后至1984年，到新疆社会科学院民族研究所工作，任实习研究员。毕业不久，即参加国家重点科研项目之一《哈萨克族简史》的撰写工作。1984年，何星亮考入中国社会科学院研究生院民族系，指导教师是当时任中国社会科学院民族研究所副所长、中国民族学会会长的秋浦和詹承绪、满都尔图三位先生。从此，在三位导师的指导下，何星亮转向民族学、人类学的学习和研究工作，并开始从事图腾崇拜、自然崇拜等早期宗教信仰的研究。1987年获硕士学位，同年在职攻读民族学博士学位，1990年获博士学位。

1987年，何星亮开始在中国社会科学院民族学与人类学研究所工作，相继任助理研究员、副研究员、研究员。1998起任中国社会科学院研究生院教授、博士生导师。1995年至1996年任日本东洋文库和日本国立亚非语言文化研究所客座研究员，1999年至2000年任日本国学院大学客座研究员。2002年下半年曾赴英国访问和考察。

自1982年起，在国内外学术刊物上发表论文和调查研究报告约200多篇，约180多万字。1984年起参加国家重大科研项目4项，主持国家社会科学基金和省部级科研项目5项，参与科研项目多项。其中主要的有：（1）1982～1984年，参与国家重点科研项目《中国少数民族五种丛书》之一《哈萨克族简史》的调查、编写和翻译工作（与尼合迈德和纳比坚合作）；（2）1988～1992年获中国社会科学青年基金资助，研究中国自然崇拜；（3）1991～1993年参与国家民族事务委员会和中国社会科学院联合主持的国家重点科研项目“中国边疆民族地区稳定和发展的主要问题及对策”的调查研究工作；（4）1992～1994年参与中国大型丛书《中华文化通志》编写工作，负责撰写《维吾尔等族文化志》一书；（5）1993～1995年参与国家重大科研项目“中国少数民族现状和发展”调查研究工作，担任哈萨克族调查组副组长；（6）1998～2003年获国家社会科学基金资助，主持“西北少数民族社会组织研究”课题；（7）2000年参与国家社会科学基金“中国民族学50年”课题研究；（8）2001年获中国社会科学院重大课题基金资助，主持“中国社会文化人类学与民族学基础理论研究”课题。

已完成专著16部，其中13部已出版。主要著作：《龙族的图腾》（香港中华书局，1991；台湾中华书局，1993）；《图腾文化与人类诸文化的起源》（中国文联出版公司，1991）；《中国自然神与自然崇拜》（上海三联书店，1992，1995）；《中国图腾文化》(中国社会科学出版社，1992，1996)；《哈萨克族简史》(合著)(新疆人民出版社，1987)；《维吾尔、柯尔克孜、哈萨克、乌孜别克、塔吉克、塔塔尔、俄罗斯、裕固、撒拉族文化志》(《中华文化通志》之一，上海人民出版社，1998)；《边界与民族——清代勘分中俄西北边界大臣的察合台、满、汉五件文书研究》(中国社会科学出版社，1998)；《苍龙腾空》(社会科学文献出版社，1998)；《中国少数民族现状与发展调查研究丛书——富蕴哈萨克族卷》(合著)(民族出版社，2001)；《新疆民族传统社会与文化》(商务印书馆，2003)；《中国民族学 50 年》(合著)(人民出版社，2004)；《齿与文化——中日拔齿风俗比较研究》(日本国学院大学国际交流中心，2000)；《龙年龙展》(中文和葡萄牙文，合著)(澳门市政局，2000 年)。

译著有：《哈萨克族》(哈萨克文译中文，合译，民族出版社，1989)；《图腾崇拜》(俄文译中文，上海文艺出版社，1993；广西师范大学出版社，2004)。在国内外学术刊物上发表论文和调查研究报告 180 多篇。其中，《图腾的起源》获中国社会科学院第一届青年优秀成果论文类二等奖（1992)，《中国图腾文化》获中国社会科学院第二届青年优秀成果专著类二等奖（1995)，参与撰写的《中华文化通志》获国家第四届图书奖“荣誉奖”(1999)。

何星亮研究领域较宽，其研究专长在史前文化与民间信仰、人类学理论与方法、历史人类学、中国民族文化、新疆民族历史与文化等方面。从已出版的论著来看，主要有如下几方面的特点：

其一是主要运用历史人类学的研究方法，注重历史上汉族和少数民族的文化研究，把历史文献资料、考古发掘资料和民族学调查资料结合起来，进行综合研究，古今印证，中外比较，纵向考察与横向分析相结合。《图腾文化与人类诸文化的起源》、《中国图腾文化》、《中国自然神与自然崇拜》和《苍龙腾空》等主要是运用历史人类学的方法写成的。何星亮对中国图腾文化的研究堪称进行了开创性的研究工作。中国各民族的图腾文化资料十分丰富，但以前无人作系统、全面的收集、整理和研究，这是我国民族学、文化学研究的一个缺憾。何星亮经过多年努力，撰写了国内外第一部中国图腾文化专著《中国图腾文化》，填补了学术界的一项空白。著名民族学家林耀华称“何星亮同志的这部书把中国的远古文化的研究大大提高了一步”（《中国图腾文化》序）。

其二大多是专题研究。如以往研究的图腾崇拜、自然崇拜等，对某一专题进行纵向和横向的研究，从而揭示其结构和状态。

其三是注重探讨普遍性，探讨某一种文化的起源、发展和变迁规律。

其四是注重实证，无论是关于历史或古代民族语言的论著，抑或是人类学论著，大多是考证式的。

其五是汉族文化与少数民族文化结合起来进行研究。从他在1982年发表的第一篇民族学论文《从哈、柯、汉亲属称谓看最古老的亲属制》起，凡是综合性的论著，都是把汉族和少数民族的资料结合起来进行研究。

其六是注重应用研究。自1992年起，主要通过中国社会科学院和全国政协内部刊物，撰写了数十篇内部研究报告，送中央有关单位参考，内容涉及边疆民族问题、民族宗教、民族教育、文化保护、台湾问题、中美关系等。

（黄海云）

王建民

王建民，汉族，1957年6月生于新疆乌鲁木齐，籍贯陕西韩城。1982年毕业于陕西师范大学历史系，获历史学学士学位。同年考取研究生，在中央民族学院（现为中央民族大学）民族研究所攻读民族学专业新疆民族研究方向硕士，师从陈永龄、朱宁教授。1985年毕业，获法学硕士学位并留校任教。1991年至1995年，在陈永龄教授指导下，在职攻读民族学专业中国民族学史研究方向博士，获法学（民族学）博士学位。1995年春，任香港中文大学高级访问学人。1998年至1999年，任美国哈佛大学哈佛燕京学社访问学者。2005年1月至2月，任法国高等社会科学院访问教授。现为中央民族大学民族学与社会学学院人类学专业教授、博士生及硕士生导师、教育部研究基地中央民族大学少数民族研究中心专职研究员。1996年至1998年，曾任中央民族大学民族学系副主任。2001年至2004年，任中央民族大学国际语言文化学院院长。同时，应邀担任教育部研究基地兰州大学西北少数民族与中亚问题研究中心兼职教授、中央民族大学阿尔泰学研究中心兼职研究员、厦门大学文化人类学研究中心兼职教授、新疆师范大学人文学院高级客座教授、中央财经大学社会学系暨社会经济发展研究所特邀研究员、宁夏大学政法学院客座教授等职。

王建民先后获得中央民族学院优秀教师、北京市高等学校优秀青年骨干教师、北京市高等学校（青年）学科带头人等称号，并荣获宝钢优秀教师奖等多项荣誉。1996年入选人事部、国家教委、国家科委等七部委评定的“百千万人才工程”第一、二层次人选；1998年，成为享受国务院政府特殊津贴的专家。先后担任中国民族学学会副秘书长、理事，中国都市人类学会理事、学务理事、副秘书长，国际人类学民族学联合会2000年中期会议组织委员会副秘书长，美国哈佛中欧亚研究学会会员等职。曾参与中国赴意大利佛罗伦萨申办第十六届国际人类学民族学联合会大会代表团的工作。

王建民先后参与多项国家和部委课题研究及政策咨询研究工作。担任国家哲学社会科学基金项目“中国民族学史”课题主持人之一，国家哲学社会科学基金项目“中国本土条件下的人类学方法论研究”课题主持人，并主持教育部留学回国人员科研启动基金、国家民委院校重点科研项目、北京市教委教改课题等部委级课题。

在深入自身研究的同时，王建民与国内外学术同行进行广泛的学术研讨，经常应邀参加国内外学术会议，先后多次出访美国、法国、俄罗斯、意大利、泰国、韩国、香港等国家和地区，进行学术访问与交流。他主张学术研究应当突破国家界限，以中国田野调查的实例为基础，从田野工作中挖掘和积蓄丰富材料，展开与国际学术界的交流与对话。中国的学术研究应当与国际学术界保持同步，关注国际最新理论进展与研究成果，用一种审慎的态度加以批判性和建设性的吸收借鉴。在国际学术交流中，他结合田野调查的亲身实践和理论探索，提出了不少新观点、新思想，在学界产生了一定的影响。与此同时，通过对国外研究中国的人类学专家的访谈及与他们的学术交流，建立了广泛的学术合作关系。

王建民研究的主要学科为人类学、民族学。从教近二十年来，他本着求真、创新的原则，在中国人类学民族学史、文化人类学理论与方法、新疆民族历史与文化、艺术人类学、心理人类学等领域悉心钻研，形成了犀利、清新的学术风格，并建立了一套独特的教学体系。他开设的人类学研究方法、文化人类学概论、心理人类学、艺术人类学、人类学名著选读、中国跨界民族研究、哈萨克族史、中亚历史与民族等多门课程深受广大师生欢迎，甚至不少外校学生也常出现在他的课堂上。他在新疆等地多次做田野调查的实际经历和国外访问考察的体验成为教学实践中生动、鲜活的案例；他严谨、求实的治学态度和谦逊、亲和的人格魅力感染了一批又一批青年学子，也吸引了众多学生报考他的博士和硕士研究生研究方向。

在各个课题的研究中，他注重深入的田野调查，注重不同学科专长的交叉结合，并将自己的切身体会和研究成果付诸铅字，形成了一批较有影响力的专著。他的一些著作成为国内高校人类学、民族学专业的教材和教学参考书。他所著的《中国民族学史》（上、下卷，其中下卷与张海洋、胡鸿保合著，云南教育出版社，1997 年、1998 年）对中国人类学民族学的发展历程进行了系统梳理，并对学科发展历史的一些重要问题发表了独到的见解，在国内外学术界产生了很大影响，成为学习、研究中国人类学民族学的必读之作。此外，还著有《新疆史话》（社会科学文献出版社 2000 年）等。合著有《中国跨界民族》（民族出版社 1994年）、《人类学理论的新格局》（社会科学文献出版社 2001 年）、《新疆现代政治社会史略》（中国社会科学出版社 1992 年）、《新疆纵横》（中央民族大学出版社 1991 年），并参与《民族学通论》（修订版，林耀华主编，中央民族大学出版社 1997 年）、《民族学理论与方法》（宋蜀华、白振声主编，中央民族大学出版社 1998 年）、《人类学通论》（庄孔韶主编，山西教育出版社 2002 年）等人类学、民族学重点教材的编写。目前，正在主持编译“艺术人类学译丛”，并作为第一副主编组织编著出版“20 世纪中国民族学人类学经典著作丛书”。先后发表了中国人类学民族学史、文化人类学理论与方法、新疆民族历史与文化、艺术人类学、心理人类学等方面的论文数十篇。

近年来，王建民在艺术人类学领域的探索正在成为学界的一个亮点。他主张，艺术人类学研究应当更加注重对艺术家与其他社会群体、艺术品的创作与其他文化产品的创造、艺术活动在文化领域中的地位和作用等关系的研究。必须从田野工作出发，搜集丰富的个案，积累文化事件的大量细节，以求对特定场景中的艺术作品的意义有所认识，用人类学理论对艺术文本进行不同方面的阐释。应该努力阐释来自田野的文化现象，用细节来说明当地人在艺术活动或者审美观建构中是如何思考、如何感觉或体现，以及如何行动的。他力求从理论上提升艺术人类学的研究潜力，把握对艺术和审美研究的人类学立场，并以此为基础对中国传统文化艺术和当代流行艺术发展等问题进行思考。他发表的论文和讲授的课程影响了相当一批年轻学者越来越注重从人类学的角度分析艺术作品的多重价值。

王建民近年来在人类学研究方法和方法论研究中也倾注了较多的力量。他认为，从中国人类学目前的发展状况来看，亟待推进人类学研究方法和方法论的系统研究，介绍国外人类学方法论研讨的最新研究成果，总结国内学者在田野工作时间中的宝贵经验，深入进行人类学方法论的思考。为此，除担任本科生到研究生的“人类学研究方法”课程教授之外，他搜集 20 世纪中国学者在人类学民族学研究方法与方法论方面的重要研究论文，编成论文集《20 世纪中国人类学民族学研究方法与方法论》，并正在主持编写相关教科书，以推动中国人类学民族学的学科建设，提高人类学民族学人才培养质量。

宽阔的学术视野、独特的学术风格、踏实的学术作风和不断求索的学术心态，慎思、博辨、笃行，使得王建民成为近年来在我国知名的中青年人类学家，在 21 世纪中国人类学学术发展中发挥着重要作用。

（王珩）

周 星

周星（1957—），汉族，陕西丹凤人。我国著名的人类学、民族学家，原北京大学社会学人类学研究所副所长、教授，现在日本爱知大学做客座教授。1978 年～1982 年，就读于西北大学历史系，1982 年毕业后，在中国社会科学院研究生院历史系攻读硕士学位；1985 年 3 月毕业后在中国社会科学院任教；同年 9 月考入中国社会科学院民族学系，师从我国著名的人类学家杨堃教授学习文化人类学。1985 年～1989 年攻读博士学位；1989 年～1991 年在北京大学社会学研究所做博士后研究；随后工作于北京大学人类学研究所；1992 年～1993 年在日本国立筑波大学理事人类学做博士后研究；1994 年以后在北京大学社会学人类学研究所担任教授、副所长、博士生导师；从 2002 年 4 月至今，在日本爱知大学国际交流学部担任客座教授。周星在 1995 年获得博士后国氏奖，1998 年度国务院特殊津贴专家，1999 年入选教育部跨世纪人才培养计划。从 1995 年以来，参与筹划和操办国家教委首届、第二届、第三届和第四届社会文化人类学高级研讨班。周星主要从事文化人类学、旅游人类学和民俗学等学术领域的研究。

周星的主要著作有：与他人合译的日本绫部恒雄主编的《文化人类学的十五种理论》（贵州人民出版社，1988 年）、个人论文集《史前史与考古学》（陕西人民出版社，1992 年）、个人论文集《民族学新说》（陕西人民出版社，1992 年）、《民族政治学》（中国社会科学出版社，1993 年）、《境界与象征：桥和民俗》（上海文艺出版社，1998 年）、译著《汉民族的民俗宗教》

(天津人民出版社，1998年)、《多民族地区：资源、贫困与发展》(合编)(天津人民出版社，1995年)、《中华民族凝聚力形成与发展》(合编)(北京大学出版社，1999年)等多部著作。他主要发表的论文有：《元江发展模式与地方族际社会》、《关于"双边"或"相互"的人类学》、《贵州苗族地区的教育与发展问题》、《旅游的民俗学》、《人类学者的"知识"和访谈对象的"知识"》、《时间的民俗》、《拓展民族研究和社会文化人类学研究的新空间》、《中国民族学如何面对21世纪——在京中青年民族学工作者座谈会述评》等。

从周星的专著和论文可以看出他的研究主要集中在民族学和民俗学的研究领域。一方面，他在长期的民族学与人类学研究中，积多年心得与成果，提出并继续实践着中国社会及其文化的新视角，这就是通过"族际"的角度来理解和阐释多民族的中国社会与多元性的中国文化。① 他在《从族际角度理解多民族的中国社会与文化——人类学者访谈录之四》中指出，人类学研究的特点是把民族学、人类学和社会学联系起来综合考虑，这样有别于传统民族学研究的视角与方法。周星所说的"族际"社会就是指多民族共生、共存的社会。他认为，在中国，族际关系构成其"社会关系"之总和的重要侧面，人和人之间的关系在某些时候、某些背景或情景下常常有"族际"的属性。在周星的研究取向中，比较重视"族际文化共享"的立场和观点。②他认为，对族际的视角及共享的理解，不仅对中国社会结构的认识有帮助，在涉及多民族的中国社会各民族共同繁荣、共同发展等方面的问题时，也有着现实意义。另一方面，周星除了对民族学、人类学的关注之外，还关注民俗学的研究。尤其是，他在日本的爱知大学

---

① ②《从族际角度理解多民族的中国社会与文化——人类学者访谈录之四》《广西民族学院学报》2000年7月 第41页、第44页。

教授民俗学和文化人类学课程后，对中国的民俗学有更深层次的认识。他发现，日本的民俗学非常看重“物”的材料，他们重视物质文化研究，甚至形成了“民具学”的专门研究领域，日本民具学会的活动非常活跃，而中国却对民具没有多大的关注。他认为，只有认识到中国民俗学的特性，才能推进民俗学研究的专业水平的自觉意识。① 民俗学总体上说受海外的学术思想影响较少，在中国民俗学研究中不会有“本土化”或“中国化”的问题。发展当代中国民俗学的特性与个性，就要直接从中国本土的地域和族群的田野研究中生成中国理论。只有这样才能不断提升民俗学研究的专业水准。②同时民俗学因其比较广泛的多种观察视角，要求它要不断地从社会学、文化人类学、历史学、语言学、考古学和文艺学领域借鉴理论和方法。在现代科学体系中，民俗学具有不可替代的地位和作用。大力发展民俗学的教学和科研，对我国整个社会科学及高等教育事业，都具有建设性的意义。周星的理论和观点有些倾向于较为实际的应用研究。

周星是我国优秀的中青年人类学者。他在北京大学期间不仅培养了大批的学生，而且从 1994 年 9 月以来，先后参与承担七五、八五、九五国家重点社会科学项目、中华社会科学基金项目、国家教委、北京市社会科学项目以及国际合作项目近 20 项。他提出的“族际社会”的观点，对我国的社会和文化的研究具有重要的意义。这种观点转换了传统的族别研究为族际研究和地域研究，转换了强调族别个性为强调族际文化共享与多民族社会共同发展，因此在应用研究中具有很重要的现实意义。同时他对我国民俗学的研究提出了可借鉴的理论和观点。

周星现工作于日本的爱知大学国际交流部，做客座教授，主

---

① ②《“多民族的一国民俗学”及其他》，《民族研究》2001 年第 1 期 第 14 页、第 16 页。

要教授民俗学和文化人类学等课程，为日、中文化人类学的学术交流起到了促进作用。他多次带日本学生来到中国的内地考察，有利于加深日本学生对我国文化的了解和认识。同时他也向中国的学术界介绍了日本民俗研究中的关于民具研究的理论和方法。这些工作对中国相对薄弱的物质文化研究来说，具有一定的学术意义，并为中国的民俗学、人类学提出了一个较新的研究视角。

（佟春霞）

朝克

D·O·朝克（1957——），鄂温克族，籍贯内蒙古自治区呼伦贝尔市。民族语言学家，研究方向为阿尔泰语系诸语及东北亚地区诸语。毕业于中央民族大学蒙古语文学专业，主要学术专长是从事民族语言研究，特别是满—通古斯诸语研究。现任中国社会科学院民族学与人类学研究所研究员，语言片党支部书记兼北方语言研究室主任，所职称委员会委员，第九届、第十届全国人大代表，全国人大波兰工作组成员，享受政府特殊津贴专家，国际通古斯学会会长。

朝克从小生活在内蒙古呼伦贝尔市鄂温克族自治旗，在这富饶美丽的草原上生活着汉族、巴尔虎蒙古人、布利亚特蒙古人、厄鲁特蒙古人、达斡尔、鄂温克、鄂伦春等民族和族群。他在这样一个由多语言文化构成的和谐的社会环境下成长，从小就学会了汉、蒙古、达斡尔、鄂温克、鄂伦春等民族语言。1978 年，他考取中央民族大学，四年后获学士学位，随后到中国社会科学院民族研究所从事民族语言研究工作至今。1987 年至 1988 年，在北京大学东语系给硕士研究生教授满蒙比较语言学课程。1989 年至 1991 年，进入日本东京外国语大学朝语系攻读语言学博士课程。1992 年被评为中国社会科学院副研究员，1997 年晋升为中国社会科学院研究员。1998 年被选为第九届全国人大代表。1999 年荣获世界文化名人成就金奖委员会等机构颁发的《世界文化名人成就奖》。2000 年获国务院颁发的享受政府特殊津贴专家证书。2003 年当选第十届全国人大代表。2004 年在日本获语言文化学博士学位。

朝克精通多门少数民族语言，能熟练地运用蒙古语、满语、锡伯语、鄂温克语、鄂伦春语、赫哲语、达斡尔语和日语等八门语言，并学习了英语、俄语、朝鲜语及日本阿依努语。从 1982 年至 2003 年这 21 年的勤奋学习和认真的研究工作中，朝克参加过 14 项国内学术研究课题和 8 项国际学术合作项目，学术成果喜人，以汉文、蒙古文、日文和英文出版的专著有 15 部，发表了 95 篇学术论文和 10 篇译文，字数达 500 多万字，其中 4 部专著和 11 篇论文获国内外优秀科研成果奖。主要代表作有：《鄂温克语简志》（1986）、《鄂温克语研究》（1995）、《满—通古斯诸语比较研究》（汉文版，1997）、《中国满—通古斯诸语基础语汇比较》（日文版，1997）、《鄂温克族萨满圈》（1999）、《满—通古斯语及其文化》（日文版，2002）、《黑龙江满语口语研究》（2002）、《阿尔泰语言学导论》（2002）、《鄂温克族宗教信仰与文化》（2002）、《鄂温克语形态语音论与名词形态论》（日文，2003）等。

朝克在民族语言学上的主要贡献体现在以下几个方面：

对满—通古斯诸语的研究。朝克在研究中发现，虽然国内对满—通古斯诸语的研究著作甚多，但对满一通古斯诸语进行全面而系统的比较研究方面的著作几乎没有，而谈到我国境内的通古斯诸语的形态变化等现象也比较少。根据这一发现，他在 1994 年至 1997 年间，三次到鄂温克族、鄂伦春族、赫哲族居住地区进行广泛而深入的田野调查，收集了大量的语言、语汇、语法方面的比较研究资料及话语材料，在此基础上写了《满—通古斯诸语比较研究》一书。在书中，他从比较语言学的角度探讨了我国境内的满语、锡伯语、赫哲语、鄂伦春语、鄂温克语的语音体系、语言对应体系以及重要的形态体系等问题。指出：满—通古斯诸语无论在语言结构方面，还是在词汇的构成以及形态变化方面等诸多语言学领域里均表现出了相当的一致性。其中，鄂伦春语和鄂温克语的关系最为密切，满语与锡伯语之间存在的共同点也是很多的。赫哲语则位于这两对共性很强的共同体的中间。但从赫哲语与这四种语言间的共同特征及相互存在的亲密程度上看，赫哲语的特征接近于鄂伦春语和鄂温克语。从这个意义上分析，有关满—通古斯诸语的满语支和通古斯语支的分类以及将通古斯诸语又分成南通古斯分语支和北通古斯分语支是完全正确的。根据这一分类，满语和锡伯语属于满语支，赫哲语属于南通古斯分语支，鄂伦春和鄂温克语则属于北通古斯分语支。刘景宪在《满—通古斯语研究的一部杰作》一文中，认为《满—通古斯诸语比较研究》是“我国满—通古斯语研究领域中的又一部令人瞩目的杰作。”而我国著名语言学家马学良教授也对该书有较高的评价。

对满语的研究。满语是一种濒危语言，并且是在历史上起过重要作用的语言，对这种语言的记录、保存和研究具有抢救人类濒危文化资源的重要价值与意义。他在《黑龙江现代满语研究》中，运用结构语言学与比较语言学的研究方法，在充分掌握丰富文献资料和田野调查第一手资料的基础上，对黑龙江现代满语阿勒楚喀方言、巴拉方言、拉林方言、三家子方言的语言、词汇、语法形态结构特征进行了全面、系统的科学分析和理论探讨，并对不同地区的满语方言与规范满语进行比较研究，从而揭示了黑龙江现代满语方言的源流、发展及现状，指出这些满语方言的语言、形态结构特征以及诸方言之间、诸方言与规范满语之间的差异与联系。

提出日本阿依努语和阿尔泰诸语共有论。他在相关的论文中，如《论日本阿依努语和蒙古语共有词的辅音对应现象》、《论日本阿依努语和通古斯诸语共有词的元音对应规律》等系统地比较了阿依努语与阿尔泰诸语的共同性。

朝克在亚利桑那州大学召开的第六届东西方语言文化研讨会

上,以《论北极圈语言文化的类同现象》为题作了发言。主要以我国的鄂温克族、鄂伦春族、赫哲族和蒙古的查嘎钦人,日本北海道的阿夷努人、乌依勒塔人,俄罗斯西伯利亚地区的诸民族,荷兰和瑞典的萨米人,美国和加拿大的爱斯基摩人等民族和人种为例,探讨他们在特殊的自然条件和生存环境中特殊的生活内容以及生产条件下诸多文化人类学内体孕育出的世人惊叹的类同现象。

2004年8月17日至19日，他主持了在内蒙古自治区呼伦贝尔市隆重召开的第二届国际通古斯语言文化研讨会。在总结发言中，朝克肯定了20世纪后期到21世纪初期满—通古斯学所取得的学术成绩，以及在阿尔泰学研究方面做出的积极贡献。在此基础上，此次大会在通古斯学各个领域研究方面达到了一定深度和广度，提高了通古斯学的创新理论，为通古斯学走向世界，走向未来打下了坚实的理论基础。

此外，他还对东北亚诸民族语言文化、美洲印第安诸语与我国诸民族语言进行了比较研究，引起了国内外学术界的关注。

朝克作为一个学者的同时，还是全国人大代表。在十届全国人大政协一次会议上，他提出我国西部是少数民族最聚集的地方。像在内蒙古境内，就有蒙古族、鄂温克族、鄂伦春族、达斡尔族等少数民族，他们在千百年的漫长历史进程中用共同的智慧和劳动，创造了优秀的传统文化，在人类群体中显示出独特的人文价值。在西部大开发中，一定要保护好这些不可多得的文化遗产。只有民族的才是世界的。国外像芬兰、荷兰、瑞典、法国、埃及等旅游大国，就是靠独特的民族传统文化吸引游客的，但他们的保护工作也做得非常好。因此，我们在西部开发中，利用这些独有的民族文化创造经济价值无可厚非，但采取保护和开发相结合时必须以保护为主。

（黄海珠）

王远新

王远新，1958 年 12 月 10 日出生于新疆石河子市，汉族。1978 年入中央民族学院（现中央民族大学）少数民族语言文学系哈萨克语言文学专业读本科，1982 年毕业留校任教至今。先后获文学学士、硕士、博士学位；任助教、讲师、副教授、教授、硕士和博士研究生导师。1989～1991 年公派赴土耳其进修现代土耳其语和突厥语言学，先后赴匈牙利、乌兹别克斯坦等国进行学术访问。

现任中央民族大学少数民族语言文学系语言学教授、文学博士、语言学及应用语言学专业博士研究生导师；中国教育部人文社会科学重点研究基地中国少数民族研究中心教授，中央民族大学阿尔泰学研究中心教授，语言学部主任；兼任中国突厥语研究会常务理事，中国少数民族双语教学研究会常务理事，中国民族语言学会理事，北京市应用语言学会理事。

主持或参加各类科研项目 7 项，出版学术著作 10 部（独立出版专著 6 部、合著 4 部），主编论文集 4 部。发表语言学论译文 100 余篇，其中 50 多篇发表在中国专业核心期刊上，10 篇发表在国外学术刊物上。获北京市青年学科带头人称号、宝钢教育奖优秀教师奖等教学和科研奖共 10 项。

作为一名汉族，王远新在本科期间选择了哈萨克语专业，不仅系统学习了现代哈萨克语，而且学习了古代突厥语文、回鹘语文。他的硕士和博士学位研究生的方向虽然分别是社会语言学和语言民族学，但为了扩大研究范围，还系统学习了土耳其语、西部裕固语等突厥语族语言。在他从事语言学教学和研究的 20 多年时间里，花费了大量时间学习文字类型各异的突厥语族亲属语言和古代书面文献语言，长期的语言学习积累和田野调查，为他开展语言学各方面的研究奠定了坚实的基础。

王远新的语言学研究主要涉及中国民族语言学、突厥语言学、普通语言学、社会语言学等领域。中国民族语言学领域的代表作是《中国民族语言学史》（中央民族学院出版社，1993 年）、《中国民族语言学论纲》（中央民族大学出版社，1994 年）、《中国民族语言学：理论与实践》（民族出版社，2002 年）；突厥语言学领域的代表作是《突厥历史语言学研究》（中央民族大学出版社，1995 年）、《中国突厥语言研究史》（土耳其文版，安卡拉，1994 年），以及 10 余篇哈萨克语、土耳其语比较研究系列论文；普通语言学领域的代表作是《语言学教程》（民族出版社，2003年）、《普通语言学》（中央民族大学出版社，1997 年，合著）；社会语言学领域的代表作是近 20 年来在少数民族地区所做语言使用、双语和双语教育、语言态度等方面的十多篇田野调查报告，以及参加国情调查项目“中国语言文字使用情况调查”所做的田野调查和研究报告。

在学术研究中，立足于本土特别是少数民族语言结构和语言使用的个案调查和研究，在注重挖掘研究对象个性特点的同时，充分揭示其共性价值；在理论研究方面，力求把语言学的历史、理论、方法有机地结合起来，采用史、论、法三位一体的治学路径开展综合研究。具体而言，在治学观念和路径方面，始终坚持“三个有机结合”：

（1）语言理论和研究方法的共性与本土化的有机结合。

在理论和方法的共性与本土化的关系上，作者始终贯穿这样的指导思想：语言理论和研究方法之所以具有共性特点，主要取决于研究对象的一致性，即人类的语言；但在实际研究中，我们所面对的是与特定社会、历史、文化相联系的特点迥异的各种语言，并且总是有选择地利用已有的理论和方法。于是，语言理论和研究方法面临着与不同研究对象的适应问题，即它要接受不同语言研究实践的检验；更重要的是，理论和方法还需要通过具体语言研究的实践不断完善和发展，甚至需要在具体语言研究实践的基础上建立新的理论，创造新的方法。就此而言，语言理论和研究方法的共性与本土化并不是对立关系，而是一个问题的两个方面，二者相互促进，相辅相成。由于注重这方面的结合，使得作者的研究成果既体现了研究对象的特殊性以及在此基础上发掘的个性特点，又能够为语言共性研究提供有价值的个案，从而具有普通语言学的价值。

（2）理论探讨与个案研究的有机结合。

从作者发表的大量研究成果看，一个突出的特点是立足语言现象的个案进行较长时间的个案调查和研究，形成系列论文，然后在此基础上开展综合性的理论和方法论的探讨，体现了理论探讨和个案研究的有机结合。这方面的结合，使得作者的研究成果既体现了理论和方法论的探讨对本土语言调查研究实践的依附性，同时又能够有效地指导具体语言的调查和研究实践。

（3）科学精神与人文精神的有机结合。

形式主义的研究以理想化的、排除了社会、历史、文化因素的语言内部系统作为研究对象，容易做到系统化、规则化，容易得出比较硬性的结论，因而也就具有较强的科学性；人文主义的研究主张不能脱离语言的使用者“人”、语言使用的场合“社会”、语言使用者的背景“文化”三个维度研究语言，强调语言研究的解释性，这在很大程度上弥补了形式语言学的不足。形式语言学和语言的人文研究是语言研究不可或缺的方面，二者不是相互排斥、相互替代的关系，而是相互包容、相互促进的关系。语言研究不仅需要科学精神，同样需要人文精神。作者在长期的学术研究中，始终坚持将二者有机结合起来的原则，力求达到科学精神和人文精神的统一。这方面的结合，使得作者的研究成果既体现了语言形式研究的人文主义的色彩，从而具有更深刻的解释性，同时又能够在一定程度上弥补语言人文研究缺乏系统性、规则性的缺陷。

在教学方面，作者主要为本科、硕士、博士研究生讲授《语言学概论》、《普通语言学》、《语言学方法论》、《社会语言学》、《社会语言学调查研究方法》、《双语研究》、《突厥历史语言学》、《土耳其语文献选读》、《中国民族语言学研究》等课程。

（韩殿栋）

王铭铭

王铭铭（1962——），男，福建泉州人。1985年从厦门大学本科毕业，同年考入厦门大学攻读人类学硕士。1988年硕士毕业后由教委公派去英国伦敦大学攻读博士学位。五年后，1992年获得博士学位。随后在英国伦敦城市大学做博士后研究。1993年～1994年期间在英国爱丁堡大学做博士后研究。1995年在台湾做访问学者。回国后在北京大学社会学系工作，曾入选中华人民共和国教育部第二届高校青年优秀教师。现任北京大学社会学人类学研究所教授、博士生导师、英国皇家人类学会会员、城市大学客座研究员。王铭铭主要从事文化人类学的教学与研究工作，研究方向为社会人类学理论与方法以及中国的社会与文化。

王铭铭是一位学术成绩优秀的中青年学者，著述丰硕。目前已经发表的论文有近百篇，学术专著和译著二十多部。他的主要论著有：《外国学术名著提要：社会人类学分科》（上海人民出版社，1996年）、《象征与社会：中国民间文化的探讨》（天津人民出版社，1997年）、《乡土社会的秩序、公正与权威》（中国政法大学出版社，1997年）、《社区的历程：溪村汉人家族的个案》（天津人民出版社，1997年）、《文化格局与人的表述：当代西方人类学思潮评介》（天津人民出版社，1997年）、《社会人类学与中国研究》（北京三联书店，1997年）、《山街的记忆：一个台湾社区的信仰与人生》（上海文艺出版社，1997年）、《村落视野中的文化与权力》（北京三联书店，1998年）、《想象的异邦——社会与文化人类学散论》（上海人民出版社，1998年）、《逝去的繁荣——一座老城的历史人类学考察》（浙江人民出版社，1999

年)、《非我与我：王铭铭学术自选集》（福建教育出版社，2000年)、《社会人类学》(台湾五南图书出版公司，2000年)、《人类学是什么》(北京大学出版社，2002年)、《裂缝中的桥——解读摩尔根的〈古代社会〉》（山东人民出版社，2004年)、《西方与非西方》（华夏出版社，2003年）等。已出版译著有：《当代人类学》、《作为文化批评的人类学》、《甜蜜的悲哀》、《现代性与自我认同》、《民族国家与暴力》、《社会的构成》等。

从王铭铭的著述中可以看出他的学术基本功扎实，涉猎广泛。他对中国人类学界的贡献可以从三个方面来看，一是，致力于西方学术思想和理论的翻译工作并对一些理论观点进行评述。在从事人类学研究的这些年间，他从没有间断对西方人类学理论的关注并把前沿的学术思想翻译成中文供中国广大的人类学学者学习和参考。这些基础的学术工作为西方人类学在我国的普及和进一步扩大国内学者人类学研究的视野具有重大的意义。这其中也包括他对海外汉学研究的关注。海外汉学研究是指那些留学海外的华人对国内人类学的关注和一些西方的人类学家以西方人视角对我国汉人和少数民族的人类学研究。二是，他梳理了中国老一代人类学家的学术思想。如他编的《西方与非西方》就是通过收集老一代人类学家对西方学术思想的述评，来展现过去100年间中国人类学的发展面貌。其目的是在总结前人学术研究的基础上进一步促进中国人类学的发展，以实现中国人类学本土化的目的。正如他在《西方与非西方》的前言中所指出的："在中国人类学发展的百年中，述评对我们的学科建设和具体研究的立论，一直有着十分重要的意义。"① 三是，在整理西方和中国的学术思想的同时提出了一些自己对中国人类学将来如何发展的看法和建议，其中也包括对后现代思潮的解读。如他在《关于中国人类

① 王铭铭选编：《西方与非西方》，北京：华夏出版社2003年5月版，第2页。

学发展取向的对话》中指出，人类学是两个方面——对全球文化的描述与分类和社会文化的理论的结合。由于国界的划分以及财政的问题，中国人类学者不可能对全球的区域文化进行全面的研究。因此，有必要侧重本土文化的研究。目前，中国人类学者的任务是多了解世界人类学理论，并着手研究本土文化，二者缺一不可。[①] 在他的另一篇论文《超越文化局限，建构中国人类学》中，以研究中国的西方人类学者所遭遇的困境为例说明本土人类学崛起的背景，认为只有超越文化局限，才能建构中国的人类学。[②] 所以，作为人类学者不妨“放眼世界”到“异文化”中去寻找所需要的参照体系。[③] 近年来王铭铭更加关注中国史学发展并倡导人类学本土化。

王铭铭是我国著名的青年人类学家，从他发表的多部著作和近百篇的论文中可以看出，他是一位才华横溢、思维敏捷、人类学基本功扎实的学者。他梳理了中国人类学百余年发展的思想脉络，并把西方人类学先进的理论介绍到中国，用西方的理论来研究中国。这些为学习人类学的学生了解中国和国际人类学的发展、扩大他们的视野有很大的帮助。曾有清华大学郭于化对王铭铭的评价：“中国的人类学研究在世界上有了一席之地，王铭铭功不可没。”中央民族大学张海洋教授认为：“中国以实地调查方式做相关研究的人类学学会会员大约有上千人，在专业领域，也就是在各个大学和研究所从事这项工作的大约150—200人，真

---

① 王铭铭：《关于中国人类学发展取向的对话》，《广西民族学院学报》（哲学社会科学版）第27页，1996年第1期。

② 王铭铭：《超越文化局限，建构中国人类学》，《广西民族学院学报》（哲学社会科学版）第24页，1997年第1期。

③ 《超越文化局限，建构中国人类学》，《广西民族学院学报》（哲学社会科学版）第26页，1997年第1期。

正有学术地位的，大约只有 15—20 个人，王铭铭就是其中之一。”①

（佟春霞）

参考书目

1. 王铭铭选编：《西方与非西方》，华夏出版社，2003 年 5 月。

2. 王铭铭：《人类学是什么》，北京大学出版社，2002 年。

3. 王铭铭：《非我与我：王铭铭学术自选集》，福建教育出版社，2000 年 3 月。

4. 王铭铭：《村落视野中的文化与权力》，北京三联书店，1998 年。

① news. sohu. com/17/30/news147783017. shtml 2005/4/9

李锦芳

李锦芳，壮族，1963年生于广西田林县。1983年广西民族学院中文系中文专业毕业，获学士学位。1987、1996年中央民族学院民语三系、语言学系毕业，获硕士、博士学位。1987年起在中央民族学院（现为中央民族大学）任教至今。现任教授、博士生导师，中国少数民族语言文学院副院长兼少数民族语言学系主任。2000年2～5月任美国北伊利诺大学外语系、得州大学语言学系客座研究员，2002年9月～2003年3月任澳大利亚墨尔本大学亚洲语言与社会研究院客座教授。北京市青年学科带头人，2004年被评为教育部"新世纪优秀人才"。现任政协北京市第十届委员会委员。

李锦芳致力于少数民族语言文学学科的教学研究以及学科建设工作，主攻壮侗语族语言，亦涉及南亚语言、南方民族语言与历史文化。近年来积极投身于中国弱势语言、濒危语言的保护与调查研究工作，取得重要成绩。

李锦芳专业理论基础扎实，具备较全面的语言学和其他相关学科背景知识。他的学术研究善于借鉴国内外最新成果，引用多学科多语种资料和方法，研究成果常常是建立在扎实的田野调查的基础上。他调查过粤语、平话、儋州话、客家话、西南官话等汉语方言，以及壮、布依、傣、毛南、茶洞、仫佬、标、村、布央、拉基、普标、仡佬、勉、布努、布干、俫、户、克木等汉藏、南亚语言，共出版学术论作80余篇（部）。

李锦芳重点研究侗台语族语言，他首先详细调查、介绍了布央、茶洞等语言，对壮泰语支、仡央语支有较深入的调查研究，取得许多成果。承担了“仡佬语群调查研究”等部委、国家级课题，担任著名语言学家 Bernard Comrie 主持的“洲际比较语言学词典”项目中方协调人。在国内外出版了《布央语研究》（中央民族大学出版社，1999 年）、《仡央语言探索》（与周国炎合写，中央民族大学出版社，1999 年）、Paha Buyang-English Dictionary（澳大利亚国立大学太平洋语言学系列丛书，将出）、《西林壮语人称代词探析》（《民族语文》1995 年第 2 期）、《越南拉哈语与仡央诸语言的初步比较》（《语言研究》1999 年第 1 期）、Diachronic evolution of initial consonants in Buyang（与周国炎合写，载 Mon-Khmer Studies，Volume27）、Notes on Paha Buyang（伯克利加州大学 LTBA，将出）、Chadong，a newly discovered Kam-Sui language of Northern Guangxi（伦敦 Curzon 出版社，即出）等论作。他在广泛调查的基础上将分布在云南省富宁县、广南县和广西壮族自治区那坡县的布央语划分为东部和西部方言，东部方言又分三个土语，并在比较研究基础上将前人调查确认的“耶容语”（分布在那坡县）归入布央语东部方言，还利用国外学者的材料与布央语进行比较，指出越南北部高平省的“恩语”（侬环语）与布央语的东部方言的发生学关系最为接近。

李锦芳在汉语与民族语比较研究，主要是粤方言与侗台语的接触关系和早期汉语侗台语相互影响上也有贡献。他发表了《汉语与少数民族语言关系概论》（合作，戴庆厦主编，中央民族学院出版社，1992 年）、《华南地区语言清塞音声母浊化现象探析》（中央民族学院学报 1990 年增刊）、《粤语中的壮侗语族语言底层初析》（中央民族学院学报 1990 年第 6 期）、《粤语西渐及与壮侗语接触的过程》（第七届国际粤方言研讨会论文，香港大学，载单周尧、陆镜光主编《第七届国际粤方言研讨会论文集》，商务印书馆，2000 年）、《“橄榄”语源小考》（《广西民族研究》1999 年第 4 期），在汉语和民族语界受到好评。他认为自古至今汉语和南方民族语言尤其是百越—侗台语都具有密切的接触，“槚”和“葭”（茶义）、“糯”、“橄榄”、“干栏”、“桄榔”等都来源于古代百越语言。东南方言中有一个百越语言底层，但时间层次不同。还认为，珠江三角洲一带的广府粤语明代以来西渐进程加快，在西渐的过程中分别与侗台语族的台语支、侗水语支、黎语支产生过接触，并覆盖了粤西、桂东地区不少的原生汉语，至今仍与侗台语言相互接触。

李锦芳涉猎广泛，对南亚语言以及南方民族语言与历史文化关系也有所研究。他主持了国家级课题“西南地区双语类型转换研究”，1999～2001年参与组织中美合作项目“中国南方台语民族稻作起源与传播的历史语言学研究”。布干语、户语两种南亚语言首先由李锦芳作了较深入的研究。论文《中国稻作起源问题的语言学新证》（《民族语文》1999年第3期）获国家民委优秀科研成果二等奖，著作《侗台语言与文化》（民族出版社，2002年）获校级一等奖。还发表了《布干语和俫语关系初探》（《语言研究》1997年第1期）、Bugan，a new Mon-Khmer language of Yunnan Province（载 Mon-Khmer Studies Volume26，美、泰合办亚太地区语言研究刊物）、《百越地名及其文化蕴意》（《中央民族大学学报》1995年第1期，中国人民大学《中国地理》月刊1995年第4期转载）、《百越族系人名释要》（《民族研究》1995年第3期）等有影响的论作。李锦芳在对布干语和俫语这两种新发现的南亚语言进行调查比较后指出二者关系十分密切，应是南亚语系中两支发生学关系最为接近的语言。他还认为西南地区不少的民族群体中存在“双语类型”转换的现象，如从“民—民型”转向“民—汉型”，双语类型转换与移民、杂居、通婚、文化教育等因素有关系，双语类型转换的实现对民族地区社会的发展有重要影响。他还利用语言学的理论方法和材料结合历史学、民族学、地理学等学科对南方少数民族的语言和文化展开了交叉综合研究，在地名、人名、族名、文化史等方面取得了一系列研究成果。

李锦芳近年来致力于弱势语言、濒危语言的保护与研究，他认为每一种语言都有其在语言学和文化上不可替代的价值，必须加强濒危语言的保护和抢救记录工作。他 1998 年主持的教育部课题“西南地区濒危语言调查研究”是中国最早的濒危语言研究立项，论文《中国濒危语言研究及保护之因应策略》被多家网站转发，著作《西南地区濒危语言研究》即将出版。2002 年主持国家社科基金课题《仡佬语群调查研究》，对处于濒危状态的仡佬、布央、拉基、普标等少数民族语言开展调查研究，取得了许多重要成果。2005 年 3 月，经过两轮激烈竞争，李锦芳成功地申请到英国伦敦大学亚非语言学院“世界濒危语言研究项目”共 100 多万元人民币的资助，用以开展我国仡佬族语言的柔勒和阿欧两个濒危程度最高的方言的保护与研究工作。

（潘立慧）